西宁历史与文化

主编　芈一之

副主编　先巴　张科　贾伟　骆桂花

青海人民出版社

图书在版编目（CIP）数据

西宁历史与文化 / 芈一之主编；先巴等副主编 . --
西宁：青海人民出版社，2023.12
ISBN 978-7-225-06663-9

Ⅰ . ①西… Ⅱ . ①芈… ②先… Ⅲ . ①文化史－西宁
Ⅳ . ① K294.41

中国国家版本馆 CIP 数据核字（2023）第 215584 号

责任编辑：马　婧
责任校对：田梅秀
责任印制：刘　倩　卡杰当周
装帧设计：闫冬雨

西宁历史与文化

芈一之　主编

先巴　等副主编

出 版 人　樊原成
出版发行　青海人民出版社有限责任公司
　　　　　西宁市五四西路 71 号　邮政编码：810023　电话：（0971）6143426（总编室）
发行热线　（0971）6143516 / 6137730
网　　址　http://www.qhrmcbs.com
印　　刷　陕西龙山海天艺术印务有限公司
经　　销　新华书店
开　　本　720 mm × 1010 mm　1/16
印　　张　19.5
字　　数　350 千
版　　次　2023 年 12 月第 1 版　2023 年 12 月第 1 次印刷
书　　号　ISBN 978-7-225-06663-9
定　　价　108.00 元

目　录

绪　论

一

　　就像世界上没有两片完全相同的树叶一样，世界上也没有相同的两座城市。每座城市各有其特色，主要体现在空间位置、地理经济不同及历史演变、文化源流不同。西宁由西陲小城发展为中心城市，有其自身的历史轨迹。作为这里的市民，有责任对她作出客观的、实事求是的描述。

　　西宁是青海省的省会，青藏高原及河湟地区的中心城市；是青藏高原东北部的古城，由中原赴西藏的门户；是历史上丝绸之路南道和唐蕃大道上的重镇；今天她又是中国的夏都，旅游的胜地。西宁市中心地理坐标为东经101°46′，北纬36°37′，海拔高程为2275米。西宁距离首都北京的铁路里程为2098公里，距离上海的铁路里程为3401公里，距离广州的铁路里程为3215公里，距离拉萨的公路里程为1937公里，距离甘肃省会兰州不算太远，铁路里程仅194公里。从地理位置看，处于全国地理中心偏西一些，但是在历史上长期被看作是西陲重镇。地名"西宁"，北宋徽宗崇宁三年即公元1104年夏五月改鄯州为西宁州，意在希望西方安宁。"西宁"之名相沿至今，已有900年了。可是西宁古城的历史，远比这900年长得多。如果从公元222年修筑西平郡城算起，已有1780多年了；如果从公元前111年设西平亭算起，则是2110多年，称她为古城是当之无愧的。总之，西宁有悠久的历史和丰厚的文化积淀，但是又被沉重的历史尘封了多少个世纪，这就成了西部大开发中压在我们肩上的重担。历史是一个城市的脉络，文化是一个城市的灵魂，西宁是如之何呢？需要对她的历史与文化认真地梳理一番。

在青海建省（1928 年 10 月）以前，西宁一直是作为陇右河西的一个郡邑而存在的。这个郡邑得天地之惠位于湟中地区。为什么叫"湟中"呢？湟水的中游，这里两山夹峙，湟水中流，诚然是三百里湟川的形胜之地，古谓之"湟中"。当西汉王朝在这里设县置郡之时及其以前，原为先零羌人居地。"先零"又可写作"西零"，因之《晋书》上称这里为"西零之地"[①]。先零羌是西羌诸部中的强盛部落，是研种羌的嫡系后裔，其分布地区在湟中和湟水下游到庄浪河流域，这里是气候宜人水草丰美之地。"研"是人名，其人"最豪健"，雄武有力，是西羌首领无弋爰剑（约当战国时期秦厉公时，公元前 476—前 443 年）的曾孙忍的儿子，"自后以研为种号"[②]。研当秦孝公之世，即公元前 361 至前 338 年。依据《后汉书·西羌传》资料，西羌首领无弋爰剑"子孙支分凡百五十种。其九种在赐支河首以西，及在蜀汉徼外……其五十二种衰少，不能自立，分散为附落，或绝灭无后，或引而远去。其八十九种……"，在河湟、河曲、洮岷一带活动的有 89 种。西汉时先零羌最强，东汉时烧当羌最强，东汉末钟羌最强。回溯战国之世，忍及其弟舞"独留湟中，并多娶妻妇，忍生九子为九种，舞生十七子为十七种，羌之兴盛，从此起矣"[③]。研是忍的九子之一，曾担任部落首领，该部称研种羌。由此可见，先零羌和研种羌是西羌诸部中的嫡系，居于中心地位，湟中则是西羌的中心区域。再往上溯，无弋爰剑以前的古羌诸部，即《西羌传》告知我们的原居"诸羌"，其社会经济状况，本书第二章将作介绍，依靠考古文物资料构建这里的上古史。但是可以肯定地说，他们的中心区域也在"湟中"，在今西宁。何以言之？正在拟建的"河湟古羌人聚落村"即西宁小桥的"沈那遗址博物馆"可以佐证。沈那遗址坐落在西宁市城北区小桥办事处小桥村的沈那村，位于湟水和北川河交汇的二级台地上，面积有 10 万平方米。其文化内

---

① 《晋书·四夷传·吐谷浑传》。

② 《后汉书·西羌传》。

③ 《后汉书·西羌传》。

涵有新石器文化马家窑文化^①，但以其后的齐家文化居住遗存为主^②，是古羌人较大的聚落所在地，距今约 4000—3600 年前。以西宁为中心的周围地方，古代文化遗址不少，例如东边 60 公里外的乐都柳湾遗址，位于湟水北岸台地上，为原始社会墓地，已发掘墓葬 1000 余个，出土各种陶器 30000 余件。然而古羌人聚落遗址，目前仅知西宁沈那遗址这一处。

以上种种均可说明：西宁这块地方历史悠久，文化丰厚，几千年来一直是河湟地区人类活动的中心。我们相信羌人中某些著名人物，如西羌首领无弋爱剑及其他人等，就埋骨在这片风水宝地。不断发掘出来的历史文物，将为我们认识上古时的西宁提供珍贵的实物资料。

二

西宁的文明社会史和行政建置史是从西汉武帝时开始的，是在"汉开河西"的背景下进行的。"河西"，指黄河以西的地方。黄河，古代称河，称大河。以其方位作为地理名称，战国时的文献中已经采用了。黄河从青海循化县小积石峡流出后便进入甘肃省境内，过八盘峡到兰州，继续东北流，过榆中，出黑山峡，进入宁夏境内，基本上呈西南东北流向。如此看来，今河西走廊和湟水、浩门水、庄浪河等流域，便在"河西"了。秦始皇建立了强大的中央集权的秦王朝，派将军蒙恬率兵略地，据有河套一带，当时称作"河南地"，指灵、夏等之地。又"筑长城，因地形，用制险基，起临洮，至辽东"^③。秦朝西部疆界大致以黄河为界，西宁等地在"临洮西塞外"，称"湟中地"或"临洮边外地"。西汉建立以后的数十年间，西部疆界与秦相仿。秦时"兵不西

① 马家窑文化因首次发现于甘肃临洮马家窑而得名，又称甘肃仰韶文化，以红色彩陶为显著标志，距今约 4000—5000 年。

② 齐家文化因首次发现于甘肃广河县齐家坪而得名，是马家窑文化的发展和延续，距今约 3500—4000 年。

③ 《史记·蒙恬列传》。

3

行"①，汉初也兵不西行。到汉武帝时，汉朝国力由恢复而强盛，彻底解决北边的匈奴侵逼被提上了日程。其时，河西走廊为匈奴占据，与青海境内羌人"交关""臣服诸羌"，共为汉朝边患。汉武帝元狩二年即公元前121年"河西之战"，霍去病将军率兵占领了匈奴右部所居之河西走廊，出现"空无匈奴"局面，揭开了汉开河西的序幕。过了九年，元鼎五年（前112年）冬，先零羌"与匈奴通，合兵十万，共攻令居、安故，遂围枹罕"②。次年即元鼎六年冬十月汉派"将军李息，郎中令徐自为"，将兵十万，"征西羌，平之"③。令居在甘肃永登县境，大河以北。故安（非安故）在临洮西南，枹罕即今甘肃临夏回族自治州，古称河州，在大河以南。西羌从南北两个方向反汉，意在赶走汉朝西疆的拓边力量，拔除据点。汉军反击也从这两个方向用兵，"平之"。《史记·平准书》对此记载颇详，元鼎六年"数万人发三河以西骑击西羌，又数万人度河筑令居"，《西羌传》对此说，"西逐诸羌，乃度河、湟，筑令居塞"，又说"羌乃去湟中，依西海盐池左右。汉遂因山为塞，河西地空，稍徙人以实之"④。这一年筑令居、略地湟中的同时，"初置张掖、酒泉郡"，并开始实行军屯，"上郡、朔方、河西开田官，斥塞卒六十万人戍田之"⑤。总之，从这一年（前111年）起，汉朝正式开展了对河西走廊和湟中地区的开发建设。汉朝经营河西的目的有二：一是通西域，断匈奴右臂；二是隔断羌胡交关之路。前者是东西延伸，后者需南北扩展，扩展的宽度越大越好。为此，需要设置烽燧等防卫体系，需要移民屯垦实边，需要设治派官进行管理。继前121年李息将军筑金城，前111年筑令居，建立西进的据点支撑点以后，"列置四郡，通道玉门"⑥略而不述。对湟中地区的开发则是：1. 汉军进入，初开湟中，设置烽燧亭障。据《水经注》，西平亭为当时许多亭之一，其位置在今西宁市城中区即明代西宁城垣以内。"西平"之名出现了。2. 设护羌校尉，"统领西羌"，以后成为定制。首

---

① 《后汉书·西羌传》。
② 《后汉书·西羌传》。
③ 《汉书·武帝纪》。
④ 《汉书·武帝纪》。
⑤ 《史记·平准书》。
⑥ 《史记·平准书》。

任护羌校尉是将军李息兼任[①]。3. 与河西走廊相同，设置公田，实行军屯。4. 设治派官，即设县设郡。始设何县，何时，学界对此意见未能统一。

一些同志认为：到汉宣帝神爵初年，即公元前61年、前62年，设临羌、安夷、破羌等县[②]。笔者认为：从公元前111年—前61年的50年间，河湟地区应该有行政建置，而不是空白。与"初置酒泉郡"时间相差无几，曾初置河西郡。《史记》的《平准书》《河渠书》《匈奴传》和《汉书》的《食货志》《沟洫志》《匈奴传》中等多次提到的"河西郡"的地望在哪里？元封三年至四年即公元前108—前107年设酒泉郡，差不多同时，元封三年至太初元年（前104年）设置了河西郡，地望在今令居附近，下辖临羌、安夷、浩门等县。临羌县设在今镇海堡[③]，当时西宁市区属临羌县辖地。也就是说，与河西走廊设县设郡的同时，对湟中地区即同步实行县治设置了；因为涉及湟中地区什么时候纳入汉帝国的郡县体系，所以对此多说了几句。

到汉昭帝始元六年（前81年）设置金城郡（郡治金城县）时，将河西郡撤并，湟水上下各县改由金城郡管辖。到汉宣帝神爵初年，赵充国率兵平定西羌，金城郡移治新设之允吾县，并新设破羌县。在湟中地区自西而东有临羌、安夷、破羌、允吾和浩门等县，今西宁市区仍归临羌县管辖。西汉时三百里湟川的政治中心在允吾，即今民和县。

今西宁市区归临羌县辖地，持续约有110年，西汉末王莽当政时有所变化。平帝元始四年即公元4年冬，设西海郡，郡治在今海晏县三角城。新莽天凤元年（14年）下令变更旧县名称，临羌县改为监羌县[④]。西海郡及所改旧县名称为时不长，昙花一现，王莽败亡，西海郡废，县名仍复西汉旧规。

东汉初年，河西四郡加上金城郡合称"河西五郡"，窦融曾经称"河西五郡大将军"。东汉王朝建立，仍设金城郡，不过辖县由13个变为10个，湟水上下各县仍如西汉时。其间建武十二年（36年）曾把金城郡省并，临羌等县

---

① （明）张雨：《边政考》卷九。

② 见青海社会科学院：《青海历史建置研究》，1987年版，第15—23页。

③ 见史丁：《湟中郡县》，《青海民族研究》，1990年第四期；秦裕江：《话临羌》，《青海地名》：1998年1—2合期；芈一之：《话临羌》，《青海地名》：1996年第2期。

④ 《水经注》卷二。

属陇西郡（治临洮）管辖。一年后，建武十三年"复置金城郡"，恢复旧观。护羌校尉一职，继续设置。东汉的临羌县，移至今多巴，称"新临羌"。直至东汉末年献帝建安中，曹操当政，分金城郡置西平郡，辖西都、临羌、安夷、长宁等县。西都县治在今西宁市区，西平郡治西都县。这是哪一年呢？有人主张建安十八年（213年）设西平郡。可是查阅《资治通鉴》卷六四，建安十年（205年）即记载"西平太守杜畿"云云。再查《三国志·魏书》内《杜畿传》也有相同记载。京兆杜陵人杜畿于建安十年被任命为"护羌校尉，使持节，领西平太守"，说明当年西平郡已设置了，他可能是西平郡首任郡守。杜畿虽在赴任半途被改任河东太守，西平郡之设不应晚于建安十年。如此说来，西汉时今西宁市区归临羌县管辖前后有约300年。公元205年行政体制升格，设西平郡和西都县。首任都守慎重选任"勇足以当难，智足以应变"①的"萧何、寇恂"一类人物②担当边郡重任，亦是西平郡的光荣。西平设郡表明汉朝开发湟中成效显现，社会经济发展了，人口增多了，需要设郡。西平郡是河湟地区重要的军事重地和交通枢纽，居四川交汇之地，顺古河湟道，东通金城、陇西，远达关中；走临羌道西入羌中道，远达西域中亚；北逾达阪山，走扁都口，联结张掖郡和河西走廊；南行翻青沙山、拉脊山，走河南道，远达益州；可见，西平设郡绝非偶然。从此，西宁之地一直以边塞郡邑存在于历史，郡名"西平"，延续数百年。

西平郡辖县，历代史家说法不一，梳理如后。西平郡初设时辖西都和临羌、安夷、破羌，共四县，郡治在新设之西都县，其他三县均为金城郡原辖旧县。破羌以东之允吾、浩门和令居、枝阳、金城等县，仍属金城郡。曹魏时（220—265年）西平郡仍辖上述四县。西晋时（265—316年）新设长宁县，西平郡辖西都、临羌、长宁、安夷四县；破羌县归属金城郡辖。总之，魏晋时湟水中上游归西平郡管辖，湟水下游和庄浪河流域归金城郡管辖。

既已设郡，应筑郡城。湟水上下设县筑城，西汉武帝时已经开始。东汉初年马援曾说"破羌以西，城多完牢"③。东汉时继续修筑一些城池，如新临羌

---

① 《三国志·魏书·杜畿传》。

② 《三国志·魏书·杜畿传》。

③ 《后汉书·马援传》。

城（在今多巴）。魏文帝黄初三年（222年）在西平"筑郡城"。此前，西平亭的城垣已存在了约330年。据《水经注·湟水》，"凭依西平亭，增筑南、西、北三城，以为郡治"。对此，《西宁府新志》卷九说"城因崖为基，池不能环"，意即依地势高下筑城，城河不能环绕。该城具体位置究竟在哪里呢？据省文物处同志研究认定，位于今存明代西宁城垣的城中并跨东关一些地方①。又如，1993年10月31日在大同街西头北面省机械厅建房工地上，省文物处专家、电视台记者和笔者多人察看，西边一段残留古城墙夯土痕迹明显地有三层，分属于三个时代：下层是汉魏时的，中层是宋代青唐城的，上层是明代西宁卫城的。这说明这一段城墙确是西平郡城垣的组成部分②。此外，也有人主张另一种说法，认为西平郡城并非一个较大的城垣，而是四个小城堡：西平亭古城在今东稍门以南共和路南段，儿童医院以南；"增筑南、西、北三城"的位置：南城，在南门外体育场及其迤东，俗称南古城；西城，在西郊杨家寨以东，今古城台一带；城内解放路以东，山陕台一带，俗称北古城③。这一说法待以后进一步考辨。疑点："凭依"西平亭，何凭何依？与古籍所载扦格难通。

西平郡设置以后，地方豪强在这里演出过震烁一时的几次事件，值得一叙。一是韩遂败死于西平。今民和人韩遂，字文约，东游长安，著名西州，为一方豪强兼名士。与同乡边章，于东汉末年参加反汉斗争。其后韩遂拥兵十万，占据金城、陇西等地，与马腾联合，先附董卓，后与曹操争胜。建安十年新设西平郡，新任郡守杜畿因改任河东太守未到任，韩遂令其婿阎行"领西平郡太守"④。建安十九年夏侯渊大败韩遂，遂遁还金城，又逃西平。次年张既、张郃进兵湟中时，西平豪族麴演、蒋石共斩韩遂首，诣送曹军⑤。这位叱咤风云31年的韩遂将军，兴起于金城郡，败死在西平都。二是麴氏在八年中三次据西平城反叛曹魏。（1）黄初元年（220年）曾经"逐故太守阎行"，"自号将军"，斩韩遂首级的麴演，拒绝邹岐担任凉州刺史，自称护羌校尉，占据西平

① 李智信：《青海古城考辨》，西北大学出版社1995年版，第83-88页。
② 当时一同察看的有时任省文化厅副厅长苏生秀等人。
③ 魏明章：《青海历史纪年》，1986年平凉印刷厂铅印本，第21-22页。
④ 《三国志》卷十五《张既传》"魏略"。
⑤ 《资治通鉴》卷六七，"建安二十年三月条"。

郡反魏①。被苏则诱斩，平之。（2）黄初二年（221年）冬，麹光杀西平太守，据西平郡，反。不久，麹光为部下斩首降于凉州刺史张既②。（3）太和元年（227年）麹英反，占据西平郡，"杀临羌令，西都长"③。不久，为将军"郝昭、鹿磐讨斩之"④。三是西平郭氏出了一位皇后和许多名人。查《三国志·魏志》卷五《后妃传》，明元后郭氏，乃西平望族。她先为明帝曹睿的"夫人"，其后为"皇后"。明帝去世后，齐王芳、高贵乡公髦、陈留王奂相继在位，所谓"三少帝"，她以太后身份主政23年，当时司马氏父子虽专擅朝政，也不敢不奉诏旨。这位太后去世后不到两年，司马炎即篡位改国号为晋了。皇后之父郭满为西都侯；叔父立为骑都尉、宣德将军；叔父芝为虎贲中郎将；郭立子建承袭西都侯，建兄德及建俱为镇护将军；立、芝、建、德封列侯。郭氏中先有郭宪，建安中为郡功曹，州辟不就，以仁笃为一郡所归，名闻陇右，曹操钦仰，列表赐爵关内侯，黄初元年病卒。正始初年（240年）追嘉其事，赐其子爵关内侯。《西宁府新志·献征》有传。又有郭修，任将军，被蜀汉姜维掳去，封右将军。魏亡以后，西平郭氏所具有的文化力量仍显于世。十六国时，郭勋以善解天文名重一时；郭馨以善测天下事见重于世；郭幸是南凉政权中参与机宜的幕僚人物，等等。西平设郡后104年，到公元399年8月秃发利鹿孤继其兄秃发乌孤登上南凉王国王位后，即迁都西平郡。虽为时不到三年，西平郡与乐都、武威、张掖等郡比肩而立，俱曾是地方王国的都城，并且留有突兀虎台，至今任人凭吊，也算是历史之辉煌了。

十六国时期（316—420年）东晋偏安江左，北方纷扰靡定，在这百余年间先后统治湟中等地者有前凉、前秦、后凉、南凉、西秦、北凉等政权，如走马灯般经常变换城头旗号。这里的行政建置多有变更，但西平郡及其所辖西都、临羌、安夷、长宁四县的体制相沿未改。其西青海湖周围为乙弗鲜卑、契汗鲜卑等游牧部落驻牧，没有地方行政建置。迤东、迤南则应一叙。前凉（317—376年）于今民和跨大河南北设晋兴郡，其小晋兴城即上川口古城；金

---

① 《资治通鉴》卷六九，"黄初元年"。
② 《资治通鉴》卷六九，"黄初元年"。
③ 《三国志》卷三《明帝纪》。
④ 《三国志》卷三《明帝纪》。

城郡,旧置,郡治移往榆中,允吾县仍旧。新设湟河郡,郡治在今化隆县群科镇附近。前秦(350—394年)氐族苻氏都城在长安,376年灭前凉,河湟地归前秦,苻冲被封为西平王,地方建置未遑变更。394年苻崇逃到西平,即皇帝位,改元延初。当年即被乞伏乾归攻杀,前秦国亡。后凉(386—403年)氐族吕氏,都城在姑臧。吕光时新设乐都郡,辖一县;新设三河郡,郡治白土,在今民和南部官亭;新设浇河郡,治浇河城,在今贵德县境内。湟河等郡仍旧。后秦(384—417年)羌族姚氏,都城在长安。南凉统治者畏后秦之强,曾向姚氏称臣,从名义上后秦统治河湟地区6年,即402—407年。行政建置未变。南凉(397—414年)鲜卑秃发氏,频频迁都。秃发乌孤由廉川迁乐都,利鹿孤迁西平,傉檀迁回乐都,又迁姑臧,后复回乐都。其时,"统郡十三,增郡一",西平、乐都、三河、湟河、晋兴等郡,仍旧。西秦(385—431年)鲜卑乞伏氏,建都勇士川。414年攻灭南凉。州郡有实领和虚领之分。西平、乐都、湟河、三河、金城等郡仍旧,均属实领。在吐谷浑境设沙州(今贵德与贵南交界一带),乃属虚领。北凉(397—439年)卢水胡沮渠氏,建都张掖。西秦势衰,北凉曾一度占有河湟等地,郡县建置未暇变动。

公元420年后进入南北朝。439年北凉灭亡,北魏(拓跋鲜卑先都平城,后迁都洛阳)军兵进入河湟。北魏统一黄河上下,精简地方机构。边地设镇,大镇有都将,次镇有大将,管军管民,兼辖郡县,"统兵备御,与刺史同"[①]。以西平郡为鄯善镇,驻有大将,鄯善地望,本来在阳关以西,北魏时,将鄯善镇移驻西平,所以西平之地有了"鄯善"地望。镇下辖两郡两戍。二戍为邯川戍和浇河戍,戍以驻兵。二郡为西平郡和洮河郡。西平郡辖西都、乐都、金城和浩门四县,郡治西都。金城县,北魏新置,县治古鄯(北魏末改名龙支县)。浩门县治今永登县河桥驿。

西平郡辖区涵盖湟水流域中下游,魏晋以来的临羌、长宁、安夷、破羌等县,俱予省并。洮河郡辖区为黄河谷地,治所在今化隆县群科附近,辖有石城(化隆西部及迤西)、广威(化隆东部,以邯川为中心)二县。这时,西都仍是河湟地区的中心。到孝昌二年(526年)改制,撤销鄯善镇,改设鄯州,仍治西平。

---

① 《魏书》卷一一三《官氏志》。

其后因吐谷浑势强侵逼，西宁荒弃，鄯州、西平郡和西都县东迁乐都，并改乐都县为西都县，为鄯州治所，西平郡亦然存在。从此，河湟的政治中心移到乐都，隋唐时依然如此。北魏分裂为东魏、西魏（535—557 年），西魏，都长安。西魏时对这里的统治机构，与北魏末同，仍设鄯州，辖西平、湟河二郡。今西宁归西都县管辖，但郡治、县移至今乐都，东移 60 公里。需要说明的是，魏末改金城县为龙支县，改广威县为化隆县。557—581 年为北周，取代西魏，湟水上下仍设鄯州，辖乐都郡（西平郡改），治西都县，在今碾伯镇。龙支县（或龙居县）兴废不详。湟河郡依旧，辖化隆县。建德五年（576 年）从吐谷浑麾下收复黄河以南部分地方，设廓州，治浇河城，辖洮河、达化二郡：洮河郡，治浇河，辖洮河、广威、安戎三县；达化郡，治达化，辖达化（今尖扎一些地方），绥远（今同仁一带）二县。

　　公元 581 年隋朝建立，589 年统一南北，在北方对地方建制作了大调整，撤并州郡，以州统县，精简纾困。后又改州为郡统县，仍为两级制。鄯州又改称西平郡，辖湟水（西都县改，治碾伯）、化隆二县。今西宁归湟水县辖。廓州改称浇河郡，辖达化、河津二县。隋制县下有乡、里编制，五百家为乡，百家为里。这里如何呢？没有资料，难以评述。618 年唐朝代隋，地方建制承袭隋制而略有变化。唐初，改州为郡，后又改郡为州。河湟的政治中心仍在乐都，但对今西宁及其以西颇加重视。唐初仍设鄯州、廓州，鄯州辖三县：湟水县（州县均治今乐都），龙支县，鄯城县（新设，今西宁，城在今乐家湾，原管四乡）。廓州辖三县：广威县（州治，今群科古城），达化县，米川县（新置，治在循化县内黄河南岸，后移河北）。其后鄯州改称西平郡，廓州改称宁塞郡。贞观初年，大监察区陇右道设立，治所在今乐都。玄宗时，唐朝在西宁周围广设军镇，备御吐蕃。陇右节度使，驻鄯州，领鄯廓河渭秦兰临武洮岷迭宕十二州，统十军三守捉。十军为临洮军（鄯州城）、河源军（鄯城）、白水、安人、威戎（以上在今湟源）、振威（今海晏）、漠门、宁塞、积石（以上黄河南岸）、镇西军（河州城），在绥和、合川、平夷设三守捉。以西宁来说，鄯城县乃名义上的县城，实质上作为军事重镇而存在。河源军及其以西诸军城林立，乃军事建置，非行政建置。唐朝统治了 130 多年后即"安史之乱"后，西宁周围归吐蕃占领，又过了 350 年后的北宋末年，才又有中央王朝对它的短暂统治。

"安史之乱"后吐蕃尽占河西陇右等地。如何统治呢？大致说来，采取军事占领体制，没有设置行政和民事机构，实行"希洛式"统治。简言之，对原唐境，设五道节度使以治理之。鄯州驻节度使，河湟的统治中心仍在今乐都。这种情势直到北宋，即 10 世纪以后青唐城的出现，今西宁又恢复了其河湟中心的地位。从公元 527 年到北宋，约有 500 年以上，由于民族间军事斗争，西宁成为军事要地和战区，其河湟中心地位暂时让给了乐都。自青唐城政权以后历北宋末、西夏和元、明、清，约 900 年，西宁一直是河湟的中心，再未飘移过。

把历史目光移到公元 960 年北宋建立以后。当时北宋王朝与辽、金和西夏长期处于对峙状态，宋朝对秦凤以西各藏族部落一直采取结好政策。就在此时，唃厮啰屹立于河湟地区历百余年。其政治中心 1008—1023 年在宗哥城（今平安），1023—1032 年在邈川（今乐都迤东），1032 年移至青唐城，直至 1104 年，有 72 年。这个时段今西宁成为唃厮啰政权也称青唐政权的国都。这是继公元 3 世纪末至 4 世纪初南凉政权之后，西宁第二次成为国都，而时间长达 70 余年。北宋末年"熙河之役"宋军西进，哲宗元符二年（1099 年）秋八月宋军占领邈川，九月二十日占领青唐。这是自安史之乱后 350 年来河湟复为中央王朝军队所统辖。宋朝改青唐为鄯州，恢复北魏时名称，并设陇右节度驻鄯州；改邈川为湟州，宗哥城为龙支城。今西宁仍是河湟的中心，以后名称有变化，但作为中心城郡没有变化。徽宗崇宁三年（1104 年）五月，改鄯州为西宁州，建陇右都护府，西宁之名沿用至今已有约 900 年了；湟州于 1119 年改为乐州。1127 年宋室南迁，北宋灭亡，政局多变，西宁州、乐州于 1131 年为金朝军队占领，1137 年 9 月，西宁州等地归西夏管辖，仍称西宁州。1227 年蒙古军灭西夏，占河湟，元朝时仍设西宁州，乐州省并，上隶于省会设在甘州的甘肃行省。到 1368 年元亡明兴，洪武三年（1370 年）西宁州归属明朝，六年（1373 年）春改西宁州置西宁卫，在碾伯设千户所。这种卫所设置，1644 年建立的清朝初期 80 年间相沿未改，存在了 353 年。到雍正三年（1725 年）改置西宁府，西宁县，碾伯县，大通先设卫又改县。上隶于省会设在兰州府的甘肃省。道光九年（1829 年）后西宁府辖七县厅，即西宁县、碾伯县、大通县与巴燕戎厅（乾隆十年分碾伯县南境置）、循化厅（乾隆廿七年设厅，先隶于河州，道光三年改隶西宁府）、贵德厅（原为千户所，属河州，乾隆三年改隶西宁府，廿六年置县丞，乾隆五十六年设厅），丹噶尔厅（道光九年设厅）。从清初以来即在西宁设镇，驻总兵，上隶于甘肃提督。明代在这里设卫，军民通管，乃边陲军事形势使然，并于洪武十九年（1386年）以"旧城卑狭，不堪戍守"，修筑西宁卫城，成为西塞雄镇。清代改卫所置府县，郡县体制与内郡趋于一致，尔后着力振兴地方经济，兴教办学，通商惠工，西宁府存在了190年。1911年清朝灭亡，民国肇兴。民国二年（1913年）上述四厅均改为县，甘肃省西宁府辖七县。1914年裁西宁府，设西宁道尹。1926年撤销道尹，改为西宁行政区，设西宁行政长官。

1929年初青海省正式设置，成立省政府，以西宁县为省会（1944年改西宁县为西宁市，另成立湟中县，设治鲁沙尔），省域包括农业区和牧业区即蒙藏族游牧区，共72万余平方公里。从此，西宁成为土地面积泱泱大省的政治经济文化中心，至今已有70多年了。

三

回顾上述历史，以河湟的中心在何地为标准，可分作五个时段。汉代以前的古羌和西羌阶段，各部落的中心在今西宁。西汉武帝元狩年间至东汉末建安十年约310年，中心在允吾，今民和县。公元205年至北魏孝昌三年（527年），即三国魏晋南北朝时期，约520年西平时段，中心在今西宁。孝昌三年至隋到唐玄宗天宝末年，约230余年，中心在今乐都（西平郡东移乐都）。肃宗至德以后吐蕃统治上百年，中心仍在乐都。北宋以后至今为又一大时段，从青唐城、鄯州、西宁州、西宁卫、西宁府而西宁市，约1000年，西宁绵延不断一直是这个地区的中心。

明白了上述五个时段的发展变化，民和占其一，乐都占其一，两者共占500余年；西宁占其三，汉代以前姑且不计，汉代以后占1500多年。总之，历经五千年岁月沧桑，经历了民族迁移，战和更替，聚散分合，碰撞融合，构成了具有特色的西陲边塞的社会性和历史性的文化。文化是城市的灵魂，今天是历史的延续。述往事，思来者，源远流长，芬芳灿烂。下边综叙西宁的文化。

西宁文化的源头是汉代以前的古羌和西羌文化。上古文化的特点双峰并峙奇异瑰丽。一峰为考古文化告诉我们：中原龙文化向西延伸，蔚为马家窑文化，出土的令世人惊愕的彩陶舞蹈盆等彩陶文化珍品就是代表性器物；另一峰为与虞、夏、西周有剪不断关系的西王母国和西王母神话，以后演变成系统庞大的昆仑神话。这个文化源头，虽然被誉为中华文明史上一丛奇葩，但其发展繁荣却举步艰难，基础奇特。环顾左右，东望长安，中原、齐鲁、燕赵、秦晋等地已走过夏、商、周1000余年华夏文明历史，而且典章制度郁郁乎文哉，还有百家争鸣，学术鼎盛。而我们这里则无弋爰剑在教民田畜，至于文字、典籍、学术、政权等等，则混沌不知哩！以后居民群体多变，文化载体流移，于是出现了多变性。到了近代、当代，这里的文化可归纳为四种族系、两个大圈、两个小圈。四种族系为：汉族族系、羌藏族系、鲜卑蒙古族系和突厥伊斯兰族系。与上述相适应的两个大文化圈是汉文化圈和藏文化圈。前者是中原农耕文化向河湟地区的延伸，后者是青藏高原牧业文化在东部宗喀地区的繁衍，两个大文化圈在这里交汇和重叠。两个小文化圈指：（1）鲜卑蒙古文化，历史上大量塞北民族文化在这里的延续，虽有变异，但传统依然。例如，蒙古族与藏族，虽共同信奉黄教，但马背民族的独特风貌与藏文化的差异，一望而知。又如，历经沧桑，吸收了羌、汉、藏、蒙古等血液而留存下来的吐浑后裔土族，其俗文化、官文化和宗教文化，具有着三元一体的独特风貌。（2）再一个是突厥伊斯兰文化,体现在回族撒拉族文化中。上述诸文化与现代工业文化相衔接，并行发展，群花灿烂。这种多元综合的文化面貌是如何形成的呢？简言之：是从汉代起多元构建，几度兴衰，演变发展而来；文化史伴随着民族史多源多流，源流交错而来。

西汉武帝及其以后，强势的封建化了的汉文化，以排山倒海之势汹涌而来，羌文化处于败退之势，一方面促使封建化经济政治关系在这里诞生发展，同时构筑了汉羌两种文化的交融和交流，而汉文化在两汉魏晋400年中成为西宁文化的主流。另外，小月支和匈奴别部文化属于支流，在羌汉角逐格局中依违发展。东汉中期以后汉文化在这里崛起兴盛。史证粲然，不需多述。公元 312 年以后是十六国时期，有 100 又几年，东胡鲜卑各部在西宁大显风采。秃发氏、乞伏氏、乙伏氏、折掘氏、吐谷浑等部鲜卑，先后在这里活动；部分氐人、卢水胡人也掺杂其中，共登舞台。如今城西突兀虎台和城东园山尔"西平陵"，在诉说着鲜卑人昔日的辉煌。公元 420 年以后的 160 余年为南北朝，统治西宁的先是拓跋鲜卑，后为宇文鲜卑。总之，鲜卑文化伴随着胡马牧歌在西宁风靡了 370 年，能不给予重视吗？公元 581 年隋朝建立，589 年统一南北；618 年唐代隋。隋唐中央政权统治西宁约 180 年。杨氏（北朝称普六茹氏）、李氏（北朝称大野氏）是鲜卑化了的汉族，汉文化第二次涌入西宁。由于为时不久，尚未开花结果，便在"安史之乱"后群体东迁了。所以这个汉文化第二次高潮时段所能达到的兴盛程度，比两汉魏晋时段望尘莫及了。而后吐蕃文化在大量吸纳西羌文化、鲜卑文化和汉文化情势下，一树长秀约 200 年。从 9 世纪中叶至 10 世纪下半叶，西宁及其周围"喠末蜂起""吐浑啸聚"，吐蕃文化逐渐显露出新的风貌。佛教后弘期藏传佛教在西宁近邻地区诞生了（978年为标志年），以后这里的藏族逐渐向"嘉西番"演化。宋代，青唐政权是以唃厮啰为首的部落联盟式政权，新风貌的吐蕃文化占据主流。由先秦的神话与鲜卑萨满文化和羌藏本教文化相结合，神巫文化诞生了，以后又发展为神佛文化。藏文化中这个核心线索越来越被看得清楚了。北宋末年汉族势力曾在这儿昙花一现，为时 20 余年即结束了，此后羌浑并为主体的西夏统治西宁约 90 年。公元 1127 年后蒙古人以征服者姿态大批进来，势如狂飙；随之回回人、撒拉尔人来到西宁近邻地方；此外"西宁州土人"正式登上历史舞台，多元文化格局明显地出现并延续下来。1368 年后明朝建立，汉族军民与西汉时期一样以胜利者姿态大批汹涌而来，占据要津，蒙古人西去北去。由明而清延续至今，600 余年。汉文化在这儿扎根、开花、结果、兴盛。由此奠定了四种文化在这儿并兴并茂。但是，多变性使历史上羌文化鲜卑文化只能流变而不能臻于成熟，同时导致汉藏两种强势文化到明代而后才呈现出晚熟性。一般而论百年才能树人，没有百年以上安定环境的培育，某种文化是难以成熟的。成熟的标志是出现了典籍文化和有代表性的文化精英。据此试看以下情况：

以汉文化说：入世文化。除去固体文化诸如城垣堞楼、官廨衙署、庙宇祠堂、驿站亭舍等不说，和基层群众文化诸如衣食住行、婚丧嫁娶、民间信仰以及中层文化诸如社火高跷、戏剧歌舞、吹拉说唱等暂不表述外，明初洪武永乐约 60 年旨在恢拓巩固，宣德三年（1428 年）始设西宁卫儒学，建文庙、修学堂、设学官、抓教育，成化辛丑（1481 年）科李玑中进士，嘉靖丙辰（1556 年）科张问仁中进士，距始办儒学为 53 年和 128 年，明代考中进士二人，其第一人是土族，清代进士 13 人，合计 15 人。他们的出现说明汉文化高潮的到来，但不能不说晚熟了。

同样道理，藏文化是出世文化。"雪域智者"鲁沙尔人宗喀巴（1357—1419）元末明初人，诞生在西宁，成熟在西藏，创立格鲁派。以后称得起精英学者的三世章嘉·若贝多杰（1717–1786），三世土观罗桑却吉尼玛（1737—？），夏噶仓（1781—1851）和智贡巴贡却丹巴杰（1801—？），都是清代人。从西宁城往东 80 公里庄严瑰丽的瞿昙寺，是明代修的；往南偏西 25 公里金碧辉煌的塔尔寺（梵宗寺），是明末和清代修的；东北 65 公里的佑宁寺，始建于明末，清雍正十年重修，往北 50 公里的广惠寺，始建于清初，清雍正十年重修。总之，从吐蕃王朝创立文字算起，到明清也是晚熟了。

至于伊斯兰文化，人们从东边一进入西宁，即可看到东关清真大寺巍然屹立。它始建于明洪武三十年（1397 年）左右，以后多次重修。穆斯林群众中教派不少，教长阿訇林林济济，但能称得上伊斯兰学者精英的实属罕有。也可以说文化的成熟期来得更晚。检读历史，清初西宁出现"回族四将军"，即马进良，古北口提督；本进忠，云南提督；马彪，陕西提督；高天喜，总兵，紫光阁绘像。可见穆斯林尚武精神，体现出另一种文化特质。至于土族文化，基础文化中多表现出鲜卑传统文化，包涵道教信仰；官方文化中多表现为汉文化特色；宗教文化中多表现出藏文化，即转而对藏传佛教的信奉。相互渗透，多元综合。

我们再仔细体察西宁城内外，有火神庙、马祖庙、百子宫（县门街）、药王宫（东关街北）、东岳庙（南门外）、土地祠等道教系统的杂系宫观；有广福观（土族高层人士李英建于明永乐末至宣德初年）、北斗宫、真武庙（北古城）等道教的代表性宫观；也有北山寺（又名永兴寺）、南禅寺、雷鸣寺、印心寺、铁佛寺等汉传佛教寺院；还有孟公祠、贤良祠等官方修建的尊贤尚功纪念性祠庙等。多民族必然导致多样化，可谓文化的多元综合。

历史发展到清末和民国，发展滞后，前进缓慢，虽然有工业文化之风吹进来了，但力量微弱，水波初澜，几种传统的农耕文化和牧业文化的格局和状态基本上依然故我，无甚变化。西宁古城在解放前夕，城里城外人口不过5万，现代工业先行的铁路，远在千里之外的宝鸡。近代城市具有的楼上楼下、电灯电话、上水下水、柏油马路、汽车摩托，无从谈起。土路街巷，低矮平房，"晴天满城灰，雨后一街泥"。城市旧貌换新颜，那是1949年9月5日红旗飘扬西宁上空以后的事，尤其是在新世纪开始后西部大开发进军号声中实现的。

文化是一个民族的灵魂，也是一个城市的灵魂，历史上农耕文化与牧业文化不断汇聚沟通，不断互动互融，逐渐将旧的边缘消融为新的中心，中华民族实体就是这样地不断得到发展和巩固。述往事，思来者，源远流长。人们读过这篇绪论以后，从中得到些对振兴中华有益的思想文化力量，那就是笔者所企求的。

第一章　西宁的自然环境

第一节　位置和气候

西宁位于东经 101°46′，北纬 36°37′，海拔高程 2300 米左右，城中 2275 米。地势大致是西高东低，呈慢坡度流水槽形状。翻开世界地势图，欧亚大陆中部偏南有一大片以棕褐色彩显示的高原，它就是雄浑巍峨的青藏高原。这个高原以其海拔之高、面积之大、地貌之完整，为地球上所独有。因此，被人们称作"世界屋脊"。河湟谷地位于这片高原的东北部，东联陕甘黄土高原，海拔多在 1800~2000 米左右，西宁就位于河湟谷地的中心位置。河湟谷地东头湟水出省处（民和下川口），海拔 1650 米，比东岳泰山还要高出约 100 米。谷地西头湟源县境内的湟水谷地海拔 2470~2700 米。农牧区分界的日月山在湟源县西境，日月山牙豁海拔 3546 米，其高峰恰合日 4617 米。日月山西边几十公里外就是美丽迷人的"青海湖"，海拔 3200 米，面积 4573 平方公里，是我国最大的内陆咸水湖。诗圣杜甫《兵车行》笔下"君不见，青海头，古来白骨无人收"曾被称作"仙海"的"青海"，早已掀开了神秘的面纱，成为今日国内一个新的引人瞩目的旅游热点。

西宁地高天寒，气候特点为寒冷、缺氧、干燥。西宁年均气温 5.7℃，比同纬度的济南 14.2℃ 要低 8.5℃，而与东北的沈阳、长春相似。按地势每升高 1000 米气温下降 6℃ 来看，西宁及其周围为全省的温暖区。如果按候均来划分四季，这里没有真正的夏季，而是长冬无夏，春秋相连。七、八月份气温最高，白天平均不过18℃～26℃，极端气温为35.5℃。且昼夜温差大，夜间气温在10℃～13℃，睡觉时还须盖薄棉被或毛毯，无蚊少蝇，无需蚊帐，不用扇子。秋冬昼夜温差达15℃～20℃。冬季较长，但不阴冷，烤火取暖季节有6个月（10月半至次年4月半），湿度较低，气候干燥，最冷的几天达–25℃～–30℃。夏季气候宜人，暖如春，凉如秋，是避暑胜地，称作"中国之夏都"也颇贴切。

由于海拔较高，空气干燥，透明度好，太阳辐射强，日照时间长，使人感到阳光灿烂，碧空如洗。气压较低，含氧量减少，比海平面少约20%，水的沸点在94℃左右。降水量较少，低温且少雨。诚所谓"八方各异气，千里殊风雨"。降水多集中在七八月份，且多夜雨，间或伴有雷声。而下冰雹的次数，总会有几次。

湟水发源于海晏县包忽图山，全长370公里，于兰州市西达川注入黄河，流域面积3200平方公里。湟水流域有山地和盆地，有丘陵和峡谷。峡谷有巴燕峡、札马隆峡，在西宁之西；之东有小峡、大峡、老鸦峡。峡谷一般长5～6公里，其中老鸦峡最长，17公里，迂回曲折，峭壁悬崖，为甘青两省交通要冲。谷地中的小盆地有西宁盆地、乐都盆地、民和盆地，其中以西宁盆地最大。东至小峡15公里，西至札马隆峡即西石峡30公里。湟水谷地两侧普遍覆盖着黄土，经过流水切割，多数已成黄土梁、峁和低山丘陵，有多阶阶地。这里土地肥沃，气候适宜，水源充沛，是优良的农耕区。两汉、唐朝、明朝历代都在湟中屯田，号称"三百里湟川"，是有来由的。

在交通上，湟水谷地也占有重要地位。汉代以前的交通状况，尚处在发轫时期。西汉而后汉军西进湟中，自金城（兰州）经今民和、乐都至西宁，沿湟水河谷上行。或从金城渡大河北行至令居，西行经河桥驿渡大通河，顺冰沟南行到破羌（今老鸦城），汇入湟水谷地上行。湟水河谷道路，古称河湟道。从西宁北川北行，越达阪山，穿斗拔谷至张掖，称西平张掖道（今有宁张公路）。从今甘肃临夏，渡黄河，到民和，北行汇入河湟道。由西宁西行，到青海湖畔，接羌中道（也称青海道），西达婼羌。这些道路均为著名的"丝绸之路"的组成部分。因为羌中道在河西走廊的南边，并与之平行，所以称作"丝路南道"。

其次，从长安到拉萨的"唐蕃古道"，进入青海省境内以后，即通过以西宁为重镇的"三百里湟川"，向西越过日月山，走今海南州到黄河源地区，向藏北，到拉萨。总之，湟水谷地三百里湟川，是天造地设的富庶之地。在湟水谷地的南边有黄河谷地，从龙羊峡向东到积石峡，是又一个富庶的河谷地带。上述两个谷地连同与之连在一起的小河流小盆地，占全省土地面积 4%，养育着占全省 60% 以上的人口，可见这是一片"湟水流春烟雨外""河上垂杨拂翠烟"的十分可爱的地方。以上这些条件，是历史上长期在这里设置郡城的主要因素，而且使西宁成为交通要冲和兵家必争之地。

第二节 山岭和川道

西宁处在青藏高原与西北黄土高原的过渡地带，四周群山环抱，湟水自西而东流经其间，古城邑即今市中心区坐落于"四川一水"的狭长河谷冲积小平原上。川在山岭之间，两边有山，山谷中间才有川道。西宁处在东西南北四条川道交汇处，一水指的是湟水。西宁的山，大致说来有北山和南山，湟水之北为北山，湟水之南为南山，统属于祁连山系。北山是达阪山支脉的延伸部分，南山是拉脊山支脉的延伸部分。所谓"万山环抱，两山夹峙，湟水中流"，或者"四川外控，一径内通，三水绕城，万峰排闼"[①]，就是对这里山川地势比较形象的概括。

一、北山和南山

达阪山系支脉达阪山又名大寒山，位于西宁以北 65 公里，是大通县与门源、海晏、互助等县的分水岭，海拔 4622 米。延伸到西宁城邑北边的有下述诸山：

北山 因位于郡邑北边，故名北山，湟水从山脚下东流，距郡城约 3 公里，海拔 2612 米。该山气势雄伟，南邻湟水，西与北川相连为一断带，东接泮子山，

---

① （清）杨应琚：《西宁府新志》卷十《地理·疆域》。

浑然一体,形如巨龙。为"郡城后屏"①。北山又名土楼山,郦道元《水经注》说:"上有土楼,北倚山原,峰高三百尺,有若削成。楼下有神祠,雕墙故壁存焉。"阚骃《十三州志》说:"西平亭北有土楼神祠者也,今在亭东北五里,湟水迳其南。"土楼山上有神祠,祠为洞窟式,洞窟中供养着各种神祇。例如18洞中供养西王母,还说她姓杨名回字婉吟,系明代所为。山上有寺,旧称土楼寺,俗称北山寺,因与南禅寺遥望相对,也叫北禅寺,始建于北魏,又名永兴寺,"湟中古寺第一"②。山顶之宁寿塔,建于明初。远望北山,杨柳丛丛,烟雨濛濛,"北山烟雨"为古湟中八景之一。"北山隐约树模糊,烟雨朝朝入画图",景色美丽,如遇阴天,从下望之,薄烟层云,缭绕飘浮,山形忽隐忽现,如同一幅水墨图画。

洋子山 位于郡邑东北部,距郡城约5公里,海拔2863米。西连北山,以黄鼠沟为界;东与石灰沟和沙棠川相连为一断带;南侧边缘陡峭;东西绵延10公里有余。该山沟壑纵横,盘折交错,宛如游龙,很早以前有"盘龙山"之称。环山之中,有村落如在盘底,因而又称"盘子山",后更名"洋子山"。人畜饮水,旧时靠涝池和窖水。以其高耸,1985年于山巅修建电视调频发射台,并修筑盘山公路直达山顶。山中蕴藏着丰富的石膏矿石。

傅家寨东山 位于湟水北中庄乡朱家庄和傅家寨的背面,南北走向。北起互助县境,入西宁境以后形成西宁东北方的屏障。由傅家寨折而东行,至小峡,形成隘口,习称小峡口。"石峡清风",为古湟中八景之一。隘口两岸石山对立如门,中间湟水奔腾东流,是西宁城东出之咽喉,放之则通,扼之则死。汉唐以来,屡设关隘。"崖趾才通马步,舍此行旅无他径。一桥达南北岸……人负驴载,蹄踵相接"③。乾隆元年夏,大雨如注三日夜,"水与桥齐,石沉木浮,荡然无遗,居民病之"。次年(1737年)西宁道杨应琚主持修建河厉桥,取巨木,伐坚石,增高丈余。乾隆三年"大雨如前""此桥岿然独存"④。湟中形胜之区,不可没有桥梁。清同治十一年(1872年)秋八月回民起义军在小峡与清军刘锦棠部血战70天。事后,光绪三年(1877年)七月在峡口设

---

① (清)杨应琚:《西宁府新志》卷一《地理·疆域》。
② (清)杨应琚:《西宁府新志》卷十五《祠祀·寺观》。
③ (清)杨应琚:《西宁府新志》卷三十五《艺文·记》"西宁小峡口河厉桥碑记"。
④ (清)杨应琚:《西宁府新志》卷三十五《艺文·记》"西宁小峡口河厉桥碑记"。

关，"南关曰武定之关，志兵威也；北关曰德安之关，饬吏治也"。[①]峡中崖高沟低，阳光极少照入峡底羊肠道上，寒风时常拂拂，即使夏季，也凉风习习，所以称石峡清风。"石峡新开武定关，东西流水北南山。行人莫道征尘污，两袖清风自得还"。[②]

上述西宁北山，东起小峡口，西至土楼山，长约14公里。西宁西北方向，有大有山和小有山。

大有山　位于郡邑西北方向湟水以北、北川河的西侧，海拔2655米，山区面积约3平方公里。东临小有山，西至马家沟，北接刘家沟，南到西杏园。旧时土地干旱，居民靠窖水和涝池积水以供生活，所以曾经得名旱坪山。山上有土司李氏祖茔。

小有山　位于北川河西，距郡城约5公里，海拔2402米。东邻毛胜寺，西倚大有山，南至小桥，北连北川西山，呈圆柱状山岭，山势平缓，黄土覆盖，山上多辟为农田。

拉脊山系支脉　拉脊山又名拉鸡山或腊鸡山。其支系在西宁郡邑南边，称南山。东起杨沟湾，西至阴山，长约24公里。其自然段落，各有山名，叙述如后。

凤凰山　位于郡邑正南方向，海拔2466米。南依南酉山，下临南川河为一断带，北部山麓与郡城相接，东与纳家山相连，绵延约11公里，直至小峡口，为西宁之前屏。相传南凉时，有凤飞临山巅，筑有凤凰台。该山高峻特起，俯瞰古城。从下仰望，山顶台上浮云飘流，绵绵不断。因此称"凤台留云"，为古湟中八景之一。有诗云"凤台何时凤来游，凤自高飞云自留。羌笛一声吹不落，纤纤新月挂山头"。[③]山腰有古建筑群即南禅寺，始建于明代。旧时在凤凰台旧址建凤凰亭，亭高23米，居高临下可俯瞰西宁全城。凤凰亭南几十米处有伊斯兰教"拱北"，乃元代伊斯兰教贤人古不都·兰巴尼之墓地，元西宁王速来蛮为之建拱北，立碑石。

纳家山　西接凤凰山，以瓦窑沟为界，东为塔尔山，东西走向。海拔

---

① 左宗棠：《西宁小峡河新筑南北两关记》，《西宁府续志》卷九《艺文志》。

② 张思宪：《石映清风》，《西宁府续志》卷十。

③ 张思宪：《凤台留云》，《西宁府续志》卷十。

2563米。

塔尔山　位于郡邑东南，距郡城约10公里，西与纳家山相连，山顶有塔，因名塔尔山。海拔2870米。与凤凰山等组成西宁城的南屏障，统称南山。南山之南侧是东西走向的小南川。塔尔山上有南凉王秃发利鹿孤墓，名西平陵。

西山　东临南川河，西接火烧沟，逶迤西行至湟中县境，为西宁之西南屏障，习称西山。海拔2600米，上有植物园和林场。

南酉山　又名熊家山，位于南川河东侧和凤凰山南边，呈南北向，距郡城约4公里。海拔2416米。山顶矗立丰碑，地势蜿蜒起伏，旧时林木茂盛，宜农宜牧。山上有南酉村。

南山、北山是西宁郡城的南北照山屏障。明清以来，郡城居民主要为汉族，东关主要为回族。汉回人民丧葬习俗为土葬，而土葬大多选在山下山上。所以旧时南北山上多墓田。每逢清明节、中元节，汉族出城祭扫，各自纷然。

二、东西南北四川

两边山岭峻峙，中间必有川道和水流，西宁郡城就位于"四川交汇"之处。什么川呢？兹分述之。

东川　位于郡城以东，南北二山夹峙，南有塔尔山，北有泮子山，以湟水为界分南北两岸。农田片片，村落坐落其间，杨柳成荫，牛羊鸡犬一派田园景色。南岸主干道是西宁的东大门，东通兰陇。唐代的鄯城县，近代的乐家湾兵营，均位于这里。湟水北岸是通往沙棠川和威远城的必经之地。1959年通车的兰青铁路傍湟水北岸穿行于东川。东川的东口为小峡隘口，形势险要，清末筑有武定、德安二关。

西川　南北两山对峙，以西川河（湟水流经该地称西川河）为界分南北两岸。郡城西去的通道过拦隆口，走湟源、翻日月山，即由西川南北两岸西行。西行约27公里，北岸有多巴镇，东汉时临羌县故址在此。明代茶马互市是这里重要的民间贸易活动，茶马司衙门设在郡城北大街，而茶马交易场所则在多巴。清初几十年间，"土屋毗连，居然大市"，绵延三四里，番和回多焉。远而西域回夷，来此贸易。近而青海湖畔、大通河边的蒙古族人，到此互市。管理市场，由达赖黄台吉派宰桑主持。多巴相对湟水南岸即镇海堡。清初"茶马互市之通衢也。东距西宁，南连银塔，北近多巴而接北川，西逾湟河而通石峡……以是为西宁之门户焉"[1]。镇海堡历史悠久，西汉设临羌县于此。唐代，称"临蕃城"。宋代称"林金城"或林擒城。明代设镇海营驻兵，万历以后改设参将。清初，驻兵290余名，设参将。清代后期，仍设营镇守，并巡防大小康缠等处。

北川　东西两山夹峙，从达阪山流来之北川河（又名苏木莲河）穿行其间，以河为界分成东西两片。西宁之北大门在北川，北通河西走廊张掖，此乃必经之路。隋时炀帝西巡，在今西宁东南化隆县境拔延山阅兵后，即经由北川长宁谷北行，宴群臣于金山（金娥山，今称娘娘山）。帝姐乐平公主即前北周天元皇后随行，死于北川，葬在金山，建有圣姥庙，故俗语称娘娘山。该山在今大通县境内。宋代，北川距西宁30公里处设有宣威城，也称牦牛城。上述湟水从西川而来，在郡城西汇合北川水和南川水后，北绕古城浩荡东去，当春日变暖四山冰雪融化，汇入湟水，波涛汹涌，蔚为壮观。加上两岸杨柳吐翠，碧烟缭环，有"湟流春涨"的美称，也是古湟中八景之一。有诗云："湟流一带绕长川，河上垂杨拂翠烟。把钓人来春涨满，溶溶分润几多田。"

南川　东西两山对峙，南川河穿行其间，过郡城西门，至郡城西北汇入湟水。南川是西宁南行赴浇河城、贵德县的必经通道。顺南川南行至徐家寨折而西去，25公里处即鲁沙尔镇。"雪域智者顶饰"、黄教创始人宗喀巴就诞生于鲁沙尔，为纪念宗喀巴而修建的塔尔寺，位于鲁沙尔镇南边莲花山麓，清乾隆帝赐匾题为"梵宗寺"。它与西藏的噶丹寺、色拉寺、哲蚌寺、札什仑布寺和甘肃夏河县之拉卜楞寺（慧觉寺）合称"藏传佛教六大寺"。

三、河流和沟壑

（一）河流

古代西宁附近的地表水相当丰富，也是城市存在不可缺少的条件，宜农宜牧，离不开充沛的水源。西汉宣帝时赵充国在湟中屯田，曾写出"屯田十二便"。其《屯田奏》中所云"浚沟渠"[2]，即兴修水渠灌溉田地。东汉光武

---

[1]　（清）梁份：《秦边纪略》卷一《西宁边堡》，青海人民出版社1987年版。

[2]　《汉书》卷六七《赵充国传》。

帝建武十一年（35年）授权马援处理羌人事务，视察后上奏说："破羌以西，城多完牢，易可依固。其田土肥壤，灌溉流通。"[1] 可见这里水源充沛。

湟水　前已述及，湟中之名即因湟水而来。旧时水流颇大，可放皮筏直下兰州。宋代青唐政权抵御西夏来攻，曾利用湟水破敌。景祐二年（1035年）西夏遣将苏奴儿率兵25000来攻，败于宣威城。元昊亲自率兵来河湟，破宣威城，进逼青唐城，唃厮啰坚守数月之久。唃厮啰暗派人侦敌人虚实。西夏兵渡湟水"插帜志其浅""潜使人移植深处"[2]。及大战，西夏兵视帜渡，"溺死十八九"[3]。此后西夏兵再不敢轻视青唐了。

北川河　古名苏木莲河。发源于达阪山南麓，由宝库河、黑林河、东峡河汇为一河，因处于西宁北川，故名北川河。全长149公里。到西宁西北之小桥（也称小桥儿）与湟水汇合。两汉时小月氏人活动在达阪山一带。1973年北川上孙家寨东汉墓中出土"汉匈奴归义亲汉长"铜印一枚，据考证系匈奴别部卢水胡人，曾有一部分居住北川。魏晋时在北川设长宁县。清雍正时在达阪山南设大通县，由西宁府统辖。

南川河　发源于拉脊山麓的上新庄乡境内，因处于西宁之南川，故名南川河。南凉秃发乌孤时，麒麟来游，故旧称麒麟河，全长49公里。郡城西门外二十余步于南川河上架有通济桥。雍正十年（1732年）建，河宽水急，屡被冲泻，重修。通济桥以北，有莫家路桥，横跨南川河上。南川伏羌堡，距郡城约20公里，宋时鄯州之倚郭县治此。

沙棠川河　西宁郡城东北部，源于达阪山南麓互助县境内，至韵家口汇入湟水，全长约70公里。因主要流域在沙棠川，故名沙棠川河。该河自北而南流经南门峡、却藏寺、威远镇、雷家堡、陶家寨等。明代永乐四年（1406年）曾设苑马寺于碾伯，统辖四监十六苑，在沙塘川设麒麟苑、温泉苑等。在宜农地区发展牧业，与农争地，难以持久。30年后，正统二年（1437年）裁甘肃苑马寺，原所牧马匹改隶陕西苑马寺。沙棠川等地的农业稳步发展。明末天启四年（1624年）在威远镇中心修建钟鼓楼。楼高三层，飞檐斗拱，庄严

---

① 《后汉书》卷二四《马援传》。
② 《宋史》卷四九二《吐蕃传》。
③ 《宋史》卷四九二《吐蕃传》。

华丽，今为互助县城标志性建筑。威远镇之西有五峰山、五峰寺。五峰林立，形如举掌。山腰有二大泉，小泉多眼。林壑之美，最为古湟中胜地。距郡城约 40 公里。湟中多山，"非无山也，皆濯濯童阜耳。兹山高而锐，峰众而多，穴有泉流，以益其奇"[1]。五峰飞瀑为古湟中八景之一。有诗云："五峰如掌列云端，瀑布飞流似激湍。六月炎天来避暑，松声飒飒水声寒。"

上述诸水，湟水东流，在郡城附郭汇入北川河，南川河和沙棠川河，所以流量较大，水源充沛，得灌溉之利。

（二）沟壑

有山有川有水，当然也有沟壑。有沟也会有水，如遇暴雨，会酿成洪灾或泥石流，不能不成为关注之点。主要有下述：

大寺沟　位于北山寺东侧朝阳地区，全长 7.8 公里，系自然形成之泥石流沟。民间传说，沟出山口处的寺台子村在明永乐年间建有铁佛寺一座，沟因以寺名。

瓦窑沟　位于城东南山。沟西岸原建有砖瓦窑，因而得名。上段称苦水沟，平时无水，下雨排洪，系自然形成的排洪沟。下段经郡城东关玉带桥下注入湟水，全长 8.4 公里。

刘家沟　位于北川石头磊村，又称石头磊沟，属北川河水系。沟长 10.2 公里。

杨沟湾　位于东部南山杨沟湾，故名，属湟水水系，源出坟台，出口于杨沟湾村，长 2.9 公里。

火烧沟　位于西川南山。到苏家河湾出口注入湟水，长 19.3 公里。

海子沟　位于西川北山，到三祁村注入湟水，长 17.2 公里。此外，南川有崖来沟、曹家沟及其他小沟多条，群山环抱，四川汇流之地，沟沟壑壑所在皆有，不细述了。

---

[1]　（清）杨应琚：《西宁府新志》卷三十五《艺文·记》"湟中五峰山寺壁记"。

第三节　关隘和古道

古湟西宁，河西边郡，一线东通，三面牧荒，直到明代，仍被称作"湟中四境接穷荒"[1]，"遐荒绝域，靡不可通""实当四面之冲，无一郡为近援"[2]，"势如斗城"[3]。它前瞻乌斯，背倚祁连，东屏兰陇，西达葱沙。据兰靖宁延之上游，当庄浪甘肃之右臂。如西宁弃守，则兰陇不保；兰陇不保，关中危矣。所以东汉马援主张，湟中是战略要地，"不可弃也"[4]；北宋王韶认为，"欲取西夏，当先复河湟"[5]；明代西海蒙古火落赤则说："留兵牵制西宁，精兵捣河洮临巩、则（河西）五郡皆囊中物。"[6]西宁之重于河东河西者，已较然了。反观历史，东汉时汉羌战争，唐朝时唐蕃争雄，湟中陷没均在五郡之先。明清两代，加意经营，遂成雄镇。明万历十八年（1590年）有兵部尚书郑洛坐镇西宁经略西海之举，随后万历二十三年（1595年）有田乐、刘敏宽主持"湟中三捷"；清代雍正初年（1723—1724年）有平定罗卜藏丹津反清事件之事。否则，西宁古城、河湟边郡的历史，则将别论了。西宁由县而郡，而州而卫，而府而市，成为一省之省会，"沃衍之区，巨丽之镇"，并非偶然，实有其必然之势。

明设西宁卫，清设西宁镇，驻有重兵。与别的边卫郡城不同者，"左右前后，无所依仗"。"所恃者，峡榨、闇门、边墙、水洞、城堡、营寨、墩堠鳞次栉比，时时增修，足少恃焉"[7]，所以写"关隘和古道"一节，以志其确实有所不同。

---

① 明人詹理《西宁道中》诗，见《河湟诗词选注》，西宁市志编委，1990年版，第128页。

② 苏铣：《西宁志》，《重刊西宁志序》，青海人民出版社1993年版。

③ 苏铣：《西宁志》，《重刊西宁志序》，青海人民出版社1993年版。

④ 《后汉书》卷二四《马援传》。

⑤ 《宋史》卷三二八《王韶传》"平戎策"。

⑥ （清）梁份：《秦边纪略》卷一，青海人民出版社1987年版。

⑦ 《西宁卫志》卷二《兵防志》，青海人民出版社1993年版。

一、关隘和堡寨

（一）关隘

《明一统志》说，西宁"万山环抱，三映重围"。环抱西宁的山很多，重重叠叠，近者有雪山、金山，远者有昆仑、祁连，上文叙述了夹城的南山北山。湟水一线流通，东有三峡，西有二峡，构成关隘。

小峡　城东15公里，又名硖口。地极险阻，为湟、鄯往来咽喉之地。曾名湟峡、漆峡。清光绪时筑德安、武定二关。

大峡　郡城东45公里，碾伯城西15公里。小峡和大峡之间，今属平安县境。平安城，旧名平戎驿，汉魏时安夷县所在，赵充国屯田湟中时平中营在此。大峡，宋时名洒金坪和省章峡，筑有省章城。峡长400米，南山头高程2700米，北山头高程2600米。山峰对峙，湟流湍急，较小峡尤为雄峙。

老鸦峡　位于碾伯城东25公里，距西宁85公里。峡长15公里，南山顶高2100米，北山顶高2300米。出峡口东有莲花台。湟水流经峡中，傍岸行，有大小石崖，极险峻，称大小鹦哥嘴，马难并行，系东赴兰州之捷径。汉时称四望峡。峡内有唐代所修阁道即栈道。出峡口之西有鲁班石、鲁班亭，古破羌城（今称老鸦城）位于峡口之西湟水北岸。有诗咏老鸦峡"曲径迂回两岸间，斜阳卸影鸟飞还。云垂峭壁青千丈，风皱奔流绿一湾。踏破丹梯崖作磴，凿开石锁路为关"，描绘出老鸦峡的雄险壮奇景象。古时该峡人迹罕至，东来入湟者多走冰沟。1925年后老鸦峡始通行旅。1941年后，炸药崩石，展宽道路，始称通途。

明清两代和民国时，由兰州来西宁，走永登，过河桥，经冰沟，至古破羌，顺古湟大道西来。冰沟位于碾伯城东北45公里处，明洪武十九年在此修筑土城，设驿站和递运所。嘉靖卅年筑定西门，为进入湟中的门户。1925年前冰沟一直是繁华小镇，有商店、旅店、社学、寺庙。1925年后因官道改行老鸦峡，此道遂废。以上是西宁以东之三峡。

西石峡　从西宁顺湟水西上35公里，有西石峡，也称戎峡。峡长13公里，危峰壁立，南北陡峻，奇石突兀，湟流湍急，回环曲折，为西路要隘，有泥丸封之一夫当关之险。峡之东口有清人鄂云布题刻"海藏咽喉"大字。如果从西石峡东边和多巴即新临羌西边顺西纳川西北行，经拦隆口、邦巴（上五庄），

27

则进入长 15 公里之水峡。林木茂盛，野花遍地，流水哗哗，诚幽胜之山谷。上游通青海湖北岸之金银滩，下游西纳川汇入湟水。顺水峡乃古临羌道通古西海郡城之便捷道路，是明清两代设防驻兵之要隘，拉课营设于水峡口之东。

巴燕峡 位于丹噶尔城西北 15 公里，峡长 8 公里，山高峰险，崖岩错列，湟水蜿蜒峡中。此乃古代经青海湖北岸通往西藏大道，曾被称为"藏大路"。另一条通藏大路则是从丹噶尔城西南行，经药水峡，出日月山隘口的大道。这条大道是著名的"唐蕃古道"上重要的一段。

（二）堡寨

西宁郡城四条川内坐落着许多堡寨，是居民之所栖住，同时也是边郡的防御体系组成部分，与华夏大地上内郡府县的村镇堡店等有所不同，所以略加叙述。隋唐时堡寨如何，史料缺如，难以表述。唐人吕温于德宗贞元二十年（804 年）冬出使吐蕃，留有《经河源军汉村作》诗云：

> 行行忽到旧河源，（废弃的河源军，即西宁）
> 城外千家作汉村。
> 樵采未侵征虏墓，（打柴人没有侵扰唐军征战而死的将士之坟墓）
> 耕耘仍就破羌屯。（唐遗民仍在古破羌县村落边耕耘）
> 金汤天险长全设，（天然关隘天险雄关，故云长全设）
> 伏腊华风亦暗存。（伏天腊月保留中原旧日风俗）
> 暂驻单车空下泪，
> 有心无力复何言（云）。

唐朝在西宁设鄯城县，又设河源军，城外汉村星罗棋布，安史之乱后唐军东撤，吐蕃乘势占领河陇等地原属唐朝之郡县。汉村唐人，徒令人空下泪了。明代和清初的三百年间，西宁城外的堡寨，由明初军事屯田制度发展演变，村村筑有寨墙堡门，可以自卫御敌，名某某寨某某堡；配合烽墩火光通信设施，构成比较完整的防御体系，确实有异于内郡。

烽墩即烽火台，读史者对"周幽王烽火戏诸侯"的故事都知悉，说的就是遇有军情在烽火台上点火（柴禾中掺狼粪，烟气冲天，利于火光传讯），急速传递信息之事。据《西宁志》，明时西宁卫城四周通道上有烽墩 74 个，万历时增置 25 个，共 99 个。清代雍正、乾隆时仍予以关注，不时整顿维修。直到 1958 年前后，这些烽墩仍然屹立在古道旁。青海民族学院今日湟水南岸校址，当时在校门口就有一座烽耸立，高有数丈，下部有挖空土屋，乃驻兵丁住用。以后在扩大基建中这些烽墩被一个个铲平了。惜哉，如果能保留一两座作为历史教材，也许对西宁历史能增些异彩。

南川　南有山庄城南五里　沈家寨城南十里

逯家寨城南河东十里　靳家堡城南十五里　水磨堡十八里

陈家堡又一里　宁远堡二十里　总堡二十二里

水泉儿堡　桑家山城　老幼堡三十里

王斌团堡　高峰山城　徐家山城

新添堡　伏羌堡四十里　井家山城又三里

孙家山城又五里　甘家山城　靖边堡

祁家庄四十五里　申中台庄　加牙庄

陈家滩庄　乞达真寨又名田家寨，东南四十五里

石嘴堡又东南五里　哈剌山城八十五里通贵德之路

窑庄、年家庄、红庄、峡门庄、巴庄（小南）综计四十余堡寨

西川　杨家寨城西五里　盐庄山城十里

刘家寨　彭家寨又五里　高台堡

杏园堡二十里　深涧堡　三旗堡又五里

陶家大堡三十里　小泉堡又二里河南　乌思巴堡三十五里

宋家堡　双山堡　陶家小堡

韦家堡三十七里　徐家堡四十里南北二寨又名双寨

甘河堡四十七里　花园堡四十五里　汪家寨

镇海堡五十里驻兵　葛家集五十里　徐家寨六十里

庇迭沟堡七十里　两旗堡　吴仲堡

李家团堡　景家山城　朱家堡

康城寨折向康城沟　综计四十余堡寨

北川　刘家上下二寨二十里　孙家上下二寨三十里

双苏堡二十五里河北　蔡家堡二十五里　杭五堡三十里

宋韩堡四十里　大寨子堡四十里　清水沟堡四十里

靳家堡四十里　朱尔总堡四十五里　下鲍堡

上鲍堡五十里　新添堡五十里　下马圈五十里

上马圈堡七十里　毛家寨六十里　临水堡

依山堡　石山堡　平房堡八十里

猪尔沟总堡八十里　长宁堡四十二里　黄家寨四十七里

永安堡六十里　庙沟堡六十五里　柴家堡七十里

综计三十余堡寨

沙棠川　三其堡河东，三十里　五其堡东北四十里

甘雷堡五十里　总堡六十里　蒋家山城

陶家寨　威远堡东北九十里　新元堡六十五里

双树堡七十里　魏湾堡七十三里　唐巴堡九十五里

蔡家上下寨九十里　下马圈堡百里

东川　曹家寨附城五里　十里铺

罗家湾堡十五里　西沟堡廿五里　高寨三十里

中寨四十五里　石峡口堡五十里　平戎堡七十里

西营堡六十里　东营堡八十里　庙嘴堡八十里又名大寨

高墙堡东南九十里　杏园儿寨百里

据顺治《西宁志》，总计 134 个堡寨。到嘉靖时增至 240 个堡寨。

二、边墙和閘门　附峡榨

边墙是什么？是高一丈五尺、垛高四尺（有的四尺以上）、底阔一丈五尺，顶阔五尺或五尺以上的一道蜿蜒曲折的长墙。边墙有多长？何时何故修的？据顺治《西宁志》卷四说：西宁南北等川的边墙共四万四千五百又七丈，计二百四十七里九十四步。将各段边墙实际长度加到一起，有三百里左右，比上述长度要长许多。主要是明代中期以后穆宗隆庆时（1567—1572 年）和万历一至四年(1573—1576 年)修筑的。清代雍正时在门源一带修筑过一段边墙。

为什么要下那么大工夫修筑几百里长的边墙呢？当时为加强西宁的防御设施，不使"悬在天末""僻在边隅"①的西宁遭受敌方骑兵的突然攻袭，依杨一清（曾任总制三边）的建议增筑边墙，河西走廊也有边墙。

西宁周围的边墙从大处看像个 U 字形或马蹄形，东边缺口，南北西三面围住西宁。北线：东头从永登（属甘肃兰州市）向西延伸，顺互助县北山（大通河以南），经东闇门（闇门峡）到大通县元朔山，再到西闇门（今桥头闇门）金娥山，再西到湟中县西纳川的喇课、剌沙尔，折而向东进入康城沟，大小班沙尔南闇门，一直延伸到贵德县境内。南线：遗址清晰的是在民和县境内的一段边墙。从上川口的边墙村窄道地方起，东行到下川口，再东南延伸到甘肃省境内，与洮河边墙衔接。这条边墙位于湟水以南，明代隆庆三年修筑。至于碾伯县（今乐都县）南境内高耸的东西方向的青沙山，尚未发现边墙遗踪。据史载：斩断山崖或挑壕，使敌马难入，有一万三千余丈长，约百里。

有边墙就有闇门（或暗门），在山间隘口古道必经和耕牧樵采通行之处，从边墙上开个门，以便出入，名之"闇门"，共有二十多座闇门。例如南川大小康城沟有七座闇门；西纳川和西石峡有四座闇门；北川营所管有西闇门、东闇门；威远所管石峡闇门、北山闇门等等。闇门也写作暗门，后讹称"南门"，如互助北山南门峡，原写为"闇门峡"。再如西纳川的拉课，位于川脑，南有阳霸山，北有奎星山，两山对峙形成天然门户，通水峡达西海郡古城的西纳古道就从这里通过。清雍正时在暗门故址筑城一座，设拉课营，驻千总一员和马步兵 190 名。此城墙高一丈三尺，根厚一丈，顶厚二尺多，周长一百八十多丈。设东西二门，东云"望东门"，西名"安西门"。引西纳川水环流，为护城河。拉课城在当时成为海藏咽喉。如今这里边墙边城已成废墟，模糊难寻，只有一个上百户人家的村子，名叫"南门庄"了。青海方言"南""闇""暗"同音，此村沿袭了原先"闇门"的名号，也算是古迹了。

峡榨　也叫边榨。为防守敌骑入侵攻掠，在边墙所过各交通要道建筑的军事堡垒，共三十八处，也叫西宁边榨。

---

① （清）杨应琚：《西宁府新志》卷三四《艺文》"请设营汛以安边氓议"。

三、驿路和古道

西宁对外交通联络主要依靠陆路，自汉代以来即设有驿站，历代相沿。元代称驿站为"站赤"。明清两代，驿站逐步得以固定，以西宁为中心向四周辐射。到清末有固定驿18处，递运所4处，递铺14处。1906年后"改驿为邮"，邮政局取代了驿站。

以清代为例，西宁四通的驿站共有14处。其中西宁在城驿，由西宁知县兼理，有夫32名，马44匹，为诸驿之冠。

东路　平戎驿即平安驿，七十里，驿丞管理。夫31名，马44匹。据《清史稿·职官志》，驿丞未入流，满人不应任此。碾伯在城嘉顺驿，又六十里，知县兼理。夫31名，马44匹。老鸦驿，又五十里，驿丞管理，夫31名，马44匹。冰沟驿，又东北四十里，驿丞管理。夫31名，马44匹。碾伯去东南，原有巴州驿、古鄯驿，乾隆七年裁并。

南路　申中驿，南去五十里，贵德所千总管理。夫2名，马3匹。朝天堂驿，又南八十里，贵德所千总管理。夫2名，马3匹。贵德驿，又南九十里，贵德所千总管理。夫2名，马3匹。

西路　镇海驿，西去五十里，丹噶尔主簿管理。夫2名，马2匹。丹噶尔驿，又西四十里，丹噶尔主簿管理。夫2名，马3匹。

北路　长宁驿，北去四十里，大通守备管理。夫2名，马3匹。

大通在城驿，又北七十里，大通守备管理。夫2名，马3匹。

东南路　碾伯县应付巴燕戎在城驿，碾伯知县兼理。夫2名，马3匹。巴燕戎在城驿，南去一百二十里，碾伯知县兼理。夫2名，马3匹。

驿站之外，还有铺递。马驿，递送紧要公文，铺舍传送寻常事件。因驿马足用，皆由马递，铺递久废，徒留铺名而已。如，城东十里为洪水铺，又二十里峡口铺，又二十里土山子湾铺，又二十里平戎铺。再东二十里杨其铺又二十里马哈喇铺，又二十里铺。碾伯以东有弩木只沟铺、白崖子铺，折而东北甜水铺，山岭铺，冰沟铺。

上述各条驿路，都连接着通向远方的古道，把西宁与中原和边疆、长城和长江，联结到一个巨大的交通网上。试以西路言之。西宁是唐蕃古道上的大站，元明入蕃驿道上之通衢，这条古道，清代称作西宁到拉萨的官马大道。

主要站口如下：西宁西行 50 里临蕃城即镇海堡，又 40 里丹噶尔，折而西南，白水军即察罕素，40 里定戎城，7 里石堡城，20 里赤岭今日月山隘口。西行进入牧区，"烟簇土屋柳罩头"的河湟农村景象到此终止了。经倒淌河即尉迟川，90 里到曲沟附近即唐代王孝杰米栅，经今共和县南行到大河坝，大非川到那录驿，温泉，翻巴颜喀拉山到星宿海。470 里札木隆山口即唐众龙驿，渡西月河，经牦牛河，过藤桥，翻当拉岭，到那曲，赴拉萨。共约 3600 里。明人宗泐曾有诗云："西去诸峰千万层，帐房牛粪夜燃灯。马河只许皮船渡，戎地全凭驿骑乘。青盖赤幡迎汉使，茜衣红帽杂番僧。愧如玄奘新归路，欲学翻经独未能。"[①]

先说东路。从碾伯在城嘉顺驿分岔两路。东去老鸦驿向北经冰沟驿，渡过大通河（即阁门河），经河桥驿而永登至兰州，明清时是东去的官道。从碾伯向东南，经巴州、古鄯，是隋唐时的驿路大道。碾伯，唐代为鄯州，陇右节度使驻地，东南方向翻山丘进入今民和县巴州、古鄯，过黄河东去。黄河渡口有二，一为凤林渡，一为临津渡。凤林渡在河州即今临夏市正北微西约 80 里炳灵寺东，大夏河入黄河口之西的黄河南岸，有凤林关，故称凤林渡。唐代西来湟中，多从此渡河，西北行，到今民和县马营，古鄯，趋鄯州（今乐都）而西宁。文成公主、金城公主入藏，刘元鼎赴藏会盟，都从凤林渡过河而来。杜甫《秦州杂诗》有云"凤林戈未息，鱼海路常难"，乃指此关此津。临津关和临津渡在今民和县官亭黄河南岸大河家，今属甘肃积石山县，原属河州，位河州西北方向。河北岸官亭，是十六国时白土县所在。隋大业五年（609 年）隋炀帝西巡，即在临津关渡河而北，经古鄯而进入湟水流域的。明代，西宁卫至河州卫之间设有七驿，其中古鄯、巴州二驿，到清乾隆七年（1742 年）因不临官道而裁并。

次说北路。西宁北行，越达阪山，渡大通河到门源，西行到永安城，走扁都沟，到民乐，即古西平张掖道。东晋时僧人法显从长安出发去天竺取经，走此路。隋大业五年隋炀帝西巡耀兵，经此路北行到达张掖。

再说南路。西宁经申中驿南去贵德，乃古归义城道，再南行可顺古河南道通益州。再，赴巴燕戎驿，其北乃古勒姐道，通今平安县。其南道通邯川

---

① 宗泐：《和苏平仲见寄》，转引自赵宗福：《历代咏青诗选》，青海人民出版社 1986 年版。

即今甘都镇。过黄河，通古河南道达益州，到达长江中下游各地。

　　上述以外，近年来随着地方经济的发展，西宁市区东西南北各郊，人工养鱼池塘，数以十计，有如满天繁星般点缀在西宁的地面上，出产各种鱼类，这是一个大中城市所不可少的。

第二章　西宁附近原始社会文化

——奇特的文明社会之基础

　　湟水流域是我国古代民族发祥地之一，这里及其附近有相当丰富的古代文化遗存，构成中国古代灿烂文明的一部分。据考古发掘资料说明，距今五千年前马家窑文化氏族公社时期，就有人类在这里居住生息的历史。再往前追溯，西宁周邻已有旧石器文化和中石器文化的遗存。但是，直到西汉初期，这里的土著居民西羌仍然在原始父系氏族公社时期徘徊，迈不进文明社会的大门。这种奇特的社会文明的基础即进入文明社会前夕的社会状况，导致西汉以后这里的民族历史文化出现了许多曲折的奇特色彩。

第一节　旧石器时代和中石器时代

　　西宁是从历史中走来的，需要从历史中去寻根。

　　湟中地区的生态环境和地理条件适宜于人类繁衍生息，这里理应有旧石器时代的文化遗存。可是时至今日尚未发现，我们只有等待了。西宁的西边小柴旦湖畔发现了两万年前旧石器时代人类活动的文化遗址。

　　1982 年 7 月，中国科学院盐湖研究所、地球化学研究所、地质研究所与澳大利亚国立大学生物研究地貌系组成的联合考察队,在小柴旦湖东南岸的湖滨阶地上采集到一批旧石器。次年8月,盐湖研究所在同一地点又采集到一批标本。1984年6月,中科院古脊椎动物与古人类研究所在同一地点找到了与石器共存的原生地层。在这里先后采集到的有石核2件,石片110件,其中包括刮削器、尖状器、雕刻器和砍砸器等41件。除少量使用压制修整技术外,大部分均用石锤直接击打而成。这些石器与原生地层的发现,充分证明这里曾是旧石器时代先民生存过的地方。我们不妨将这批旧石器的主人暂时称作"柴旦人"。据地质学测定,湖滨阶地形成的年代距今有23800年以上;与石器共出的介形虫测定又告诉我们,将石器制成年代定在24000年以上是完全可信的。"小柴旦人"生活在适宜于成群食草类动物生活的疏林草原环境,以狩猎为生。从已发现的这批石器以刮削器为主的组合和制作技术看,具有旧石器时代晚期华北系中"周口店第一地点—峙峪系"的特色,说明这里古人类与华北古人类在文化上的密切联系。"小柴旦人"所处的时代,属于"新人"阶段,原始人群开始逐渐为母系氏族公社所取代。

1980年夏,省文物考古队在西宁的南边贵南县拉乙亥乡(清代属贵德厅辖地)发现了6处不同于新石器时代任何文化类型的遗存。现进行挖掘,揭露面积326平方米,出土文物1480多件,除骨器7件、装饰品2件外,全为石器。石制品中没有使用痕迹的石片占90%左右。石器中有砍砸器、刮削器、雕刻器、研磨器、砥石、磨色板等。其最大特色表明,是旧石器时代向新石器时代过渡的文化阶段的文化遗存。发现30多座灶坑。灶坑一般呈椭圆形,红烧土范围多在40厘米×50厘米左右,平底或呈锅底状,少数为深坑形。遗址内出土了大量动物骨骼,有雉、鼠兔、沙鼠、旱獭、羊、狐以及少量鸟蛋皮。部分骨骼上有火烧和人工敲砸痕迹。拉乙亥遗址中未见陶片和磨制石器等典型新石器时代的文化遗物,也没见房址、穴窖之类新时代居住的痕迹。可归入旧石器时代晚期的细石器遗址或中石器时代。经碳14测定为距今6750±85年。当时人们已出现采集农业,已用兽皮缝制衣服。这一文化遗址的发现,说明当中原地区进入了新石器时代时,这里仍处在旧石器时代。如果站在土楼山上东望长安,在烟雾飘渺中会感到我们这里已经落伍了整整一个时代。

第二节　新石器时代的卓异风采

在西宁市郊的北川、西川、东川，以及邻近的大通、乐都、湟中等县，发现了数十处新石器时代文化遗址。这些遗址都坐落在土地肥美、利于种植、离河流近而又免除水患的河谷台地上。这些新石器时代文化主要是马家窑文化。这是新石器时代的一种文化，1923 年首次发现于甘肃临洮马家窑村而得名。主要分布于甘肃的洮河、大夏河和青海的湟水流域（即世称大河湟地区），生产以农业为主，食物以粟为主，使用石器和骨器，陶器红底绘以黑色花纹，也被称作"甘肃仰韶文化"。

一、精美舞蹈盆惊喜漫古城

1973 年 10 月，在西宁市北川上孙家寨（属大通县管辖）考古工地甲区 M384 出土一件 5000 年前马家窑文化马家窑类型的彩陶盆，盆内壁绘有舞蹈花纹图案。消息传开，引起了国内外考古界、史学界的震惊和瞩目。河湟地区竟然出土了如此精美绝伦的彩陶珍品。这件彩陶盆高 14 厘米，口径 29 厘米，泥质红陶，口径和内外壁绘有叶纹、圆点纹、线纹、圈点纹。内壁最大处绘有四道平行带纹。带纹上面绘有舞蹈画面三组，每组五人，手拉着手，翩翩起舞。每人头上斜侧有一道，似为发辫，向同一方向摆动。每组外侧两人的手臂画为两道，似为手臂上下舞动之意。人体下部画为三道，接地的两竖道为两腿，而下腹体侧的一道似乎为饰物。舞蹈盆的整个画面线条流畅，人物突出，十五人携手并肩，翩翩起舞，表现了先民们于劳动之余在泉水滨畔集体唱歌跳舞的欢乐场景。看到这件在海拔 2300 米的西宁北川出土的艺术瑰宝，许多人深深地激起了对江河发源地区辉煌历史文化的热烈追寻，纷纷著文谈见识，作诠释，企图解开彩陶盆所反映的上古先民的一切文化迷茫未知之数。这颗明珠般的彩陶器物，不仅有力地说明 5000 年前这里并非荒寂之地，早有先民在这里繁衍生息，而且有力地证明先民们创造了灿烂的新石器文化，与中原华夏文明一脉相通，等待人们去认识它，去恢复其本来面貌。

接着在黄河第一曲的同德县宗日——距西宁 340 公里的地方，又出土了两件国宝级的彩陶盆。考古工作者于1993年—1995年在该地清理了220多座古墓葬，出土了许多遗物，包括两件稀有的彩陶盆属于马家窑文化，年代距今5000年前。它与西宁北川出土之彩陶舞蹈盆，遥相呼应，益增迷离。宗日地方当时以农业为主，兼营牧业狩猎业的定居生活。在第157号墓中出土二件彩陶舞蹈盆，盆内壁精心绘制两组人像，分别为11人和13人。头饰宽大，下着裙装，手拉手，在水边集体欢畅舞蹈。形态生动传神，图案充实饱满，花纹自然流畅，又是一件艺术珍宝。在这片曾经被人们遗忘的土地上先后出土两件姊妹式的彩陶舞蹈盆，怎能不使世人睁大眼睛而震愕呢？对于我们这里的上古文化在中华文化中占有怎样的位置，不能再漠然视之了。不仅如此，1995年宗日遗址192号墓又出土了一件国宝级彩陶盆，内绘"双人抬物"图案。这件彩陶盆口径22.4厘米，底径9.7厘米，通高11.3厘米，内外施以黑彩。唇彩为斜线三角纹，外彩为三线扭结纹，这是马家窑文化流行的纹饰。内彩绘在中腹以上部位，主题为四组对称的双人抬物图案，辅以横、竖、粗细线条组成的辅助图案。在双人抬物图案中以圆点表示人的头部，粗线描绘人的躯干，细线表示四肢，两人相向分腿而立，腰背微曲，共抬一个硕大的圆形物体。寥寥几笔，刻画得惟妙惟肖。这幅五千年前无名氏先人的作品，令人叹为观止，钦佩不已。这种彩陶盆与1975年民和县出土的"蛙纹人像倒影盆"在大写意手法上异曲同工，由此可见，生活于几千年前的先民们智力开发的高度。

此外，在这块土地上还出土有陶鼓、陶埙、陶靴、骨笛等珍稀陶器，可谓宝珠列陈，璀璨耀目，值得我们深入研究。不过，就是仅这三件彩陶盆已经足以光耀我们的史册了！

二、中华龙文化西延

这里的马家窑文化在当时中华文化大局中居于何种地位呢？简言之，是中华龙文化的西延。

古代中华大地上，依地理文化条件大致可分为三大区域，即北方和西北广阔草原地带的牧业文化，长江中下游多水地带的稻谷农业文化，黄河流域包括上中下游黄土地带的粟米农业文化。在上述每个大区域文化中，都有许多林林总总的具体的新石器文化。再放大视野，世界上各地新石器文化，各有特点。如中亚和两河流域文化主要是麦子文化；美洲文化主要是玉米文化；黄河上下万里是比较典型的干旱农业文化，粟米和陶器是这种文化的典型代表。黄河下游直至渤海地区的新石器文化是龙山文化，由1928年首次发现于山东章丘的龙山镇而得名。龙山文化的陶器主要为"黑陶"，其精品是薄如蛋壳的有光泽的陶器，也被称为黑陶文化。彩陶文化和黑陶文化，构筑了中华新石器文化时代氏族公社由母系氏族公社繁荣时期并向父系氏族公社时期过渡，组成了中华早期文明。仰韶文化于1921年首次发现于河南渑池县仰韶村而得名，距今约5000—7000年，属母系氏族公社繁荣时期。主要分布在黄河中下游和渭水流域，经济生活以农业为主，食物主要为粟米，日用陶器以红泥陶绘以黑色花纹为特点，所以又被称作彩陶文化。

在祖国大地上，远古时人群部落林林总总，数以逾万，在长期历史发展中，交融汇合，部落由多而少，族体由小而大，多元一体，泱泱乎形成大族。黄河上下游是较典型的农业文化，粟和陶是这种文化的典型代表。在文明程序上，表现出先进性、早熟性和包容性、正统性，构成中华文明的基干，从仰韶文化可以看到它最初的形态和龙头地位。马家窑文化正是延伸在甘青地区的仰韶文化，所以也称作"甘肃仰韶文化"。以粟而言，马家窑文化遗址中普遍出土有瓮藏之杰；以彩陶而言，出土数量之多有数万件，其中珍品足以震撼各地考古界。总之，西宁以及黄河上下游各地，同属于一个文化系统，这是无疑的事。依据考古资料，1987年在河南濮阳市西水坡仰韶文化遗址墓葬中，出土三组蚌龙，距今6000多年前，被称作"华夏第一龙"。在辽宁西部大凌河红山文化遗址中，发现有5000多年前的玉龙，红山文化以1935年首次发现于辽宁赤峰市红山而得名，是新石器文化的一种。在内蒙古翁牛特旗三星他拉也出土了5000多年前的玉龙。这是人们把中华文化称作龙的文化的考古依据，而不是像某些人说的那样虚无主义。仰韶文化沿黄河和渭河向西发展，进入陇右等地；红山文化沿长城迤北草原向西传播。这两支文化延伸到洮河流域、清水河流域（宁夏境内）、河湟地区，相互交错，产生了具有地方特色的甘肃仰韶文化即马家窑文化。所以说，这里的马家窑文化是龙的文化的向西延伸。总而言之，就文化性质说，这里的新石器文化属于中华龙文化。就具体时间说，这里文明的曙光新石器文化，比中原地区晚了千年以上。读者同志们切不可从形而上学或主观主义出发，认为黄河上游江河源头一定是文化源头，把我们这里的古代文明抬升到不符合历史逻辑的地步。人们应该对自己居住的城市或城郊农村的历史文化有个正确的定位。否则，经不起历史岁月的锤炼。

第三节　铜石并用时代的古羌人聚落

继马家窑文化之后发起来的是齐家文化，以1924年首次发现于甘肃广河县齐家坪而得名。具体时间为距今3600—4000年前，大致相当于夏代和早商。齐家文化是马家窑文化的继承和发展，与马家窑文化分布地域大致相同，在湟水流域则稍有扩大，向西延伸到青海湖北岸沙柳河等地。当时人们仍然主要从事农业并兼营畜牧业和狩猎生产活动，过着定居生活。西宁这块地方是当时的风水宝地和河湟中心。这个时期出现了红铜器和青铜器，为铜石并用时代。氏族公社由母系氏族发展到父系氏族。彩陶制作由先前的手工制作发展到轮制技术，陶器质量有所提高。西宁北川的沈那遗址和西宁东边的乐都柳湾遗址，就告诉人们其文化异彩和历史特色。

一、柳湾古羌人公共墓地

柳湾遗址位于乐都县城以东高庙镇柳湾村北的旱台上，北依土山，南临湟水，在湟水北岸台地上。1874年正月开始挖掘，到1976年底已挖掘马家窑文化和齐家文化墓葬1500余座，出土各种彩陶等文物3万余件，已经建有展览馆一所。它是前后延续数百年的氏族公社的公共墓地。既然有如此规模的墓地，当然在其附近也应该有相当规模的聚落，只是到目前还没有发现其遗址罢了，这个历史遗憾是难以补偿的了。

这个氏族公社的公共墓地，位于肥沃的湟水谷地，说明大约四千年前，已有较发达的农业，社会形态已处于父系氏族公社时代，或者说已处于军事民主制时代，已有了"男耕女织"的社会分工。农业和手工业的分工，促进了制陶业的发展，在这里出土30000多件各种陶器，就足以说明已出现一夫一妻制和阶级的萌芽。一夫一妻制的出现，意味着个体家庭出现了。为适应个体家庭的需要，也开始出现了半地穴式的小型房屋建筑，一般为面积十多平方米。个体家庭的产生，也即阶级产生的萌芽。马克思说过："最初在历史上出现阶级对立，是跟专一婚制下的夫妻的对抗状态相一致的；而最初的阶级压迫，是跟男性对女性的奴役相一致的。"恩格斯也说过："在历史上出现的最初阶级对立，是同个体婚制下的夫妻的对立的发展同时发生的。"（《家庭私有制和国家的起源》，《马恩选集》第4卷）这些状况在齐家文化墓葬中可以得到证明。从齐家文化墓葬中出现殉人现象，表明家内奴隶已经出现，阶级的萌芽已经开始了。例如：

第326号墓规模较大，有墓室、封门、墓道，有三具人骨。1号人骨系成年男性，仰身直肢；2号人骨系成年女性，侧身屈肢，似有束缚挣扎之状；3号人骨性别不详，仰面直肢，与2号人骨面面相对。随葬品31件，均围绕1号人骨与3号人骨放置。

第93号墓墓室中有6具人骨，分置上下两层。下层五具人骨中，一对成年男女，三个孩童，似为父母子女的家庭合葬墓。在其上约20厘米的填土中，殉葬有屈肢特甚的老年女性一人，身边无任何殉葬品。

又如第314号墓，墓主人仰身直肢，又有一个15岁左右年轻女奴侧身屈肢，被埋在墓主人棺外，一条腿被压在棺下。

又第972号墓内，墓主人系一位四五十岁的男性，有两位女性随葬，其中一人的胳膊压在棺下。

上述是从几百个齐家文化墓葬的资料中筛选出来而论述的，在墓葬中有的骨架不全，有的有身无头，有的有头无身，也有的四肢不全。这些都是阶级压迫的缩影，是部落间频繁掠夺战争的反映。战俘，开始不被杀掉而留下来充当奴隶；而许多骨架不全的则是本氏族成员在战争中牺牲后被埋葬于本氏族公共墓地的。这些宝贵的考古文物实物材料有幸在西宁地区保存下来，而在我国其他地方则难看见，对从事历史和文化研究的人来说，怎能不感到得天独厚呢！据了解，以西宁为中心的河湟地区已发掘出的精美彩陶就有

20000多件，造型多样，图案精美，纹饰繁多，涵盖马家窑文化、齐家文化、辛店文化几个文化类型，距今4500年前，时间跨度有1500年之久。如此举世罕见之"青海彩陶"如果能走出国门展现风采，那么西宁的古文化魅力就不再是"此情可待成追忆""梁园风华不自知"了。

二、沈那古羌人聚落村

一个人的家乡被历史证明在三四千年前就是一处人烟稠密的村落时，不会不感到有一种"谁不说俺家乡好"的历史自豪。西宁北川小桥地区（今为西宁市城北区）沈那村就有4000年前至3500年前的"古羌人聚落村"遗址。西宁市区内，迄今保存下来的文物点有700余处，约占全省登记在册的文物点总数的六分之一，沈那遗址就是史前文化遗址中罕见的多种文化并存的文物点。

沈那古羌人聚落遗址，位于湟水河及其支流北川河交汇处的二阶台地上，北起阴坡，南至坟墓沟，西临乱沟，东部台下即为西宁通张掖的宁张路，总面积约8万平方米。遗址的文化内涵以齐家文化（距今3500—4000年前）居住遗址为主，伴有少量的马家窑文化遗存。发掘工作从2004年3月开始，已开挖4座葬，5个房址和17个灰坑，从中发现有数量可观的石器、骨器及大量陶器碎片。"沈那"原意为依山面水，黑刺林木繁盛之地。

早在1991年，本省考古所沈那遗址试掘过面积有2000平方米，文化堆积层厚2米，出土了齐家文化房址、墓葬、灰坑和一批石、骨、陶遗物，其中以半地穴式房屋最为突出。房址有圆形、方形两种。出土的17个房址中，白灰面的9座，硬土面的8座，每一房址面积约9～10平方米。房内有灶坑、柱洞。这种半地穴式房屋柱洞中插上木柱，缀以篱笆，抹上泥巴，成为围墙。顶上先排木棍子，铺草，糊泥，以防雨防晒。内壁涂以石灰，保持干燥清洁。是当时个体家庭最普遍的居屋。2004年这次发掘是在1991—1993年发掘的基础上作揭露和保护性发掘。

上述等项工作尚在进行中，目的在于将文物保护和文物展示紧密结合，建立一个像样的以遗址原貌为核心内容的博物馆。这样的博物馆对提高所在城市的文化品位及历史厚度，有不可估量的价值。当然，还要贯彻以下几条原则：坚持文物保护的原则，保护该遗址的整体性和结构完整性；尊重历史，坚持文物的固有属性，慎重复原，营造几千年前原有的文化氛围；同时坚持为旅游服务的原则，寓教于乐，突出参观、参与相结合，应该有一定的创收，符合时代精神。

齐家文化在甘青地区分布十分广泛，东起泾渭河上游，西至青海湖畔，南达白龙江流域，北入阿拉善蒙古旗，年代在 4000 年左右，当时居民是古代羌人。齐家文化是中华文明的重要组成部分。西宁能有这样一个古羌人聚落村遗址，对今天人们的历史文化教育的作用不言自明。

齐家文化时期，农业、畜牧业、制陶业都有较大的发展，人们的生活质量也有了相应的改善。当时人们居住的"白灰面"房子就相当先进。在房内地面和四壁涂上一层平整的白灰，使房内平整、光洁、美观，并且防潮、坚固，在上古民居建筑史上具有划时代的意义。

齐家文化时期，由于生产工具的改进，生产力有了较大发展。随着一夫一妻制、生产资料私有制和家内奴隶的出现，原始社会走上了它的末路，西宁地区当时的社会形态和经济生活发生了重要变化。因此，沈那遗址对展示当时人们的物质生活乃至精神状况，无疑具有重要的价值。沈那文物中的巨型铜矛是值得一叙的。该铜矛长 61.5 厘米，宽 19.5 厘米，刃阔叶状，叶尖浑圆，叶中部两面有高 1.5 厘米的脊梁，在当时它是权力的象征。这个"沈那铜矛"不正是告诉人们当时的氏族首领居住在沈那吗？

第四节　原始社会末期诸文化

一、卡约文化

原始社会末期的文化如卡约文化，以 1923 年首次发现于西宁市中心往西约 25 公里的云谷川卡约村（今属湟中县李家山乡）而得名，在本章叙述的诸文化中就它的命名与西宁最贴近。卡约文化是特有的本土文化，主要分布在河湟地区和青海湖之南之北。卡约文化距今约 2690—3550 年，当时人们农牧兼营，过着相对固定的定居生活；西部地区如共和、贵南及海晏、刚察等，以游牧生活为主，狩猎、采集是补充经济生活的手段。农作物仍以粟为主，已有了麦类（青稞）。饲养的家畜有牛、羊、马、狗等，以牛羊为主。狩猎对象有野生动物鹿等，环青海湖居住的人们食鱼。卡约文化的陶器制作比较粗糙，器物有双耳罐、四耳罐、单耳罐、杯、瓮和鬲等。彩绘以赭色为主，也有黑彩。卡约文化墓葬的显著特点为"二次扰乱葬"，并出现了"偏洞墓"。

卡约文化依时间先后和地区差异，可分为上孙家寨、阿哈特拉（循化境内）、大华中庄等类型。卡约墓葬中，有的妇女墓随葬青铜饰物极为丰富，如上孙家寨723号墓，女主人身上佩有铜泡400余件。这表明在当时某些部落中母权制的残余仍然明显存在。再者，粟、鬲、偏洞墓的存在，表明这里与以汧渭流域为中心的秦文化的关系，或者说秦文化已延伸到西宁地区了。

二、辛店文化

辛店文化以1924年首次发现于甘肃临洮县辛店村而得名，分布在黄河上游及其支流湟水、洮河和大夏河流域。辛店文化的年代距今约2640—3185年，与卡约文化大致相同。那时人们过着定居生活，以农业经济为主，兼营畜牧业。家畜以羊、牛为主，其次为马、狗等。手工业有纺织、制陶、冶铜。冶铜业比齐家文化有一定发展，出现了铜容器和各种铜制装饰品。生产工具除石制的斧、磨谷器外，多见用动物肩胛骨制的骨铲及两侧带缺口的椭圆形石刀。在民和、乐都和大通等处发现有辛店文化遗存。

三、诺木洪文化

诺木洪文化是卡约文化的发展和延续，须略作交代。诺木洪文化因1959年发现于我省都兰县诺木洪搭里他里哈而得名，分布在柴达木盆地东南缘。其年代距今约2900年，其下限延至战国时期至以后。诺木洪文化的人们过着相对定居的生活，兼营农业和牧业。农业生产工具有翻土用的骨耜、收割用的石刀等。遗址中发现有麦类农作物痕迹。饲养的家畜除羊、牛、马外，还有骆驼等。手工业有了进一步发展，出土炼铜用具、铜渣和斧、刀、镞、钺等铜器。陶器有罐、瓮、盆、碗等，制作较粗糙。住房采用榫卯结构的木建筑。

毛织品有毛布、毛线、毛绳等。当时人们穿着羊毛织的衣服，脚穿牛皮革履，身佩各种装饰品。诺木洪文化是周代羌人的一支所创造的文化，她与西宁有较多的关系。

第五节　神话，西王母神话——由史话而神话

一、神话的产生

神话是人类幼年时期先民们思想意识的总汇，各个民族各个地方的古代都有神话。但是各地方各民族的神话内容是大不相同的。

西宁古代文化的源头在上古，也即在原始社会。不论其以后如何源流交错，多源多流，芬芳灿烂，其文化源头只能在上古。

西宁上古文化的源头是双峰并峙。通过上文各节叙明了，一个文化源头是中原仰韶文化向西延伸，塞北红山文化向西延伸，前者是蚌龙文化，后者是玉龙文化，总之是龙文化。这股龙文化延伸到大河湟地区形成马家窑文化。我们说，西宁上古文化的源头是新石器时代的马家窑文化，是就考古文化的科学系列得出的结论。另一个文化源头高峰是什么呢？是对后世影响颇大的古代神话。为什么是古代神话而不是什么"神"或"通天大巫"呢？这需多说几句。

许多上古历史告诉人们，原始社会先民信鬼神，信万物有灵。随着氏族而部落，部落而部落联盟，所信仰的神也有了主次大小。人创造了神，人世间由小而大逐渐出现了统治一方的政治领袖，上古史上称作皇（三皇）和帝（五帝）了，神也被称作"上帝""天神"了。再往下发展，人世间的"王"（据《说文解字》，"三画而连其中，谓之王。三者天地人也，而参通之者王也"），也自称"天子"，天之子了。这一点许多人知道。上通于天，下通于人者是"巫"（以舞降神者也《说文解字》五上），古史上"巫咸"等是，有人认为"伊尹"也是巫。不少古代民族都有大巫。再看一下塞北游牧民族匈奴。当出现"大漠之王"即单于时，除崇信山川万物外，天的信仰伴随而来，单于称"撑犁孤涂单于"

（《汉书·匈奴传》），"匈奴谓天为撑犁，谓子为孤涂"，义为天之子，"天子"。其信仰与中原近似。匈奴称"祁连山"，义为天山。匈奴通天人中介，有跳神作法的萨满，实际上类似于巫。

我们审视西宁地区古代羌人，翻遍《西羌传》等史料，寻不见对天的崇信，也找不见通天人的巫。古代羌人信鬼神，敬山川，崇信"羊神"，祭祀羊神的活羊被认为与人相等，不得杀食。用羊髀骨作占卜。据《山海经·西山经》，积石山、玉山一带羌人供奉之神"状皆羊身人面"，较之山川万物崇拜已经进了一步。再者，诸羌部落如何"解仇结盟"和"盟誓"呢？仇，指的是部落间"更相抄暴，以力为雄"。遇到某一种需要合力对外时，需要"解仇"，缔结临时性"结盟"。一般用"盟誓""共盟誓"的办法。如何盟誓呢？《后汉书》著者范晔没有具体说明。笔者认为范晔当时以羌族"盟誓""盟诅"与别地的盟誓办法大致相同，不需详写。一般说，宰鸡或刑白马，歃血为盟，约定信守几条，即行完事而已。

读者至此，也许明白了，这里的古代羌人的社会没有进到稳定的部落联盟阶段，地上没有统一的"君王"，天上不会有统一的"神王"，所以"天"神和"通天大巫"都没有出现。在社会文化生活中，顺其自然地把与人密切关联的"羊"敬之如神，把为人们解除灾痛的某种力量敬之如神。加之，巍巍昆仑高山，荡荡西海湖水，高山雪岭，青海长云，雾蒸云绕，奇景幻化，天然地是产生神话的地方。人们有许多疑问，问天问地问长空，无法解答，于是美妙的神话不胫而走了。也就是说，西宁的上古羌人是产生神话的先民，西宁这块地方是产生神话的土壤。

二、由史话而神话的演变

西王母神话的神祠，原先在青海湖北边托勒山中，在西宁市中心往西150公里开外，为何说成是西宁的呢？先秦以前这里谈不上行政区划，西宁是河湟的中心，按照古史通例，说成西宁的云云，本无不可。汉代，"西王母石室"位于金城郡"临羌西北塞外"（见《汉书·地理志》），当时西宁为临羌县辖地，所以可说成位于西宁的往西的郊原。可是到今天，在扎麻隆修建了西王母神庙，扎麻隆归湟中县管辖，湟中县为西宁市管辖的郊县之一，扎麻隆距市中心约

30公里。如此说来，把它说成西宁的云云，岂不顺理成章吗？

神话的主题和内容是什么？是西王母神话，是鼎鼎大名的女神西王母。关于西王母，其本来面貌是属于人的世界，是历史，并不是神，不属于神的世界。然而，从神和神话的角度知道西王母的人确乎不少，还有不少人布施捐献敬香膜拜。从人和历史本来面貌的角度，知道西王母的人就不多了，希望认真读一读本书本文。

许多考古文物资料证明，新石器时代和铜石并用时代，这里的居民是与河湟等地联成一气的，又是与中原文化密切相连的。龙的文化由东向西延伸，当时居民群体能不由东向西移动吗？明乎此，再谈西王母部落是怎么回事。

在古代，母、媒、幕、姆，都同音通假。因为这一支部落从中原向西迁，故称作西母、西幕等等。立国了称王了，加"王"字，称王幕或王母。再因为西迁了，称西王母。这种情况，与商族祖先名亥，称王以后称作"王亥"，是同一道理。"王"是东夷民族集团的最高称号。周代以前称王之西王母，属于东夷集团。东夷集团称"王"，与夏族称"后"（夏后氏）和周族称"天子""天王"，也是同一道理。不能一见"母"字就认定是女性，一见"西王母"就认定是西方女神，那将是对不起古人和古史了。对此，古代学者早已注意到了。例如：

《尔雅》记载西王母是国名，《释地》篇说："孤竹、北户、西王母、日下，谓之四荒。"晋郭璞注云："孤竹在北，北户在南，西王母在西，日下在东，皆四方昏远国。"清人郝懿行《尔雅义疏》也力持此说。

毕沅《山海经较正》说："俗以西王母为神人，非也。西王母，国名。《尔雅》四荒有西王母，《尚书大传》'西王母来献白玉'，《荀子》'禹学于西王母国'是也。《淮南子》云'西王母在流沙之滨'云云。"

《尔雅》成书于秦汉间经师之手，缀辑周秦旧闻，迭相增益，所记材料不晚于"语怪之祖"把西王母最早说成西方怪神的《山海经》；也不晚于把西王母描绘成女性国王并彬彬有礼地接待周穆王的国事访问的《穆天子传》。总之，西王母是古国名，是历史，不能一见带有女性的字眼就非说女人或女神不可。"雨师妾"是古代国名，"八百媳妇"是古代国名，"女真"是古代部族名，不能一见到"妾""媳妇"就想当然地认为是女的。清人赵翼还明白地说："《山海经）及汲书 ①，皆因《尔雅》西王母三字，遂造为穆王西巡之事。"周穆王西巡之事是编造出来的。

总而言之，神是人造的，神话是人编的，历史事实在前，后人附会想象，踵事增华。在古代造神的岁月里，美妙的神话掩盖了历史风尘，给后来增加了许多钩沉耙梳的工作。我们不能踏着造神者的足迹蹒跚前行。我们应该寻出神话源头的史话原貌。

西王母与鼎鼎大名的虞舜，同出于虞幕之族。当虞舜担任华夷部落联盟大酋时，《竹书纪年》载"帝舜九年"西王母来朝祝贺，献玉珮。《尚书·帝命验》篇也载有此事。当时帝舜居地在今山西运城的虞乡，那王母居地也当在距此不远的中原某地。查《水经注·伊水》，今河南嵩县东北有王母涧，涧北山上有王母祠。古代王母部落应该居住于伊水之滨。何时向西方迁移了呢？大约在夏代少康中兴之后，为避免战祸向西寻找新的乐土了，距今约 3800 年。又有一说，汤灭夏以后，虞、夏两族相继西迁，王母族也西迁。距今大约 3600年前。两说的年代都是在齐家文化时代。

王母部落西迁何地？史籍告诉我们：迁到昆仑丘了。"昆仑丘"在哪里？对此古今有歧见，须恢复古人古籍中的认识。据唐代《括地志》，昆仑丘在肃州酒泉县南八十里。今祁连山即唐代及其以前认定的昆仑山。又据《汉书·地理志》"金城郡"条，"临羌西北至塞外，有西王母石室、仙海、盐池，北则湟水所出，东至允吾入河。西有须抵池，有弱水、昆仑山祠"。这里明确指出西王母石室在临羌西北塞外（塞指日月山一线），在今青海湖以北，湟水之源即博罗充克克河的附近。这是汉代人的记录。不应该再存在歧论了。

祁连山南有一山名托来南山，历来被认定为先秦、两汉时的昆仑山。那里是大通河发源地，大通河旧称浩门河，系湟水支流，在民和县享堂附近汇入湟水，它比湟水长，古来曾把它当作湟水主流。仙海，即鲜海，即面积有4400 多平方公里的青海湖。盐池，指茶卡盐池。弱水，即黑河，发源于托来山北麓，北流经张掖流入居延海。依据《汉书》所记上述各地，西王母所居之昆仑丘，只能在今青海湖以北，黑河上源一带，祁连和刚察县境内。该地

---

① 指《竹书纪年》。

有夏日格山，山腰多天然溶洞，不少溶洞有住过人的痕迹。山主峰上有"镇山石柱"，似殿堂廊柱，表面光洁，叩之有金属声。有人著文认为这里就是"西王母石室"，王母的旧府。也有人认为二郎洞是西王母石室[①]。还有人认为刚察县关角隧道附近是西王母石室。总之，不出青海湖北岸一带。上古牧羊人在神奇的昆仑之丘和幻美的西海仙湖之畔，一年四季干着不变的牧活，吃着不变的牛羊肉，与落日共眠，与旭日同起，借助想象的翅膀，创造出丰富多彩的神话故事，给那些雪山湖泊和这里的酋长英雄赋予了鲜活的生命色彩，理所当然地把与中原文化黄帝、帝尧、帝舜等有联系的西王母国的领袖演绎成西王母神话了。我们寻绎出神话背后的历史真相，丰富充实西宁的历史和文化，这是读书人的本分。

三、西王母何时由人变成神

历史能教育人，神话能感染人。西王母于什么时候由人变成了神呢？是在西汉武帝时。下章详述之，总之，在《尔雅》成书之后。西汉以前的战国时代的记录，西王母处在过渡时候，被描绘成非人非神的"怪神"。

许多研究者都信奉"文化是由人创造的"道理，但是有的研究者却习而不察地把"小说之言"当作信史引用，以至于把读者引入迷宫，好像西王母在汉代以前就是美丽的女神。大谬不然。还是用鲁迅先生《中国小说史略》中的观点来解答吧："小说家之流，盖出于稗官，街谈巷语，道听途说者之所造也。……是以君子弗为也，然亦弗灭也。"（第一篇）

"小说者，街谈巷语之说也。"（第一篇）

《汉书·艺文志》录小说十五家，一千三百八十篇。

战国时"九流"中"小说则不与"；"十家"则列入小说家。

清代编《四库全书》，"于小说别为三派"，"其一叙述杂事，其二记录异闻，其三缀辑琐语"。《山海经》《穆天子传》与《西京杂记》等，都列入小说家。它们并非史籍。

古人小说，尤其志怪之作，大抵缘自神话。"昔者初民，见天地万物，变

---

① 董绍萱：《昆仑神话西王母在青海的演变》，载《江河源文化研究》，1993 年 1 期；陈佐邦：《西王母石室与二郎洞》，载《江河源文化研究》，1995 年 1 期。

异不常，其诸现象，又出于人力所能以上，则自造众说以解释之。凡所解释，今谓之神话。"（第二篇）神话，"而《山海经》中特多"。（第二篇）

可见，《山海经》是属于记载神话的小说类书籍。《山海经·西山经》所述之西王母：

"西王母其状如人，豹尾虎齿而善啸，蓬发戴胜，是司天之后及五残。"如何解读呢？照字面说：西王母生着豹子尾巴，老虎牙齿，头发乱蓬蓬披着，头上戴着一只玉胜，善于啸叫（或高歌或念咒，声音很大），是掌司瘟疫和刑罚的怪神。同书有的地方记载"戴胜、虎齿、豹尾、穴处，名曰西王母"（西海经）。是男是女，并未点明。这就是战国时人们传说中的西王母原始形象，是神非神，当然更非美丽妇人，处于神话向汉代小说的过渡阶段。

第六节　无弋爱剑：西宁有名姓可查的最早居民

西宁的历史到战国时期（前475—前221年）已有了文字记载，可以粗略地说出一二三。

战国初，西宁一带的羌人，还处于原始社会末期。据《后汉书·西羌传》，当时"河湟间，少五谷，多禽兽，以射猎为事"。较之东边邻近地方陇右洮岷等地，社会发展进程缓慢得多了。约到公元前5世纪时，这里有了名姓可稽的最早居民，他即是羌人首领无弋爱剑。下边引《西羌传》有关文字。

"羌无弋爱剑者，秦厉公时为秦所拘执，以为奴隶，不知爱剑何戎之别也。后得亡归，而秦人追之急，藏于岩洞中得免。羌人云：爱剑初藏穴中，秦人焚之，有景象如虎，为其蔽火，得以不死。""既出，又与劓女遇于野，遂成夫妇。女耻其状，被发覆面，羌人因以为俗，遂俱亡入三河间。诸羌见爱剑被焚不死，怪其神，共畏事之，推以为豪。……爱剑教之田畜，遂见敬信，庐落种人依之者益众。羌人谓奴为无弋，以爱剑尝为奴隶，故因名之。其后世世为豪。"

秦厉公时（前476—前443年），爱剑被秦人拘执为奴，他是公元前5世纪时战国初期人。

春秋之世（前770—前476年），秦穆公（前659—前621年）已霸西戎，羌戎百余部落，散处山谷，先后被秦击破，尚有义渠、大荔称王。前461年秦厉公灭大荔，"其遗脱者皆逃走，西逾汧陇"。前443年秦灭义渠，掳其王。笔者认为爱剑不是一般的人，是秦所拘执的有本领的劲敌，可能是大荔戎或义渠戎的有文化有技术的上层人物。他把秦文化包括田畜生产技术，直接传来。考古文化中，秦文化在这里的影响，并非偶然。

"亡人三河间"，即今黄河、湟水、大通河，即以西宁为中心的河湟地区。

至于"被发覆面"，本羌人旧俗，《左传》僖公二十二年（前638年）就有记载，陆浑之戎即被发祭于野。

爱剑之子孙，世代为羌人首领。其曾孙忍时，秦兵西进灭狄戎獂戎。爱剑之孙印率部向藏北远徙。忍和其弟舞留居湟中，多娶妻女。"忍生九子为九种，舞生十七子为十七种。羌之兴盛，从此起矣。"

爱剑后五世有名研的，更为豪健，勇伟魁梧，湟中羌人以"研"做种号。在周显王时（前368—前321年）研曾随秦孝王之太子骊（后为惠文王）到东周洛邑朝见周显王。据此，研是有史可查的最早到中原地区公干的西宁人，他应该带回了相当的中原文化知识以充实自己。

以后秦兼并六国，兵不西行。筑长城西起临洮。长城西塞外的西宁有相当长的安定时间自行发展。

第三章　两汉魏晋时期的西宁

——西平亭、临羌县地、护羌城和西平郡、西都县

秦王朝（前221—前207年）雄立华夏大地时，今西宁处在"临洮西塞外"，为临洮边外地。这里的主要居民西羌落仍停留在原始社会末期，徘徊在文明社会大门之外。在西汉前90年（前207—前111年）依然如故，东邻几百里外虽然战火纷纷，兵戈不息，而这里酣睡犹然，仍不知设治派官为何物。直到元鼎六年（前111年）湟水之滨屹立起西平亭，大批汉朝军队进来了，并且创立了"西平"佳名。接着，临羌县设立（治今镇海堡），今西宁为临羌县地，而上隶于"河西郡"。到汉宣帝神爵初年，老将军赵充国安羌定边，临羌县改隶于新设之金城郡（治允吾县，在今民和县下川口）。到西汉末王莽当政时，曾一度把临羌县改名为监羌县。

东汉（25—220年）光武帝建武十二年（36年）曾一度裁并金城郡，临羌县改归陇西郡管辖。一年后，由于马援的力争，又恢复金城郡及原有各县建制，不过新临羌县移治到了今多巴镇。护羌校尉曾经驻节在临羌城。东汉190年间，这里有过汉羌战争，民族迁移，屯田殖谷，文教兴起，封建社会经济已经在这片风水宝地扎根并开花结果了。

公元205年即建安十年，曹操当政，割金城郡西境设置西平郡，首县为西都县，郡治县治都在今西宁市区中心。行政体制升格，郡城修筑，人烟稠密，在魏晋十余年中，西平郡以河西新郡的姿态屹立于河湟中心，这里的历史和文化，旧貌换了新颜。

第一节　西平亭和旧临羌县辖地——西汉

一、西平亭设立和中原汉族初来

西平亭是西宁历史上设立的最早建制。亭，是西汉为了防御外敌和邮传在边疆地区所实行的一种制度，属于军事和邮传系统。西平亭的建立源于武帝元鼎六年（前111年）一场激烈的羌汉战争。在西汉时，西宁地区的羌人社会发展程度仍停留于原始社会末期父系氏族公社阶段，羌人部落"不立君长，无相长一"，互不相统，并且互相攻伐不止。然而元鼎五年情况发生了变化，当时西羌部落中势力最大的先零部落，与另外封养、牢姐两部落解仇结盟，集十万部众，并同匈奴相通，攻打西汉边县要塞，一时间战火四起，动荡不安。汉武帝于次年派遣将军李息、郎中令徐自为率军十万兵分两路征讨，羌人不敌，"乃去湟中，依西海、盐池左右"，西海即今青海湖。汉趁势因山为塞，"稍徙人以实之"[①]，在此建立了统治，西平亭就是在这时候建立起来的，其地址在西宁市湟光一带或稍稍偏西北一点。以后西平郡和西宁卫、西宁府之名皆承此而来。除西平亭外，《水经注》中还记有"东亭"，其地址在今西宁市乐家湾一带。

西汉政府占据了西宁地区的战略重地，但这里的山区仍然是羌人的天下，有兵有官却无民，难以持久。如何巩固新占疆土？西汉政府推行了一项影响深远的政策——移民实边。这个政策最早是在汉文帝时由晁错提出来的。移民是一个宏大的系统工程，需要有许多条件得到满足才能够推行，所以文帝虽然采纳实行，但受限于当时国家的实力，实际效果不大。到了武帝时国家经济实力增强，财力雄厚，有能力向边境调运大量的物资，以保证移民的生活需要，加上对匈奴用兵取得胜利，开拓了新疆土，移民空间上的条件已具备。于是开始了大规模移民实边，形成波澜壮阔的移民大潮。汉族就是在这个大历史环境下，随着这股潮流迁到了西宁。史籍中关于当时的移民情况多有记载：武帝元狩四年（前119年），徙关东贫民72万余口于陇西、北地、西河、上

---

① 《后汉书·西羌传》。

郡等地；元狩五年，徙天下奸猾吏民于边，第二年又徙民实河西等等。据史书记载，汉族最早直接移民西宁地区就是在将军李息、郎中令徐自为击败了羌人之后，《后汉书·西羌传》："羌乃去湟中，依西海，盐池左右。汉遂因山为塞，河西地空，稍徙人以实之"，汉政府移徙中原汉族填补边地。《资治通鉴·汉纪》说："湟中，湟水左右地也。"包括今天的西宁地区和海东地区大部。汉族的迁来为西宁的历史翻开了新的一页。

汉族移民是由国家领导和组织的，受国家意志支配，因此移民并不自由，所以移民湟中的汉族，在分布上形成了一个显著特点：一般都分布在交通要道上。因为汉政府移民湟中很大程度上是为了巩固新占疆土，所以对军事方面的考虑放在了首位。在古代交通不发达的情况下，军事地位的重要性往往取决于交通方面的重要性。那么，西宁在整个交通体系中占据着一个什么样的地位呢？河湟及其周围的地形以山地为主，因而决定了这些交通线，往往沿河谷而行。湟中多巴位于西纳川的冲积扇上，北依猪头山，雄踞西纳川口。西距西石峡5公里，控扼西入青海湖的咽喉；大通县后子河乡是由西宁沿北川河北上，越扁都口进入河西诸郡必经之路，位置非常重要，故西汉时曾在长宁川（今北川河）建"长宁亭"以守之；而西宁是四川交汇之地，是青海古代交通线交汇的中心，无论西出边关，还是东进关陇，或北上河西诸郡，或南下青南，都不能不经过西宁，青海地区交通以西宁为中心呈放射状，辐射四方。从自然条件上看，西宁谷地是青海省内最为宽延平坦的地区，湟水中流，灌溉便利，符合汉族从事农耕的自然条件，汉族定居西宁也是因势利便。这一点可以从西宁地区及湟水两岸发现较密集的汉墓和汉文化遗址得到证实，出土了大批文物，有多枚铜印、木马、木车、陶器皿、铜奁、铜马、铜车及石雕、石碑、古窖址、古井及有关军事方面的木简，还有大量汉代的铜钱，并且还发现了多座汉代古城遗址。

这些徙于斯土葬于斯土的汉族来自哪里呢？据《居延汉简》中的田卒簿籍记载，河西四郡屯田士卒的籍贯主要有河内郡、河南郡、东郡、汝南郡、济阴郡、昌邑国、淮阴郡、魏郡等地区，即所说的关东地区。当时的关东指的是函谷关以东的地区，黄河中下游和江淮平原。这一点可从史料中得到佐证，元狩三年徙关东贫民于陇西、北地等地，共72.5万口人，等等。究其原因，当时关东地区在全国范围中是人口最稠密的地区，西汉时，关东地区平均密度约每平方公里77.6人，个别地区达到百人以上。关东地区的面积仅占全国（不包括西域、海南岛）面积的11.4%，人口却占全国人口数的60.68%，可见关东地少人多，人口相对饱和，人口压力也很大，有富余人口可以迁出①。当然，迁至边塞的人口中也有其他地区的，如安定、北地，前已述及，不赘。赵充国一家则是从陇西上邽迁来的，但这些地区不是移民主要迁出区。西宁地区作为河西地区的重要组成部分，移民来源应与河西四郡是同一个大系统，不可能截然分开。因此，西宁地区的汉族来源应与河西四郡大体相同。

前面我们知道了这些移民主要来自关东地区，他们又是以什么样的身份过来的呢？据史书记载，他们大多是以平民身份移边的。移民最初迁来时，身份复杂，类型众多，概括起来主要有三种：一、军屯士卒；二、"关东下贫"，即关东地区的贫民；三、"罪人及免徒复作"之人。这三种类型移诏者都可以带家属，这点对于稳定移民队伍具有重要意义。此外，迁居西宁的汉族中还有一些官吏和豪门望族。他们有的是获罪后被迫移边的。汉代刑罚严峻，官吏获罪后很多被流放或逃至边地，他们迁到西宁，最后发展成为西宁地区的地方实力派，如东汉末年的西平鞠氏，据《通志·氏族略》云，其先祖是东汉尚书令鞠潭，后潭获罪，其子閟避祸湟中，改姓麴，定居西平。

对于散居湟中的羌族部落，汉政府设护羌校尉统摄。护羌校尉是两汉时期管理羌人事务的高级军政官员。首任护羌校尉是将军李息，治所在令居。据《后汉书·百官志》，护羌校尉"比二千石"，秩并郡守，"拥节"，属官有"长史、司马二人，皆六百石"，职位是相当高的。关于护羌校尉的职责，史书记载都非常简略。《后汉书·百官志》称"主西羌"。《西羌传》记载较详细一些，云："持节领护，理其怨结，岁时循行，问所疾苦。又数遣使译通动静，使塞外羌夷为吏耳目，州郡因此可得警备。"由此可知，护羌校尉其主要职责是抚治羌人，起到相互沟通的作用，成为汉政府统治的耳目，确保河西安全和稳定汉朝在羌地的统治秩序。护羌校尉根据不同情况可灵活地运用政治抚绥、经济利诱和军事征伐等多手段处理羌族事务。护羌校尉的设立是汉朝政府针对边疆地

---

① 葛剑雄：《西汉人口地理》，人民出版社1986年版，第100页。

区的不同特点，施行"因俗而治"采取的特殊政策。需要说明的是，护羌校尉并不是辖地治民的行政官，不能像郡守那样管理民、财、赋、司法，而且，护羌校尉也不能像属国那样"稍有分县，治民比郡"，各郡县、属国与护羌校尉之间均不存在行政隶属关系，护羌校尉治羌而不辖地，持节领护西羌，"因俗而治"。西汉时期，由于羌族势力尚不很强，对汉朝的威胁也不很强大，西汉战略防御重点主要是匈奴，将主要精力用于征伐匈奴，对羌人主要采取封授、赏赐等方式抚绥各部。因此史书中记载护羌校尉活动的内容比较少见。王莽败亡后，护羌校尉一度被罢除。

二、临羌初设故事多

西宁虽然在元鼎六年就已被汉军占领，当时只是军事占领，没有设置郡县，随着开发的深入，设立行政建制就势在必行。武帝在元封三年至太初元年（前104年）之间设立了河西郡，属于初郡，地望在今令居附近，下辖临羌、安夷、浩门等县[①]。临羌县治在今镇海堡，今西宁市属临羌县辖地[②]，临羌县的设立是西宁纳入汉帝国郡县体系之始，使湟中诸羌由塞外之民成为汉王朝的属民。到昭帝始元六年（前81年）设金城郡时，将河西郡撤并，湟中各县改由金城郡管辖，金城郡与首县允吾（音铅牙）设在今民和县下川口。

在西宁归临羌县管辖40年后，一直平静的汉羌关系又起波澜，由此引出了一段老将军赵充国率兵安羌定边的历史故事。赵充国，字翁孙，陇西上邽人（今甘肃清水人），历武帝、昭帝、宣帝三朝。史称其善骑射，通兵法，沉勇有大略，在与匈奴的战争中屡建战功，因功升至后将军，宣帝即位封为营平侯。因其生长于西北，熟悉边情，深得朝廷倚重。宣帝元康四年（前62年）初，先零、罕、开等诸羌又蠢蠢欲动，解仇誓盟，欲通匈奴，共侵掠河陇。汉政府得报，咨询于赵充国。赵充国指出，秋高马肥时，必会生变。因而建议，派出使者巡察，以备不虞。神爵元年，派遣光禄大夫义渠安国前往巡视。义渠安国是一个庸碌又蛮干的昏官，他到河湟地区后，不分青红皂白，颟顸行事，

---

① 参见《湟中郡县》，《青海民族研究》，1990年4期。

② 参见芈一之：《说临羌》，《青海地名》，1996年2期，及秦裕江：《话临羌》，《青海地名》：1998年1-2合期。

先诱杀了先零羌大小首领三十多人，又纵兵击杀其部众，斩首一千。诸羌对这种滥杀的行径非常愤怒和怨恨，即使原来归顺的羌人也十分不满。于是以先零羌为首的羌人联合反抗，"攻城邑，杀长吏"，义渠安国不能敌，退到浩门，河陇全线告急。汉政府欲派兵平乱，派人问赵充国谁可以为将，赵充国以国事为重，毛遂自荐："无逾于老臣者矣！"此时老将军已七十六岁高龄[1]。

六月，赵充国率军星夜兼程，奔赴前线，通过对边情进一步的了解，力排多数将领武力进剿的主张，提出"以兵示威，以义示信，不战而定"的全师安边之策[2]，率军夜渡黄河，再过四望峡，深入湟中。赵充国采取分化诸羌，孤立先零羌的正确策略，对于胁从的羌人既往不咎，将矛头直指先零羌，并广而告之地悬赏其豪酋。在赵充国招抚下，诸羌纷纷脱离先零羌的领导，"前后降者万七百余人，及受言去者凡七十辈"[3]，先零失去了指挥诸羌的能力，陷入了孤立无援的境地。时机已成熟，于七月引军至先零羌所在地，先零羌突见汉军，惊恐万分，不战，弃辎重而逃，在抢渡湟水南逃时被淹死不少。此战，杀俘羌人五百，获马牛羊等牲畜十余万头，车四千辆，先零羌元气大伤。正当赵充国的策略开始见效的时候，朝内主战势力抬头并且很强大，要求对羌人武力进剿，并派酒泉太守辛武贤等人率军协助赵充国武力进剿羌人。赵充国认为，"羌虏易以计破，难用兵碎"。为达到长期的安边定羌的目的，防止再发生羌变，赵充国力排众议，深谋远虑地建议留兵屯田。"罢骑兵，留步兵万二百八十一人"屯田，冒死三上"屯田奏"，提出了中国历史上著名的"屯田十二便疏"，指出屯田"顺天时，因地利"，从军事、经济等角度系统地阐述了罢兵屯田的好处。他的建议遭到了朝中大臣的反对，但赵充国为国为民，据理力争，在"屯田奏"和"屯田便宜十二事"中反复强调屯田的重要性，"充国奏每上，辄下公卿议。初是充国计者什三，中什伍，最后什八，有诏诘前言不便者，皆顿首服。"[4]最后经过艰苦的努力，终于得到了皇帝和朝中大臣的理解和支持。赵充国屯田的区域，据《汉书·赵充国传》载，"计度临羌东至

---

① 《汉书》卷六十九《赵充国辛庆忌传》。
② 《汉书》卷六十九《赵充国辛庆忌传》。
③ 《汉书》卷六十九《赵充国辛庆忌传》。
④ 《汉书》卷六十九《赵充国辛庆忌传》。

浩门，羌虏故田及公田，民所未垦，可二千顷以上"。即西自临羌，东至浩门之间，共有2000余顷土地，重点在今平安县和今西宁的北川地区。屯田士卒主要是淮阳、汝南步兵及吏士私从者，共计10281人。每人给田20亩，所需生产工具由官府提供。在汉代屯田分两大类，军屯和民屯。军屯是由田卒和戍卒耕种，由国家提供粮食和生产资料，其收获也全部归国家所有。民屯是由移民进行耕作。移民初来时所需的生活和生产资料都由国家供给，直至移民能够自给为止，还施行优惠政策，如三年免征赋税等，鼓励移民开荒垦田，发展生产。赵充国屯田是以军屯为主，国家是要掌管一切的。这一点在《屯田奏》可以得到验证，"谨上田处及器用簿，唯陛下裁许"。田处，是指屯田的地域，即临羌至浩门的2000顷土地。器用，是指屯田所需的农具，即耕牛、犁、种子等，都要由国家批准供给。

据文献中的零星记载和考古发掘资料来看，在赵充国湟中屯田之前已有汉族在西宁屯田了，不过当时的屯田是零星的。而赵充国湟中屯田是第一次在河湟地区大规模屯田。

赵充国湟中屯田是西宁史上非常重要的事件，基本上消除了湟中诸羌反汉的隐患，奠定了西汉后期西北安定的政治局面，巩固了汉朝的统治。神爵二年秋，若零、离留、且种、儿库等人共斩先零羌酋犹非、杨玉，献头而降。至此，烽火宣告熄灭。赵充国鉴于湟中局势已趋于平静，即奏请撤兵还朝。但是屯田士卒中还是有不少人扎根湟中，在今乐都出土的东汉时期的"三老赵宽碑"的碑主赵宽一家就是赵充国的后裔。赵充国屯田获得了极大的成功，收到了"内有亡费之利，外有守御之备"的功效。从神爵二年到王莽篡汉的70余年间，河湟再无羌乱，西宁地区得到了初步开发。这种边地屯垦的政策意义深远，为后世所称赞。清乾隆时杨应琚有诗云："缅想汉营平，千载称其贤。"在此基础上，汉政府进一步调整了湟中的郡县设置，先后又新置允吾（今民和县下川口），破羌（今乐都县老鸦城）等县，金城郡治西移到了今民和下川口，新设的允吾。而此时西宁还没有直接郡县设治，仍为临羌县辖地。

赵充国班师回朝后，依旧关心边事，宣帝曾让群臣荐举护羌校尉人选，有人荐举辛武贤之小弟辛汤，宣帝也认可并已下诏，赵充国闻讯，向宣帝举荐辛临众任此职。并说，临众之弟辛汤"使酒"，易感情用事，不宜主边事，宣帝从之。后辛临众因病免职，辛汤继任，多次酗酒并执拘羌人，以至羌人反叛，不幸被赵充国言中。

对于降汉的羌人，汉政府设"金城属国"安置。属国，据《史记·骠骑列传》注引《正义》说："各依本国之俗而属于汉，故言属国也。"对于归附的少数民族部落划分一定的地区，设立属国进行管理。对属国的居民，存其国号。属国内的管理办法是不变更其社会制度，"因其故俗"，允许保留原有的社会制度和习俗，不加干涉，并任用原部落的首领、酋豪为千人、千长等官吏，对降附的羌人不征赋税，仅派官员领护。汉朝一般任用武将担任属国都尉，将兵镇抚。属国为郡级军政单位，只管人而不辖地，属国都尉是秩比二千石的官员，接近郡太守（秩二千石），属同一等级，比部都尉秩高。属国都尉下设丞、左骑、千人、司马、候、千长、百长等官职，各司其事。左骑、司马、候等后来升为左骑千人官、司马官、候官等，这主要视属国人数而定。有的属国都尉下还设长史，可代都尉领护属国。千人、千长、百长等官，均委部落酋长担任，各自管理本部落。

用以安置降羌的金城属国，是在赵充国平定羌乱后设立的。赵充国在河湟地区安羌定边时，破先零，降罕、开，仅先零羌降汉的就有31200人，后又有5000余人降汉，此外，尚有降汉的煎巩、黄羝等羌族4000余人，共计4万余人。这已非以前零星羌人降汉，设置属国势在必行，"初置金城（郡）属国（都尉）以处降羌"，治所应在允吾。这批降羌（主要是先零羌）大体上被安置在原先活动的湟水两岸山地，也包括西宁地区。汉政府在降羌中封为王侯，如若零、弟泽二人为帅众王；离留、且种二人为侯，儿库为君，雕库为言兵侯等等。此前，羌酋杨玉曾为"归义侯"。

东汉继承了属国制度，如东汉初窦融为"行河西五郡大将军事，张掖属国都尉"，管辖河西五郡（武威、张掖、酒泉、敦煌、金城）[1]。建武五年（29年）光武帝承认其官职，继续"久专方面"。

---

[1]　《后汉书》卷二十三《窦融传》。

三、西海石虎笑西风

在今西宁市区中心西北方向 100 公里的金银滩（现属西海镇）上，有一座历史悠久的古城遗址，群众称之为"三角城"，古城坐落在青海湖东北，濒临麻许河北岸，南北山峦环抱，东西为开阔的大草原。该城呈方形，东西长约 650 米，南北宽约 600 米，城墙残高 4 米，墙基宽 10 米，东、西、南、北有 4 座城门，各开在城墙中部，城内沿东西中轴线的建筑遗迹隐约可见，西南部有一个大土丘，高 8 米，直径 10 米，疑为烽火台建筑。历次考古调查中曾发现汉代钱范及五铢、货布、货泉、大泉五十等钱币，其中最为珍贵的是 1944 年出土的一尊石雕卧虎以及有"西海安定元兴元年作当"铭文的瓦当。

石虎用整块花岗岩雕凿而成，身长 1.32 米，高 0.46 米，昂首张口，蹲伏在长方形石座上，形象十分生动。虎座正面刻有竖行篆体铭文三行，文曰"西海郡虎符石匮始建国元年十月癸卯工河南郭戎造" 22 字。这尊石虎建造于公元 9 年，即王莽新朝始建国元年，是这里最早的石雕文物，也是一件有很高水平的艺术品。

这座古城就是西汉末年西海郡城。西汉末，王莽当权，出于政治野心，满足他好大喜功的心理，派中郎将平宪等携带大批财物，到西海地区诱骗卑禾羌人献西海（环湖地区）的丰茂牧地，羌人西走，王莽便在此地筑城设置西海郡，筑五县。和早已设立的东海、北海、南海等郡并称，以便颂称四海升平。五县为修远、监羌、兴武、罕虏、顺砾，是王莽将金城郡所属的允吾、临羌、浩门、令居、白石改名换号而成，西宁仍为临羌县管辖，只是改名监羌县而已[①]。居摄元年（6 年），羌人首领庞恬、傅幡等怨恨王莽夺走他们丰茂的牧地，于是攻打西海太守程永，程永败走，被诛，西海郡落入羌人手中。第二年春天，王莽派遣护羌校尉窦况率兵反攻，羌人不敌，又退出了这个地区。王莽设西海郡后，移民戍边，强行迁来大批内地人口，"边海亭燧相望"。然而好景不长，没等到公元 23 年王莽死亡，天下就已大乱，西海郡也随之废弃，成为历史。其主要的原因在于些移民是在王莽暴政下人为地扩大罪人队伍而被迫移边的，王莽"增法五十条，犯着徙西海，徙者以千、万数"，广大人民

---

① 见《水经注》卷二。

摇手触禁,不得耕桑,于是"民始怨矣"①。这些"怨民"又怎么能安心守边？一旦有风吹草动,要么起来造反,要么就逃回故乡了。另一方面就是日月山以西的地方,海拔高气候冷,是不适合农耕生产的,自然条件使然,谁也无法改变。所以,王莽的西海郡失去农业依托只能昙花一现,留下虎符石匮笑看西风了。违背历史规律,终难逃被历史惩罚。

王莽败亡后,群雄逐鹿中原。平陵人窦融占据河西四郡及金城郡,自称"河西五郡大将军",西宁归窦融管辖。在窦融的管理下,河西地区政清民和,社会稳定,成为人们逃避战火的理想去处。时安定（今固原平凉一带）、北地（今银川以南）、上郡（今陕西北部）等地的移民"归之不绝"。需要说明的是,当时窦融并未控制整个金城郡,而是其中一部分地方。据《后汉书·窦融传》记载,更始时,边防空虚,羌人趁机入塞,杀金城太守,"金城属县多为所有",甚至一度还占领了郡治,虽然窦融曾出兵反击羌人,但仍无能力控制金城全郡,直至马援经略西部时才彻底打败羌人夺回金城全郡。

第二节　新临羌县辖地——东汉

一、弃地之争和西宁继续开发

光武帝刘秀平定西北,统一全国,东汉王朝建立,仍然设金城郡,将黄河以南枹罕等三县划归陇西郡,所辖县数由原先十三个变成了十个,湟中诸县依旧未变,西宁仍为临羌县辖地。不过此时临羌县县治由湟水南岸镇海,移至湟水北岸多巴了,相对于西汉时的临羌县,后人称之为新临羌县。建武十二年（36年）汉政府曾裁并金城郡,临羌县划归陇西郡。一年后,又复置金城郡,临羌县仍归金城郡辖治。

在东汉初,西宁差一点被遗弃。其时由于羌人多次叛乱,朝中一些大臣认为,金城郡破羌县（今乐都县老鸦城）以西诸地接近羌人,道远多寇,不

---

① 《汉书》卷一百一十六《王莽传》。

如放弃,以免多事,要把西宁地区放弃。陇西太守马援极力反对,力主不能放弃,他指出"破羌以西,城多完牢,易可依固,其田土肥壤,灌溉流通。如令羌在湟中,则为害不休,不可弃也"。①光武帝采纳了他的意见,决定不放弃破羌以西,西宁得以保全。这就是历史上著名的"弃地之争"。之后,马援针对"边陲萧条,靡有孑遗,郭塞破坏,亭坠绝灭"的情况,又奏请"分筑烽候置郡县,屯田殖谷,驰刑谪徒以实之",进行大规模的移民屯田。马援招还流民归者三千余口,"开导水田,劝以耕牧",使湟中地区出现了秩序井然,人民安居乐业的局面②。

在此后近二百年里,东汉政府以移民屯田为主要手段,继续对湟中进行开发,开发的过程也是起伏跌宕,大致可分三个阶段:东汉初期为第一阶段,沿西汉旧规,主要在湟水两岸屯田垦殖。护羌校尉牛邯开始在黄河北岸(今甘都一带)屯田,修建邯城,并名其水为邯川。以后这里成为重要屯田地区之一。和帝永元十四年(102年)以后为第二阶段,屯田规模进一步扩大。当时西海周围和大小榆谷地区羌人远徙。曹凤上书朝廷,"建复西海郡县,规固二榆,广设屯田"。东汉政府部分采纳了其建议,没有恢复西海郡,只是"缮修故西海郡,徙金城西部都尉(原驻金城)以戍之。拜曹凤为金城西部都尉,将徙士,屯龙耆"。龙耆又名龙夷城,即西海郡故城。曹凤以金城西部都尉官职戍守西海郡故城,率领"徙士"移民,在那里屯田。在青海湖北岸屯田受条件限制可能时间不久,以后再没有在此屯田的记载③。不久,金城长史上官鸿奏准在归义城(今贵德黄河之北)、建威城(今贵德黄河南岸)夹河两岸屯田二十七部,把屯田区域扩大到允谷和接近榆谷的地方。金城太守侯霸又请准在东邯、西邯(今甘都滩)屯田五部。接着又增加留、逢二部,共34部。《西羌传》说"列屯夹河,合三十四部,其功垂立"。屯田规模大为恢拓。当时屯田制度略同于西汉。每丁种田20亩,每校为屯田一部,约800人,屯种约16000亩。校是军事单位,有裨将或校尉率领。屯田34部共约士卒2.7万余人,垦田54万余亩。如果再加上"吏士私从"和田卒家属,其人数会更多。上述

---

① 《后汉书》卷二十四《马援传》。
② 《后汉书》卷二十四《马援传》。
③ 《后汉书》卷八十七《西羌传》。

状况持续了十几年，到公元110年后因汉羌战事起，屯田也就废罢了，许多人为躲避战火，远徙他乡。顺帝永建四年（129年）进入第三阶段。战事平息，屯田又被提到历史日程，人口损耗严重。经尚书仆射虞诩建言，督促远徙他乡的人，各归旧县，修缮城郭，置候驿。流民各归旧里，并激河浚渠为屯田，恢复生产。西宁地区的屯田也得到了恢复。护羌校尉韩皓"转湟中屯田，置两河间，以逼群羌"[①]。羌人惊恐不安，不久，马续代为护羌校尉，考虑到羌人惊恐，乃移屯田还湟中，"羌意稍安"。此后东汉在青海屯田没有超出湟中地区。到阳嘉元年（132年），以湟中地广，增置屯田五部，并为屯田十部。然而其规模已不及往昔。

二、护羌校尉邓训，变成明代城隍

自隋代以后，每个城邑都有自己的神护卫着，这个神称之为"城隍神"，老百姓俗称"城隍爷"。那么，明代西宁建城所供奉的城隍神与东汉护羌校尉邓训挂上了钩，为什么呢?

在西宁市北面有一座奇特的山峰，该山是祁连山脉支脉向南延伸，这座山是西宁北山的组成部分之一，因此，当地人统称之曰北山。又由于它的形状像一座土楼，称之土楼山。山腰处有一神祠，建于古洞中，悬于绛红色的绝壁之上，是西宁著名古刹之一，香火较旺，是佛道混一的地方。土楼神柯的第七号洞窟就是西宁城隍栖身的地方，高悬崖上，洞中还供有城隍神像。神是民间信仰的产物，往往是当地历史上有声望的和对当地有杰出贡献的人物演化而来的，如苏州的城隍是春申君，杭州的城隍是文天祥，上海的城隍是秦玉伯，等等。至于该土楼山和土楼寺的有关情况，下一章将叙述之。据世代相传，西宁城隍姓邓，此人就是东汉护羌校尉邓训。邓训是南阳人，东汉开国元勋邓禹之第六子，看来西宁城隍神也是由历史人物演化而来的。不过对此人们心中不禁浮现出许多疑问：邓训何时任护羌校尉? 为什么会来到西宁? 又怎么会成为西宁城的城隍呢?

我们先谈谈东汉时的护羌校尉。护羌校尉始设于西汉，东汉沿袭，但是

---

① 《后汉书》卷八十七《西羌传》。

护羌校尉在东汉时期所处的历史环境发生了明显的变化，使护羌校尉的职能发生了变化，经常处于历史的前台。因此东汉政府非常重视护羌校尉的作用，"非西陲名将，即南阳旧臣"，方可担此重任。

东汉时，羌人大量东迁，远至关中。当时以陇山为界将羌人分为东羌和西羌。东羌归郡县管辖，西羌归护羌校尉抚循。西宁地区的羌人归护羌校尉管辖。东汉前期，护羌校尉一职曾几度废置。东汉建武九年（33年）平定西北，光武帝采纳司徒掾班彪建议，复设护羌校尉，任命牛邯为校尉。牛邯死后，护羌校尉一职被裁，明帝后复设，汉章帝以后才逐渐稳定下来而成为常设官吏，最终还是沿袭下来了。

东汉一朝，由于国势不振和政治中心的东移，以及北方匈奴的威胁日甚一日，汉王朝对西北地区在战略上也由武帝时的积极制远转为消极退守。从安帝以后，大规模的羌族起义接连不断，他们攻城掠地，杀官吏，不仅使汉朝西北边郡的统治趋于崩溃，甚至波及三辅，威胁京都。于是以抚循羌人为主要职责的护羌校尉成为了西北历史舞台上的主角，西北就成了护羌校尉活跃的舞台。护羌校尉几乎参与了东汉王朝对羌族所有较大规模的军事行动，在一定时期内，护羌校尉甚至还拥有比郡守更大的权力范围，时常作为征伐"叛羌"指挥官，史书中关于护羌校尉"讨叛羌""追南昌叛羌"的记载屡见不鲜，护羌校尉的职责由护羌变成了征羌。

邓训因何事担任护羌校尉一职的呢？虽然护羌校尉是东汉政府抚羌的重要官职，但由于护羌校尉素质不同，良莠不齐。章和二年（88年）邓训的前任护羌校尉张纡干了一件蠢事，他在酒筵上诱杀烧当羌迷吾等部豪酋，诸羌大怨，奋起反抗，河湟震动，大有一发不可收拾之势。汉章帝为了平息羌人的愤怒，撤去张纡之职，公卿举邓训代任校尉，邓训就是在这个混乱的局面下任职护羌校尉的。护羌校尉的治所初在令居，以后随边地形势变迁，曾先后移在安夷、狄道、张掖等地，邓训为便于安抚诸羌将治所移驻临羌县，临羌县成了护羌校尉驻地。

邓训在担任护羌校尉之前，曾在河西任职多年，对当地山川形势和民族特点、风俗习惯都非常了解。因而到任后，改变了以往护羌校尉奉行的所谓"羌胡相攻""以夷制夷"的策略，反对张纡残酷镇压的做法，对羌胡部落施以"恩信"，"以德怀之"，倍加关怀。当邓训到临羌时，恰逢烧当羌迷唐率部众一万多骑来到今西宁西川，迷唐不敢进攻邓训军营，而先威胁住牧在这里的小月氏胡，邓训立即出面保护月氏胡。当时他手下诸将对此感到不理解。他们认为羌胡相政，汉军正好从中渔利，为何反而保护月氏胡呢？邓训说："张纡失信，众羌大动。凉州吏民，命悬丝发。原诸胡所以难得意者，皆恩信不厚耳。今因其追急，以德怀之，庶能有用？"于是打开临羌城城门和他本人所居住院门，将月氏胡的妻小全部接入，严令守卫，迷唐不敢逼近临羌城，只好退兵，制止了羌胡攻杀，使湟中诸胡"大小莫不感悦"[1]。

月氏胡本来游牧于敦煌、祁连间，汉文帝时，为匈奴所败，月氏王被杀，大部分西迁至伊犁河以西，号大月氏，小部分羸弱者则迁至祁连山南与羌人杂居，号小月氏。小月氏在汉武帝时迁来湟水上游居牧，称湟中月氏胡。他们有骑兵两三千人，英勇善战，汉朝将领官员们也将他们视为异族，得不到信任，又往往驱之与羌人战斗，成为汉羌战争的炮灰。于是月氏胡既怕羌人攻掠，也怕汉军袭击，在汉羌之间周旋，这次受到邓训的真心保护，他们很受感动，都说："汉家常欲斗我曹，今邓使君待我以恩信，开门纳我妻子，乃得父母！"向邓训表示"唯使君所命"[2]。邓训进一步抚慰，并选取其中的年少勇敢者数百人编为一支部队，称为"义从胡"，后来常跟随汉军征战，并在以后护羌校尉对羌部作战中发挥了重要作用。

此后，邓训还多方招抚逃散远去的迷唐羌，迷唐叔父号吾率众人八百户归附汉朝。在永元元年（89 年）春天，迷唐想聚集部众夺取临羌以西地方。邓训得知后，先发制人，调集湟中各民族军队六千人，以长史任尚为大将。汉军凭着革船顺利渡过黄河，以迅雷不及掩耳之势进攻迷唐，取得大胜，迷唐在种部被歼殆尽的情况下，被迫远徙，从此边境安定。

当时羌族的文明程度还较低，羌胡风俗以病死为不祥，每当病情严重时，不是设法抢救医治，而是用刀自杀。邓训为了改变他们这种落后的习俗，每当听说有人病了，先派人把此人的手脚捆绑起来，不让他接近兵刃，然后用药进行治疗，结果"愈者非一"，治好了不少人，用事实教育了他们，羌人没

---

① 《后汉书》卷十六《邓寇列传》。

② 《后汉书》卷十六《邓寇列传》。

有不感激的。从此他们也知道了病是可以治好的，促进羌胡各部的社会进步。正是由于邓训以真挚的感情对待羌胡，获得了他们的信任，在羌胡中赢得了很高的声望，进一步加深了羌胡各部对邓训的信赖，密切了羌胡等族与汉族的关系，社会秩序进一步稳定。史载，邓训"绥接归附，威令大行"，深得众人拥戴。永元四年（92年）冬天，邓训病逝于护羌校尉任上，年53岁。羌胡吏民络绎前来号哭悼念，痛不欲生，"且夕临者日数千人。……莫不吼号，或以刃自割"，有的刺杀自己的犬马牛羊，说："邓使君已死，我曹亦俱死耳。"甚至把邓训奉为神灵，"家家为训立祠，每有疾病，辄此请祷求福"①。家家都供奉着他的神龛，一旦有疾病，就向邓训的神灵祈祷求治，后来各族群众在今西宁湟水北岸土楼山上为其建立神祠，祭祀不绝。元兴元平（105年），汉和帝追封他为"千寿敬侯"。

在东汉众多护羌校尉中，也有不少歧视羌胡，方法简单，信奉武力至上，对羌族各部残酷杀戮，严重破坏了当时的民族关系，其中以段颎最为残暴。段颎，字纪明，武威姑臧人。桓帝时为中郎将，以镇压山东人民起义事，论功封列侯，后为宦官王甫党羽。延熹二年（159年）冬，任护羌校尉，主张对羌人以武力镇压为主，以性残好杀而闻名于世。段颎曾两任护羌校尉，从延熹二年至建宁元年（168年）长达11年，这期间段颎杀羌人数万，残酷之烈，令人不寒而栗。第二次任此职时，五年中"凡百八十战"，斩38000余人，获牲畜42万余头（只），费用44亿（钱），封新丰县侯，后因曲意宦官，又加封四千户。段颎是一个杀人不眨眼的刽子手，他视羌人如草木，以屠杀为乐事。他追杀手段酷烈，"若乃陷击之所歼伤，追走之所崩籍，头颅断落于万丈之山，支革解判于重崖之上，不可校计。其能穿窜草石，自脱于锋镝者，百不一二。"②双手沾满了羌人的鲜血，护羌校尉在他手中实为地道的"屠羌校尉"。对于他的残暴，史学家司马光指责道："若乃视之如草木禽兽，不分臧否，不辨去来，悉艾杀之。岂作民父母之意哉！且夫羌之所以叛者，为郡县所侵冤故也。""岂得专以多杀为快耶！夫御之不得其道，虽华夏之民，亦将蜂起而

<hr />

① 《后汉书》卷十六《邓寇列传》。
② 《后汉书》卷八十七《西羌传》。

为寇，又可尽诛耶？然则段纪明之为将，号克捷有功。君子所不与也！"[1] 史学家范文澜先生更是愤然于段颍的所作所为，称他为"完全兽性之人"。在朝中又曲附宦官，与宦官王甫等人沆瀣一气，汉灵帝光和二年（179 年）王甫被杀，段颍下狱自尽，不得善终[2]。

三、西宁地区战火频发

东汉时期由于朝廷的错误政策和地方官吏的腐败无能，激起多次汉羌冲突甚至武装起义，由于西宁地区地处边陲，每次战乱都会波及，有时还成为斗争的中心。东汉前期发生了三次羌人事变。第一次是明帝时中元二年（57 年）居住在西宁西北的烧何羌女酋比铜钳，无端被临兆县长收系，杀其族人数百人，引起怨叛。此事惊动了朝廷，皇帝立即下令释放女酋，派医诊视，抚慰部众，事态平息，未成大变。第二次是永平元年（58 年）强迫迁徙东西邯（今甘都）羌人于关中引起事变。内迁并非人人自愿，且迁移后安置不妥，惊惧生变，经过动用武力，几年后方平息。第三次是章帝建初元年（76 年）。安夷县吏抢掠卑湳羌一名妇女，引起反抗，酿成事端。本可妥善处理，也是用武数年，方才平息。此后在章帝、和帝时，因护羌校尉处理不善或不善抚循而引起居住在大小榆谷地区的烧当羌人，十五年中，四次反叛。

从公元 107 年以后，大规模的汉羌战争发生过 3 次。第一次在公元 107—129 年，陇右各地一片战火；第二次在公元 139—145 年，战火蔓延至关中、陕北、陇右等地；第三次在公元 159—169 年，烽火遍布西北，长达十余年，长期的战争给各族人民带来灾难。羌人从此逐渐衰落了。汉族死亡和外逃者也不计其数，边郡户口大减，西汉末金城郡 15 万口。东汉和帝时仅余 1.3 万口。正是由于人口减少，地方空虚，才出现了三国、两晋时期鲜卑族大量涌入甘肃、青海地区的局面。在长期战争中，东汉政府亦付出了沉重的代价。财政支出累计 360 亿钱，军事力量受到极大削弱。15 年后，黄巾起义爆发，河湟地区的"义从胡"和汉族一起响应起义，东汉王朝因之瓦解。对此，后人发出了"寇

---

① 《资治通鉴》卷五十六"建宁二年"。
② 《后汉书》卷九五《段颍传》。

敌略定矣，而汉祚亦衰焉"①的感叹。

与上述同时，随着战乱，屯田也衰落了，大量公田通过各种方式，如赏赐战功功臣、授予平民、官吏侵占、地主侵蚀等等逐渐转化为私有。豪强地主在这种变化中逐步强盛起来，汉族高门在河湟逐步成为了地方实力派。就是在这种背景下，东汉末年设立了西平郡。

第三节　西平郡和西都县——魏、西晋

一、西平郡设置及郡城修筑

东汉末年，曹操秉政，于汉献帝"建安十年"（205年）析金城郡西部设置西平郡，辖有西都、临羌、破羌、安夷等四县，郡治西都，这是继西汉在河湟郡县其地后，又一重大举措。西都是分临羌县所置，县治在今西宁市区中心。西平郡以西都为首县。京兆杜陵人杜畿被任命为首任西平郡太守，但是杜畿未到任，在上任中途被改任河东太守。依据《三国志》注文材料，韩遂的女婿阎行于建安二十年后，任西平郡太守职务有数年之久。西宁在归临羌县管辖三百年后，终于有了直接的建置。这也说明两汉对西宁的开发成效显著。从汉武帝时起至东汉末，汉朝经营湟中三百余年，虽几经战乱人口仍不断增多繁衍，汉族人口在这里逐渐成为了多数，湟中农业经济有了长足发展，需要直接设郡县管理。

西平郡在初设后的十多年中，郡治设在原来的西平亭城堡，没有修筑新城。然而，新郡既设，修筑郡城也会提上议事日程。湟中地区筑城在西汉时就已开始，在东汉弃地之争中，马援曾讲："破羌以西，城多完牢。"东汉时期也在湟中修筑了一些城池，如新临羌城，邓训就曾开临羌城接纳月氏胡，以避羌人的攻击。西平郡没有郡城的局面至魏文帝时得到了改变，文帝黄初三年（222年）在西平筑郡城。据《水经注·湟水》记载："凭依西平亭，增筑南、

---

① 《后汉书》卷八十七《西羌传》。

西、北三城，以为郡治。"由此可知，西平亭也有城墙，西平郡城是依凭西平亭东墙而修筑的。留下的城墙遗迹，在今天也能看见。1993 年 10 月在西宁大同街西头省机械厅工地上，发现了一段残留的古城墙遗址，该墙夯土痕迹明显，大体可分为三个不同时期的夯土层，据专家考证，上层是明代西宁卫城的，中层属于宋代青唐城，最下层是属于魏晋时期的。可见，西宁古城历史之悠久，即使千年的历史风尘也未能将其完全隐去。

二、小月氏东迁去　韩文约败亡地

河湟地区汉羌胡人杂居，一遇动乱，民族矛盾和阶级矛盾交织在一起，斗争内容复杂，多次出现天下未乱河湟先乱，天下已定河湟未定的局面。东汉末年，天下大乱，群雄并起，河湟不宁。汉灵帝中平元年（184 年）春二月，中原大地爆发了黄巾起义，河湟响应，领袖人物是义从胡首领北宫伯玉，汉族豪强韩遂（字文约）等人。

"湟中义丛胡"即小月氏，原住牧于西宁湟水以北。河湟、枹罕、河关等地汉羌人民起义反汉，共立北宫伯玉、李文侯为将军，杀护羌校尉。并劫持曾任过金城郡从事的韩遂，任过新安县令的边章一同反汉。韩边二人籍隶允吾，即今民和县人，曾游学长安，著名西州，是汉族豪强代表人物。到公元 187 年，在内部斗争中，北宫伯玉、李文侯和边章均被杀，韩遂得胜，拥兵十余万，攻杀州郡，占据金城、陇西等地，河湟一带为韩遂占据。其后，与扶风人曾任凉州司马的马腾联合，攻掠关中。该二人以后曾与关西大军董卓合作，所属义从胡及秦胡兵，战斗力很强，天下所畏。公元 192 年董卓死，韩遂以镇西将军，还镇金城。与马腾分据凉州各地。建安十年新置西平郡以后，仍由韩遂占据，令其婿阎行领西平郡守。建安十九年（214 年）曹操派夏侯渊经略关西，马腾之子马超败逃汉中，韩遂败还金城，又逃湟中，部众离散。建安二十年（215 年），张郃平河关，入湟中。西平诸将麹演、蒋石，共斩韩遂首级，送交曹操[1]。这位金城名士终究魂断西平。

小月氏义从胡呢？由陇西迁关中，又迁上党，尔后发展演变为羯人[2]。魏

---

[1]　《资治通鉴》汉纪建安二十年三月条。

[2]　见周建江：《关于羯族若干问题》，《民族研究动态》，1996 年二期。

晋以后，小月氏已在河湟销声匿迹了。

三、麴氏踞西平　三次反曹魏

麴氏是西平世家大族,晋时一首《金城谣》"麴与游,牛羊不数头,南开朱户,北望青楼",说的就是麴、游两大家族家大业大,经济实力雄厚。麴姓曾被人误以为羌人姓,其实不然,是汉姓,而且其兴起地在西平。据《元和姓纂》记载:"汉有麴谭生閟,避难湟中。因居西平,改姓麴氏。"因避祸难,西来西平居住,并改麴姓为麴姓,所以其子孙皆姓麴。汉末魏初时,麴姓已是西平一大家族,势力强盛,由此推之,麴避居湟中至少在上百年前,也就是东汉前期。至东汉末,麴氏已是西平郡的一大姓氏,活跃在政治舞台上。麴氏在政治上与曹魏处于严重的对立状态,以麴演、麴光、麴英等"三麴"为首的麴氏,曾三次起兵反曹魏,麴氏因而也名噪一时。麴氏家族的麴演为西平将领,为投附曹操,于建安二十年与田乐、阳逵、蒋石等共斩韩遂首级,献给曹操,被封为侯,此举使麴氏声望大增。建安二十五年即魏黄初元年（220年）正月,曹操病死,曹丕继位。任邹岐为凉州刺史,占据西平的麴演不服,起事反魏,自称护羌校尉,金城太守苏则领军征讨,麴演自知不敌,乞降。而苏则任护羌校尉。麴演虽降而仍然不服,五月间麴演又联合张掖张进、酒泉黄华、武威颜俊起兵以拒邹岐,诸羌胡群起响应麴演,武威卢水胡也乘机叛魏,河西大扰。由此可见,麴演在西北地区具有相当大的号召力。武威太守毋丘兴告急于苏则,苏则认为各股势力纯系新合,应迅速打击,下令攻武威。雍州刺史高陵人张既进兵声援苏则,一举击降武威胡人,进军至张掖。毋丘兴率兵击湟中,麴演见大势不妙,又玩弄起假降的把戏,麴演率三千步骑声称援助苏则,被苏则识破,苏则将计就计,将麴演骗到张掖斩之,余党散走。接着,魏军破张掖,斩张进,酒泉黄华乞降,河西平定,一场以麴氏家族为中心的反魏斗争以失败告终。此为麴氏第一次反魏。

麴演虽死,但麴氏家族的反魏之心却未停止。这年十月,曹丕正式称帝,建立魏朝,年号黄初。次年秋,凉州卢水胡人冶元多反叛,魏召回邹岐。以张既任凉州刺史、护羌校尉,移驻姑臧。麴光杀了西平郡太守,据西平郡发动反叛。魏国诸将主张武力讨伐,张既却不同意。张既认为麴光事起仓促,郡人未必同叛，可用招抚分化之策。于是遍张檄文，宣谕诸羌，为麴光胁从者不予追究，如能斩其首级来降，当加封赏。不久，麴光为部下所杀，西平不战而定。此为麴氏第二次反魏。

麴演、麴光两次反魏都失败，实力受到了削弱，所以麴氏家族的第三次反魏是在五年以后。227年春，麴英杀西都长和临羌令，再叛。魏派驻扎金城的将军郝昭、鹿磐击之，麴英不敌，被斩杀，西平郡平定。

短短几年内，麴氏连续三次起兵反魏失败，其家族势力遭到沉重打击，部分麴氏北迁避居于酒泉，如麴珍。或东徙居于金城，如麴允。留居西平的麴氏则处于蛰伏状态，历曹魏西晋均未见有大的活动。到十六国时期，西平麴氏才得以复兴，一直延续到唐代。麴姓人物如麴晁、麴佩、麴恪、麴儒、麴陶、麴函明等屡见于史籍，刘宋时，麴瞻以高僧扬名禅林，《高僧传》有传。之后，麴嘉成为高昌王国之主，这个王国延续十世，共140多年，是汉族建政权于西域者所罕见。麴氏可谓史册流芳了。

第四节　文教兴盛话西平

一、世家大族与汉文化的崛起

汉族是汉文化的载体，有汉族存在就会有汉文化。随着汉开河西，汉文化也随之而来了，经过三四百年的发展积淀，至东汉中期以后达到了繁荣兴盛。西宁地区兴起了一批世家大族，人才济济。纷纷走上政治舞台，左右着河湟政局，甚至影响全国，如前所述的鞠氏三次反魏就是一例。西平世家大族，以赵氏、郭氏、鞠氏、田氏为著。鞠氏已经叙及，不再重述。

赵氏家族是由赵充国一脉发展而来的。1942年在乐都县白崖子出土了"三老赵掾之碑"，该碑立于东汉光和三年（180年）十一月丁未日，碑主赵宽系营平侯赵充国的裔孙。碑文内容翔实地记载了赵氏家族移民湟中，开发湟中的种种事迹。文中叙及，赵充国及其长子赵卬（中郎将）在西汉宣帝神爵元年（前61年）并征西羌，进攻到了西宁地区，并以此为中心罢兵屯田，收复群羌，从此以后与青海结下了不解之缘，最终有一支定居下来。赵印之子赵丰，任度辽营谒者。丰有二子，即赵孟元和赵子仁。赵子仁为敦煌太守。孟元有四子，赵宽是最小的一个，孟元时徙家破羌县（现今的乐都境内），任过护羌校尉假司马。在一次战斗中，赵孟元及其三子都战死了，唯有赵宽侥幸存活下来。他含泪收葬了父兄，东迁关中地区冯翊（今渭南），弃武从文，史称赵宽"修习典艺，既敦诗书，悦志礼乐，由复研机篇籍，博贯史略，雕篆六体"，"吟咏成章，弹翰为法，虽杨、贾、班、杜，弗或过也。是以休声播于远近"，是一名闻遐迩，文化造诣很高的高级知识分子。然而赵宽眷恋生之育之的故土，又西返故里，定居浩门。金城太守慕名聘请为官，他婉拒不就，后经浩门县令推荐，"优号三老，师而不臣"。"三老"是汉代掌管教化的官员，辅助郡守、县令推行政务。赵宽任"三老"后，积极推动文教事业，培养了许多优秀人才，史称"教诲后生，百有余人，皆成俊艾，仕入州府"，如果没有一个适宜的文化环境和氛围，人才是不会成批出现的，这说明湟中地区的文化教育发展到了一个较高的层次。赵宽有三子，长子赵子恭，任郡行事一职；次子赵惠，任护羌校尉假司马；三子赵璜，学问优长，任长陵县令。赵氏一门献身西土，确是"立德流范，作式后昆"，为后世楷模。

郭氏是当时西平诸姓氏中势力较大的一个家族，《三国志》称之"河右大族"，见于史册记载者多达数十人。从史籍所载的郭氏家族著名人物的生平事迹来看，郭氏一门在政治上是倾向于曹魏的。郭宪是郭氏家族中一位颇具代表性的人物，也是郭氏家族中赢得政治荣誉较早的一位。据《三国志）记载，郭宪字幼简，西平人。建安中为郡功曹，"州辟不就，以仁笃为一郡所归"。在建安二十年（215 年）前后归附曹操，被封为关内侯，名震陇右。郭宪病死于黄初元平（220 年），其子得父恩荫，魏齐王正始元年（240 年），国家追嘉其事，复赐其子爵关内侯。郭氏本来就是西平望族，封侯之后更是声名远扬。郭修是继郭宪之后郭氏家族中又一代表人物。郭修，字孝先，"素有业行，著名西州"。魏齐王嘉平初年为西平郡中郎，蜀大将姜维攻打西平时，兵败被掳至蜀国，被刘禅封为左将军。郭修伪降蜀汉，立志欲刺刘禅以报国，可惜总不得机会。终于在一次宴会上趁众将酣醉懈怠时刺死了蜀国宰相费祎，自己也被蜀将剁成肉泥。郭修刺杀蜀相，当时是震动全国的一件大事，郭修的行为受到魏国皇帝齐王曹芳的嘉许，被追封为长乐乡侯，"食邑千户，谥曰威侯。子袭爵，加拜奉车都尉，赐银千饼，绢千匹，以光宠存亡，永垂来世焉"。①

曹魏政权后期有一位重要的女政治家，即魏明帝曹叡之妻明元郭皇后，是西平郭氏。"明元"是赠号，真名则无考。她是因战争被掠入宫的。曹丕篡汉不久，在西平就发生了麹氏连续反魏活动，曹魏平定反抗后，掳去了一批西平人，郭皇后就是在这时被"没入宫"的。初为宫女，曹丕死后其子曹叡即位，史称"明帝"。明帝对既美丽又贤惠的郭姓宫女"甚见爱幸"，宠爱有加，于是被封为"夫人"。景初二年（238 年）明帝正式册封郭夫人为皇后，这位西平郭姓女子从一名普通的宫女逐步登上了皇后的宝座，这也是河湟史上第一位当皇后的女子。明帝死后，大权旁落，司马氏父子篡权，郭氏以太后身份持护曹芳、曹髦、曹奂三帝，极力维持曹魏政权 20 余年。当时司马氏父子之擅政跋扈，有时也敢不奉太后诏旨。郭后于公元 263 年底去世，一年半后司马炎篡位，建立晋朝。郭后在位时，西平郭氏荣极一时，其父郭满，被追封为西都定候，西都地望即今西宁；她的叔父郭立，任骑都尉，宣德将军；郭芝任虎贲中郎将，皆封列侯。此后，西平郭氏仍有后人显于当世。十六国时期，郭勋以善解天文名重一时；郭馨以预言家而见重于世，史书中多有其善测天下事的记载；郭倖是"西州望族"中名人，南凉政权中参与机要的重要人物。由此可见，西平郭氏家族自东汉到东晋时期约 200 年间兴盛情况。

西平田氏，十六国初期田瑶担任乐都太守，其基础是魏晋时打下的。此外，卫氏也是"河右大族"。如此等等。西平世族大姓的兴起对此地的政治、经济、文化的发展影响巨大，反观之，也说明了西平的经济文化有较高的发展水平。如果西平没有经济文化的繁荣，世家大族不可能成批地出现，也不可能人才辈出而不绝。更不可能具有较强大的势力，像麹氏之所以能够一再举兵反魏，在遭到沉重打击之后，又能屡屡兴起，从一个侧面也反映了汉文化在这里已经不可阻挡地崛起了。

两汉魏晋时期西宁地区的文化状况，已经呈现出了多文化交汇并存的现象。官方文化主流文化是汉文化，书面语言、公文来往使用汉文字。民间俗

---

① 《三国志》卷四。

文化则显现出敬山川万物，敬鬼神与敬祖先并存。一方面敬天法祖，一方面神山神水加神话，文化源流上多水并流。由先秦时期的双峰并峙，到这个时期的多水并流，是历史的必然发展。玉宇神祠，详见下章。

二、古魏出铜印

1973 年，在西宁北川大通县后子河乡上孙家寨村，发现了一座东汉时期的匈奴古墓，引起国内外史学界关注。在乙区 1 号墓中出土了一枚驼纽铜印，印纽是一峰形象生动、卧姿优美的骆驼，通高 2.9 厘米，边宽 2.3 厘米，驼纽高 2.1 厘米，重厚 0.8 厘米。印面阴刻"汉匈奴归义亲汉长"八个篆字。同时，3 号墓出土一件银壶，单环耳，表面镀金，器腹部锤出一周花瓣形图案。该银壶是古代安息（波斯）制品。它是东汉时匈奴人与波斯文化交流的证据，也为判定该墓时代属于东汉提供佐证。这两件器物的出土可知墓主人是生活在东汉时期的匈奴人。据《汉书·西域传》记载，西域各族首领，上自王侯，下至城长，都由汉朝颁给印信。1953 年曾在新疆沙雅出土一枚阴刻篆文"汉归义羌长"驼纽铜印，其形制大小，与此铜印相同。由此进一步证明，匈奴一部曾在西宁地区活动，并臣服于东汉政府，其首领被授予"汉匈奴归义亲汉长"印信，合于史实。"归义""亲汉"以及"率善"等是汉朝政府给予边疆少数民族首领的一种封号，由"归义""率善"一类文字组成印文是汉魏晋时期少数民族官印的突出特点。"长"是相当于县级官员的称号，据《后汉书·百官志》，县万户以上为令，万户以下为长。当时印制规定，县级官员佩带方寸（2.3 厘米见方）铜印黑授。然而考古学家在考察匈奴古墓的墓室结构和葬俗、随葬品时，发现此墓与河西走廊乃至中原地区的同期墓葬基本类同，但许多器物有浓厚的地区特点和民族特点。经考证，这一部分系匈奴别部卢水胡人。由此可见，汉、羌、胡多种文化在这里互撞互汇，相互影响，自古已然。历史悠悠，文化灿烂。

谈到铜印，这里出土的铜印还真不少。例如：1975 年湟中县多巴发现了"诏假司马"和"将侯行事"两枚铜印；西宁市砖瓦厂残墓出土了一枚形制完整的铜印，不仅有铜印，而且外有印匣，它是西宁出土的唯一带有印匣的铜印。据有关专家考证属于魏晋时期的文物。印纽是一只栩栩如生的龟，属于龟纽印，印面呈正方形，边长 2.3 厘米，通高 1.1 厘米，白文篆刻"凌江将军章"5字。印匣近似半球形，底径 4.3 厘米。角质黑色，四周刻青龙、白虎、朱雀、玄武四神图形，顶部刻有龙虎图形，雕刻精美。下部一周有 17 个未穿透的孔，原镶有绿松石，腹部对穿双孔，顶部有 6 个呈"梅花状"分布的未穿透的孔，原亦镶有绿松石。印匣腹内按铜印的形状雕空，以盛印章，底边呈正方形，边长 2.5 厘米。放置龟首部位呈一斜向通洞与外壁相通。

在这一时期，西宁周边地区也出土了两枚铜印。乐都县蒲家墩出土了一枚铜印"军司马印"，1971 年民和县中川清泉大队也出土了一枚"陇西中部督邮印"铜印。

这些不同级别又各具特点的铜印，从另外一个侧面说明，在两汉魏晋时期，中央政府已经在西宁以及周边地区建立起了以郡县制为核心的较为完备的统治体系。再联系到多年来已经发掘汉墓 2000 余座，其中大多是东汉墓的情况，可以用这等历史事实来充实后人的历史记忆，两汉几百年的汉政府动员各种社会资源，主要是中原汉族，切切实实地在开发和管理西宁及周围地区，推动社会前进方面成效显著。西平郡文教兴盛，汉文化圈崛起，就不是偶然的了。

第四章　十六国南北朝时期的西宁

——西平郡、鄯善镇、鄯州和鄯州辖地

本章内容前后约 280 年，分两大阶段。前段约 120 年，为十六国时期。后段约 160 年，为南北朝时期。十六国时期，先后有多个政权统治过西平郡，如走马灯一样，"城头变幻大王旗"，令读史的人感到眼花缭乱。北朝时期，北魏曾经以西平郡为鄯善镇，于是这里有了鄯善地名。公元 528 年改镇设鄯州。鄯善镇和鄯州的治所都在西宁。几年以后，西平荒弃，吐谷浑强盛，鄯州移治今乐都了。

第一节　多个政权先后统治西平郡、西都县

十六国时期，以公元 383 年的"淝水之战"为界线，可分作前期和后期。在前期约 70 年间，前凉（317—376 年）和前秦（350—394 年）曾经统治过西宁。"淝水之战"前秦苻坚溃败后，凉州地面上出现了后凉（386—403 年）、北凉（397—439 年）、南凉（397—414 年）、西凉（400—421 年）几个政权，在关中、陇右地面上出现了后秦（384—417 年）、西秦（385—431 年）几个政权。上述多个政权除西凉外，都先后统治过西宁。其后，北魏拓跋氏政权统一北方，进入南北朝时期。

一、前凉、前秦统治西平

前凉是十六国初期统治西宁的政权，当时西宁属前凉之凉州西平郡辖地，西平郡和西都县仍沿旧置，治在今西宁。前凉的肇基人为平凉人张轨。张轨，字士彦，据说是汉常山王张耳17代孙，晋末八王之乱，混战不已，张轨对此深感忧虑，为避祸于外，已有"阴图据河西"之意，于是上书请求外任凉州，得到了批准。公元301年，张轨以凉州刺史兼领护羌校尉之职赴任凉州，治所武威。史称"化行河右"，"威名大震"[①]。永嘉之乱，晋王朝已名存实亡，后又南渡。张轨始终奉晋正朔，其时关中及中原各地战乱不息，而河西则处于相对安定的局面，正如当时民谣所说，"秦川中，血没腕，惟有凉州倚柱观"。于是中州人士避难河西者"日月相继"，"张氏礼而用之，子孙相承，衣冠不坠，故凉州号为多士，"[②]成为一方乐土。

永嘉五年（311年）之前，晋西平太守曹祛统治西宁。308年，凉州大族张镇、张越兄弟与曹祛共谋推翻张轨的统治。张轨分而击之，在平定张镇以后，矛头直指曹祛，公元311年命其子张寔率步骑三万讨伐曹祛。张寔另遣部将田迥、王丰率骑兵八百出武威，越祁连山，"出石驴，据长宁"，晋时长宁县位于今西宁北川，曹祛派部将麹晁领兵拒战于黄阪，张寔在迷惑了曹祛之后，另率兵"诡道出浩门"（今民和享堂），"战于破羌，斩祛"，张轨势力深入到西平郡。张寔"以征曹祛功封建武亭侯"，领"护羌校尉"，后来张寔嗣父位为西平郡公、凉州牧以后，由其叔父张肃担任西平太守，挂建威将军印，坐镇西平郡。其时凉州共辖有八郡四十六县，西平郡为其一。前凉统治者十分重视发展经济和文化。张轨时，"立制准布用钱，钱遂大行，人赖其利"，改变了晋初以来河西不用钱币、市易又难的情况；张骏曾采取"徙石为田，运土殖谷"的措施。张轨出身士族，"家世孝廉，以儒学显"。曾以"宋配、阴充、氾瑗、阴澹为股肱谋主，徵九郡胄子五百人，立学校，始置崇文祭酒，位视别驾，春秋行乡射礼"[③]。宋配等人也都是"以儒学显""儒学致位""以儒学见称"的河西右姓，使汉族传统文化得以赓续，"凉州号为多士"。

---

① 《晋书》卷八十六《张轨传》。
② 《晋书》卷八十六《张轨传》。
③ 《晋书》卷八十六《张轨传》。

张轨及其子张寔、张茂先后去世，张骏（寔子）以后，内讧不已，公元355年以后各地的反抗纷起。西平人卫缉据郡自立反抗前凉，在当时是比较著名的一次反抗斗争，虽然被镇压下去了，前凉也已是日薄西山了。

376年前凉被前秦攻灭，西平归前秦管辖。前秦为氐人苻氏所建，都长安，西平郡建置仍旧，辖西都等四县。苻冲被封为西平王。383年淝水之战后，前秦内外交困，苻坚被杀，苻崇逃到西平，于394年即皇帝位，改元延初。由此可见，当时西宁在前秦的地位还是颇高的，但是苻崇已回乏力，不久被乞伏乾归攻杀，前秦亡。后凉取代了前秦在河西的统治。

二、后凉、南凉统治西平

后凉时期，西宁地区仍设西平郡，建置未变。后凉肇建者吕光，字世明，氐族人，与苻坚同属于一个民族，一个政治集团，祖籍略阳（甘肃天水地区），出生于枋头（河南浚县），深受汉文化影响，在前秦累有战功。淝水之战前夕，苻坚命吕光征西域，吕光于同年底出玉门，渡流沙，西域焉耆等国降。苻坚败归长安后，吕光在龟兹高僧鸠摩罗什及部下的劝说下，率军东返，于前秦太安元年（385年）击溃了凉州刺史梁熙的阻遏，进入姑臧，凉州郡县皆降，四山胡夷也来皆归附，确立了在河西的统治地位。太安二年（386年），吕光闻知苻坚被杀，于是自称凉州牧、酒泉公，仍用前秦太安年号。后凉建立后，一直政局不稳，西平太守康宁自称"匈奴王"，杀湟河太守以叛，接着"南羌彭奚念入攻白土"[1]；吕光用了两年时间，虽平息了各地叛乱，但是西宁诸地仍在羌酋彭奚念占领之下。392年，吕光派将军王宝"潜趣上津夜渡湟河"，击败彭奚念，进占河湟及西宁各地，西宁又重新纳入后凉版图。394年，吕光为掠夺人口，强迫西平郡居民（主要是羌人）迁徙到今甘肃境内，当时流传下的民歌唱出了人们心中的思乡之情："朔马心何悲，念旧心中劳，燕雀何徘徊，意欲还故巢。"人心思动，于是"遂相煽动，复徙之于西河、乐都"[2]。后凉曾一度将西平郡改为西河郡，旋又改回。

境内鲜卑秃发部于397年摆脱了对后凉的从属地位，建立了南凉，从此，

---

① 《晋书》卷一百一十二《吕光载记》。
② 《晋书》卷一百一十二《吕光载记》。

后凉与南凉进行了长期的战争，后凉失去了对西平等地的控制，南凉逐步占领了乐都、西宁等地区，并先后定都乐都、西宁，此属后话。399 年吕光死后，内部大乱，建都长安的后秦趁机进攻后凉，进围姑臧。401 年 9 月，后凉主吕隆降于后秦。于 403 年又遣使请求入附后秦，吕隆迁往长安，后凉灭亡。共历三主，凡十八年。此后南凉统治西宁。

三、西秦、北凉统治西平

公元 397—414 年，鲜卑秃发部建立南凉，统治西宁，后面将有专节叙述。414 年夏，南凉被鲜卑乞伏部所建立的西秦政权所灭，西平归西秦统治，郡县建置未遑变更。其时卢水胡沮渠氏所建的北凉（建都张掖）也对南凉故地虎视眈眈，不断发动战争，与西秦进行了长达十余年的争夺。429 年，北凉占据了西秦辖下的西平，431 年西秦灭亡，西宁地区被吐谷浑占领。时隔不久，公元 439 年，北凉亡于北魏，西宁等地由北魏统治。

四、北朝鲜卑王朝统治西宁

北魏灭北凉，一统北方，进入南北朝时期。西宁地区行政建制有了较大的调整。北魏实行州郡县三级制，又于沿边置军镇，大镇相当于大军区，设都将镇守；次镇相当于军区，设大将镇守，等同于州，既管军又管民，兼辖郡县，“统兵备御，与刺史同”。据《元和郡县志》记载：“后魏（即北魏）以西平郡为鄯善镇，孝昌二年（526 年）改镇立鄯州。”西宁地区是以西平郡为基础设立鄯善镇，为次镇，驻大将镇守。我国古代的郡、县、城、镇之命名，皆有所依据，这里自古无鄯善这一地望名称。顾名思义鄯善镇无疑得名于西域的鄯善国。鄯善镇何时迁到西宁的呢？史无明文，而西域的鄯善镇在 448 年左右才设置，时为打通丝绸之路，太武帝派成周公万度归率领凉州兵马西讨沮渠安周。万度归的大军来到鄯善，所到之处，秋毫无犯，深受欢迎。鄯善王真达面缚出降。万度归一面将真达护送回京，一面屯守鄯善。太平真君九年（448 年）“夏五月甲戌，以交趾公韩拔为假节、征西将军、领护西戎校尉、鄯善王，镇鄯善，赋役其民，比之郡县”。《魏书·西域传》亦载“是岁，拜交趾公韩拔为假节、征西将军、领护西戎校尉、鄯善王以镇之，赋役其人，比之郡县"。鄯善镇应在此时设置，以护卫西域及丝绸之路的畅通。这已与北魏439年灭北凉，派遣军队逐乐都太守沮渠安周，进入湟水流域相距9年，可见鄯善镇出现在西宁地区并不是在北魏进入湟水流域之初。依据有关史料的推测，鄯善镇大致是在北魏和平元年（460年）之后才出现在西宁地区的。

本在西域为何迁至西平？北魏在控制河西走廊之后，集中力量对付南面颇为强大的吐谷浑。吐谷浑自西秦灭亡之后，尽占河湟之地，太平真君五年、六年，北魏连续向吐谷浑用兵，吐谷浑主慕利延战败，退保白兰。魏军撤后，他们又重新返回故地。到和平元年（460年），北魏再次用兵吐谷浑，分南北两路，会师于西平。吐谷浑主拾寅走保南山（今巴颜喀拉山）。这次战役之后，吐谷浑基本上退出了湟水地区。日月山成为吐谷浑国与北魏间的界山。此时，成周公万度归早已率兵收降了焉耆、龟兹等西域诸国，并设有焉耆镇镇守和西戎校尉府管理西域诸事，西域安宁，丝绸之路畅通已久。交趾公韩拔的职责也由西方转而经营青海草原。焉耆建镇后，鄯善镇职责只有经营吐谷浑地区，且两镇相距太近，鄯善设镇之必要性不大，但鄯善镇并未立即撤销，而是移镇于西平郡，管理新得的吐谷浑和南凉故地，仍称鄯善镇。韩拔不再兼西戎校尉，征西将军也改作宁南将军。鄯善镇由新疆移到湟水地区，是在和平元年以后的某个时间。鄯善镇设在今西宁市，因此，西宁便有了鄯善这一地望名称。鄯善镇成为青海东部地区最高的军事、行政建置。鄯善镇辖有二郡，即西平郡和洮河郡。西平郡地望在湟水流域，辖有西都、乐都、金城和浩门四县，郡治在西都（今西宁市）；洮河郡地望在青海东部的黄河河谷。鄯善镇除了辖有上述两郡外，还有一些军事建置。目前已知者有二：邯川戍，治所在今化隆县甘都；浇河戍，北魏入河湟地区初期置，地望在黄河以南贵德县境，治所古浇河城，即今河阴镇及以南一带，后因吐谷浑攻占河南之地，撤废。到孝昌二年（526年），承平日久，边塞安宁，以行政建置来代替军事建置，已是势在必行，取镇名第一字改鄯善镇为鄯州，治所西都（今西宁市）。于是，西宁地区便有了鄯州建制。其后不久，吐谷浑势强侵逼，鄯州、西平郡和西都县东迁乐都，并把乐都县改为西都县，为鄯州治所，西宁荒弃，吐谷浑时占时退。从此，河湟地区的政治中心移到了乐都，直至隋唐时期依然如此。

公元534年，北魏分裂为西魏和东魏，西魏在这里的统治机构与北魏同，仍设鄯州，辖西平、湟河二郡，此时的西平郡、西都县无论郡治还是县治都在乐都。557—581 年北周宇文氏政权在湟水流域仍设鄯州，只是将西平郡改为乐都郡，治西都县，地望仍不在今西宁。

在上述南北朝时期，有几位以西平郡而封爵的，例如公元 437 年北魏拜吐谷浑王慕利延为镇西大将军，由陇西王改封西平王。又如，秃发傉檀之子破羌，北魏太武帝赐姓源名贺，封西平侯，438 年晋封西平公（453 年晋封陇西王）。这些以西平郡地望封王封公侯者，均为虚封，并不是由他们坐镇西平，统治西平的。

第二节　南凉统治下的西宁

一、虎台突兀　南凉故都

西宁在十六国时期曾一度是南凉国的都城，距今已有近 1600 年的历史了。在一些文人骚客的诗文中仍然能触摸到这一段历史风尘。如近代诗人李焕章有《虎台怀古》一诗，诗："西平郡西矗层台，台势嵯峨出尘埃。筑台伟人今何在？只今唯有台崔巍。忆昔南凉图霸时，仗钺登台曾誓师。……君不见虎台突兀风雨中，满目萧条蓬蒿碧。"地方志中也有记载，"西去县治（指西宁城）五里，有台九层，高九丈八尺。相传南凉王所筑。"诗中所咏和志中所载，都指的是今西宁市西郊（今城西区）杨家寨南边耸立的一座土台，传说是南凉王秃发傉檀出兵誓师所筑，其子名虎台，故命名为虎台，俗称点将台。唐朝时因避讳（李渊之祖父李虎）一度改称武台。当时在土台四周，还筑有四小台。近日西宁市政府在此建设"南凉虎台遗址公园"。南凉是由河西鲜卑的一支秃发氏建立起来的地方政权，其国境主要在青海东部地区。而且还曾以西平作为都城，不能不多说几句。凝望这座突兀而起的土台，让我们跨越时空，沿着历史的足迹，揭开 1600 年前那一段金戈铁马的历史沧桑。

二、乌孤建南凉国　利鹿孤都西平

鲜卑人支系众多，秃发是从拓跋鲜卑中分出来的，与建立北魏的拓跋氏有着很深的渊源，秃发即拓跋。东汉末年时匹孤率部由塞北迁到河西。西晋初年，匹孤之孙树机能有众十余万，实力不断壮大。其子思复鞬时，约在前凉和后凉时期，占据庄浪河一带作根据地。思复鞬有六子，长子奚于被吕光所杀。次子乌孤继承王父位，十数年强大起来，反抗后凉，又向西拓展，"礼俊贤，明政刑"，联络汉族世家俊彦，兼并鲜卑邻部，有众四五十万人。379年正月，自称大都督、大单于、西平王，建元太初，以廉川为都，次年冬，改称武威王。太初三年，迁都乐都。封其弟利鹿孤为骠骑大将车、西平公，镇守安夷；封弟傉檀为车骑大将军、广武公，镇守西平。各族人才分据要津，生机勃勃。此时，后凉据武威，北凉据张掖，西秦据黄河之南，四个政权在河陇展开征战，相互争雄。太初三年夏，以秃发利鹿孤任凉州牧，镇守西平；召秃发傉檀入录尚书事，拟先攻武威，后灭北凉。当年八月，秃发乌孤酒醉坠马伤肋而死，谥武王，庙号烈祖。一代雄主，早死，惜哉。

利鹿孤继兄武威王之位，迁都西平，今之西宁成为了南凉的国都。次年（400年）正月改元建和。这一时期的西平郡到底留下来什么建都的文物遗迹呢？史料阙如，难以叙述。似乎可以知道的应该是，以原西平郡太守衙署曾经是利鹿孤的"西平公"府，后改为武威王王府，即南凉国政府办公处所。利鹿孤在位时，外抗后凉，内和诸族，接纳兵败来投的西秦乞伏乾归父子。建和二年，利鹿孤还想称帝被鍮勿命劝阻了，改号"河西王"，表明利鹿孤已有兼并整个河西之志。利鹿孤还办了几件值得后人追念的事情，如重视汉族的耕作技术发展农业生产，"劝课农桑"；"二千石长吏清高有惠化者，皆封亭侯、关内侯"，[①] 用以笼络任职的汉族人士；为维持统治，与佛教徒有接触。高僧昙霍自西秦到西平，大搞佛事活动，南凉境内事佛者日众，西平城内大街小巷，皆敬事这位高僧[②]。还有重视提高秃发氏子孙文化素质，采纳祠部郎中史暠的建议："建学校，开庠序，选耆德硕儒以训胄子。"[③] 于是以田玄冲、赵诞为博

---

① 《晋书》卷一百二十六《秃发利鹿孤载记》。
② 《高僧传·昙霍传》。
③ 《晋书》卷一百二十六《秃发乌孤载记》。

士祭酒，以教胄子，眼光远大，影响深远，受到后世的赞誉："利鹿孤从史暠言，建学而延胄子，遂能开疆河右，抗衡强国。"①

建和三年三月，利鹿孤病卒于西平，谥康王，葬西平陵，在今乐家湾南山，世称园山儿。秃发氏后裔在西宁者以郭为姓，每年清明节还扫祭西平陵。

三、傉檀稔战　南凉败亡

利鹿孤病逝后，依乌孤旧例由其弟秃发傉檀继位。利鹿孤时处四战之时，国势有所发展。秃发傉檀时虽东征西战，极盛一时，但只知稔战，不知恤民，国亡身没。

秃发傉檀继位后，改元弘昌，将都城迁回乐都，并扩建城垣，接着便投入了更激烈的争夺河西的战争中。403年后秦姚氏接管姑臧。404年傉檀去年号，罢尚书丞郎官，讨好和麻痹后秦，以密图姑臧。随后以后秦臣属身份上表姚兴，请求自己接管姑臧，未准。405年，傉檀出兵击北凉，掠夺了大批牲畜，以马三千匹、羊三万只献于姚兴，表示忠诚。姚兴以为傉檀忠于己，遂封傉檀为车骑大将军、领护匈奴中郎将、凉州刺史，进驻姑臧。406年冬将都城由乐都迁到姑臧，自称凉王。夺取河西，初显胜利。接着强迁河湟羌三万余户于武威。然而时间不长，南凉在与他国征战中，又陷于不利境地。先败于北凉，又败于赫连勃勃，南凉上下不安，属部也相继反叛。410年春被迫迁回乐都。南边西秦攻占白土、湟河等地，南凉只剩下乐都、西平、廉川等地了。414年5月命世子虎台守乐都，自率七千骑兵西征乙弗，心在掠夺牛羊等作军实。西秦乞伏炽盘，傉檀之女婿，趁机突袭乐都，虎台不听部下意见，仅十天城陷，尽为西秦所虏。在西海之骑士闻乐都失陷均无斗志，傉檀东返西平，投降于西秦，南凉亡。一年后，傉檀、虎台等人被炽盘所鸩杀。

秃发氏以部落联盟为基础，几年之内兵强马壮，从历史后台走到了前台，仿效汉制，建立政权，群雄角逐，曾雄强一时。但是，不知恤民，只知稔战，不能与时俱进，虽然傉檀深受汉文化熏染，如时常引用《易》《诗》里的话来说服大臣。傉檀在与后秦尚书郎韦宗谈话中，上论"六国纵横之规"，下述"三

---

① 《晋书》卷一百二十六《秃发乌孤载记》。

家战争之略"，"远言天命兴废，近陈人事成败，机变无穷，辞致清辩"。韦宗深为其论折服，感叹道："命世大才，经纶名教者，不必华宗夏土，拨烦理乱，澄气济世者，亦未必《八索》、《九丘》，《五经》之外，冠冕之表，复自有人。车骑神机秀发，信一代伟人，由余、日碑岂足为多也！"可见傉檀对于汉族传统文化之精通，实乃"腾架时英"，最终却难免国破家亡，"穷兵黩武，丧国颓声"①。实际上从深层次看，南凉亡国有其更深刻的原因。那就是南凉本身的社会制度。秃发鲜卑迁到河西到建立政权的130多年时间内，虽然大力接受汉文化，据记载傉檀时，"车服礼章一如王者"②，内部政治制度已经日趋完善并汉化。但由于秃发鲜卑部直接由部落联盟进入封建社会，在社会制度上仍有落后的军事民主制残余。如利鹿孤采取"宜置晋人于城外，劝课农桑，以供军国之用，我则习战法以诛未宾"③的政策，即汉人城外耕田，征其赋税，以供国家之需，秃发部人专职征战。于是南凉社会就形成了以秃发军事贵族为首的统治阶级和以晋人为主的被统治阶级，很明显带有军事民主制残余，其社会制度的落后性可见一斑。

历史能告诉我们的何其多，掩面凝思，对南凉土台的凭吊，不应该沉寂在长云暗山之中而已了。

第三节　西宁与丝绸之路

丝绸之路，东起长安，西通中亚欧洲，进而联结非洲，是东西方政治、经济、文化交流的桥梁。丝路的开通加强了汉族与西北边地各民族的联系，形成了牢不可破的纽带。西宁是这条东西交往大道的重要城镇。

---

① 《晋书》卷一百二十六《秃发乌孤载记》。
② 《晋书》卷一百二十六《秃发乌孤载记》。
③ 《晋书》卷一百二十六《秃发乌孤载记》。

一、两线交点 西宁重镇

这条道路最早见于记载，是在汉武帝派张骞出使西域时。其实早在张骞通西域以前，西域和内地的交通就早已出现了，有草原之路，有玉石之路。张骞东返时，"并南山，欲从羌中归"，说明羌中道早已存在。古代民族如月氏、乌孙都曾居住在河西走廊，后来陆续西迁，说明此时东西大道早已通达。两汉时期，由于汉朝政府牢牢控制着经过河西四郡的比较安全便利的绿洲通道，所以通过河西四郡的道路成了丝路的主道，而北边的草原之路和南边的通过青海草原的"羌中道"，便逐渐失去了世人的关注。十六国南北朝时期，河西政权林立，互相攻伐不已，无一日安宁，特别是在南北朝时期南北军事严重对立，贸易往来受到阻隔。而此时吐谷浑政权，控制青海草原，占有若羌、且末，使青海与丝路中段南道（南疆境内）相联结。而吐谷浑与双方结好，南通蜀汉、建康，东通关陇、洛阳、邺城，西通西域，成为南北东西各方的中介，于是青海道成为西方各地与中原南、北两朝进行联系的交通枢纽。而西宁就位于重要交点上。

青海道基本走向为在黄河以东部分，与陇西道相接。由今永靖的炳灵寺或河州的临津关向北渡过黄河，西北行至今乐都。从乐都沿湟水西行，至今西宁。由西宁开始分成以下三条支线：一是由西宁北行，经长宁谷，越大坂山，过大通河，穿斗拔谷（扁都口），至张掖，与河西道相接。二是由西宁西行，出日月山口，沿青海湖北岸西行，进入柴达木盆地，在盆地西部出噶斯山口，进入若羌，与西域南道相接。三是过日月山南端山口，走青海湖南岸西行，进入柴达木盆地，后与第二条同。另外，沿盆地南缘的楚拉克阿拉干河西行，也可进入南疆于田。吐谷浑王慕利延曾率众顺此路到于田，杀其王，据其地。可见青海道这几条支线，其交汇点和分叉点都在西宁。何故？青海地形是以山地为主，因而决定了这些交通线，往往沿河谷而行。而西宁是四川交汇之地，是青海古代交通线交汇的中心，无论西出边关，还是东进关陇，或北上河西诸都，或南下益州巴楚，都不能不经过西宁，青海地区交通以西宁为中心呈放射状，辐射四方。从自然条件上看，西宁谷地是青海省内最为宽延平坦的地区，湟水中流，灌溉便利，符合汉族从事农耕的自然条件，可以为交通提供良好的物质支持，西宁又是西出边塞的最后一个郡邑大城，西宁成为青海道之枢纽无疑是水到渠成。

二、西土求法僧　佛光照西宁

佛教传入西宁地区有史记载的时间是在十六国时期的南凉。佛教源于印度，流经西域，漫播中土，东汉时传到中原，魏晋南北朝时，佛教在内地得到进一步传播和发展。十六国南北朝时期，政治失序，战乱不已，人民流离，痛苦颠沛，统治者相互拼斗，倏尔兴盛，忽而烟灭，世事无常；各族人民以及统治阶级的文官武将都需要一种精神麻醉品来安慰灵魂，于是佛教乘势大大发展，各族所建的政权竞相崇尚佛教，作为巩固统治的工具，传播、弘扬不遗余力。于是乎，佛教广泛流行，这一时期内地僧人西行求法者络绎不绝，他们均和西宁历史有一定的结缘。兹举其著在典册者为例。

十六国时期法显。此事在僧佑《出三藏记》录著名的《佛游天生记》（或云《佛国记》）内记：隆安三年（399 年），亦即南凉迁都西宁之年，有僧人法显及同学慧景等，从长安出发，赴天竺游学。"度陇至乾归国夏坐。夏坐讫，前行至耨檀国，度养楼山至张掖镇。……"乾归国指西秦，时都苑川（今甘肃榆中东北），经苑川过凤林关渡黄河，西北至乐都，又溯湟水而至"耨檀国"国都西平。按当时南凉系利鹿孤在位，非傉檀，此称"耨檀国"，概因利鹿孤将军国大事皆委傉檀之故，"当日凉人只知有耨檀，不复知有利鹿孤，显师从俗记载"之故。然后，法显一行从西平北过养楼山（今大通达坂山），过浩门水（今大通河），从扁都口越祁连山，到张掖，入河西道。法显在西宁有什么活动呢？史料阙如。

进入北朝时期，青海道上留有北魏高僧宋云的足迹。宋云，敦煌人，在京师洛阳出家。神龟元年（518 年）冬，胡太后选派宋云同慧生等前往天竺取经，并宣扬国威，结好邻国。这时，凉州发生战乱，河西道断绝。于是宋云改走青海道。宋云一行由洛阳、西安，走陇西道到兰州，渡河西行到今西宁。休整了几天后，"西行四十日，至赤岭（今日月山），即国之西疆也。皇魏关防，正在于此。"西行越过北魏西境关卡所在的日月山，过赤岭行二十三日，进入吐谷浑境的流沙地带，"渡流沙，至吐谷浑国"。至吐谷浑王都，住了几日，然后西行到鄯善，到于田。《宋云行纪》记有其事。也有许多天竺、西域僧人由西而东经过西宁到内地弘法译经，较出名的是乾陀罗僧阇那崛多，公元 559

年由今南疆到内地，走的道路与宋云大致是一条路线。

这些往来于丝绸之路南北两线的高僧大德们，不经意间将佛教的种子在西宁等地播撒开来了。河西（包括青海）佛教的兴盛，大致在前凉张氏据河西之时。《魏书·释老志》记：“凉州自张轨后，世信佛教。敦煌地接西域，道俗交得，其旧式村坞相属，多有塔寺。”由此亦知凉州佛教兴盛之由，实因其为中西交通要冲，西方僧众到中华内地多先于此熟悉以汉语，然后至内地弘法或译经。河陇地区是汉、羌、氐、鲜卑、卢水胡、休屠等杂胡聚居之地，自然深受佛教影响，渐以奉佛。

西宁开始流行佛教有史可查的大约是在南凉利鹿孤在位期间。《高僧传·释昙霍传》记载了南凉兴佛故事。云，建和二年（401年）十一月僧昙霍自西秦来到西平。西平百姓“事佛者日众”，时利鹿孤弟傉檀“权叹倾伪国”，昙霍多次劝其“修善行道，为后世桥梁”。傉檀不信，以“七日不食”试昙霍，果不食，乃厚加敬仰，因此改信。国人奉昙霍为“大师”，顶礼膜拜，“出入街巷，百姓迎为之礼”。至此，佛教开始在西宁地区盛行，统治者秃发氏亦改信佛教。在西宁市湟中县元山尔出土的胡僧骑马铁俑，胡僧深目、高鼻、大眼，身披袈裟，颈戴佛珠，两手合十，端坐马上，有浓厚的曼佗罗风格。这件稀世珍品铁俑是众多高僧大德在西宁地区往来传法的生动写照。

三、贸易不绝　繁盛相伴

丝绸之路是与商业贸易繁盛相伴的，无论是南路还是北路贸易都是这样。人们喜爱谈论河西走廊出现的“金张掖、银武威”，以及文化宝库莫高窟；谈论南路的青唐城、临羌道、斗拔谷等等，这些都与丝路贸易有关。十六国南北朝时期，虽然战乱频仍，政权林立，但各个政权无不致力于开通丝路，而丝路的确也畅通着。青海道的商业贸易也是十分发达。西域各城国以“朝贡”的形式，与内地进行贸易。西域诸国派遣的朝贡使团不仅本身带有货物，沿途贸易，而往往伴有大批胡商，浩浩荡荡，俨然一个庞大的流动市场。这一时期西域与内地的贸易已表现出更多的一致性，内地铸造的钱币在西域地区流行，成为贸易双方等价物；与此同时，外国的货币也成为当时贸易的交换手段，在西宁和河西等地发现了大批中外货币。西域与内地的贸易主要商品是丝绸。

南北朝时期，作为丝绸南路的主要国家吐谷浑，为发展贸易同南朝、北朝对立的双方都保持友好往来，通过吐谷浑国使西域经过青海道同南朝搭起了密切交往的桥梁。吐谷浑国对经过的贸易团队实行优惠政策，保护商旅安全，作好导引翻译、促使丝路繁忙，商贾云集，货畅其流。而吐谷浑也深得其利，国家富足。西魏废帝二年（553年）凉州刺史史宁，于凉州西截获吐谷浑出使北齐的朝贡使团。"获其仆射乞伏触拔，将军翟潘密，商胡二百四十人，驼骡六百头，杂彩丝绢以万计"。足见青海道贸易规模之大，吐谷浑之富。

西宁地区的商贸在此时也是十分频繁。1956年在西宁城内解放路一处建设工地上，出土了76枚波斯萨珊王朝银币。强盛的萨珊王朝存在于公元226年至651年，相当于我国魏晋南北朝至唐初。在西宁发现的波斯银币，是卑路斯时期（457—482年）的货币，就是有力的证明。只有贸易规模较大、时间较长、频率较高的情况下，才会有如此数量多的货币入土和出土。

在南北朝时期，良马是丝绸之路上又一种颇受人们欢迎的重要物品。以吐谷浑人最擅长养马，其养马业发达无出其石，出良马，曾经培养出著名的一代宝马——青海骢，号为"龙种"。相传青海湖海心山上产龙驹，冬天湖水冰封后，将贞牝马放于海心山上，来年春天马便有孕，产下的便是龙驹，能日行千里，这是一个美丽的传说。青海骢其实是以中亚波斯的草马与当地的种马交配而成的。波斯马自然是通过丝路引进来的。后来青海骢传入中原，曾经饲养在皇家的马厩里，再难奋蹄于旷野之上了，对此有诗曾吟："华清别馆闭黄昏，碧草悠悠内厩门。自是明时不巡幸，至今青海有龙孙。"今天的河曲马、大通马就是青海骢的遗种。

第四节　王母神祠及土楼山寺

敬神就会建神祠，敬祖先当然建家庙。家庙是汉族民俗文化中的重要内容，可以略去。神祠载于史册的则有西王母神祠。西王母是中国昆仑神话体系中的主神,有关她的传说可谓汗牛充栋。据考证,西王母起初乃是历史并非神话,有其族其国,本书第二章已有交代。由历史演变成神话,是汉代的事。

一、《汉武帝内传》滥觞　西王母变成了女神

战国时期,百家争鸣,九流十家,各呈其说,思想活跃。其间西王母史话开始向神话衍变。"秦既燔灭文章以愚黔首",思想沉寂,出现了一时段文化枯萎。汉兴六七十年,与民休息,用黄老之道治国,家给民足,物阜民丰了,神异故事志怪述异油然而生。街谈巷议,神话迭出。《山海经》十八本,鲁迅认为"古之巫书也,秦汉人亦有增益"[①]。昆仑山和西王母故事,应运而生。到了汉武帝时,收罗天下佚书,各种小说类书籍油然出世。晋人张华《博物志》说,汉武帝好神仙,于是就有了七月七日晚美妇人西王母自天而降,并赐三千年一熟的仙桃给汉武帝本人等美丽的故事。见于托名班固的《汉武帝内传》。从此西王母变成了善良美貌的女神,她居住的瑶池,有玄圃有鲜桃园,比之《山海经》中那个形象,不可同日而语了。试看下边引文。

"七月七日,上于承华殿斋,日正中,忽见有青鸟从西方来。……是夜漏七刻,空中无云,隐如雷声,竟天紫气。有顷,王母至,乘紫车,玉女夹驭,戴七胜,青气如云:有二青鸟,夹侍母旁。下车,上迎拜,延母坐,请不死之药,母曰:'……帝滞情不遣,愁心尚多,不死之药,未可致也。'因出桃七枚,母自啖二枚,与帝二枚。帝留核箸前,王母问曰:'用此何为?'上曰:'此桃美,欲种之。'母笑曰:'此桃三千年一著子,非下土所植也。'留至五更,谈语世事而不肯言鬼神,肃然便去。"西王母因其蓬发、戴胜、虎齿、豹尾的本相而被《淮南子·说山训》描绘成丑陋女神,从此,得到了乾坤扭转般的根本改变,变成了美丽的女性神仙,居住瑶池,并有三千年一结的仙桃。她的周围虽然也有"鸟"、"龙虎"、"白麟"、"白鹤",但和《山海经》中关于西王母的描写相比,已经不是什么野兽猛禽,而是一些衬托西王母威风和神圣的象征物。此时的西王母已经演化为神仙了。

不知作者姓名的《穆天子传》,将她变成了美丽的女王,接待坐着八骏马

[①]　鲁迅:《中国小说史略》第二篇,北京人民文学出版社 1973 年版。

拉的车子西游的周穆王。这个故事，不引载了。

总之，西汉时人们根据自己的爱好塑造出人们喜好的西王母。在造神的年代，各种版本的故事是不相同的。刘安《淮南子·说山训》仍把西王母说成丑妇。司马相如《大人赋》中，西王母是一个老太婆，不惹人喜爱。在别的版本中，西王母有不死之药，嫦娥偷吃了丈夫后羿从西王母老太婆那里苦苦求来的仙药，奔上月宫不回来，故事见于《淮南子》。当然苦药不如仙桃好吃，汉武帝吃的是仙桃，同样长生不老。西王母的风流女神被塑装完成了。

而嗣后，又有人把她附会与东王公相对，出现了西王母和东王公的种种神话故事。在《神异经·中荒经》中还记载了西王母与东王公的神话："昆仑之山，有铜柱焉，其高入云，所谓天柱也，围三千里，周围如削，下有回屋方百丈，仙人九府治之；上有大鸟，名曰希有，南向，张左翼复东王公，右翼复西王母，背上小处无羽一万九千里，西王母岁登翼会东王公也。"西王母与东王公相会于一只神鸟之背上。其中的东王公是什么样的神呢？在《神异经》还有一则神话记载了东王公的形象，言其居住在"大石室中"，身"长一丈，头发皓白，人形鸟面虎尾，戴一黑熊"。

由于周穆王西巡之事，在漫长的历史时期内，很可能会产生许多神话，也同样可能将同一神话改造成不同的形式。于是有专家推测西王母会东王公的神话很可能是周穆王会西王母神话的另外一种流传版本，因周穆王处在"东土"，所以被称为东王公[1]。此外，段成式《酉阳杂俎》和方以智《通雅》，记载有西王母名叫杨回，又名婉妗的说法，而《集仙传》则说她姓侯。又有人依据祭日于东，祭月于西的祭仪形式，把西王母演化成月神，如此等等，西王母形成了一个庞杂的神话体系。

仙话产生，道教盛行，还塑造了东王公，做了西王母的丈夫。随时顺势，流落演化，越来越眼花缭乱了[2]。经过千年流传，西王母的确获得了众人的香火祭拜，同时也使不少人著文写诗抒发崇敬情怀。

---

[1] 袁珂：《神化选译百题》，上海古籍出版社1980年版，第261页。

[2] 参见芈一之：《从昆仑神话发展演变说到它的文化内向性》，《江河源文化研究》1995年1期。

二、西王母神祠

西王母变成女神了，信仰者还不少。《汉书·哀帝纪》载，哀帝建平四年春大旱，"关东民传行西王母筹（以麻秆或禾秆传递消息），经历郡国，西入关至京师。民又会聚祠西王母，或夜持火上屋，击鼓号呼相惊恐"。

有神当然修祠。《汉书·地理志》"金城郡"条云："临羌西北至塞外，有西王母石室……"前文已详述明白，不赘。

十六国时期前凉张骏时，"永和元年（345年）……酒泉太守马岌上言：'酒泉南山，即昆仑之体也。周穆王见西王母，乐而忘归，即谓此山。此山有石室玉堂，珠玑镂饰，焕者神宫。宜立西王母祠，以裨朝廷无疆之福。'骏从之"。[①] 张骏应允了立祠之议。次年张骏去世，子重华成为前凉之王。张重华在位期间（346—359年），派人在西王母石室前修了西王母祠（《十六国春秋》作西王母寺）。此后过了半个多世纪，北凉沮渠蒙逊也曾率文武官员到西王母祠祭祀。公元416年，"遣前将军沮渠成都将骑五千袭卑和虏，蒙逊率中军三万继之，卑和虏率众迎降。逐循海而西，至盐池，祀西王母寺。寺中有《玄石神图》，命其中书侍郎张穆赋焉，铭之于寺前"。[②] 这里说的"卑和虏"是指游牧在环青海湖地区的卑和（一作卑禾）种羌人。据以上记载，前凉、北凉把西王母神祠当作护国神来崇奉，但是它并不能护佑这些政权长久存在，旋起旋灭。此外，这些史实告诉人们西王母居地的具体位置。西王母居地应在青海湖北，今青海省祁连县黑水上游一带，南与刚察县毗连。在此地望果然有一古迹，位于天峻县夏日格山，关角乡关角沟中部，在今315国道338公里处。人们至今仍对古迹寄予崇敬之情。

关角沟沟长20公里，左右为崇山峻岭，沟中山明水秀，颇为幽静，沟之中央有一孤立小山峰，山峰为白红色石灰岩体，山腹多天然溶洞。峰中有一主洞，为自然形成的岩洞，洞门朝西。洞内宽6米，纵深15米，除主洞外，又有大小不等的6个偏洞，进洞3米内比较平坦，再往里进，逐渐升高，12米深处有一石阶，又称石桌，桌上置石子108枚，有住过人的痕迹，人称之二郎洞。该山主峰有"镇山石柱"，像殿堂廊柱，表面光洁，叩之有金属声，

---

① 《晋书·张轨传附骏》。

② 《晋书》卷一百二十九《沮渠蒙逊》。

有人认为西王母石室就在这里。在二郎洞的对面 70 米处，发现了前凉主所修、北凉主祭祀过的西王母寺（祠）的遗迹，并被青海省考古研究的专家学者确认。寺址东西七八十米，南北五六十米，发现带有"长乐未央""常乐万亿"铭文的瓦当，这些铭文表达了前凉张氏祈求"无疆之福"的愿望。参考有关周穆王会见西王母于昆仑之石室的记载，此处应当就是穆天子西巡时与西王母会面的地方了。传说，穆王会王母于瑶池之上，二人互相唱答，诗赋交欢，穆王乐而忘返，瑶池大概指的就是青海湖吧！后人又将这段优美动人的传说发展成为凄怨、感人的古代爱情故事，《仙传拾遗》记有："（周穆王）觞西王母于瑶池之上"，临别，王母作歌相赠，"白云在天，山陵自出。道里悠远，山川间之。将（希望）子毋死，尚能复来。"穆王回答："予归东土，和治诸夏。万民平均，吾顾见汝。比及三年，将复（返）而野（您的国土）。"情调哀婉，情意绵绵。唐代诗人李商隐为此还写下了"瑶池阿母绮窗开，《黄竹》歌声动地哀。八骏日行三万里，穆王何事不重来"的佳句，予以反思，给予翻案，提出疑问。

到了唐代，大昆仑之说出，遂将酒泉南山称作小昆仑。而西王母的居地也随之越说越分歧了。有人说西王母在居延海，还有人说在新疆境内天山的天池一带，甚至有人说西王母在中亚等等。

魏晋南北朝时期，鲜卑人以主角活动在历史舞台上，牧马北风，萨满文化，掩盖了羌戎的敬山川鬼神，二者交汇，构成了民间文化的主流。而官方文化仍以汉文化为圭臬，书面语言仍使用汉字，鲜卑贵族读习的是汉字图书以及儒家经典。这个时期的文化状况，除塞北牧业文化大量移入外，佛教文化在西宁初放光彩。与前一时期有显著不同，多源多流现象继续前进，更是多彩多姿了。

明代以后，随着《西游记》和《封神演义》的流传，王母娘娘也成了玉皇大帝的夫人，瑶池主母、蟠桃盛会故事则愈加广泛流传了，不过故事的来龙去脉也被时间掩去了。除此之外，关于西王母的神话也反映在各种壁画和画像砖上。敦煌莫高窟第 249 窟顶画有西王母和东王公。酒泉丁家闸五凉墓壁画有王母、王公形象等等。西王母的故事在西宁也有反映，在今西宁北禅寺中，第 18 洞就立有西王母杨回之神像。

三、土楼山和土楼山寺

西宁城东北五里处有一奇特且出名的山，由于形若浮屠，状似土楼，所以称之为土楼山，又因之在西宁城之北，称之为北山，它是由祁连山脉支脉向南延伸而成的。

土楼山地质结构复杂，形体多变，山顶覆有黄土层，山腰有几乎呈水平状的石膏层和红板岩裸露在外，岩性软硬相间，于长期地质时期流水、风化等外力侵蚀下，以赤壁、洞穴、险峰为主要特征的丹霞地貌得到典型发育，断里危然，山腰间天然洞穴比比皆是，山脚含沙栗钙土略呈红色。土楼山为要冲之地，北靠群山，突兀高耸。南俯有西宁郡城，尽在眼底，与西宁南山遥相对峙；东望有雄关，古称之为湟峡，今称之为小峡。它是由南北两山相会而成，双群紧扣，危岩嵯峨，是西宁地区的天然屏障；西见有湟水，滔滔而来，绕山东去。登高远眺，水绕山环，四川烘托，一关东峙，加之土楼山形状奇异，通体犹如凤翼，更显得钟毓灵秀，自然也就成了神仙入住的地方了，于是就有了土楼山寺，又因其倚靠于西宁北山也称北山寺。

土楼山和土楼山寺在北魏时期就扬名于世了。北魏时期郦道元著的《水经注》中记载："湟水又东，迳土楼南，楼北依山原，峰高三百尺，有若削成，楼下有神祠，雕墙故壁存焉。"其所引的由北凉阚骃所著的《十三州志》也有记载："西平亭北，有土楼神祠者也。"这是对土楼山和土楼山寺的最早记录，距今已有 1600 多年的历史了。

土楼山寺依山而筑，凭借丹霞地貌的特性，建于山腰之古洞中。古洞各具特色，大小不一，深浅有别，形状各异，殿中有洞，洞中套洞，洞与洞之间由栈道回廊相连，上载崖岩，下临深渊，蔚为奇观，俗称"九窟十八洞"。实际上不止十八个洞，据最新统计，约有五十七个洞，其中直洞有三十九个，偏洞十八个。古洞中绘有大量的壁画。这些壁画历史悠久，它们并不是一次创作成的，属于不同历史时期的产物，多是隋、唐、五代、宋、元时期的作品，也有一部分创作于北魏以前的壁画还保留至今。据专家考证，古洞中北魏时期的壁画与敦煌莫高窟的飞天壁画，基本上是同一时期的作品，已有 1500 多年的历史，属于珍贵的历史文物。壁画的内容丰富，以佛教中的"佛本生"故事为主，还有些因缘故事。"佛本生"是指释迦牟尼降生为净饭太子之前的若干世中，不断行善事、苦修行的故事。在故事的构图上已经有了很大的发展，善于将发生在不同时间、地点的故事情节巧妙地组合于一体。故事中的人物肢体修长，灵活而有情致，线条流畅活泼，色彩艳丽而丰富。敦煌壁画中广泛运用的西域晕染法，在这里也得到了运用，增强了人物形象的真实感。

土楼山寺古洞中的画基本上属于水粉画，使用的颜料有石青、石绿、赭石、铅粉、碳黑、朱砂等矿物性颜料和靛青、胭脂等植物性颜料共十余种之多。制作壁画是有一套完整的工序的，一般先以半寸厚的泥层做底，然后在泥层上平整地覆盖上一层约一毫米厚的石灰面，打磨光滑后，就可以在上面绘制壁画了。先由领班画师用土红色线条或淡墨勾勒出图像的轮廓，然后在不同部位标明敷色色别，由画师的徒弟上色，最后由画师再一次勾勒线条。由于自然环境和人为的长期破坏，大部分壁画遭到了严重的损害，已是斑驳不堪了，但是依然能感受到它们散发出的艺术魅力，畅想着它们往日的风采。

北魏的建立者拓跋鲜卑崇信佛教，在他们的推崇下，佛教盛行一时。北魏不仅积极地修寺建塔，还热衷于在一些山崖上开山凿洞，塑佛绘佛，而且规模宏大，影响深远，闻名于世的龙门石窟、云冈石窟、洛阳石窟以及敦煌莫高窟都是在北魏时期开凿修建的，西宁的土楼山寺同样也是在北魏时期开凿修建的，从中可以看出鲜卑人有着浓厚的石窟情结，这或许与鲜卑人兴起于鲜卑山的鲜卑洞有着密切的关系吧[①]。鲜卑人是从大山中走出来的民族，与山石生死依恋，共铸荣耀，北魏先代，本有凿石为庙的遗风。祖居鲜卑洞（今称之为噶仙洞），是鲜卑文化的一块化石。北魏在西宁北山修洞铸像绘画，保留至今，惊其瑰美，叹其神奇，足可佐证南北朝时期佛教在此地的兴盛。

北魏时期的土楼山寺是一个佛教圣地，所以古洞中的神像和壁画都以佛教内容为主。时世变迁，现在土楼山寺称之为土楼观，已经成为一个佛道混一的地方了，古洞群中供奉着不同宗教的神灵。1600 年来，沧海桑田变幻，岁月风尘如烟，但是土楼山和土楼山寺仍魅力如旧，正如土楼山寺楹联所云"风烟不老土楼山"哪！

---

① 详见米文平：《鲜卑石室的发现与初步研究》，《文物》，1981 年第 2 期。

第五章　隋唐时期的西宁

——湟水县辖地、鄯城县和河源军驻地

　　隋朝建立，结束了中国南北朝长期对峙的分裂局面，至唐代国家更加统一，天下承平，为各民族的相互交流和融合奠定了极为宽广的社会基础和政治条件，因而成为中国历史上继两汉之后的又一个大一统时期，使中国封建社会的政治、经济、文化呈现出鼎盛气象。

　　隋朝和唐朝的统治集团是中原汉族，是高度鲜卑化了的汉族。杨氏曾是武川镇高级军官，杨氏以普六茹为氏。李氏也曾是武川镇高级军官，以大野为氏。两家军人贵族随宇文泰入关，同为八柱国之一。从隋朝初年到唐天宝末年的170多年中，中原汉族又一次成批地进入河湟，来到西宁，界屠、段、康诸家，成为这里的高门大姓。但是由于时间相对来说较短，没有出现两汉魏晋时汉文化崛起的高潮。随着"安史之乱"后唐军东撤，吐蕃东进，历史进程发生曲折，西宁成为吐蕃王朝的军事驻地。

　　在上述170年中，河湟地区的军政中心，在今乐都县。隋代西宁为湟水县辖地，湟水县和西平郡治都设在今乐都县。唐代，改郡为州，西平郡改为鄯州，仍治今乐都县。鄯州辖三县：湟水县依旧，龙支县治今民和县古鄯，另于西宁设鄯城县。唐代河湟地区军镇林立，其中河源军驻扎今西宁的西关，乐都则驻有陇右节度使和临洮军。

第一节　隋代湟水县辖地

公元 581 年，杨坚自立为帝，改国号隋，年号开皇。589 年攻灭了南陈，南北朝结束，中国再度统一。

隋朝建立后，对政治体制进行了较大的改革。在中央确立了三省六部制度，在地方改变过去的州、郡、县三级为州（后又改州为郡）、县两级。同时，把地方官吏的任免权全部收归到中央吏部，九品以上的官员一律由朝廷任免。

一、鄯州、西平郡所属湟水县辖地

隋朝建立之初，开皇三年（583 年），对于州郡过多，"或地无百里，数县并置；或户不满千，二郡分领。具寮以众，资费日多，吏卒又倍，租调岁减……所谓民少官多，十羊九牧"① 进行改革。废除郡这一层级建制，同时裁并州县，撤庙减神。撤销了西平郡，鄯州辖二县。鄯州治今乐都，辖西都、广威二县。西都县治今乐都。开皇十八年（598 年），改西都县为湟水县。当时民人数目不多，湟水流域只设二县，今西宁为湟水县辖地。鄯州有 3118 户。到大业三年（607 年），隋炀帝改州为郡，以郡统县，鄯州改为西平郡，与湟水县同治今乐都。

县之下的基层行政组织，隋初以五家为保，五保为闾，四闾为族，均置"正"。开皇九年（589 年），又改为百家为里，设里长一人；以五里为乡，设乡正一人。当时的里乡如何，因史料缺失，难以叙述。

湟水县，隋开皇十八年（598 年）由北周的西都县改置，治所设在今乐都县碾伯镇，隶属于西平郡，为郡治所在地。《元和郡县志》鄯州条记载："湟水县，中，郭下。本汉破羌县地，属金城郡。魏分置西都县，皇朝（指唐朝）因之。土楼山在县西一百三十里，下有土楼神祠。"② 土楼山即今西宁市的北山。《读史方舆纪要》湟水废县条说："后周又为乐都郡治，隋初郡废，开皇十八年改县（北周乐都郡西都县）曰湟水，仍为鄯州治。"隋朝湟水县辖境较广，

---

① 《隋书》卷四六《杨尚希传》。
② 《元和郡县志》卷三十九。

大致在今湟水流域一带，县境四至大致为：东至大通河下游，与武威郡的允吾县接壤；西以绥戎峡为界，与吐谷浑相接；南以拉脊山为界，与化隆县相连；东南至今民和县上川口一带，与枹罕郡的龙支县相接，其辖地包括今西宁市及所属三县和互助县、门源县、平安县、乐都县等地区。

二、西上北进的枢纽重地

隋代的西宁地方虽然在行政和军事的建制体系中，其中心地位已让位于今乐都县。虽然这里只是湟水县辖地，但不等于说它在历史上黯然失色了。这里是农牧业生态区、不同政权交汇之地，西上北进之枢纽重地，发生的历史事件依然彪炳于史册。

（一）隋浑友好，联姻通道

隋朝初年，吐谷浑的政治中心在伏俟城，位于青海湖西岸，今为共和县铁卜加古城，国势颇强。与吐谷浑相邻的西平等郡经常受到吐谷浑的侵扰。但当时隋朝在南方与陈朝对峙、北方有突厥侵逼，因而对吐谷浑主要采取守势，有节制地反击只是为了保边宁境。开皇元年（581年）八月，吐谷浑侵犯凉州，隋文帝派乐安公元谐为行军元帅，令其率领行军总管贺娄子干、郭竣、元浩等数万步骑兵迎击。隋文帝给元谐的敕书中说"公受朝寄，总兵西下，本欲自宁疆境，保全黎庶；非是贪无用之地，害荒服之民；王者之师，意在仁义。浑贼若至界，首者公宜晓示以德，临之以教，谁敢不服也！"当时，吐谷浑的将帅定城王钟利房率领3000骑兵，渡过黄河，与党项联结。元谐领兵出鄯州，直趋青海，拦截吐谷浑军队的归路，双方相遇于丰利山，吐谷浑军溃败后退守青海，并调动其太子可博汗以劲旅5万掩击隋军。元谐率兵迎击，吐谷军大败，隋军乘胜追击30余里，一直追击到青海，被俘获斩杀者数以万计。随后，吐谷浑的30多个王侯各率其属部向隋朝投降。吐谷浑可汗夸吕率其亲兵遁逃远方。隋文帝封吐谷浑的高宁王移兹裒为"河南王"，让他统领投降的吐谷浑部众；任命元谐为宁州刺史，留下行军总管贺娄子干镇守凉州。

开皇九年（589年），隋灭陈朝，实现全国统一，威名大震，夸吕闻之大惧，"遁逃保险，不敢为寇"。从此，双方互派使臣，进入和平交往时期，西宁枢纽，不绝于途。

391年夸吕死，其子世伏继承可汗之位。世伏继位后，便派他的哥哥之子无素前往长安奉表称藩，并进献方物。世伏还请求将自己的女儿送入隋文帝的后宫之中，隋文帝婉言谢绝。开皇十六年（596年）十一月，隋文帝答应吐谷浑的请婚，以光化公主妻吐谷浑王世伏，遂建立联姻关系。命光禄少卿柳謇之兼散骑常侍为送亲专使，护送公主经西宁，往伏俟城，与世伏完婚。柳謇之，是一位出色的外交家。他出身河东（治蒲坂，今永济）解州望族，身材伟岸，仪表堂堂，风流洒脱，能言善辩，有"雅望"之称，且能饮酒一石不醉。这次重大使命，深得吐谷浑上下称赞，完成了促进民族友好的任务。世伏上表请求尊光化公主为"天后"，隋文帝未允。光化公主是中原王朝通过西宁嫁往青海草原上的第一位公主。她的到来，在长安和伏俟城之间架起了一座友好桥梁。隋浑两国在西宁以南承风岭（今贵德县千户庄一带）开边互市。内地的生产工具和日用物品，源源不断传入吐谷浑，吐谷浑的大批牛羊和畜产品也不断输入内地。频繁的物资交流和人员往来，当然都要经过西宁这块宝地。尤其是号称"龙种"的良马"青海骢"，也渐为中原人所熟知，以后不断地出现在文人的笔下。这个日月山的承风岭大豁口，到唐代依然互市不衰。但在第二年（隋开皇十七年，597年），吐谷浑发生内乱，世伏被国人杀死，拥立其弟伏允为可汗。伏允继任可汗后，即派使臣前往长安陈说吐谷浑可废立的事实经过，并请求隋朝依从吐谷浑的习俗，"兄死妻诸嫂"，准许伏允娶嫂子光化公主为妻。隋文帝以民族为重依从了伏允的请求仍尚公主。从此，吐谷浑向隋朝的朝贡年年不断，双方的经济、文化交往因此而进入一个新时期。

（二）炀帝西巡，经此北去

隋炀帝是中原王朝第一位也是唯一一位巡视到西宁的皇帝。隋朝国力日渐强盛。随着经济贸易的发展，沟通隋与西域诸国之间的关系，开拓丝绸之路便成为历史的要求。然而，当时吐谷浑和突厥"分领羌胡之国"，一起控制着东西交通大道——丝绸之路，"为其雍遏，故朝贡不通。"因此他的西巡便凸显出了耀兵扬威和攻灭吐谷浑两大历史使命。

大业四年（608年）秋，隋朝黄门侍郎、主持西域贸易的裴矩游说铁勒，让铁勒攻打吐谷浑，契苾歌棱果真率铁勒军队攻打吐谷浑，吐谷浑大败，部众四散。吐谷浑可汗伏允向东逃走，进入西平境内，并派使者向隋朝请降求援。隋炀帝即派安德王杨雄进兵浇河，许公宇文述兵出西平，接应伏允。但当宇文述率军抵达临羌城时，伏允因畏惧宇文述兵势强大而不敢接触，又率部向西逃遁。宇文述见此情形，便领兵追击，攻克曼头、赤水两座城池，斩杀3000多人，俘获吐谷浑王公以下贵族200人及男女4000人，大获全胜而返。伏允向南逃奔亡命雪山。随之，自西平临羌城以西、且末以东、祁连以南、雪山以北，南北2000里、东西4000里的吐谷浑故地全被隋朝占领，紧接着又在吐谷浑故地设置郡、县、镇、戍，并将全国犯有轻罪的人移居到这一地区。

而后，隋朝经过周密的筹划，开始对吐谷浑进行更大规模的征讨，预想一举灭亡吐谷浑。大业五年（609年）三月，隋炀帝巡视河右地区并继续西进。四月底，炀帝统领大军由临津关（在今民和县南境）渡过黄河，一路向西平进发。到达西平后，五月乙亥（初九），炀帝在西平境内的拔延山（今化隆县境内的马阴山）举行了规模盛大的围猎活动，参加围猎的军队在周围二百里的范围内扬武耀兵，以示隋朝军事力量的强大。庚辰（十四日），炀帝领军经西宁向北入长宁川（今西宁市北川），翻越星岭，于丙戌（二十日）抵达浩亹川。吐谷浑可汗伏允率众据保覆袁川，炀帝命令内史元寿等分领大军围歼伏允。面对隋军围攻，伏允设计逃走，而派遣吐谷浑名王诈称伏允退守车俄真山；炀帝敕令大将军张定和、光禄大夫梁默等领军追讨，但都兵败，被吐谷浑所杀；唯有卫尉卿刘权自伊吾出兵，攻入青海，虏获吐谷浑部众千余人，并乘胜追击直到吐谷浑都城伏俟城。

六月丙午（十一日），隋炀帝亲率各路大军抵达张掖。壬子（十七日），炀帝一行来到燕支山，高昌王曲伯雅、伊吾王吐屯设等和西域二十七国的国王排列在道旁，一一拜见隋炀帝。炀帝让他们全都身着锦罽，佩饰金玉，焚香奏乐，歌舞喧闹，一派升平景象；炀帝还命令武威、张掖的仕女盛装打扮，纵情观赏，以此显示中国强盛。伊吾王吐屯设当即进献西域数千里之地给隋朝，炀帝大为喜悦，后绕道返回长安。隋朝在吐谷浑故地和吐屯设献地置西海、河源、且末、鄯善四郡，签发天下轻罪者和戍卒移居四郡，进行屯驻守卫；并命令刘权镇守在河源郡积石镇，大开屯田，防御吐谷浑，以通西域之路。伏允败走以后，隋朝将留住长安的光化公主所生之子慕容顺护送回青海，由已降附的大宝王尼洛周辅佐之。慕容顺久居长安，得不到吐谷浑部众的信任，刚过西宁，尼洛周为部下所杀。慕容顺折回长安。过了几年，隋末天下大乱，吐谷浑复其故地，隋所设之郡县废罢。

第二节　唐代陇右道、鄯城县和河源军

一、唐代行政建置

隋朝末年，天下大乱，群雄并起。当时，管辖西宁的鄯州，曾先后为金城人"西秦霸王"薛举和"河西大凉王"李轨所占据。唐朝建立后，以秦王李世民为元帅，率军西征，武德元年（618年）冬灭掉了薛举政权。同时，遣使册封李轨为凉王、凉州总管，争取其归附唐朝；但是，李轨称帝，试图在河西拒唐自守。武德二年，唐遣安兴贵去凉州劝降李轨，遭拒，安兴贵遂联结胡兵袭执李轨，送长安斩首。包括西宁在内的河陇地区归于唐朝版图。

唐朝初年将西平郡改为鄯州，治所仍在今乐都县。鄯州所辖湟水县，仍设治今乐都县，今西宁仍为湟水县地。唐书所记，大抵州郡并举，其含意"盖明其中间曾为某郡，非谓其同时名州又名郡也"。（杨守敬语）鄯州在天宝之年又改称西平郡。今西宁地方，高宗仪凤三年（678年）设鄯城县。

（一）陇右道

"道"在唐初是监察区，其后为军事大区，安史之乱以后逐渐形成"藩镇"，但已与西宁没有关系了，西宁归吐蕃王朝军事统帅所管辖，成为吐蕃东扩的军事占领地区。

贞观元年（627年），全国按山河形势划分为10道，陇右道便是其中之一，以位于陇山以西而得名。治所在鄯州，即今乐都。开元二十一年（733年），增置为15道。今之西宁即归属陇右道及鄯州管辖。

据贞观十三年（639年）"大簿"的记载，当时的陇右道辖有20州，东抵陇坂，西尽秦岭，包括河西，地域辽阔。睿宗景云二年（711年），从陇右道析置河西道，治所设在凉州。① 河西道分出后，陇右道领秦、渭、成、武、洮、岷、迭、宕、河、兰、鄯、廓 12 州。

陇右道的长官，起初称采访处置使，行使监察职权，与道的军事长官陇右节度使并行，各自行使职权，不相统属。尔后，改采访使为观察处置使，简称观察使。且多以节度使兼观察使。陇右节度使是唐朝在河湟地区的最高军政长官，道、州、县的衙署都设在这里，而西宁则相形见绌了，今西宁是西陲边沿地区。

按唐制，节度使受职时，双旌双节，行则建节，树六纛。总领军旅民政，专诛杀之权，辖区内各州刺史（郡守）皆为其属，并兼驻在州的刺史（郡守）。

（二）鄯州（西平郡）与鄯城县

鄯州

唐制，州是县以上的一级行政区划。唐初，先改郡为州，行政长官由郡太守改为州刺史，实行州县二级行政建置。唐玄宗天宝元年（742 年），又改州为郡，行政长官由州刺史又改为郡太守。《通典》说："自是州郡更相互名，其实一也。"② 虽然州郡互名，但称郡的时间较短，整个唐代大部分时间仍称为州，行政长官称为刺史。州的级别，依其地位的轻重和所辖户口的多少，分为辅、雄、望、紧四个不同等级。《通典》记载："开元中定天下府州，自京都及都督、都护府之外，以近畿之州为四辅，其余为六雄、十望、十紧及上、中、下之差。"③ 据《新唐书·百官志》之记载，鄯州西平郡为下都督府，显然，鄯州不同于一般州郡。《新唐书·百官志》称："武德初，边要之地置总管以统军，加号使持节，盖汉刺史之任。……七年，改总管曰都督，总十州者为大都督。其后都督加使持节，则为将，诸将亦以都督称，……边州别置经略使，沃衍有屯田之州，则置营田使。"都督府之职官先后多变，但"大率节度、观察、防御、团练使，皆兼所治州刺史"。《新唐书·百官志四下》载："下都督府，都督一人，从三品；别驾一人，从四品下；长史一人，从五品上；司马一人，从五品下；录事参军一人，从七品上；录事二人，从九品上；功曹参军事、仓曹参军事、户曹

---

① 《旧唐书》卷四十，《地理志三》。

② 《通典》卷三十三，《职官十五》郡太守条。

③ 《通典》卷三十三，《职官十五》郡太守条。

参军事、田曹参军事、兵曹参军事、法曹参军事、士曹参军事各一人，从七品下；参军事三人，从八品下；医学博士一人，正九品上。"鄯州都督府之职官之设大致如上。"都督掌督诸州兵马、甲械、城隍、镇戍、粮廪，总判府事。"①他们都驻扎在今乐都县。

关于鄯州、鄯城县的情况，以《新唐书·地理志四》的记载较为详细，摘录于下："鄯州西平郡，下都督府。土贡：牸犀角。户五千三百八十九，口二万七千一十九。县三。……湟水，中。龙支，中。鄯城，中。仪凤三年置。有土楼山，有河源军。西六十里有临蕃城，又西六十里有白水军、绥戎城，又西南六十里有定戎城。又南隔涧七里有天威军、军故石堡城，开元十七年置，初曰振武军，二十九年没吐蕃，天宝八载克之，更名。又西二十里至赤岭，其西吐蕃，有开元中分界碑。"②上述记载可清楚地看到，鄯城县境内军镇林立的状况。鄯城县地处鄯州西陲边境地区，与吐蕃以赤岭为界，唐蕃分界碑即立在赤岭。赤岭即今湟源县境内的日月山。这些军镇主要指开元、天宝时状况。

鄯州，治所在湟水县，即今乐都县碾伯镇，属陇右道。鄯州的辖境，大致在今青海东部湟水流域地区。唐玄宗时，领有湟水、龙支、鄯城三县。湟水县，治在今乐都，前已述。龙支县，治在今民和古鄯。鄯城县，下边再叙。黄河谷地设有廓州，不赘。

鄯城县

县是设在州之下的行政区划，最基层的地方政权。按唐朝制度，以都城为中心，县有赤、畿、望、紧之别；又按户数人口的多寡分为上、中、中下、下四等。县的行政长官称为县令，县令的佐官有丞、主薄、尉各一人。鄯城县因地处唐朝西陲边境，战略地位十分重要。

据《新唐书·地理志》记载，鄯城县为中等县，《新唐书·百官志》中称，唐代"中县，令一人，正七品上；丞一人，从八品下；主薄一人，从九品上；尉一人，从九品下。……县令掌导风化，察冤滞，听狱讼。凡民田收授，县令给之。每岁季冬，行乡饮酒礼。籍帐、传驿、仓库、盗贼、隄道，虽有专官，

---

① 《新唐书》卷四十九下《百官志四下》。
② 《新唐书》卷四十《地理志四》。

皆通知。县丞为之贰，县尉分判众曹，收率课调。"① 鄯城县的官职设置大致如此。鄯城县城在今西宁市城东区乐家湾一带，城已不存。② 设置以后，就一直处在唐朝与吐蕃军事对峙的前沿，因此它的政治、军事地位与同处一地同年设置的河源军（军城在今西宁市城西区古城台一带）相比，便显得无足轻重。正因为如此，史书上对鄯城县的记载多以军事为重，而其相关的行政情况记载较为缺乏。当时鄯城县居民人口是不多的。

县之下，实行乡里制，依《太平寰宇记》卷一五五记载，鄯城县辖有 4 乡。（鄯州共辖 12 乡，湟水县有 3 乡，龙支县有 5 乡）乡有乡长，里有里正，统称乡官。《通典》记载："贞观九年（635 年）每乡置长 1 人，佐 2 人。"③ 贞观十五年（641 年）以后，乡只设耆老，无具体职权的规定。乡下设里，以 500 户为乡，以百家为里，设里正。里正的职掌，一是核查户口；二是收受田地，监督农业生产；三是管理里中的治安工作；四是征收赋役。唐代天宝年间，鄯州共有 5389 户，平均每乡约 450 户。鄯城县有 4 乡，民户约为 1800 户。可见，鄯城县只是名义上的一个县，《太平寰宇记》就说过："西立鄯城县以不名邑。"设县约 80 年后，归吐蕃所占有。又过了 350 年（1100 年）北宋末年方在此设州县建置。

二、军事设置

史书称："盖唐有天下二百余年，而兵之大势三变，其始盛时有府兵，府兵后废而为𫖮骑，𫖮骑又废，而方镇之兵盛矣。"④ 唐朝建立之初，恢复了府兵制。但当时新设置的军府很难立即做到"率由旧章"，因此，变动较大。到贞观十年（636 年）以后，经过整饬，府兵制方进入全盛时期。贞观十年，统领府兵的军府一律名为折冲府，长官称为折冲都尉。"折冲府分布范围很广，其在各道设置或多或少，极为不平衡。"唐朝折冲府的设置首先在于拱卫京城，因此，绝大多数折冲府分布在京城周围。陇右道由于其战略地位重要，也置有

---

① 　《新唐书》卷四十九下，《百官志四下》。
② 　见李智信：《青海古城考辨》，西北大学出版社 1995 年版，第 95 页。
③ 　《通典》卷二十三《职官十五·州郡乡官》。
④ 　《新唐节》卷五十《兵志第四十》。

军府。但据有关学者的研究，鄯州似无府兵折冲府。[1] 及至中晚唐，方镇成为各地方的军事区域和行政实体。但西宁等地已不属于唐朝管辖了。《新唐书·兵志》记载：节度使之兵"唐初，兵之戍边者，大曰军，小曰守捉，曰城，曰镇，而总之者曰道"。[2] 鄯城县及其邻境，设置了许多军镇，军队人数大大多于民户人数。从史书记载看，唐在鄯州驻防的军队主要是边防军，其首要任务是防御吐蕃。

自公元 663 年吐谷浑被吐蕃并灭以后，唐在西部及西南（益州）与吐蕃争战，因而陇右和剑南两节度使辖区大增边兵。依《新唐书·兵志》和《资治通鉴》等记载，鄯州节度使统十军三守捉。十军是：临洮军，在鄯州城，节度使直辖部队；河源军，在鄯城县，县境最大的军；白水军、安人军、威戎军，在今湟源县境，当时也属鄯城县。振威军，在今海晏。漠门军、宁塞军、积石军，在黄河南岸，廓州境内。镇西军，在今河州城内。至于日月山下石堡城所设振武军，那是以后的事。至于三守捉是：合州守捉，管兵千人，今化隆甘都；绥和守捉，管兵千人，今贵德县尕让千户庄；平夷守捉，管兵 3000 人，在今甘肃临夏县，即韩家集。各军兵员马匹数目不等，其中兵强马壮者为镇西军，管兵 1.3 万人；河源军，管兵 1.4 万人；其余均在万人以下。总之，兵力雄厚，防御严密，如果不是发生"安史之乱"，边军内撤，吐蕃军队是很难越过这道防线的。

在西宁及邻境驻这么多兵马，他们吃什么呢？这牵涉到农业生产问题。当时乡里民户很少，谁来生产呢？其实当时河湟是陇右的重要屯田区。据《唐书·黑齿常之传》永隆元年（680 年）时，河源军经略大使黑齿常之主持屯田，效益卓著，"度开营田五千余顷，岁收百万石"。当时屯田制度与汉代略同，每校为屯田一部，每丁田 20 亩。

三、鄯城归属吐蕃

鄯城和鄯州在"安史之乱"后陷于吐蕃，被吐蕃军事占领。但陷于吐蕃的具体年代，史书记载各不相同，主要有 6 种说法：

---

[1] 参见谷霁光：《府兵制度考释》第五章，上海人民出版社 1962 年版。
[2] 《新唐书》卷五十，《兵志第四十》。

（1）肃宗至德二年（757 年）；

（2）肃宗乾元二年（759 年）；

（3）肃宗上元二年（761 年）九月；

（4）代宗宝应元年（762 年）；

（5）代宗广德元年（763 年）；

（6）代宗广德二年（764 年）。

总括上述史书记载的各说来看，鄯州之陷落大致在肃宗和代宗时的至德二年到广德二年（757—764 年）的 8 年之间。当然鄯城县位于西边，陷落时间较早，应在公元 757 年。一直到 851 年，河湟复归于唐，吐蕃统治这里 94 年，也可说近百年。

第三节　唐蕃在鄯城及其邻境对峙

公元 7 世纪初，吐蕃王朝崛起，并不断向周边扩张。青藏高原东向开放的地理特点又决定了吐蕃王朝发展的东向性。吐蕃的兴起和东向发展，带动青藏高原各民族与中原唐朝加强联系并时战时和，演出了一幕幕波澜壮阔的历史剧，而今西宁正是当时双方对峙的重要地区。松赞干布在位的时候，"创造文字，制定制度和法律，与唐和亲，吸收汉文化，原来寂寞无所闻的中国广大西部，因强有力的吐蕃国出现，变得有声有色了"。[①]

唐蕃双方出于各自的政治目的，唐朝向西拓展，攻破吐谷浑，设郡县于鄯、廓；吐蕃向东发展，并灭吐谷浑，伸到日月山，双方在这里演出一幕幕让青海湖畔"新鬼烦冤旧鬼哭"的历史剧。唐代西宁双方都把它看作兵家必争之战略要地，展开了旷日持久的军事较量。

高宗一朝，唐兵屡败。龙朔三年（663 年）吐蕃并灭吐谷浑；咸亨三年（672 年）大非川之战唐军 10 万败绩；仪凤三年（678 年）青海之战，李敬玄所率

---

① 范文澜：《中国通史》（第四册），人民出版社 1965 年，第 5 页、第 58 页。

唐军 18 万败绩，刘审礼战殁。"此时，唐王朝正处于上升阶段，并不因为某个战役的败绩而垮下来。"①唐朝面对吐蕃的东向扩张，采取积极主动的迎战态势，因而，大大加强了陇右前线的军事部署和巧妙的政治斗争。鄯城县和河源军正是此时设立的。

从吐蕃方面看，征战掳掠，边将得利，友好交聘，赞普得利。同时，噶尔一家人统兵马，权倾内外，必然引起别的贵族不满。果不其然，667 年禄东赞病死，其子钦陵执掌兵权。随着吐蕃武力不断扩张，赞普及诸贵族与噶尔家族之间权益之争的矛盾激化。万岁登封元年（696 年），正在钦陵与唐朝大将王孝杰为争夺西域四镇而酣战之时，赤德松赞首先剪除了逻娑（拉萨）的噶氏家族，而后亲率大军北上，讨伐驻守在环湖草原的钦陵。钦陵兵败，自杀于湟水之源。钦陵之弟赞婆和他的儿子莽布支（论弓仁），先后率部众投降唐朝，被安置于洪源谷（今武威之南），率众为唐朝御敌戍边。武则天长安四年（704 年），吐蕃赞普赤德松赞卒于南诏军中，其子赤德祖赞（弃隶缩赞）即赞普位。年幼，祖母没卢氏听政，停止了对外用兵。遂多次遣使向唐请婚，唐以金城公主许嫁赤德祖赞。景龙四年（710 年），由左卫大将军杨矩作为送亲专使，取道西宁（鄯城），踏着69 年前文成公主入藏的脚印护送金城公主入蕃。杨矩时任唐鄯州都督，吐蕃以厚礼贿赂杨矩，让其代为请求，将河西九曲地赐金城公主为汤沐邑。因杨矩之请，朝廷将黄河九曲之地赠与吐蕃，为金城公主的汤沐之所。吐蕃取得九曲之后，进入黄河东岸之地，于黄河之上架桥，并在黄河东岸置独山、九曲两军，作为东进的基地。《唐书·吐蕃传》中称："九曲者，水甘草良，宜畜牧，近与唐接。自是虏益张雄，易入寇。"不久，唐朝收回该地。开元二年（714 年），唐朝用薛讷（薛仁贵之子）为陇右防御史，领兵 10 万还击吐蕃，击败进攻临洮的吐蕃军，并拔去吐蕃独山、九曲两军。同年，设陇右节度，治鄯州，领鄯、秦等十二州。并广置军镇，鄯城县成为坚固的防御阵地。从开元十二年（724 年）起，唐朝于每年初秋在河西、陇右发兵防边，史称"防秋"，西宁一带暂呈紧张而平静之气氛。

当时，赤德松赞和金城公主多次派使臣经鄯城入唐，要求与唐再订和盟，

---

① 毕一之：《公元八至十世纪甘青藏区社会状况述论》，载《青海民族学院学报》，1986 年第 2 期。

划界互市，致书唐玄宗，以期"许存旧好"。①随后，唐蕃各遣专使赍敕书以申和好，双方约定以赤岭为界并互市。开元二十一年（733年），唐蕃在赤岭即日月山树碑分界，赤岭定界后，双方保持了一段和平时期。

但时隔不久，开元二十五年（737年），河西节度使崔希逸遣孙诲入朝奏事，孙诲妄称吐蕃边境无备，可以攻取。唐玄宗命孙诲与宦官赵惠琮前往河西察看吐蕃虚实。孙诲二人到凉州后，擅自矫诏命崔希逸发兵突袭吐蕃于青海以西，并毁赤岭界碑。唐蕃关系由此再趋紧张。740年金城公主去世后，双方关系更加恶化。

开元二十九年（741年），吐蕃调集大军攻陷唐朝廓州达化县及石堡城。石堡城位于日月山东坡下，是河湟门户，它的失守使唐在河湟地区的安全面临威胁。天宝初年，唐朝命皇甫惟明、王忠嗣先后为陇右节度使夺取石堡城，但皆未能攻克。直到天宝八年（749年），陇右节度使哥舒翰率陇右、河西及朔方、河东几镇之兵攻取石堡城，改石堡城为神武军，旋又改为天威军。接着，哥舒翰于天宝十二年（753年）又从吐蕃手中夺得洪济城、大漠门城，收复黄河九曲地。至此，鄯城县迎来了一个相对平稳的局面。但是，天有不测风云，历史发生巨变，天宝十四年（755年）"安史之乱"爆发，吐蕃乘唐朝将陇右、河西一线的驻军内调平乱、边境空虚之机，大举东进，很快占领河湟等地。这对吐蕃来说，真是天赐良机。

第四节　吐蕃统治下的西宁

西宁所在的湟水流域被称作"宗喀"。在吐蕃，"宗喀"作为地名，早在7世纪末即已出现。《敦煌本吐蕃历史文书》中就曾多次提到过"宗喀"这一地名。吐蕃所称之"宗喀"地区大致即唐之鄯州，并有大、小"宗喀"之别，大略今之西宁市及湟中县等地为小宗喀，湟水南岸与黄河北岸地区为大宗喀。

---

① 《全唐文》卷九九九，弃隶蹜赞《请约和好书》，见范学宗、王纯洁编：《全唐文全唐诗吐蕃史料》，西藏人民出版社1988年版，第260页。

经过长期战争，唐蕃双方都欲求和平，经多次会盟，建中四年（783 年），在清水（今甘肃清水）会盟。大体上将黄河以北贺兰山区划为"闲田"；黄河以南从六盘山、陇山，沿岷江、大渡河，南抵磨些诸蛮（今云南丽江地区）划线；以东属唐朝，以西属吐蕃。唐朝被迫放弃了对西域的控制，正式承认了吐蕃在河陇地区事实上的统治。长期的战争局面基本结束了。西宁所在的河湟一带便成为吐蕃东进北上的后方基地了。[①] 吐蕃将新占领的唐朝河陇地区称为"朵思麻"（或译"多麦"），今西宁地区所在的湟水流域则称为"宗喀"。[②] 吐蕃占领后，没有行政建置，也没有设法恢复农业生产，而是移民驻军，设立五个通颊万户部落，新生一个德论所辖之大区。这个大区可以确定在陇山以西、且末以东吐蕃新占领的河陇地区，西宁包括在这一大区之中。这个所谓"德论所辖之大区"或"管辖区域广宽之安抚大使"，即唐代汉文史籍中所谓的"东道都元师"、"东道节度使"或"东面节度使"，由"钵阐布"统领。白居易元和四年（809 年）所作的《新乐府·城盐州》一诗中即有"蕃东节度钵阐布"的诗句。"五道节度使"或"五个通颊万户部落"归"东道都元帅"管辖。[③] 鄯州节度使是"五道节度使"之一，治地仍在唐时的鄯州（今乐都县碾伯镇）。吐蕃的长期军事占领，实行的是"黑劳士"统治，即集体奴隶制，不改变当地基层社会组织，而是按占领军统帅的要求，索取各种物资以及女人等等。这种统治约有百年之久。

河陇地区是唐朝故地，当地居民中唐人（汉族）占有相当大的比重，因此，吐蕃在任用本族及吐谷浑、苏毗官员的同时，也起用一些唐人为基层官吏。吐蕃采用这种办法逐渐稳定了包括西宁在内的河陇地区。学界把吐蕃的这种将新征服的民族编为部落设将统治的政治制度，称为"部落——将制"。从史书记载来看，"部落——将制"是一种军政合一的地方管理机构。它"将唐王朝的乡、里制改变为吐蕃王朝的部落、将制"。[④] 由上可见，吐蕃设置的这一套职官系统是在唐朝河陇地方行政设施基础上，结合自己传统，加以变通后

---

① 芈一之：《公元八至十世纪甘青藏区社会状况述论》，《青海民族学院学报》，1986 年第 2 期。

② 参见王尧、陈践译注：《敦煌本吐蕃历史文书》（增订本），民族出版社 1992 年版。

③ 参见刘夏蓓：《安多藏区族间关系与区域文化研究》，民联出版社 2003 年版，第 21 页。

④ 刘进宝编著：《牧煌历史文化》，甘肃人民出版社 2000 年版，第 92 页。

建立起来的。"节儿"（rtse-rje），在敦煌文书中是常见的吐蕃官职名。一般认为，"节儿"是"吐蕃占领瓜、沙、河、湟，奄有整个河西走廊以后，在新占区设置的一级官员名称"。[①]"节"（rtse）意为驻军的堡寨，"儿"（rje）意为长官。节儿除管理吐蕃驻军外，还管理当地部分行政事务、民事诉讼等，其职权类似于唐朝设在节度使下的"军"。"通颊"也是吐蕃占领河陇后在当地设置的官职，敦煌汉文写卷中音译为"通颊"。其职责是管理由被占领地区各民族编成的部落的行政、生产、兵役征发及劳役等事务，处理这些部落与当地驻守的吐蕃本部部落之间的关系。因此，通颊管辖之下的部落又被称为通颊部落。

当时，西宁地区是否有通颊部落，史无确载，但从唐人零散的闻见中可以肯定，当时西宁所在河湟一带是吐蕃囚置安顿被俘唐人的地方之一。《新唐书·吐蕃传》记载，贞元二年（786年），吐蕃大将尚结赞"平凉劫盟"，掳唐朝会盟大臣崔汉衡等60余人，军士千余人，驱赶而西，后"囚（崔）汉衡、（郑）权矩河州，辛荣廓州，扶余准鄯州"。[②]又据近人辑录整理收编在《全唐诗外编》第二编《敦煌唐人诗残卷》中的资料，唐德宗时（780—804年），一位佚名的唐人被俘后，吐蕃将他辗转解送到位于今西宁西川的临蕃城，囚置于此达四五年之久，曾留下《晚秋至临蕃被禁之作》等35首诗。[③]吐蕃占领河陇之后，为便于施政和军事之需要，还组建了驿传制度，用以加强新置于这一地区的"五道节度使"之间的联络。由驿骑传送公文书信。"吐蕃驰报军政要闻的驿骑的名称当作鸟使或飞鸟使"。[④]《新唐书·吐蕃传》记载："其举兵，以七尺金箭为契，百里一驿。有急者驿人胸前加银鹘，甚急，鹘益多。"[⑤]张广达先生在上文中引宋初钱易《南部新书》中说"蕃中飞鸟使，中国之驿骑也。"又引编号为033610-336/10074174的敦煌文书中的记载："此加急信件应有卡桑负责官员、绒波军镇官员、往来鸟等三者加盖印章。"该文书上面盖有飞鸟展翅状的红色藏文方印。张广达先生认为："据此，人们或许可以推测，发送吐蕃宫廷

① 王尧：《敦煌吐蕃官号"节儿"考》，见《西藏文史考信集》，中国藏学出版社1994年版，第162页。
② 《新唐书》卷二百一十六《吐蕃传》。
③ 参见芈一之：《公元八至十世纪甘青藏区社会状况述论》，《青海民族学院学报》，1986年，第2期。
④ 张广达：《吐蕃飞鸟使与吐蕃驿传制度——兼论敦煌行人部落》，见《西域史地丛稿初编》，上海古籍出版社1995年版，第178页。
⑤ 《新唐书》卷二百一十六《吐蕃传》。

盖有展翅飞鸟状印玺的文书之使臣得名为飞鸟使。"并以藏汉文史书的记载为依据,肯定"驿传制度曾遍行于吐蕃的全部领城"。^① 既有一套完备的、有效的驿传制度,自然应有畅通的驿道,驿道是吐蕃驿传系统构成的有机组成部分。有人研究认为,吐蕃统治时期,青海境内主要有三条驿道,其中一条驿道即以鄯州为联结点,东南行,通临洮、河州,再达陇西、秦、凤,以至唐都长安;西行越日月山,走河源古道,循唐蕃古道去逻些(拉萨);北行,出北川,越祁连山可通河西的凉、甘、瓜、沙等地。^② 因此,西宁在吐蕃占领时成为其驿道重镇,也渐成为河湟(宗喀)地区的军政中心。正是因为有着这样一套驿传系统,吐蕃才能在调兵遣将过程中,进退整齐,疾徐如意;"才能够使它的政令畅达无阻,牢牢地控制着它的势力所及的各个地区"。^③ 吐蕃统治河湟陇右等地后,西宁所在的河湟一带,成为吐蕃、吐谷浑、党项、唐人等多民族交错杂居的地区。

吐蕃政权对唐人采取了强迫同化的政策,强制汉人着吐蕃服饰、习吐蕃风俗。《白氏长庆集》卷四记载:"延州镇李如暹,蓬子将军之子也,尝没西蕃,及归,自云:蕃法唯正岁一日许唐人没蕃者服衣冠,如暹当此日,由是悲不自胜,遂与蕃妻密定计归。"唐军停获后,却被作为"戎人""蕃虏",诗人白居易和元稹有感于此,曾各自作诗,皆名《缚戎人》。白居易《缚戎人》一诗中云:

> 自云乡贯本凉原,大历年中没落蕃。
>
> 一落蕃中四十载,身著皮裘系毛带。
>
> 唯许正朝服汉仪,敛衣整巾潜泪垂。
>
> 誓心密定归乡计,不使蕃中妻子知。
>
> ……

---

① 张广达:《吐蕃飞鸟使与吐蕃驿传制度——兼论敦煌行人部落》,见《西域史地丛稿初编》,上海古籍出版社1995年版,第183页。

② 参见芈一之:《公元八至十世纪甘青藏区社会状况述论》,《青海民族学院学报》,1986年第2期。

③ 张广达:《吐蕃飞鸟使与吐蕃驿传制度——兼论敦煌行人部落》,见《西域史地丛稿初编》,上海古籍出版社1995年版,第179页、第185页。

但是，由于没落蕃中40年，这位设法逃奔归乡者竟被唐朝边军视为"蕃房"，"配向江南卑湿地"。因此，这位归乡者又悔恨长叹道：

> 凉原乡井不得见，胡地妻儿虚弃捐。
>
> 没蕃被囚思汉土，归汉被劫为蕃虏。
>
> 早知如此悔归来，两地宁如一处苦。
>
> 缚戎人，戎人之中我苦辛。
>
> 自古此冤应未有，汉心汉语吐蕃身。[①]

尽管没于吐蕃的汉人在民族心理上对于吐蕃的民族同化政策持有抵触情绪，但是，"在统一政权下，由于有统一的文字，共同的经济生活，相近的宗教信仰以及语言的逐步统一，比较顺利地培育了吐蕃文化（也是对羌族文化的继承和发展）为中心的共同心理状态，使河湟、河曲诸羌部落逐步同化到大蕃族之中。经常有从吐蕃本土派遣来的贵族统率部众（多为苏毗人、羊同人）在河湟等地屯驻，这些屯军也与当地部落融为一体了"。[②] 西宁为中心的河湟地区在吐蕃长期统治期间，推进了吐蕃化进程，但同时，被编成部落的汉人文化并没有完全被泯灭，特别是在其统治走向稳定和成熟后，便主动调整和改变起初的政策。允许汉人"衣服未改"；与此相适应，吐蕃还建立了一套新的赋税制度；在政治上争取汉人世家大族尤其是唐朝旧官吏，任用他们为官做事，从而大大缓和了汉人与吐蕃王朝之间的对立和矛盾，对其政治统治的稳固和民族区域的形成起到了积极意义。[③] 从文化上看，西宁地区的藏族文化逐渐根深叶茂，一花长秀了。

---

① 《全唐诗》卷四二六，转引自范学宗、王纯洁编：《全唐文全唐诗吐蕃史料》，西藏人民出版社1988年版，第453-454页。

② 芈一之：《公元八至十世纪甘青藏区社会状况述论》，《青海民族学院学报》，1986年第2期。

③ 参见刘夏蓓：《安多藏区族间关系与区域文化研究》，民族出版社2003年版，第二章。芈一之：《公元八至十世纪甘区社会状况述论》，载《青海民族学院学报》，1986年第2期。

第五节　西宁及河陇复归于唐

唐会昌二年（842年），吐蕃末代赞普朗达玛被弑身亡，其后嗣永丹和奥松为争夺王权，相互攻伐，终演成内战，双方混战持续20余年。随后又爆发了"邦金洛"大起义，起义从朵康地区迅速席卷到拉萨，给摇摇欲坠的王朝以沉重的打击。吐蕃王朝因此分崩离析，走向灭亡。

当时，洛门川（今甘肃武山）讨击使论恐热以讨絪氏清君侧为名，率先起兵。《资治通鉴》卷二四六会昌二年条记载："洛门川讨击使论恐热，性悍忍，多诈谋，乃属其徒告之曰：'贼舍国族立絪氏，专害忠良以胁众臣，且无大唐册命，何名赞普！吾当与汝属举义兵，入诛絪妃及用事者以正国家。天道助顺，功无不成。'遂说三部落，得万骑。是岁，与青海节度使同盟举兵，自称国相。"论恐热起兵后，吐蕃赞普乞立胡遣其国相尚思罗率苏毗、吐谷浑、羊同等部八万之众，征讨论恐热，但被论恐热击破，追杀于松州界。论恐热击破尚思罗之后，并未继续向拉萨进兵，去完成他起兵"诛絪妃"的政治誓言，却转而挥兵向西，进攻驻守在西宁邻近的鄯州节度使尚婢婢。为争夺对河陇地区的统治，尚婢婢与论恐热相互征战，展开了旷日持久的军事战争。军事混战，百姓遭殃，吐蕃在河陇地区的统治由此动摇，加速了吐蕃王朝的崩溃。

据《新唐书·吐蕃传》载："尚婢婢姓没卢，名赞心牙，羊同国人，世为吐蕃贵相，宽厚，略通书记，不喜仕，赞普强官之。"[1]没卢氏与吐蕃王室联姻，在王朝中具有很高的政治地位和社会影响。论恐热起兵时，出身没卢氏的尚婢婢驻守在鄯州河源军，拥戴乞立胡为赞普。而论恐热之起兵"虽名义兵，实谋篡国"，对尚婢婢心存顾忌，恐其袭击他的后方，故欲先灭之。会昌三年（843年）六月，"大举兵击婢婢，旌旗杂畜千里不绝"。不料，大军"至镇西，大风雷电，天火烧杀裨将十余人，杂畜以百数。恐热恶之，盘桓不进"。而尚婢婢"沈勇，有谋略"，自度实力不敌，乃赍金帛牛酒犒劳论恐热之师，并致书论恐热，卑辞相称，论恐热竟信之，遂引兵还屯大夏川。至秋九月，尚婢

---

[1]　《新唐书》卷二百一十六《吐蕃传》。

婢遣其将庞结心及莽罗薛吕率精兵 5 万袭击论恐热，论恐热大败，单骑遁走。论恐热手下部将芨藏丰赞降于尚婢婢。次年（844 年），论恐热发兵击尚婢婢于鄯州，尚婢婢分兵五道进行反击，论恐热退保薄寒山，余众皆降于尚婢婢。又次年（845 年），论恐热再次纠集诸部兵进攻尚婢婢。尚婢婢遣庞结藏领兵拒战，论恐热又一次兵败，只与数十骑遁去。随后，尚婢婢传檄河湟，历数论恐热残忍暴虐之罪行，并劝告诸部说："汝辈本唐人，吐蕃无主，则相与归唐，毋为恐热所猎如狐兔也。"于是，跟随论恐热的各部渐渐离散。陇右等地成为军阀混战的场所。

当时，唐朝见吐蕃内乱，派出巡边使，筹备器械糗粮，予以策应。大中元年（847 年）五月，论恐热乘唐武宗之丧，诱导党项和回鹘余众寇扰河西，而被唐军击破于盐州。次年（848 年），唐凤翔节度使崔珙夺取清水。论恐热遣部将莽罗急藏领兵两万略地向西，尚婢婢令部将拓跋怀光拒战于南谷，莽罗急藏大败，降于尚婢婢。大中三年（849 年），尚婢婢驻守于河源军（今西宁），论恐热驻守于河州。正当论恐热与尚婢婢相互大战之时，吐蕃占领的秦、原、安乐三州及石门、木峡等七关归降了唐朝，唐朝乘机挥军西向，接连攻取长乐州、萧关、宁州等地。三州、七关归唐，增强了唐宣宗收复河湟的决心，也大大鼓舞了河陇汉人归唐的希望。张义潮正是在这种时代背景下，首先在沙州率众起义。

大中四年（850 年），论恐热刚知尚婢婢弃鄯州北走甘州，便亲自率轻骑五千追击；听说拓跋怀光留守鄯州，便大掠河西、鄯、廓等八州，杀戮抢掠，焚殷庐舍，五千里间，赤地殆尽。

当时，趁着两大吐蕃势力战乱不已的有利时机，大中五年（851 年），张义潮遣使到京，被任命为沙州防御使。论恐热走投无路，打算降唐，"求为河清节度使"，却遭到了唐朝的拒绝，只好"复归洛门川"。随后，领其余众 300 多人，退据廓州。这年十月，"张义潮发兵略定其旁瓜、伊、西、甘、肃、兰、鄯、河、岷、廓十州，遣其兄义泽奉十一州图籍入见（唐宣宗），于是河、湟之地尽入于唐。十一月，置归义军于沙州，以（张）义潮为节度使、十一州观察使。"鄯州名义上由张义潮管辖。

在论恐热、尚婢婢两大势力相互攻化、战乱不已之机，时称"嗢末"的吐蕃奴部也因"多无主，遂相纠合为部落"，自行推举首领，自立为号，发动起义。西宁周围也有不少"嗢末"人。

咸通六年（865 年），论恐热被拓跋怀光生擒处斩，并将其首传送到长安。论恐热的被杀，标志着吐蕃王朝在河陇地区统治的结束，西宁复归于唐朝版图。

第六节　西宁的经济和文化状况

隋唐时期的西宁，虽然军镇林立，战事频繁，但随着唐与吐谷浑、唐与吐蕃间政治、经济、文化交流不断加强的影响，地处唐蕃古道连接点上的鄯城，变成了青藏高原与中原的交通中转站，西宁地区的经济和文化也因此有了较大的发展和变化。至于当时西宁经济发展的具体情况，虽然缺乏具体记载，但从史书中对天宝年间陇右经济的描述中可窥见一斑。《资治通鉴》中记载："自（长安）安远门西尽唐境，万二千里，间阎相望，桑麻翳野，天下称富庶者无如陇右"。[①] 当时的西宁即陇右道鄯州所属的鄯城县，从当时"天下称富庶者无如陇右"的史载中我们可以肯定，今天西宁所在的鄯城县经济虽不如陇右的整体水平，但也不会相差太大。

当时，属于鄯城县辖境的赤岭是唐蕃双方互市之地，鄯城由是成为唐人入吐蕃、吐蕃入唐的交通重要站口，边陲门户。吐蕃占领河湟之后，鄯城因其宜农宜牧的地理环境，又成为吐蕃经略河陇的军政中心和战略后方。

一、屯田和农业

隋代，文帝听从了贺娄子干的上书，在西宁等地虽曾一度"立堡营田"，但因客观条件尚"不可广为田种"，因此，屯田的规模范围不会大，可略而不述。

唐代鄯州屯田，无具体记载。但在《资治通鉴》卷二百一十注中称："唐制，凡天下边军，皆有支度使，以计军资粮仗之用。节度不兼支度者，支度

---

① 《资治通鉴》卷二一六，天宝十二年条。

自为一司；其兼支度者，则节度使自支度。凡边防镇守转运不给，则开置屯田以益军储，于是有营田使。"《新唐书·百官志》载：都督府设有都督一人，"都督掌督诸州兵马、甲械、城隍、镇戍、粮廪，总判府事。"可见掌"粮廪"是都督的一项重要职责。又称："边州别置经略使，沃衍有屯田之州，则置营田使。"[①]据《新唐书·食货志三》记："司农寺每屯三十顷，州、镇、诸军每屯五十顷。……诸屯以地良薄与岁之丰凶为三等，具民田岁获多少，取中熟为率。有具警，则以兵若夫千人助收。……凡屯田收多者，褒进之。岁以仲春籍来岁顷亩、州府军镇之远近，上兵部，度便宜遣之。……镇戍地或耕者，人给十亩以供粮。"[②]当时，鄯城县军镇林立，驻军屯戍兼任，当知屯田数量不会少。

自唐高宗仪凤初年至唐玄宗开元年间，唐朝在沿边设置了大量军镇，为了给边地军镇供应粮秣，屯田规模日益扩大。唐朝总结前代沿边屯田的历史经验，在河湟两岸广置屯田、兴修水利，使屯田取得了较大的成功。

至于唐在西宁屯田的历史，有人认为至迟在高宗仪凤年（676—679年）即已开始。[③]但依新、旧《唐书·娄师德传》的记载，上元初，娄师德因频有战功而"迁殿中侍御史，兼河源军司马，并知营田事"。[④]据此，唐在河源军营田的历史可溯源至高宗上元年间（674—676年）。其后，唐在西宁地区的屯田随着驻军数量的猛增而迅速发展。娄师德任职后，"衣皮袴，率士屯田，积谷数百万，兵以饶给，无转饷和籴之费"。[⑤]由于娄师德管理河源地区的屯田事宜卓有成效，因而受到了武则天的褒奖，让他出任河源、积石、怀远军及河、兰、鄯、廓等州检校营田大使，督领河湟地区的屯田事宜。唐朝在西宁一带的屯田，在黑齿常之为河源军经略大使、知营田事时，规模进一步扩大，屯田的收成也有了很大提高。史书记载，仪凤三年（678年）黑齿常之因战功被擢为河源军大使，就任后，他"以河源军正当贼冲，欲加兵镇守，恐有运转之费，遂远置烽戍七十余所，度开营田五千余顷，岁收百余万石"。[⑥]当时，

①　《新唐书》卷四十九下《百官志》。

②　《新唐书》卷五十三《食货志三》。

③　崔永红、张得祖、杜常顺主编：《青海通史》，青海人民出版社1999年版，第203页。

④　《旧唐书》卷九十四，列传第四十三。《新唐书》卷一百八，列传第三十三。

⑤　《新唐书》卷一百八，列传第三十三。

⑥　《旧唐书》卷一百九，列传第五十九。

地处河湟的积石军每到麦熟时节，常遭受吐蕃军队的侵袭抢夺，被称为"吐蕃麦庄"。由于黑齿常之开营田、置烽戍，因而"吐蕃深畏惮之，不敢复为边患"。[1]

据《唐六典》记载，唐代陇右道诸军诸州管屯共有172屯，其中绝大部分设于鄯州的湟水和鄯城县境，为简明起见，表列如下：[2]

陇右道	渭州	秦州	成州	武州	岷州	河州	廓州	富平	西使	南使	军器	莫门	临洮	河源	安人	白水	鄯州	兰州	绥和	平夷	平戎	积石
172	4	4	3	1	2	6	4	9	10	6	4	6	30	28	11	10	6	4	3	8	1	12

从上表中看，鄯城县境内的屯田数量在陇右道是首屈一指的。当时，唐对屯田有系统的管理体制，屯设"屯官、屯副"，"屯官取前资官、尝选人、文武散官等强干、善农事、有书判、堪理务者充；屯副取品子及勋官充"。[3] 屯官之上设营田使或营田副使，"凡将帅出征，……万人已上置营田副使一人"。而营田使或营田副使所管屯田州军的范围，往往与节度使的辖区相一致。可知，唐代军与州屯田的管理系统完全相同，"所不同的是劳动人手，军管屯田的劳动者为政府征来戍边的府兵，是军士身份；州管屯田的劳动者则是各州县的农民，是国家佃农身份。前者为军屯，收获粮食全部上交军仓；后者是民屯，所收斛斗只有一部分上交国库以作军粮，其余留归佃客"。[4] 唐代鄯州无府兵，但当时的西宁一带有大量的军管屯田，而这些军管屯田的劳动者应是边军。边军士兵在戍守边疆的同时就地屯田，且耕且战构成他们服役当兵的主要任务。通过一批又一批边军士兵的屯耕，唐代西宁的屯田取得了较大的发展。有人曾作《唐乐府》十章，"自《送征夫》至《献贺觞》，歌河湟之事也。"其中一首叫《边军过》，诗云：

城头兵马过，城里人高卧。

---

① 《旧唐书》卷一百九，列传第五十九。

② 摘自李清凌：《西北经济史》，人民出版社1997年版，第167页。

③ 《大唐六典》卷七。引自李清凌：《西北经济史》，人民出版社1997年版，第169页。

④ 李清凌：《西北经济史》，人民出版社1997年版，第169页。

官家自供给，畏我田产破。

健儿食肥肉，战马食新谷。

食饱物有余，所恨无双腹。

草青见军过，草白见军回。

军回人更多，尽系西戎来。[①]

这首乐府诗，可以看作是唐代边军士兵且耕且战生活的真实写照。

二、畜牧业

隋唐时期，西宁一带的经济结构中，畜牧业占有较重要的地位。特别是当地的各民族百姓，更是以畜牧业为其主要生计，正如贺娄子干所说："陇右之民以畜牧为事。"

唐代中叶后，河陇尽为吐蕃所占。史书中称：吐蕃"俗养牛羊，取乳酪供食，兼取毛为褐而衣焉"。[②] 在《敦煌本吐蕃历史文书》中，就有许多牧场"大料集"的记载，可证畜牧业是吐蕃经济的支柱产业。吐蕃统治下的河湟、青海成为它繁育牲畜主要基地之一。唐代大诗人杜甫的诗句："草肥番马健，雪重拂庐千"正是对吐蕃养马业的描述。敦煌文献资料中的一份无名氏所作的诗中亦有反映吐蕃畜牧业的内容。这个被吐蕃俘获的唐人经过长途押送，辗转押解到临蕃城，被禁于此。临蕃城即今天湟中县境的通海镇，他在被禁期间曾站在临蕃城头，作《晚秋登城之作》一诗，咏其心绪。诗中云：

东山日色片光残，西岭云象暝草寒。

谷口穹庐遥逦迤，溪边牛马暮盘跚。[③]

从"谷口穹庐遥逦迤，溪边牛马暮盘跚"的诗句中，我们即可窥见当时西宁西川一带吐蕃民众的生活状况，牛马在暮色中蹒跚归来的情景。这位佚

---

① 引自西宁市志办公室编著：《河湟诗词选注》（内部）。

② 《通典》卷一百九十《边防·吐蕃》。

③ 引自 [法] 戴密微：《吐蕃僧诤记》（汉译本），甘肃人民出版社 1984 年版，第 440 页。

名唐人被禁在临蕃城可能是让其放牧。

这种情形也可从张籍的《陇头行》一诗中得到证明，诗中云：

> 汉兵处处格斗死，一朝尽没陇西地。
> 驱我边人胡中去，散放牛羊食禾黍。
> 去年中国养子孙，今着毡裘学胡语。[①]

诗中谈到唐朝边地的居民被吐蕃俘虏，驱使他们放牧牛羊的情景。正因为有大量唐人被俘，成为吐蕃属民，所以在元稹时，唐朝边将俘获的吐蕃人中才有"半是边人半戎羯"的情形。

这个时期，青海境内已非战场，西海、黄河乃吐蕃饮马放牧之地。昔日长云雪山、铁骑蹂践、钲鼓齐鸣、血肉横飞的战场，毕竟已成过去了。每在盛夏之时，"吐蕃畜牧青海"，秋高马肥，每每东进。可以想象，万群铁马满布草原，这里的畜牧业有了较大的发展。李益有《塞下曲》诗四首，其中一首道：

> 蕃部部落能结束，朝暮驰猎黄河曲。
> 燕歌未断塞鸿飞，牧马群嘶边草绿。

三、闪佛和北山古刹

西宁北山寺的初兴可远溯到魏晋，前章已有叙述。但北山佛教的真正兴盛则是唐朝。当时与鄯州相邻的河西、陇右是中国佛教最兴盛的地区之一，这对鄯州佛教的发展自然会有影响。"安史之乱"后，吐蕃尽占河陇，积极推行佛教，河西、河湟地区佛教进一步发展，成为吐蕃佛教较为兴盛之地。唐宋之际，藏传佛教后弘期"下路弘法"之所以在河湟地区重新复燃，与唐蕃时期这一地区的佛教文化基础有着极深的历史关系。

唐代西宁地处唐蕃古道的主干线，道路四通八达，可以说是当时中西交

---

① 转引自范学宗、王纯洁编：《全唐文全唐诗吐蕃史料》，西藏人民出版社1988年版，第446页。

通的枢纽点之一。特别是唐蕃之间的相互往来，皆以西宁为中转站，这里便由此而成为唐蕃经济、文化交流前台。当时，西宁成为唐、蕃所属的各民族文化的交汇地，无论是战时还是平时，河湟皆为人们所关注。唐代边塞诗中就曾留下了大量脍炙人口的有关河湟题材的诗歌，从中即可领略当时西宁一带的文化概貌。经过吐蕃统治下的西宁，不少汉人被吐蕃化，融入到了"大蕃"民族中，民族的融合促成了文化上的趋同。这是隋唐时期西宁民族文化发展的一个基本特点。

从史书记载和文化遗迹来看，隋唐、吐蕃时期，西宁佛教文化十分兴盛。最有力的见证就是至今仍巍然屹立在西宁北山寺的"闪佛"，又称"露天金刚"。这尊高大的佛像，据天学者研究认为"具有唐代风格"；文物部门的考察结论也认定为唐代，"露天金刚俗称'闪佛'，利用自然岩壁修凿而成，原有两尊，西部——尊已毁，东部一尊轮廓清晰可辨。为站佛，高 40～50 米，古朴雄伟，应为唐代遗物"。[①]北山寺这尊具有唐代风格的佛像和遗存下来的少量壁画，是唐时西宁佛教文化兴盛的最好印证。

吐蕃统治时期，西宁佛教文化当有进一步发展。这正是藏传佛教后弘期"下路弘法"兴起于这一地区的前提。[②]

---

① 国家文物局主编：《中国文物地图集·青海分册》，中国地图出版社 1996 年版，第 119 页。

② 参见先巴：《唐五代河西佛教与藏传佛教后弘期"下路弘法"》，载《青海民族研究》，2004 年第 4 期。

第六章　宋元时期的西宁

——青唐城　鄯州　西宁州

　　公元 10 世纪初（907 年），唐朝灭亡，中国历史进入五代时期（907—960年）。在 53 年中有梁、唐、晋、汉、周五个朝代，十三位君主先后更替，而这些君主出自八个姓氏，可见政治之不稳定了。当时，哪个政权也管不到西宁。公元 960—1127 年是宋朝，建都开封，史称北宋。当时的西宁称作青唐城，是唃厮啰的国都，成为东西商贸交通的都会，兴盛一时。北宋后期，哲宗元符二年（1099 年）宋军西进，取邈川，占青唐，当年九月在青唐城建置鄯州（邈川建湟州）。这是河湟被吐蕃占领 300 多年后，中央王朝再次建立的州郡。徽宗崇宁三年（1104 年）五月，改鄯州为西宁州。这"西字"地名于今已有900 余年了。1127 年开封被金国攻陷，宋至南迁，1127—1279 年这个时期史称南宋。金太宗天会九年（1131 年）春，金兵攻占西宁州，金朝占领西宁州时间大约有五年。1136 年 7 月，党项羌所建西夏政权（建都银川）攻占西宁州，西夏占领西宁州约 91 年，仍称西宁州。直到 1277 年春，蒙古汗国攻占西宁。1271 年忽必烈建立元朝，仍旧设置西宁州，归甘肃行省（省会在甘州）统辖，直至元末。

第一节 青唐城与唃厮啰政权

一、青唐族和唃厮啰

五代和北宋时期，西宁和河湟地区由族帐分散的吐蕃诸部所控制。

唐末以后，吐蕃"种族分散，大者数千家，小者百十家，无复统一"，遍布河湟等地。概括说来，逐渐形成以秦州、渭州、凉州、河州、鄯州为中心的几大部落集团。

唃厮啰政权是在鄯州、河州两大集团基础上发展起来的。唃厮啰辖下的大小部落有数百个之多。其政权的各级大小首领即政权主要骨干主要由四部分人组成：一是具有吐蕃王朝赞普和贵族血统的后裔；二是僧人；三是世袭部落首领；四是个人才干突出者。总之，基本上是各级大小封建领主。唃厮啰除设有保卫"国主"和首府的骑士卫队之外，没有常备军。每个部落的首领同时又是军事首领，遇有战事，"全民皆兵"，部落首领率部出战。"这是一种使军事、行政和生产三位一体的制度。它以军队编制形式把黎民百姓组织在一起，因而，军队的建制事实上关系着行政和生产。[①]《宋会要辑稿》记载，唃厮啰初立之时有"胜兵六七万"，[②] 即指此而言。

唃厮啰政权的中心区域在湟水流域的鄯、湟、廓三州之地，即《宋史》等史籍中所称的"河北之地"。这一地区的吐蕃诸部中，影响最大的部落是宗哥族和青唐族。

（一）宗哥族

族名因居地而得。"宗哥"又译作"总噶尔"。"宗哥""总噶尔"，都是藏语音译，即《敦煌本吐蕃历史文书》中的"宗喀"。[③] 李立遵即是宗哥族大首领。李立遵对唃厮啰统一河湟地区，建立政权作出了很大贡献，也可以说宗哥族

---

① 洲塔：《甘肃藏族部落的社会与历史研究》，甘肃民族出版社1996年版，第439页。

② （清）徐松辑：《宋会要辑稿》，中华书局1957年版，第一百九十九册，《蕃夷六》之一，《唃厮啰》。

③ 祝启源：《唃厮啰——宋代藏族政权》中称："宗哥族，清人又译作总噶尔族。""清人"似为"宋人"之误，因为"总噶尔"这一地名和族名常见于五代宋初的汉文史籍中，但在清人杨应琚所撰的《西宁府新志》卷之十九"番族"中无"总噶尔"。

是唃厮啰政权最重要的基础，因而，北宋时曾经把唃厮啰径直称为"宗哥唃厮啰"。[①]一般认为，在宋初，宗哥族的地域范围主要在以宗哥城为中心的宗哥川地区，即今乐都和平安一带。宗哥城的具体地望有多种说法，但主要是平安和乐都两说。乐都说认为在今碾伯西边的大小古城；平安说认为在今平安南边的古城。[②]

（二）青唐族

又称青唐羌。其活动范围起先在以青唐城为中心的青唐地区，即今西宁市一带。后来在其发展过程中，可能有过较大规模的迁徙活动，宋代史书中记载，青唐是当时渭州等地吐蕃族势力很大的一部。《资治通鉴长编》中称："青唐族最强，据其盐井，日获利可市马匹。"神宗熙宁四年（1071 年），北宋置洮河安抚司，"自古渭寨接青唐武胜军，应招纳蕃部市易、募人营田等事，并令（王）韶主之"。[③]《宋史·马仲甫传》亦称"古洲介青唐之南"。上引史载中的"青唐"，显然不在青唐城所在的西宁，而在甘肃陇西。在渭州青唐族中又以俞龙珂部最强大。

青唐所据盐井，可能即今岷县一带的盐井，直到近代这里还有盐井。至于渭州之青唐与鄯州之青唐间的具体历史渊源，史载阙如，已难得其详。北宋熙宁年间（1068—1077 年），王韶开拓熙河时，把招抚青唐族大首领俞龙珂作为首要目标。《宋史·王韶传》载："蕃部俞龙珂在青唐最大，渭源羌与夏人皆欲羁属之，诸将议先致讨。韶因按边，引数骑直抵其帐，谕其成败，逐留宿。明旦，两种皆遣其豪随以东。久之，龙珂率属十二万口内附，所谓包顺者也。"[④]王韶招抚俞龙珂归附后，即将此事飞报朝廷，成为朝廷命官，后来王韶开拓熙河，俞龙珂及其兄瞎药因屡立战功而加官晋级，并赐以包姓，俞龙珂名包顺，瞎药名包约。对唃厮啰最初也称"渭州蕃族首领"。《资治通鉴长编》载：大中祥符七年（1014 年）五月，"唃厮啰帅其帐下来归，给以土田，

---

① （清）徐松辑：《宋会要辑稿》，中华书局 1957 年版，第一百九十九册，《蕃夷六·唃厮啰》。

② 参见李智信：《青海古城考辨》"大小古城"条。

③ 《资治通鉴长编》卷一七五、卷二二六，熙宁四年八月辛酉。

④ 《宋史》卷三百二十八《王韶传》。

未及播种,求俸给赡用"。北宋遂"以渭州蕃族首领唃厮啰为殿直充巡检使"。①
由上可知,唃厮啰起初居于渭州,后来移居邈川依赖宗哥族,始有"宗哥唃
厮啰"之称。

二、青唐——唃厮啰政权

宋朝初年,久经战乱分裂的河陇吐蕃社会逐渐出现了几个较大的部落集
团,主要有凉州的六谷部,河州的耸昌厮均,宗哥(今西宁、乐都一带)的
李立遵,邈川(今民和县境)的温逋奇等。他们各据一方,不相统属。而此
时的西夏,羽翼渐丰,南攻宋朝边郡,西略凉州、甘州,大有统一西北的势头。
面对强敌的严重威胁和侵扰,河陇吐蕃各部首领和民众都渴望有一个统一的
政权,结束分裂,共同御敌,共图发展。六谷部政权和唃厮啰政权便应运而生。

唃厮啰政权历史上也叫青唐政权,它是北宋辽西夏时河湟地区以藏族为
主体的地方政权,青唐城为其国都。青唐城即今西宁市,"青唐"应是藏语"吉
塘"的对音。

(一)唃厮啰其人

唃厮啰(997—1065 年),汉文史籍中译作"嘉勒斯赍",本名叫欺南陵
温,号瑕萨,是"吐蕃赞普苗裔"。"嘉勒斯赍"藏语意为"王子","赍"系
卫藏方言的敬语。瑕萨,意为"当今皇上"。唃厮啰于公元 997 年出生于磨榆
国("磨榆",藏语称芒域,即今西藏普兰县),后来流落在高昌。藏文史书中
记载,他是吐蕃王朝末代赞普朗达玛的第五世孙赤德的后裔,史称"赤德之后,
为宗喀之王"。因此,唃厮啰一系在史书上又有"宗喀王系"之称,青唐政权
也称为宗喀王朝。

关于唃厮啰的身世,在汉文史书中多有记载。《宋史·吐蕃传》中说:"唃
厮啰者,绪出赞普之后,本名欺南陵温钱逋。钱逋犹赞普也,羌语讹为钱逋。
生高昌磨榆国,既十二岁,河州羌何郎业贤客高昌,见厮啰貌奇伟,挈以归,
置鄯心城,而大姓耸昌厮均又以厮啰居移公城,欲于河州立文法。河州人谓
佛'唃',谓儿子'厮啰',自此名唃厮啰。"②《续资治通鉴长编》及宋人文集

---

① 《资治通鉴长编》卷八二,大中祥符七年五月乙酉。
② 《宋史》卷四百九十二《外国八·吐蕃》。

中的记述与《宋史·吐蕃传》大致相同。李焘在《续资治通鉴长编》中说：蕃部所谓"立文法"，"盖施设号令统众之意"。[1]

上引汉文史载与藏文史籍中的记载基本一致。《王统世系明鉴》载，朗达玛被弑后，其次妃所生之子俄松的后裔逃到阿里，发展成阿里王系。后来俄松之孙扎西则巴贝有子叫沃德，沃德有赤德等四子，其中"赤德的后裔，为东方宗喀之王京俄顿钦等，现今的安多王等也是其后裔"。《贤者喜宴》中称"约德（沃德）之次子赤德到了多康，宗喀十八区等等多麦之大部分地区由其统治，因之遂有所谓'下部（即多康）王权如靴子大'之说，坚阿顿钦等等王系即出身该地"，祝启源在《唃厮啰——宋代藏族政权》中称：藏文史籍中所说的坚阿顿钦（京俄顿钦），"疑即汉文史籍所载之董毡"。[2]

在汉文史籍中，"唃厮啰"既是人名又是政权名。唃厮啰政权建立后，其最高统治者，汉文史籍称为"国主"，因其建都于青唐城，又称为"青唐主"。

（二）唃厮啰建国

唃厮啰被何业郎贤带到河州后，最初安置在剽心城（又称"多僧城"，在今甘肃临夏市境）。不久，又被当地豪酋耸昌厮均挟制，移住于一公城（一作移公城，在今临夏县境），准备利用唃厮啰的吐蕃王室后裔之名，在河州立文法。到大中祥符年间，唃厮啰已成为"渭州蕃族首领"，当时他"帅其帐下"迁居渭州，便引起北宋政府的高度重视，遂"给以土田"，并以其"为殿直充巡检使"。[3] 至于唃厮啰为何迁居渭州，史载阙如，有待研究。但可以肯定，由于王室血统的威望，这时的唃厮啰已有很大的影响力了。"西蕃种类皆尊大族，重故主"，作为吐蕃王室后裔的唃厮啰可谓是号召吐蕃诸部的一面旗帜，因此，也就成为吐蕃大族竞相争取的对象。

正当这时，宗哥地区的大首领李立遵和邈川首领温逋奇，得知耸昌厮均挟制了吐蕃赞普后人也不甘示弱，便以武力把唃厮啰劫持到廓州（今化隆县

---

① 《续资治通鉴长编》卷八十二，大中祥符七年五月乙酉条。

② 祝启源：《唃厮啰——宋代藏族政权》，青海人民出版社1988年版，第26页。关于唃厮啰世系，参见汤开建《唃厮啰家族世系考述》一文，载《青海社会科学》，1982年第1期；关于京俄顿钦对音互译问题，可参见黄颢《贤者喜宴》译文注释第25条，载《西藏民族学院学报》，1985年第2期。

③ 《资治通鉴长编》卷八十二，大中祥符七年五月乙酉。

境），并尊称为赞普。后来，李立遵又把王城从廓州迁到经济比较发达的宗哥城，自立为相（论通），挟赞普以令诸部，并把自己的两个女儿嫁给唃厮啰为妻。李立遵因有了唃厮啰王室后裔的这面旗号，部族迅速强大起来，拥有胜兵六七万，成为河湟地区的大族。

唃厮啰的兴起是公元 11—12 世纪初我国西北地区的重大历史事件，也是藏族历史上自吐蕃王朝灭亡后，由藏族建立的诸多地方政权中有较大影响的一个政权。唃厮啰为该政权的缔造者，由于他是吐蕃王朝赞普的后裔，所以藏族称为"赞普"，汉文史籍记载中则多直呼其名，或称为青唐"国主"。协助"国主"处理日常事务的有"国相议事厅"和"国主亲属议事厅"，这是两个相互平行又相互制约的办事机构，二者之间的矛盾是靠赞普来平衡的。从史书记载来看，唃厮啰政权对各大小部落的统治、约束和联系，往往通过带有宗教色彩的"祭天"等盟誓形式来维护。①

唃厮啰以政教合一的统治形式，开展建政活动，聚众日多，把河湟等地区割据分裂的吐蕃部落基本统一起来了，其政权是一个以蕃人为主体的多民族的政权，在其统治下有吐蕃人、党项人、汉人、回鹘人以及侨居境内的西域各地的商人。唃厮啰政权和契丹使聘往来，通婚结好；与宋朝友好结盟，共同防御西夏；与西夏、辽朝以及回鹘、西域都有交往。唃厮啰政权历代"国主"大多接受宋朝的封赐，但又保持着一定的独立性。宋、辽、西夏等皆欲与其谋求和好，依为助臂，以牵制或攻击对方，故在唃厮啰政权存在的近百年间，与宋、辽、西夏等关系有战也有和。

（三）唃厮啰政权兴衰

唃厮啰建政之初，曾一度受大族首领的控制，初居廓州，继迁宗哥，再徙邈川（今青海省民和县境），最后定居青唐（今青海省西宁市），才稳定下来。唃厮啰的这三次迁移恰与唃厮啰政权初期的内部政治斗争相关联。从唃厮啰政权的发展历史看，其兴衰大体经历了"三盛""三衰"的三个时期。②唃厮啰政权最初是以宗哥联盟的面貌出现的，"其联盟的领导结构以唃厮啰、李立遵、温逋奇三位一体的形式存在。表面上的一体联盟，实际上却是由三种势

① 参见《青海省志·建置沿革志》，青海人民出版社 2001 年版，第 276 页。

② 参见刘建丽：《宋代西北吐蕃研究》，甘肃文化出版社 1998 年版，第四章。

力组成,这种构成本身就潜伏着不稳定的因素"。① 这种不稳定性是藏族部落社会的一种痼疾,也是唃厮啰政权的一大特征,其三盛三衰的历史便是这种不稳定性的必然归宿。现将唃厮啰政权三盛三衰的三个时期简明叙述如下:

1. 唃厮啰政权的第一个盛衰时期从大中祥符元年(1008 年)至天圣二年(1024 年),前后约 16 年。

大中祥符元年(1008 年),唃厮啰被宗哥族大僧人李立遵和邈川大首领温逋奇强行迎至廓州,尊为"欺南陵温赞普"。由于有了这面王种佛子的大旗,河陇吐蕃诸部遂望风而归,因之,"渐为蕃部归顺""部族寝强",迅速发展成为"族帐甚盛,胜兵六七万"的大族。② 后来,李立遵把王城由廓州迁到宗哥城,自任"论逋"(宰相)辅佐,挟持唃厮啰以号令属众。唃厮啰迁居宗哥城后,李立遵将自己的两个女儿嫁给唃厮啰,以联姻来加强与唃厮啰的关系。宗哥联盟中李立遵、温逋奇两大集团的平衡,因唃厮啰的联姻而被打破,李立遵与唃厮啰集团实力明显强于温逋奇,李立遵成为宗哥联盟中手握实权的显赫人物。③ 李立遵"恃权自任""峻酷专恣",权力欲不断膨胀。大中祥符八年(1015年),李立遵为了扩大自己的势力范围,统一秦渭一带的吐蕃部落,要求宋廷封其"赞普"之号,欲想凌驾于唃厮啰之上,遭到宋廷拒绝,只授予"保顺军节度使,赐袭衣、金带、器币、鞍马、铠甲等"。④ 李立遵欲为赞普的政治愿望未能得逞,因之对北宋心怀怨恨。逐于这年 9 月率部 3 万余人寇掠北宋缘边秦渭一带城寨,策动秦州吐蕃大户、唃厮啰的舅父赏样丹、熟户郭厮敦叛宋献城。此举被宋朝镇守秦州的名将曹玮侦知而遭失败。大中祥符九年(1016年),"宗哥唃厮啰、羌族马波叱腊、鱼角蝉等率马衔山、兰州、龛谷、毡毛山、洮河、河州羌兵至伏羌砦三都谷",与曹玮所部宋军战于三都谷(甘谷县境)。宋军以逸待劳,追击二十余里,斩首千余级,生擒七人,李立遵大败。三都谷战败后,李立遵又转攻西凉府,再次失败。

三都谷之战彻底挫败了李立遵欲在秦渭地区"别立文法"的政治目的,"于

---

① 刘建丽:《宋代西北吐蕃研究》,甘肃文化出版社 1998 年版,第 178 页。
② (清)徐松辑:《宋会要辑稿》,中华书局 1957 年版,第一百九十九册,蕃夷六之一。
③ 刘建丽:《宋代西北吐蕃研究》,甘肃文化出版社 1998 年版,第 180 页。
④ 《续资治通鉴长编》卷八十五,大中祥符八年九月甲寅条。

是河、洮、兰三州，安江、妙敦、邈川党通等羌皆破散宗哥（唃厮啰）所立文法，纳质内属"。[①]到天禧元年（1017年），唃厮啰政权由于部族离散而"事势稍衰"。[②]三都谷之战不仅使唃厮啰政权元气大伤，而且使唃厮啰与李立遵之间的政治分歧和矛盾日渐暴露，最终导致彼此失和，约在天圣二年（1024年）唃厮啰徙居邈川。

徙居邈川后，唃厮啰调整与宋朝的关系，与宋通贡修好。宋朝允许唃厮啰"岁一入贡"。

2. 自天圣二年（1024年）至明道元年（1032年）是唃厮啰政权的第二个盛衰时期。

唃厮徙居邈川后，即"以温逋奇为论逋"，利用温逋奇的势力抑制李立遵，因此李立遵的势力很快衰微；天圣三年（1025年）李立遵曾向泾原路总管司"乞给俸钱"，此后，李立遵之名便不见于宋朝文献中。但是温逋奇和李立遵一样，也怀有取代唃厮啰而自立的政治野心。因此，唃厮啰为了巩固自己的地位，又积极谋求第二次政治联姻。《续资治通鉴长编》载："初，唃厮啰娶李立遵女，生二子，曰瞎毡，曰磨毡角；又娶乔氏，生子曰董毡。"康定元年（1040年）四月辛亥，宋朝"以邈川首领唃厮啰子董毡为会州刺史，董毡年方九岁"。据此推断，唃厮啰娶乔氏至迟在天圣八年（1030年）前。这时正是唃厮啰迁居邈川后，与李立遵分道扬镳，重新寻找政治联盟的时候。乔氏是当时西宁地区吐蕃大族乔家族人，乔家族居历精城（又称林擒城、林金城、哩沁城、临谷城，宋朝改为宁西城，即今湟中县通海镇），"所部可六七万人，号令明肃，人惮服之"。[③]唃厮啰与乔家族的联姻无疑壮大了他的政治势力。与此同时，唃厮啰又不断加强与北宋王朝的联系，因此"数使人至秦州求内属。"[④]当时，宋夏对峙，正需要唃厮啰牵制西夏，因此对唃厮啰之请予以高度重视。"仁宗天圣年（1023—1032年）中，知秦州王博文遣右都押衙李文素等入蕃，往

---

① 曾巩：《隆平集》卷九。转引自刘建丽：《宋代西北吐蕃研究》，甘肃文化出版社1998年版，第182页。

② 《续资治通鉴长编》卷九十一，天禧二年二月戊午条。

③ 见《续资治通鉴长编》卷一百一十九，景祐三年十二月辛未条；卷一百二十七，康定元年四月辛亥条。

④ 《宋史》卷四百九十二《外国八·吐蕃》。

邈川招诱唃厮啰、羌人入汉，上京进马，乞官职。诏除宁远大将军、爱州团练使。景祐二年（1035 年）十二月二十一日，除唃厮啰保顺军节度观察留后，依旧邈川首领。"①《宋史》称在明道（1032—1033 年）初;《续资治通鉴长编》则将此事记于明道元年（1032 年）八月；明道年号只有两年，因此两书记载实际上是一致的。《宋史》称："明道初，即授厮啰宁远大将军、爱州团练使，授逋奇归化将军。"②唃厮啰声望日高,对温逋奇则是一种很大的威胁。因此在接受宋朝授命后不久，温逋奇便发动了政变，将唃厮啰囚禁于一口井中，然后捕杀其同族亲党。不料，唃厮啰在同情他的看守士兵帮助下，逃脱了温逋奇的囚禁。唃厮啰逃出后，利用赞普名号，集结兵马，剿杀了温逋奇及其同党，并将王城从邈川迁到青唐城。从此唃厮啰真正摆脱了大族首领的挟持，成为唃厮啰政权的实际领导者。

3. 自唃厮啰西徙青唐城，便是唃厮啰政权第三个盛衰时期，这一时期自明道二年（1033 年）至崇宁三年（1104 年）。

唃厮啰徙居青唐之初，由于西夏利用唃厮啰与瞎毡、磨毡角二子的矛盾，进行离间;同时，温逋奇之子一声金龙也"拥众万余，阴附元昊"，从而使"元昊益得自肆"。唃厮啰在这种内外交困的形势下，"更与乔氏自宗哥西徙历精城"。③因有了乔家族的支持，唃厮啰很快摆脱了困境。利用当时青唐一带的天时、地利、人和等条件，大力发展农牧业生产和商业贸易，加强政权和军事建设，并采取联宋抗夏政策，国力不断增强，人民生活得到改善，因而受到各族人民的拥戴。青唐（吉塘）城便成为唃厮啰政权的政治、经济、文化中心。

当时，为了稳定和巩固局势，防止西夏南下和温逋奇势力的报复，唃厮啰率部驻守于青唐城，其妻乔氏则居于青唐城西 50 里的历精城，形成犄角之势。青唐城、历精城是当时丝绸之路青海道的重镇，控制了这两座重镇便控制了丝绸南路青海道。《宋史·吐蕃》称："唃厮啰居鄯州，西有临谷城通青海、高昌，诸国商人皆趋鄯州贸易，以故富强。"随着国力的增强，唃厮啰政权的声望和影响不所扩大。明道元年（1032 年），西夏相继攻破西凉府六谷部政权

---

① （清）徐松辑：《宋会要辑稿》，中华书局 1957 年版，第一百九十八册，《蕃夷六》之二至之三。
② 《宋史》卷四百九十二《外国八·吐蕃》。
③ 《资治通鉴长编》卷一百一十九，景祐十二月条。

和甘州回鹘政权，"唃厮啰并厮铎督之众十余万，回纥亦以数万归焉"。^①厮铎督是六谷部潘罗支的弟弟。至此，唃厮啰政权实力大振，此时，也正是西夏走向国力鼎盛之时，唃厮啰日渐强盛，对西夏构成了很大的牵制。西夏皇帝元昊为了解除这一后顾之忧，便向青唐城用兵。

景祐元年（1034年），元昊向环庆等北宋边郡进掠，同时，遣将领苏奴儿（又作苏木诺尔）率兵2.5万人，进攻唃厮啰。双方在牦牛城（又作猫牛城，今西宁北川大通桥头镇以南）激战，西夏军队惨败，被俘。元昊得知苏奴儿所领大败，又亲率大军赴河湟，继续围攻牦牛城，唃厮啰军队坚守城池一个多月，不与西夏军正面交战。元昊久攻不下，诈称约和，唃厮啰守军开城，元昊即纵兵杀戮，牦牛城最终陷落，接着，元昊又挥军"攻青唐、安儿、宗哥、带星岭诸城、唃厮啰部将安子罗以兵十万绝归路"。随后，双方交战，唃厮啰军队一鼓作气，击溃西夏军队，"部兵溺宗噶尔河及饥死过半"。不久，元昊"并兵临河湟，嘉勒斯赉壁鄯州不出"。唃厮啰派人侦察西夏军情，探知西夏军队渡湟水时所插标识水深的旗帜，遂暗中遣人将标志旗帜从浅水处移到深水处。等到双方大战，元昊溃败，西夏军队败退渡湟水时，循着已被移动过的旗帜下水渡河，结果，溺死者十之八九，唃厮啰军队"掳获甚众"。^②

河湟一战，唃厮啰军大败西夏，成功地保卫了青唐城，唃厮啰的声名传遍河湟大地。并遣使入宋献捷，宋朝加封唃厮啰为"保顺军节度使"，岁给丝绢千匹，角茶千斤，散茶一千五百斤。

宝元元年（1038年）十月，元昊称帝，北宋为之大震，宋夏关系更趋紧张，北宋在环、庆、泾、渭等州向西夏发动大规模军事行动，但是，宋军却屡遭失败。为了联络唃厮啰配合宋军，共同防御西夏，宋朝主动遣使至唃厮啰，以加强相互联系。宝元二年（1039年）二月五日，宋仁宗赐唃厮啰诏曰："朕以昊贼僭狂，侵扰边境，卿资忠济勇，效顺输诚，授任高牙，保我西略，愤兹丑类，尝议剪除，相得传闻，共深仇嫉，所宜早兴师旅，往袭空虚，乘彼未还，拔

---

① 王称：《东都事略》卷一二九《附录七》。转引自刘建丽：《宋代西北吐蕃研究》，甘肃文化出版社1998年版，第180页。

② 慕寿祺：《甘宁青史略》正编卷九，兰州俊华印书馆版，第21页。

其根本。……如能有心荡灭得昊贼，即当授卿银夏等州节制。"①康定元年（1040年）八月，宋派屯田员外郎刘涣出使青唐，受到唃厮啰的高度重视。刘涣向唃厮啰传达了宋廷让其配合宋军讨伐西夏的旨意，唃厮啰表示"誓死捍边"，并上"誓书及西州地图"。刘涣返回京师后，将其出使唃厮啰的有关情况向朝廷作了汇报，深受宋仁宗的赏识。"康定二年（1041年）正月十八日，授唃厮啰检校太保充保顺河西等军节度使。"②随之，唃厮啰与宋朝关系更加密切，宋廷给唃厮啰以各种职衔的封授，主要有"西蕃邈川大首领、保顺河西等军节度使"，"洮州凉州管内观察处置押蕃落等使"，"特进检校太尉使持节洮州凉州诸军事"，"洮州凉州刺史兼御史大夫上柱国武威郡开国公"，等等。随着加官晋爵，唃厮啰的声望日高，影响远播，宋、辽、西夏都很重视与唃厮啰的关系。

嘉祐三年（1058年）九月，"西蕃嘉勒厮赍与契丹通婚。先是，嘉勒厮赍部纳克垒阿匝尔等叛归夏国，谅祚乘此引兵攻掠境上，嘉勒厮赍与战败之，获酋豪六人，收橐驼战马颇众，因降隆博、哩恭、马颇克三族。会契丹遣使送女妻其少子董毡，乃罢兵归。契丹与嘉勒厮赍通婚，数遣使由回鹘路至河湟与嘉勒斯赍约举兵取河西。河西谓夏国也。欲徙董毡凉州与之相近。嘉勒厮赍辟以道远，兵难合，乃止。"③辽与唃厮啰联姻具有共同的政治目的，正如司马光所言："契丹以女妻董毡，与之共图夏国。"④

唃厮啰与宋、辽之间的和好关系使其赢得了较好的发展机遇，国力日盛，"其势逐强于诸羌"。但就在这时，唃厮啰家族内部矛盾演化成了一场政治上的大分裂。

当初，唃厮啰徙居青唐城后，与妻家乔氏家族结成联盟。乔氏与原娶的李立遵之二女争宠，终于导致唃厮啰家族内部失和。史载："乔氏有色，居历精城，所部可六七万人，号令明肃，人惮服之。"⑤可知，乔氏是一个既有姿色

---

① （清）徐松辑：《宋会要辑稿》，中华书局1957年版，第一百九十八册，蕃夷六之三。

② （清）徐松辑：《宋会要辑稿》，中华书局1957年版，第一百九十八册，蕃夷六之三。

③ 《资治通鉴长编》卷第一百九十八，嘉祐三年九月乙亥条。

④ 张方平：《乐全集》，转引自祝启源：《唃厮啰——宋代藏族政权》，青海人民出版社1988年版，第63页。

⑤ 《资治通鉴长编》卷一百一十九，景祐三年十二月辛未条。

又很精明干练的女性。娶乔氏后，李氏很快失宠，被斥逐为尼，安置于廓州；同时禁锢其二子瞎毡和毛毡角。景祐三年（1036 年）十二月，瞎毡、磨毡角暗中与母党李巴全连通，"窃载其母奔宗哥"。随后，磨毡角与其母居于宗哥，瞎毡居于龛谷（今甘肃榆中县境），各自拥有其部众，相继成为当地首领，与父王唃厮啰分庭抗礼，"唃厮啰不能制"。自此，唃厮啰政权实际上分裂为三，各自"分牵制事，力不得齐一"。①

唃厮啰内部分裂给西夏以可乘之机。"元昊闻厮啰二子怨其父，因以重贿间之，且阴诱诸酋获。"② 同时又并兵南下，进攻兰州地区的吐蕃部落；当地拥有五万之众的吐蕃大族首领禹藏花麻归降于元昊，"元昊以女妻之，羁縻役属"。随后，西夏军队南侵马衔山，并筑城瓦川会，驻重兵镇守"绝西蕃通中国路"。③至此，西夏北控凉州，东扼兰州；宗哥由磨毡角控制，邈川则由与唃厮啰有杀父之仇的温郢成俞龙（又作"一声金龙"）占据；黄河之南的地方由唃厮啰之兄扎实庸咙统治，河州由瞎毡掌握；一时间，唃厮啰王城青唐城完全陷入其敌国和内部政敌的包围之中。面对这种形势，唃厮啰不得不暂时放弃青唐而西居历精城以自保。从史载看，这种局面延续了二十余年之久。直到嘉祐三年（1058 年）瞎毡、毛毡角相继亡殁后才有了变化。

面对唃厮啰父子"猜阻异居""分牵制事"的既成事实，北宋对唃厮啰父子都分别予以封授，进行联合，使他们成为北宋抗击西夏之助臂。为了促成唃厮啰"父子和协"，北宋曾多次下诏，敦促他们同御西夏，不给西夏可乘之机。刘涣出使青唐即与此有关。宋仁宗在《赐嘉勒斯赉诏》中曰："……昨者里玻默里乌进奉到阙，言卿有男辖戬、玛克占觉二人，特以卿故，并授团练使，仍支请受。续据秦州奏，得卿文字，知辖戬等各往宗噶尔城并兰州住坐，兼言道不与元昊往来，如元昊入汉界，兄弟二人将兵杀截。此盖卿从来一心向国，致辖戬等如此忠孝。况卿父子至亲，义须和协，与卿同共掩杀僭逆元昊，勿落元昊奸便，别致间谍诱引。"在《赐嘉勒斯赉男辖戬勒（敕）书》中称"敕

---

① 张方平：《乐全集》，转引自祝启源：《唃厮啰——宋代藏族政权》，青海人民出版社 1988 年版，第 72 页。

② 《资治通鉴长编》卷一百一十九，景祐三年十二月辛未条。

③ 《资治通鉴长编》卷一百一十九，景祐三年十二月辛未条。

辖戬：省秦凤路部署司奏，据汝将到蕃字译作汉字，称汝告秦州部署诸官员，自家要抵敌草寇，便各往宗噶尔城并兰州住，蕃汉两家往来，道不与草寇往来。如有草寇兵士入汉界来时，自家兄弟二人将兵士杀伊草寇事。……然汝兄弟既奉朝廷，须父子和协，尽心孝顺，和为一家，使出兵之时，手足相应，同杀僭逆元昊，斯为上计，勿听奸人间谍"。[1] 这两份诏书没有确切时间，祝启源认为，给唃厮啰的诏书约在庆历元年（1041 年），给辖戬的敕书稍早，约在康定元年（1040 年）。

随着政治形势发展和宋朝的一再撮合，唃厮啰内部矛盾到唃厮啰晚年时渐趋缓和。至嘉祐三年（1058 年）十二月，"唃厮啰遂离本住青唐，即日见在宗哥耶卑城，与李氏并瞎只欺丁同居"。这时，据有邈川的温郢成俞龙也亡殁，邈川遂为董毡收复；河州的瞎毡及其子木征等在名义上亦似乎归附于唃厮啰了，至此，"唃厮啰、瞎毡、毛毡角分据地界，各统部族"的分散状态终于结束，遂"并合为一，力量足见强盛"。[2]

治平二年（1065 年），唃厮啰病逝，其子董毡继承王位，仍然执行唃厮啰生前制定的国策，继续与宋朝通贡修好，助宋攻夏。董毡在位期间，唃厮啰政权国力明显衰弱，国内动乱频起，因而西夏趁隙攻掠。但由于董毡与宋朝保持了良好的关系，联合宋军，共同抵御西夏，因而遏制住了西夏吞并河湟的军事进攻，从而使河湟吐蕃等民族有了一个安定的社会环境。

同时，唃厮啰政权统治者在助宋攻夏的过程中不断得到宋王朝的加官进爵和大量赏赐。宋朝曾先后封唃厮啰为"西蕃邈川大首领""保顺河西等军节度使""洮州凉州管内观察处置押蕃落等使""洮州凉州刺史兼御史大夫上柱国""武威郡开国公"等。其后，宋朝历代帝对青唐政权的继承者也大都照此封授。

熙宁元年（1068 年），宋神宗以王安石为丞相，实行变法，力图削弱辽国，制服西夏。采用王韶的献策，力图实现"断西夏右臂"的战略目标。从熙宁

---

① 宋庠：《元宪集·内制》；转引自祝启源：《唃厮啰——宋代藏族政权》，青海人民出版社 1988 年版，第 72 页。

② 张方平：《乐全集》，四库全书珍本。卷二二《奏第二状》。转引自刘建丽：《宋代西北吐蕃研究》，甘肃文化出版社 1998 年版，第 189 页。

四年（1071 年）始，实施"熙宁开边"。

实施"熙宁开边"战略之初，宋朝取得了较大的成功，当时包括秦州沿边的青唐部在内的许多吐蕃部落几十万众，相继归顺宋朝。到熙宁五年（1072年）夏，宋朝军队进抵洮河流域，并占领了武胜军（今甘肃临洮）；随后将武胜军改为镇洮军，以此作为宋朝经略河湟地区的政治、军事据点。同年十月，宋朝又将镇洮军改为熙州，并分熙、河、洮、岷、通远军为一路，置马步军都总管经略安抚使，通盘经略这一地区。

而对宋朝的"开边"西进战略，当时以河州为中心的吐蕃首领木征深感不安，他在拒绝宋朝招抚的同时，主动与自己有嫌隙的青唐主董毡谋求联合，试图和河湟吐蕃各部共同抵御宋朝的"开边"西进。但是，此时的河湟吐蕃各部由于"种落分散，不相统属"，被宋朝各个击破，木征之弟结吴延征、其属下大首领李楞占纳芝、瞎药等都先后归附宋朝，从而，木征日益陷入孤立无援的境地。不久，宋朝攻克河州；岷州的瞎吴叱也归顺了宋朝。到熙宁六年（1073 年）九月，熙、河、洮、岷地区基本上被宋朝控制。

元丰六年(1083 年)董毡卒，由其养子阿里骨承袭王位。阿里骨执政十余年，继续执行了董毡时的基本国策。绍圣三年(1096 年)，阿里骨卒，其子瞎征袭位。不久，青唐政权发生内讧，瞎征杀其叔父苏南党征。苏南党征子钱罗结逃往河州，向宋洮西安抚使王瞻献取青唐之策。元符二年（1099 年），王瞻攻取邈川、宗哥，瞎征弃青唐出逃。吐蕃贵族又迎溪巴温的儿子陇拶为青唐主。这年秋，王瞻兵临青唐，陇拶被迫举城降宋。宋朝在青唐置鄯州，兼置陇右节度，于邈川置湟州，均属熙河兰会路统辖。

崇宁二年(1103 年)，宋军兵分两路，经过激烈的争夺，攻占了湟州。第二年，宋军又兵分三路，进攻宗哥城，青唐主溪赊罗撒领兵抵抗，兵败，宗哥城公主率部降宋。随后，宋军兵临青唐城下，龟兹公主和酋豪李河温率部开城降宋。与此同时，廓州也被宋军占领。崇宁三年（1104 年），改鄯州为西宁州，"西宁"之名即始于此。青唐政权终结。

三、青唐城——唃厮啰王城，西宁州城

元符二年（1099 年）闰九月，改青唐为鄯州，兼置陇右节度，原洮西安

抚使王瞻为鄯州知州,兼陇右节度。邈川置湟州,王韶之子王厚为知州。同年,改宗哥城为龙支城,改廓州为宁塞军,并隶于陇右节度。鄯州与青唐城一样,是河湟地区的政治中心,上隶于熙河路(首府在临洮)。作为州的建置,鄯州辖一县,倚郭县县治在南川老幼堡;湟州辖一县,倚郭县县治在今乐都岗沟。上述鄯州城建置情况有什么特点呢?架构大,州级衙厅兼节度;户数少,民户不多;财税更少,宋军供亿不给。这些本是边陲州郡的普遍特点,不足为怪。

崇宁三年(1104年)五月,改鄯州为西宁州,仍为陇石节度,置安抚使都护。"西宁"一词,汉语为西方安宁之意,政治佳言本属常理。也有人认为"西宁"对音来自兄弟民族语言,汉时曾有"西零"之名。西宁西北有"西纳川"西纳族,藏语读音西宁、西纳难以区分。湟州为同安抚同都护。州下之县,西宁州辖一县,湟州辖一县,同前。以高永华为西宁州知州,兼都护使,军州事兼领之。以王亨为湟州知州,兼同都护,军州事兼领之。上隶于熙河路,改称熙河兰湟路。

到徽宗大观年间,大观二年(1108年)西宁州称西平郡,恢复昔日州郡雅名。大观三年(1109年)正月改西宁州节度为宾德军节度;升湟州为饗德军节度,升廓州为防御州。到宣和元年(1119年)正月改湟州为乐州。

从上述北宋王朝在西宁州的军政设置状况可知,当时中央政府是认真地想把这块地方经营成西方安宁之地的。但是历史往往会给人们开玩笑,北宋王朝在西宁占领开发廿余年、正在有序前进之时,公元1127年春,北宋京城开封被金军攻占了,北宋灭亡了,当然西宁州的历史也随之发生了剧烈变化,进入了又一个战乱时期。

现在叙述青唐城的一些情况。总之,它的城的规模比较大,规制比较高,经济比较繁荣,是西宁历史上一个非常重要的阶段。青唐城原是古西平郡城,即今天的西宁市。有过破败,有过缮修,也有过战火和重建,北宋时期它非常繁盛。城周回二十里,有城门八座,城中有隔城,分为东西二城。规模颇大,大于过去的郡城,也大于尔后的卫城府城,不愧是"王城"。西城为王城,建有规模宏大的议事大殿、青唐主的宫室、贵族府第、佛教寺院、军政衙门、大型祭坛,并住有数千户人家。东城为商城,各族人民开设的商店林立,货物品种繁多,生意兴隆。由于西夏控制河西走廊,侵夺商旅利益,来往于丝路上的西域和中原商人均改走丝路的河湟道临羌道,青唐城就成了东西方贸易的中转站，成为一座繁荣的都会。正如《宋史》说的："唃厮啰居鄯州，西有临谷城通青海、高昌，诸国商人皆趋鄯州贸易，以故富强。"

关于青唐城及其城内建筑情况，以宋人李远《青唐录》中记载最详，《青唐录》载："城枕湟水之南，广二十里，旁开八门，中有隔城，以门通之，为东西二城。"国主"居西城。门设谯楼二重，谯楼后设中门，后设仪门。门之东，契丹公主所居也；（门之）西为绝（回纥）及夏国公主所居也。过仪门北二百余步，为大殿九楹，柱绘黄龙，基高八九尺，去坐丈余矣。碧琉璃砖环之，羌呼'禁围'。凡首领升殿白事、立琉璃砖外，犯者杀之"。"旁设金冶佛像，高数十尺，饰以真珠，覆以羽盖。国相厅事处其西，国王亲属厅事，处其东"。"直南大衢之西有坛三级，纵广亩余，每三岁，冕祭天于其上"。"西城无虑数千家，东城惟陷羌人及陷人之子孙。夏国降于阗，四统往来贾贩之人数百家"。"城之西有青唐水，注宗河。水西平远，建佛祠，广五六里；缭以周垣，屋至千余楹。为大像，以黄金涂其身，又为浮屠十三级以护之。阿里骨敛民作是像，民始离。吐蕃重僧，有大事必集僧决之，僧罹法无不免者。城中之屋，佛舍居半。惟国主殿及佛舍以瓦，余虽主之宫室，亦土覆之。"[1]后人对青唐城的描述多取材于李远《青唐录》，但各自的引述多有出入，错讹较大，现以《青海地方志五种》为据。

从上述记载中可以看出，青唐城"广二十里"，其规模是相当大的，明代西宁卫城只相当于它的一半。[2]青唐城以"隔城"分为东西二城，城之建筑格局颇有民族地方特点，且东西二城似有严格区划。即唃厮啰"国主"和王族及亲属居于西城，可见，西城是青唐城的重心所在；城上建有两重谯楼（城门上的瞭望楼），后设中门、仪门，防卫极严。"城中之屋，佛舍居半"，而且在仪门北二百余步的唃厮啰"国主"听政的大殿旁，设有数十尺高的金佛像，显示出浓厚的民族文化特色。东城居住着在战争中降俘或流散于此地的羌人

---

[1]　（宋）：李远《青唐录》，《说郛》（涵芬楼本）卷三十五。参见《青海地方旧志五种》，青海人民出版社 1989 年版，第 9-11 页；杨建新主编：《古西行记》，宁夏人民出版社 1987 年版，第 170-171 页。

[2]　《西宁府新志》《西宁府续志》载，明洪武十九年耿炳文割元代西宁州城之半筑成西宁卫城，城周长九里一百八十三步三尺。

等以及从西域各国来此地做买卖的商贩数百户。由此来看，东城是青唐城民众居住区和商贸区。

作为唃厮啰政权的王城，青唐城是唃厮啰境内最重要、最繁荣的都会，是其政治、经济和文化中心。除青唐城外，还有一些重要城镇，如湟州城周七里，宗哥城分东西二垒、广八里，还有廓州城等。

四、唃厮啰的疆域和人口

一般认为，唃厮啰政权的政体是部落联盟，其属下各部落的活动范围自然是唃厮啰政权的疆域。据史料统计，在唃厮啰政权强盛时，归其节制的部落有 300 多个，这些部落的活动范围十分广袤。[①]

唃厮啰初立时，其疆域城主要在洮州之地。据宋人曾公亮等撰《武经总要》（前集）卷十八《边防》洮州条载："今邈川大首领唃厮啰立文法，临制诸羌，款塞为蕃臣，其部族在洮河之地。康定中命为节度以羁縻之。东至岷州百七十里，西无州县，南至叠州百七十里，北至河州三百十里。"《梦溪笔谈》卷二五《杂志二》谓："唃厮啰立，立遵与邈川首领温逋（奇）相之，有汉陇西、南安、金城三郡之地，东西二千余里。宗哥、邈川，即所谓三河间也。"[②] 从史载看，随着唃厮啰政权不断强盛，其疆域范围日益扩大，只是唃厮啰政权最强盛时的疆域幅员史书缺载，难以详考。但在汉文史籍中，对宋徽宗崇宁年间（1102—1106 年）唃厮啰政权已趋衰落时的幅员疆域却有较为明晰的记述，从中可以窥见其概貌。

《九朝编年备要》载：崇宁三年（1104 年），宋将王厚等"收复西宁州，招降到大心牟等族大酋领、青唐伪宰相归兀耶等千余人。自兰州至（京）玉关，沿宗河而上，取湟州临宗寨、乳洛河，至西宁州管下宣威城，青海洗纳、木令波族；东南直趋溪哥城，至河州循化城，入洮州。复自洮州取庬公原，循山后出怀羌、来羌城，沿黄河至宾城，过乞令馍南城，南抵京玉关，幅员疆

---

① 《青海省志·建置沿革志》，青海人民出版社 2001 年版，第 282 页。
② 转引自祝启源：《唃厮啰——宋代藏族政权》，青海人民出版社 1988 年版，第 240 页。

境五千众里,计二十万户"。①《续资治通鉴长编拾补》载:崇宁三年（1104 年）四月庚午，王厚"所克复三州及河南地土，自兰州京玉关沿宗河而上，取湟州临宗寨乳洛河之西，入鄯州管下宣威城青海洗纳、木令波族，东南过溪哥城至河州循化城入洮州，复自洮州取庬公原，循山后出怀羌、来羌城，沿黄河过来宾城，上巴岭镞南谷抵京玉关。开拓疆境幅员三千余里，其四至正北及东南至夏国界，西过青海至龟兹国界，西至卢甘国界，东南至熙、河、兰、岷州连接阶、成州界。计招降到首领二千七百余人,户口七十余万"。②李远《青唐录》中称：“青唐之南有泸戎，汉呼为芦甘子。”由此推断，“卢甘”即“芦甘子”，约指今四川西北地区和青海果洛一带。③

从上引史料中看，唃厮啰疆城四至并不固定，而是随着唃厮啰政权盛衰与宋、夏等周围势力的消长处于不断地变动之中。从其势力所曾达到的范围来看，大致东南至秦州西部的三都谷，北接祁连山，南至今青海省果洛藏族自治州界，西逾青海湖。后来，宋朝攻破青唐，所建鄯、湟、廓、熙、河、洮、岷、叠、宕等州和积石军，都是唃厮啰政权的疆域范围。

唃厮啰政权所辖人口中除藏族外，还有党项、回鹘等民族。根据史载，唃厮啰经济繁荣的同时，其人口也得到较大发展。至于唃厮啰统治时期的人口户数，史籍也缺少准确记载。从上引史料看，熙宁年间唃厮啰政权所辖人口约七十万至百万。据《九朝编年备要》载，崇宁年间宋占唃厮啰政权所辖的西宁等地“幅员疆境五千余里，计二十万户”。若以每户五口计，即有人口百万。

总之，唃厮啰和唃厮啰政权延续了上百年，与当时的西宁即青唐域的历史与文化有着割裂不断的联系，比之十六国时建国只有 18 年的秃发南凉来，其分量轻重该有个准星吧。当我们吟诵“独吹边曲向残阳”（唐·张乔《河湟旧卒》）时，不能不感叹对青唐遗迹保留得太少了，就是城南快速路边那一段

---

① 《九朝编年备要》卷第二十七，癸未，崇宁二年，六月条。引自陈乃文、陈燮章辑：《藏族编年史料集》（二）下册，民族出版社 1990 年版，第 734 页。

② 《续资治通鉴长编拾补》卷二十三，崇宁三年，四月庚午条。引自陈乃文、陈燮章辑：《藏族编年史料集》（二）下册，民族出版社 1990 年版，第 687 页。

③ 参见祝启源：《唃厮啰——宋代藏族政权》，青海人民出版社 1988 年版，第 241 页。

不长的青唐南墙，也在风雨夕照中低首饮泣，令人凄楚。

第二节　宋金夏相继统治西宁

唃厮啰政权结束以后，进入宋朝所设西宁州时期，约有 27 年。尔后金国统治了 5 年，接下来西夏统治了 90 年。

一、宋军攻取青唐城改置鄯州西宁州

（一）熙河之役和宋军入湟

宋军攻占青唐城，设置州都，是"熙宁开边"的战略组成部分。

"熙宁"为宋神宗在位时年号，共十年，以后改为"元丰"，有八年。宋神宗继其父英宗位，熙宁二年（1069 年）任用王安石为相，实行变法。又用王韶取熙河，一则断西夏右臂，防御西夏；二则收复唐朝所失河陇州郡。王韶（1030—1081）江州德安人，举进士，复试制科未中，游陕西访求西北边情。熙宁元年（1068 年）赴京城上平戎三策，认为"欲取西夏，当先复河湟；欲取河湟，当先以恩信招抚沿边诸族"。得到王安石支持，于是着手进行开边西进，即"熙宁开边"。从熙宁四年（1071 年）秋命王韶主洮河安抚司事，熙河之役开始。以主持人不同为标准，熙河之役前后三十余年，可分三个阶段。

第一阶段　熙宁四年至熙宁十年（1071—1077 年）王韶主持，任秦凤路沿边安抚，主洮河安抚司事，拓地熙河。

熙宁五年置熙河路，以临洮为熙州，置镇洮军，王韶任经略安抚使，兼知熙州。六年春，复河州。八年王韶为枢密副使，仍驻节熙河路。十年，王韶罢，改任知洪州。综合观之，王韶是有知识富胆略的开边人物。

第二阶段　元符二年（1099 年）由王瞻、王厚主持，进军鄯、湟。

公元 1086 年，神宗去世，年幼的哲宗继位，年号元祐，神宗之母宣仁太后垂帘听政，罢除熙宁新政，西北沿边采取守御措施。1093 年宣仁太后去世，哲宗亲政，改年号为"绍圣"，继续熙宁开边。洮西安抚使王瞻"献议复故地奏"，得到朝廷允准。任用总管王愍为统军，王瞻为副统军，于元符二年（1099年）七月率兵自河州经讲朱城（今循化境），过黄河，取鄯、湟。命胡宗回任熙河经略使作后援（高永年（《西宁府新志》卷二十八，称他西宁人）率番军为前锋。兵行无阻，邈川降。不久，王瞻进军青唐，瞎征降。

元符二年（1099年）闰九月，改青唐城为鄯州，兼置陇右节度。于邈川置湟州。原洮西安抚使王瞻为鄯州知州，兼陇右节度；王厚（字处直，王韶之子）为湟州知州。从唐代天宝末年"安史之乱"唐军东撤，河湟归入吐蕃占据340多年后，中央王朝又将这里建置为边陲州郡，边地郡邑历尽沧桑。同年，改宗哥城为龙支城，改廓州为宁塞军，并隶于陇右节度，上隶于熙河兰会路（首府在临洮）。鄯州与先前的青唐城一样，是河湟地区的政治中心。宋朝行政建置，全国划分若干路，路下设州府，州府下辖县。

在王瞻进军青唐城之役中，原任右班殿直的武举人李学远，在镇洮军任职，"奉檄军前"，随军前来，记其经历见闻，书名《青唐录》，留存至今，是我们追叙青唐城历史的重要资料。

宋军没有巩固的后方基地，缺乏畅通的供亿线路，进军黄河以北招致西夏对抗，又遭到当地部落的反抗，难以坚守，朝议弃地撤兵。于公元1100年"三月，诏弃鄯、湟州"。宋军撤退到熙州。朝论以陇拶（木征子）知鄯州，改名赵怀德；其弟邦辟勿丁瓦，曰赵怀义，同知湟州，仍用唃厮啰子孙统治其地。宋军撤退后，王瞻被贬昌化军（行至今河南邓县自缢死）；王厚被贬为贺州别驾，郴州安置；胡宗回落职，改知蕲州，又改秦州。以治军有方的姚雄知熙州。

第三阶段　崇宁三年王厚再复鄯湟，设置西宁州。

崇宁元年（1102年）宋廷中央当政者变更，追议前弃鄯、湟失策。认为王瞻"不顿一甲，不费一镞，坐致青唐邈之众，籍其土地甲兵而有之"，[①] 有功无过，力主再复鄯湟。此时哲宗已去世，徽宗继位，年号"建中靖国"，只一年，改元"崇宁"。崇宁元年（1102年）冬，起用王厚知河州，兼洮西安抚使，旋又令"管勾熙河兰会路经略司职事"。负责"招纳鄯湟诸羌"。崇宁二年春"诏王厚专招纳青唐"，又用高永年为岷州将。崇宁二年（1103年）四月，派宦官

---

① （清）徐松辑：《宋会要辑稿》，中华书局1957年版，第一百九十九册，蕃夷六。

童贯（开封人）为洮西监军。六月，王厚、高永年自熙州出兵，经今民和过黄河北上。不久，攻取湟州。朝廷命王厚"措置边事，童贯副之"。

崇宁三年（1104年）三月，王厚、童贯军次湟州，与都统制高永年分三道进兵。四月，取宗哥城，鄯州降。王厚前后收复鄯、湟、廓三州及河南土地，招到首领二千七百余人，户口七十余万。[①]王厚任武胜军节度，观察留后，熙河路安抚使，兼熙州知州。童贯也升了官职。

崇宁三年（1104年）五月，改鄯州为西宁州。西宁一名，沿用至今。取名西宁，宋朝政府赋予良好祝愿，希望西边安宁，永无战乱，上承西平，其义相同。也有人认为，西宁西北有西纳川流不息，藏语读音把西宁读似西纳，以西宁命名，也有符合藏族读音的意义。总之，此仍嘉名，已使用900余年了。

（二）宋朝经营下的西宁州

崇宁三年（1104年）五月甲申，改鄯州为西宁州，仍为陇右节度，置安抚司都护。辖一县，倚郭县，治今南川老幼堡。高永年知西宁州，军州事兼领之。西宁东边的湟州，为同安抚同都护，以王亨知湟州，军州事兼领之。（《续通鉴长编》卷二六七崇宁三年五月条）西宁州依然是河湟地区的中心。次年崇宁四年五月，改熙河兰会路为熙河兰湟路，仍治熙州，即临洮。到了大观年间，又有升格。大观三年（1109年）正月二十九日，改西宁州节度为宾德军节度，升湟州为饗德军节度，改廓州为防御州。[②]尔后在宣和元年（1119年）正月，改湟州为乐州。从以上建置情况可以看出，当时宋朝政府是认真地想把西宁州经营成西方安宁之地的。

按照宋朝政治制度，县下有乡里。西宁州倚郭县下的乡和里，史料阙如。州的衙署中官员，置知州、通判、金州、司理、司户参军兼录事、司法各一员，兵为监押、巡检各二员。地方厢军，西宁置一将，充熙河路第八将。湟州、宁塞城共置一将，充熙河路第九将，正将驻扎湟州，副将驻扎宁塞城。

《宋史·地理志》记载："西宁州，旧青唐城，元符二年（1099年），陇拶降，建为鄯州，仍为陇右节度，三年弃之。崇宁三年（1104年）收复，建陇

---

① 《皇宋十朝纲要》卷十六，陈乃文《藏族编年史料集》（二），下册，民族出版社1990年版，第757—756页。

② 参见《续资治通鉴》卷九〇；《宋会要辑稿》方域之六。

右都护府，改鄯州为西宁州，又置倚郭县。赐郡名曰西平，升中都督府。三年，加宾德军节度。五年，罢倚郭县。"①《文献通考·舆地八》载，鄯州，"宋元符二年（1099年）收复旧邈川城，建为湟州。二年，陇拶降，建为鄯州陇右节度。建中靖国元年（1101年）弃之。崇宁二年（1103年）再复湟、鄯二州。三年置倚廓县，又改鄯州为西宁州，升中都督府，加宾德军节度，五年罢之。……建炎后俱没于金。"②《读史方舆纪要》西宁镇条曰："崇宁三年，复收其地，改为西宁州，仍建陇右节度，亦曰西平郡，又改军号曰宾德。"③《西宁府新志·地理志》载："西宁州故城，在郡城（指清代西宁府城）南。颓垣壁立，遗址犹在。《明一统志》曰：'西宁废州，在卫城西南。'《行都司志》云'自城西至南迤东约八里余，乃西宁州故城'是也。"④今西宁市南绕城高速公路南门体育场南边一段，保留古城墙遗址约400米，被定为唃厮啰政权的青唐城南城墙，宋元西宁州故城址大致同与青唐城。

关于西宁州的辖地，史称："其鄯州管下，自省章西峡口大川经由宗哥，出安儿、青唐两峡至本州，复自州之西直抵林金，北取牦牛、宗谷，南取溪兰宗。"⑤《宋史·地理志》曰："西宁州，……东至保塞寨五十七里，西至宁西城四十里，南至清平寨五十里，北至宣威城五十里。"⑥则西宁州及所属城、堡、寨的辖地约当今西宁市及湟中、湟源、大通、平安、互助、乐都等县部分地区。

西宁州下属的城堡、寨有龙支城、宁西城、清平寨、保塞寨、宣威城、绥边寨、怀和寨、制羌寨。

1. 龙支城

宋初，地属唃厮啰，旧称宗哥城（总噶尔城）。元符二年（1099年）改为龙支城。崇宁三年（1104年）四月九日，再次被宋收复并赐名。宋龙支城约位于今乐都碾伯大小古城。

---

① 《宋史》卷八十七《地理志三》。

② 《文献通考》卷三二二。

③ 《读史方舆纪要》卷六四。

④ 《西宁府新志》（清）卷之七，青海人民出版社1988年版，第223页。

⑤ 《续资治通鉴长编拾补》卷二十四，崇宁三年，五月，甲申条。转引自陈乃文、陈燮章辑《藏族编年史料集》（二）下册，民族出版社1990年版，第688页。

⑥ 《宋史》卷八十七《地理志三》。

《宋史·地理志》载："龙支城，旧宗哥城，元符二年（1099 年）改今名，寻弃之。崇宁三年（1104 年）收复。东至德固砦界一十八里，西至保塞砦药邦硖二十二里，南至廓州界分水岭四十里，北至习令波族分界八十五里。"[1] 关于宋龙支城的方位，古今论者所指不一，《青海省志·建置沿革志》中主要列有三说：

其一，宋龙支城在明碾伯所、清碾伯县南。清康熙《碾伯所志》称："宗哥城，在所治（指明碾伯所，今乐都碾伯镇）南。"清乾隆《甘肃通志》载："宗哥城，在县南。《宋志》：西宁州领龙支城，旧宗哥城。按古龙支有三：汉在府西，即西海郡；隋唐龙支在今府南，近黄河；宋龙支城在今县（按指清碾伯县，今乐都碾伯镇）南，仍旧宗哥城，或混之一，误。"[2]

其二，宋龙支城在今平安县，或今大峡以西。现代学者多认为宋龙支城即今平安县城；《中国历史地图集》"北宋秦凤路"图中则将龙支城标在今大峡之西、小峡之东的湟水南岸，今乐都县高店一带。

其三，宋龙支城在今乐都县大小古城。认为宋"宗哥城即今乐都大小古城"。[3]也有人认为："宗哥城即乐都县城碾伯镇，也即隋唐时之湟水县，而不是平安县之平安镇。"[4]《青海省志·建置沿革志》根据宋李远《青唐录》中宗哥城"北依山，南枕湟水"的记载，认为上述三说中，"前二说对宋龙支城的方位虽然所指不一，但一个共同点均定于湟水之南，这与宋代史料有所不符"，又据《宋史·地理志》所载：龙支城"西至保塞寨药邦峡二十二里，南至廓州县分水岭四十里"。认为"从乐都大小古城至乐都大峡，距离恰好约 22 里，药邦峡为宋保塞寨（旧安儿城）的东界，为今之大峡，则与其西至里距相符。今乐都县城至今湟水流域与黄河流域之分水岭拉脊山北麓约 40 余里，则与南至里距基本相符。为此，今将宋龙支城定在今乐都县城西大小古城为宜"。[5]

---

①　《宋史》卷八十七《地理志三》。

②　乾隆《甘肃通志》卷二十三。嘉庆重修《大清一统志》同上。

③　李智信：《关于宋代邈川、宗哥、保塞等城堡地望的探讨》，载《青海社会科学》，1989 年第 5 期。

④　吴均：《论邈川、宗哥、安儿三城及省章、安儿、青唐三峡的位置》，载《青海地名》，1996 年第 2 期。

⑤　《青海省志·建置沿革志》，青海人民出版社 2001 年版，第 250—254 页。

2.宁西城

宋初,地属唃厮啰,旧称林金城。崇宁三年(1104年)四月十三日,宋军"复林金城、溪兰宗堡",并赐名。[①]《宋史·地理志》载:"宁西城,旧名林金城,改今名。东至汤斯甘二十里,西至斯哥罗川一百里,南至京鹏岭二十里,北至金谷岭四十里。"又称:"西宁州,旧青唐城……西至宁西城四十里。"[②]《青唐录》载:"自青唐西行四十里至林金城,城去青海,善马三日可到。"[③]则宁西城即今西宁市湟中县通海镇。

《宋史·吐蕃传》载:"鄯州西有临谷城,通青海,高昌诸国商人皆趋鄯州贸易,以故富强。"[④]这段记载中的"临谷城",据其方位就是林金城。又《宋会要辑稿·拂菻国》载:元丰四年十月六日,"拂菻国贡方物。……又至董毡所居,次至林檎城,又东至青唐"。[⑤]此言林檎城即林金城的不同音译。上引《宋史·吐蕃传》中"临谷城"之"谷"当是"金"之形误,"同为宋代,鄯州西并无临谷城,也不可能一地存在两名"。[⑥]

3.清平寨

宋初,地属唃厮啰,旧称溪兰宗堡。宋于崇宁三年(1104年)四月十三日,收复并赐名。

《宋史·地理志》载:"清平砦,旧名溪兰宗堡,后改赐砦名。东至廓州绥平堡界三十五里,西至赤岭铁堠子一百二十里,南至怀和砦界二十五里,北至西宁州界二十五里。"又称"西宁州,旧青唐城……南至清平砦五十里"。[⑦]清乾隆《西宁府新志》曰:"清平寨,在保敦谷西三十里,在故倚郭县(指宋西宁州倚郭县)南五十里。"保敦谷,宋人译作本敦谷。"倚郭县故城,在县(清西宁府辖西宁县,即今西宁市)治南四十里。宋崇宁三年置。即今之南川伏

---

① 《续资治通鉴长编拾补》卷二十三,崇宁三年,四月,庚申条。转引自陈乃文、陈燮章辑《藏族编年史料集》(二)下册,民族出版社1990年版,第658页。

② 《宋史》卷八十七《地理志三》。

③ 李远《青唐求》,见《青海地方旧志五种》,青海人民版社1989年版。

④ 《宋史》卷四百九十二《外国八,吐蕃》。

⑤ (清)徐松辑《宋会要辑稿》,中华书局1957年版,第198册,蕃夷四之一九。

⑥ 《青海省志·建置沿革志》,青海人民出版社2001年版,第255页。

⑦ 《宋史》卷八十七《地理志三》。

羌城地也。"① 清平寨在西宁州南 50 里处，即在今湟中县上新庄镇。考古工作者在今上新庄镇新城村和加牙村之间发现一处古城遗址，名为"上新庄城址"，与史载清平寨方位相吻合。"现存长 10 米一段城墙，平面呈正方形，边长 300 米左右，墙夯土筑，夯层厚 0.1～0.15 米。北向门。据清乾隆《西宁府新志》（卷七）载疑为唃厮啰溪兰宗堡，宋清平寨。"② 在《中国历史地图集·北宋秦凤路》中将清平寨也标在今湟中县南部上新庄镇一带。

4. 保塞寨

宋初，地属唃厮啰，旧称安儿城。宋于崇宁三年（1104 年）四月十一日收复，并赐名。其方位约在今平安县平安镇稍西处。

《宋史·地理志》载："保塞砦，旧名安儿城。……崇宁三年（1104 年）收复赐名。东至龙支城界二十二里，西至西宁州界三十里，南至廓州界二十里，北至青归族一十五里。"又称"西宁州，旧青唐城……东至保塞砦五十七里"。③ 清乾隆《西宁府新志》载："保塞寨，在县（指清西宁县）治南保敦谷。"《青海省志·建置沿革志》称：宋、元西宁州故城为今西宁市南滩旧城，"东至保塞砦五十七里"，则保塞寨即在今平安县平安镇一带。又说"保塞砦，旧名安儿城，疑为汉安夷城的转音。今疑宋保塞砦沿用了汉安夷城址"。④

5. 宣威城

宋初，地属唃厮啰，旧名牦牛城。于崇宁三年（1104 年）改为宣威城。其地约在今大通回族土族自治县新城乡下庙村。

《宋史·地理志》载："宣威城，旧名牦牛城，崇宁三年改今名。东至绥边砦四十里，西至宁西城界三十五里，南至西宁州界二十五里，北至南宗岭九十里。"⑤《读史方舆纪要》说："宣威城，（西宁）镇北五十里"。⑥ 明西宁镇即今西宁市，自西宁往北 50 里，即今大通县长宁堡。《中国历史地图集》"北

① （清）《西宁府新志》卷七，青海人民出版社 1988 年版，第 224、230 页。
② 国家文物局主编：《中国文物地图集·青海分册》，中地图出版社 1996 年版，第 41 页。
③ 《宋史》卷八十七《地理志三》。
④ 《青海省志·建置沿革志》，青海人民出版社 2001 年版，第 255 页。
⑤ 《宋史》卷八十七《地理志三》。
⑥ 《读史方舆纪要》卷六十四。

来·秦凤路"图中将宣威城标在今西宁市北长宁、新城一带的北川河东岸。[①]
但考古和文物普查中，在长宁堡一带至今未发现宋代古城，而今北川河西岸
的大通县新城乡下庙村小石山南部，发现一处宋代古城遗址，考古部门将此
古城址疑为宋宣威城遗址。"现存夯筑残墙长约 10 米，残高约 7 米，基宽约 5 米，
夯层厚约 0.12 米。据《读史方舆纪要》、清宣统《甘肃新通志》（卷十三）考证，
疑为唃厮啰所置牦牛城，北宋崇宁三年（1104 年）改为宣威城。"[②]《青海省志·建
置沿革志》则称："今据考古发现，疑大通县新城乡下庙村小石山南部的宋代
古城址，就是宋宣威城遗址"。[③]

6. 绥边寨

又称绥边城，宋初地属唃厮啰，旧称宗谷城。其地约在今互助土族自治
县威远镇一带。

《宋史·地理志》载："绥边砦，旧名宗谷，崇宁三年建筑，后改今名。
东至龙支城界六十里，西至宣威城界三十里，南至西宁州界三十二里，北至
乳骆河界南一里。"又称："宣威城，……东至绥边砦四十里。"[④]《读史方舆纪要》
曰："绥边城，在（西宁）镇东北三十里，宋置。番名宗谷城。崇宁三年建筑，
赐名绥边，亦曰绥边寨。其北有乳骆河。"[⑤]《中国历史地图集》"北宋·秦凤路"
图中将绥边寨标在今互助县城南、西宁市东北，约在今沙塘川、蔡家堡一带。[⑥]
李智信在《青海古城考辨》中则称"以绥边寨所处的方位看，正在今互助县
境内威远镇一带"。并明确提出位于互助县威远镇古城村内的威远古城为宋代
绥边寨。[⑦]《青海省志·建置沿革志》也将宋绥边寨的方位确定在今互助土族
自治县威远镇一带。[⑧]

---

① 《中国历史地图集》第六册，中华地图学社 1975 年版，第 20—21 页。
② 国家文物局主编：《中国文物地图集·青海分册》，中国地图出版社 1996 年版，第 9 页。
③ 《青海省志·建置沿革志》，青海人民出版社 2001 年版，第 259 页。
④ 《宋史》卷八十七《地理志三》。
⑤ 《读史方舆纪要》卷六十四。
⑥ 《中国历史地图集》第六册，中华地图学社 1975 年版，第 20—21 页。
⑦ 李智信：《青海古城考辨》，西北大学出版社 1995 年版，第 79—80 页。
⑧ 《青海省志·建置沿革志》，青海人民出版社 2001 年版，第 260 页。

7. 怀和寨

宋初地属吐蕃唃厮啰，旧称丁令谷。于崇宁三年（1104年）收复置寨，并赐名。先属西宁州，后改隶积石军。

《宋史·地理志》载："怀和砦，旧名丁令谷，崇宁三年置寨赐名，又隶积石军。东至廓州界八十五里，西至青海一百三十余里，南至顺通堡界一十三里，北至清平砦界二十五里"。①《中国历史地图集》"北宋·秦凤路"图中将怀和寨标在今湟中、贵德分界的拉脊山口南侧的农春河上游东面。②《青海省志·建置沿革志》据《中国文物地图集·青海分册》，将宋怀和寨确定在位于今贵德尕让乡查曲昂村尕让粮店西的宋代古城址尕让古城。③但是，《中国文物地图集·青海分册》"贵德县文物图"中，在农春河上游也标有一座夸乃海城址。农春河俗称龙川河，顺河谷南下，可直达黄河边今贵德县贺尔加村，这里是古代贵德黄河浮桥所在地，过浮桥即是积石军所在地溪哥城；向北则是通往西宁州的拉脊山口。由此来看，《中国历史地图集》所标或许不误。

8. 制羌寨

《宋史·地理志》载："制羌砦，政和八年（1118年）赐名。地名庇毡岭，属西宁州。"④《皇宋十朝纲要》称：徽宗重和元年（1118年）"七月，癸未，熙河路筑庇乩岭新寨，赐名制羌。"制羌寨方位所在今不确知，但上引《皇宋十朝纲要》又载：在制羌寨筑成不久，即重和元年"八月，甲寅，童贯以筑靖夏、制戎、制羌三城功，进太保，改封泾国公"。三城中，靖夏在泾原路，制戎在鄜延路，皆为备御西夏而筑。⑤由此推测，制羌寨应在西宁州北部与西夏邻近的方位。

西宁州的建置情况已如上述。下边叙述西宁州官员行事和措置情况。

安定社会秩序，高永年公忠殉职。西夏与宋朝是敌对双方；西宁蕃众尤其少数贵族如溪赊罗撒和多罗巴等，不接受郡县统治，是可以想见的。他们

---

① 《宋史》卷八十七《地理志三》。

② 《中国历史地图集》第六册，中华地图学社1975年版，第20—21页。

③ 《青海省志·建置沿革志》，青海人民出版社2001年版，第272页。

④ 《宋史》卷八十七《地理志三》。

⑤ 《皇宋十朝纲要》卷第十六，转自陈乃文、陈燮章辑：《藏族编年史料集》（二）下册，民族出版社1990年版，第756页。

联合进攻北川宣威城，时在 1104 年十月。高永年率所部前去抗击。高所部多为蕃部熟户，暗中已与敌方串通，高轻敌不察，"行三十里"，兵变，被执，牺牲。① 接任的知州为刘仲武，任至 1108 年。刘仲武，字子文，秦州成纪人。熙宁中为泾源将，迁熙河都监，"复湟州，进知州事"。继高永年为西宁知州，兼都护使。② 后徙渭州，由成纪人赵隆继任。赵隆字渐，以勇敢应募，从王韶有功。崇宁中，任熙河钤辖，"率前军出邈川，光复鄯湟"。任西宁知州，"羌豪信服，十二种户三万六千愿比内地"。③ 卒于任。是位开拓边地有功之人。

发展水利，垦田殖谷湟中沃壤，垦田殖谷改善民生，自古列为善政。在赵隆主持下，引湟水灌溉西宁附近川地，增加水浇地数百顷。又从河州招募人丁来西宁佃种官田，"家选一丁，官给口粮"，此乃古移民屯田之遗意。西宁一带粮多了，家给人足了。于是"羌豪信报"，边地安定下来。④

在赵隆带动下，"提举熙河兰湟路弓箭手，"祥符人何灌将军驻湟州，"引邈川水溉湟闲田千顷，湟人号广利渠""得善田二万六千顷，募士七千四百人，为他路最"。⑤

河湟一带，湟川三百里，本为沃壤，《宋史·兵志四》引赵挺之云："鄯湟乃西蕃之二小国，湟州谓之邈川，鄯州谓之青唐，与河南本为三国，其地滨河，本沃壤，昔三国分裂时，民之供输，于其国厚，而又每族各有酋长以统领之，皆衣食赡足，取之所属之民。"在于地方官如何措置耳。开边治地，戒杀戒贪，崇宁后对于西宁州宋廷苦于供应无状，其办法如下：

（1）用行之于熙河一带的以田土募弓箭手，"人给地一顷，蕃官二顷，大蕃官三顷"。蕃兵"官给以田而不出租"，使之垦田守边。

（2）郑僅建言"官庄之议"。计议结果，"凡五庄之入，乃能支一庄之费。"官庄之议，没实行。

（3）和籴入粟。当时西宁粮价腾贵，每石七十贯，湟州每石五十余贯。

---

① 《西宁府新志》卷廿八《献征·忠节》。
② 《西宁府新志》卷廿五《官师·名宦》。
③ 《西宁府新志》卷廿五，官师·名宦。
④ 《宋史》卷三五〇《赵隆传》。
⑤ 《西宁府新志》卷廿五《官师·名宦》。

官吏从中舞弊，贪得私利，"上下相蒙，而为朝廷之害"。又实行以茶博籴，"每茶三斤，易粟一斛"。以解决军粮。①

到大观三年（1109年），针对西宁州供应问题建议，"自复西宁州，馈给每多，而储积未广，买价数增，市物随踊，地利不辟，兵籍不敷"，令帅臣监司讲求本末条奏。政和五年（1115年）二月诏书中提到："西宁、湟、廓、积石、洮州等处新边，各有包占良田，并……至今累年，旷土尚多，应募人数未广。"政和七年（1117年）三月诏书中又称："熙河鄯廓自开拓以来，疆土虽广，而地利悉归于羌，官兵利禄仰给县官，不可为后计。"边地州郡财政供亿不给，指出可用"钱粮杂缀或羌所嗜之物，与之贸易田土。田土既多，即招置弓箭手，入耕出战，以固边圉"。可见，以官有田土招募弓箭手，以耕以守，是当时经营西宁州一带的重要政策。但是从种种迹象看，成效很不理想，所以才有"无毫发利，而岁费不赀"之评。②总之，粮食供应和政费开支等问题，一直困扰着宋朝政府。此外，依《续通鉴》卷八九，崇宁四年（1105年）三月壬寅，"置青海马监"，牧养官马。具体资料不详，待考。

宋朝统治西宁等地时间不长，只有20余年，历史正反面经验却有不少。历史往往会给人们开玩笑，北宋王朝正在有序努力地经营边地之时，公元1127年即靖康二年，金军攻陷了宋朝京城汴梁开封府，北宋灭亡，宋室南迁，以后史称南宋。当然，西宁州的历史也随之发生了剧烈变化。

原陕西经制使钱盖于靖康元年即曾建议，"河外鄯湟之地，于朝廷无毫发利，而岁费不赀"。主张"不若求青唐之后而立之，抚有其旧部以为藩臣"。③即恢复先前羁縻办法。对此重大问题，秦凤路熙河路的监司臣无人敢置可否。汴京失陷了，1127年夏六月二十七日，宋廷命钱盖依前议，访求"唃厮啰后裔国人信服者"益麻党征，即赵怀恩，先时曾居汴京，封安化郡王（陇右郡王），令他"措置鄯湟事"，④将朝廷所派文武官员和兵马调赴中原。

排比史料情势如下：1127年金人攻占开封；1128年攻破长安，熙河路兵

---

①　《宋史》卷一九一《兵志四》。

②　《宋史》卷一九〇《兵志四》。

③　《宋会要辑稿·蕃夷六》。

④　《宋会要辑稿·蕃夷六》。

马都监泾州人刘惟辅守巩昌，败金军；1130 年冬刘惟辅战死，金兵占熙州。1131 年（绍兴元年，天会九年），金国将军宗弼（兀术）率军攻占乐州、廓州、西宁州。都护许居简以州降金。从此，西宁州为金军占领。

二、金军占领下的西宁州

公元 1131 年至 1136 年金军占领西宁州 5 年。这 5 年属于军事占领，行政建置未遑改变，仍称西宁州。这数年间，在蕃部豪酋反抗和夏人南逼形势下，金国将领得不到安抚，有以下事件发生。

（一）益麻党征率部南迁入蜀居住阆中

益麻党征即赵怀恩，曾被宋廷封为安化郡王又陇右郡王，他的政治态度是亲宋的，金国和西夏对此是清楚的。金军占领河湟，西夏军已越过乳酪河即大通河，攻破绥边关（今互助威远镇），唃厮啰人与西夏久系敌国，赵怀恩力不能支，于 1131 年（绍兴元年）南迁。先至岷州山中，金国宗弼以兵追之，跃马过涧，追兵不及，南入蜀，居阆中。宋安抚使张浚表奏于朝，任命为熙州观察使、都总领河南兵将。后奉旨居于成都。[①]

（二）赵继忠南迁入蜀

赵继忠即木征之弟董谷，于 1137 年（绍兴七年）投奔川陕宣抚使吴玠。《宋史·高宗本纪》载：绍兴七年正月，"西蕃三十八族首领赵继忠来归"。尔后，宋与西蕃青唐等部的联系绵延不断。

三、西夏统治下的西宁州

从 1136 年至 1227 年（西夏灭亡）西宁州为西夏统治，约 90 年。西夏已于公元 1032 年后逐步攻占河西走廊甘州等地，接壤河湟。北宋时西夏多次想并占河湟，终不得如意。北宋灭亡，西夏统治者认为黄河以北的西宁州等地乃其囊中之物。1136 年（金天会十四年）七月，西夏出兵绥边关及西宁州、乐州等地，一度过河攻占积石州，改名析安城。次年七月，西夏遣使携重金通使金国，要求将廓州、积石州等地割让给西夏。金国当时全力对付南宋，

---

① 　《宋会要辑稿》卷一百九十九册详载其事。又唐嘉弘：《一个宋代墓志铭的研究》，《青海社会科学》，1983 年 2 期，对陇右郡王身世经历也有详载。

不想与半盟友式的西夏在河湟等地争执，同意基本上以黄河为界将黄河以北之西宁州及乐州、廓州交由西夏统治。

西夏占据西宁州后，仍沿用宋制，设西宁州。查《宋史·夏国传》："夏之境土，方二万余里，其设官之制，多与宋同……河之内外，州郡凡二十有二。……熙、秦河外之州四：曰西宁、曰乐、曰廓、曰积石。"[1] 积石州位黄河南岸，长期在金国统治之下（金改熙州为临洮府，设临洮府路）。金和西夏统治下的西宁州，仍设治于青唐城。州下的城、堡、寨，与宋时基本相同。州管理民政，西宁州等地的军事归设在永登的卓罗和南监军司（西夏十二监军司之一）管理。

西夏统治西宁州90年，时间不短，按常理说应该在行政措施、发展生产、寺庙建筑、文化活动等方面有所活动，给以记载。但是非常遗憾，没有资料，巧妇难为无米之炊！请读者谅解。

当时西宁州城内城外居民之民族成分是什么状况呢？居民中最多的是吐蕃族，《宋史》也写作"西蕃"。唃厮啰时期本来是藏族部落联盟式的政权，青唐城内外藏族各部落当然是居民主体。西夏政权的统治阶级是党项羌人，吐谷浑后裔的"浑"人也是西夏主体民族，"羌浑杂居"，土羌分治，羌人用羌文蕃学（西夏文），土族习从汉文儒礼，称为国学。西宁州的文武官员及官府中公职人员等，少不了党项羌人或吐谷浑人。其三，唃厮啰时期青唐城东关居住着"夏国降羌，于阗、回纥往来贾贩之人数百家"。[2] 总之是四方商贸之人。西夏统治时这种状况也在延续下去。其四，汉族，北宋末年统治西宁州近30年，其文官武将及士兵以及贩运边茶和粮食的商人，有若干寓居于此，子孙不迁，是必然的。因之这里有相当户数汉族是顺理成章的。对此，可看下边一例反证：

1227年春蒙古军攻占西宁州后，并未设官治民，而是"迁民于云京（今大同）"，被迁的主要是汉族工匠、农民，也有知识人士。《元史》一三四《刘容传》记载：刘容字仲宽，其父刘海川，其高祖刘阿华曾任"西夏主尚食"，西夏宫廷官员。"西宁州镇海人"（镇海乃前临谷城、临蕃城、林金城），镇海先前是商业通道，藏族乔家族居地，也是北宋末驻兵重地，有汉族民户是可

---

① 《宋史》卷二八六《夏国下》。

② 见：李远《青唐录》。

以理解的。蒙古徙民令下，"海川在徙中"，于是刘容一家北迁云京。刘容在忽必烈时受到重用，在大都内外做官，《元史》立传，留下这项珍贵史料。[①]这不证明西夏时西宁州和镇海有许多汉族居民吗？反观明朝初年明军入河湟时，见于史籍的人物有土人官员、藏族豪酋、蒙古贵族等，而恰恰没有汉族人士，不启人思索吗？

第三节　蒙元时期的西宁州

一、蒙古灭西夏取西宁

公元1206年成吉思汗建立蒙古汗国，经窝阔台汗、贵由汗、蒙哥汗，到1260年忽必烈在开平登上大汗位，后建大元，蒙古汗国有74年。忽必烈即位后建元中统（1260—1264年），1264年改元"至元"，迁都燕京，改名大都。1279年11月，取《易经》"大哉乾元"之义，改国号为"大元"。从1279年至1368年史称元朝，共89年。前后两个阶段相加有162年。西宁州于1227年春被蒙古军攻取，直至明朝兴起于洪武四年（1371年）明军占领西宁，蒙古贵族统治西宁前后共144年。

成吉思汗在位时，东伐西征，从无宁息。1219年他亲率大军西征，兵锋所指，横扫西域中亚各地。1225年回师东返，1226年集中兵力攻打西夏。蒙古军队接连攻取了西夏的黑水城（亦集乃城）、甘州、肃州、凉州、灵州，然后长驱东进，包围了西夏国都中兴府。至此，中兴府已成一座孤城，西夏灭亡只是时间问题。第二年（1227年）春，成吉思汗只留部分蒙古军继续围攻中兴府，他"率师渡河攻积石州"，向金朝控制的陇右地区进军。"二月，破临洮府。三月，破洮、河、西宁二〔应为'三'〕州"。[②]当时西夏国的西宁州，非重兵守御重地，不战而破。六月，西夏国主李睍向蒙古乞降，并请求宽限一月献城。七

---

① 　《西宁府新志》卷七《献征·人物》，有《刘容小传》。

② 　见《元史·太祖本纪》。

月，成吉思汗在清水行宫驾崩，其部将遵从遗命，在李晛来降时杀死，西夏亡，并屠城掘坟。蒙古军六征西夏，用了廿二年，终于灭之。《蒙兀儿史记》对蒙古军占领西宁州的记载与《元史》所载有异，云："二十有二年丁亥春正月，汗留别将攻中兴，自率师渡河攻金积石州。二月破临洮，三月破洮、河二州及西宁县。"西宁县乃会宁县，非西宁州。据此，则蒙古军并没有在今西宁州进行攻城战斗。总之，西夏国亡了，西宁州归蒙古汗国统治了。

从各种史籍记载和当时蒙古国的军事政治形势看，1227年蒙古军破西宁州等地之后，并没有派官置守，也没有派兵驻守。当时"蒙古军唯事进取，所降之户，因以予将士。"蒙古派宗王镇守边徼襟要之地，是从忽必烈时才确立的制度。[1] 况且当年成吉思汗去世，各路大军北返，会葬起辇谷，河陇等地蒙古军全部撤而北上。

蒙古攻取西宁后，曾"徙西宁民于云京"。当时西宁州镇海人刘海川和刘容父子就是在这次徙民中被迁往云京的，见于《元史》一三四《刘容传》，云京就是今天的山西省大同市，原是金的西京。[2]"徙西宁民于云京"，是元初西宁地区的重要历史事件，但其原因及移民的规模由于史料所限，尚不明了。总之，蒙古汗国时期对西宁州的统治非常粗放，没有派官治民。

元朝建立后，湟水流域归西宁州管辖，乐州省并了，隶属于甘肃行省。对原西夏境土的设治有过几次变更。中统二年（1261年），设甘肃等处行中书省，省会在中兴府，今银川市。至元三年（1266年）夏，罢行省，改设宣慰使司。到至元十八年（1281年），又设甘肃行省。四年后又罢行省，复设宣慰司。至元二十三年（1286年）再设甘肃行省，省会设在甘州。直至元末，未再变更。甘肃行省辖七路二州，西宁州为其辖州。因居民颇少，乐州廓州撤销，都并入西宁州。而西宁州所辖民户，不足6000户。这个民户数不包括以部落形式存在的藏族和土人人口。至元二十四年（1287年）元朝封章吉驸马为宁濮郡王，镇守西宁。

① 芈一之主编：《青海蒙古族历史简编》，青海人民出版社1993年版，第11页。
② 芈一之主编：《青海蒙古族历史简编》，青海人民出版社1993年版，第12页。

二、西宁州设治情况

元朝疆域辽阔，远过汉唐。其"疆域制度，颇与前代不同""虽仍保存路、州等之故称，然于路州之上别置中书省、行中书省以辖之，是其所异于前代者也。……元太宗三年（1231年）始立中书省，以耶律楚材为中书令；宪宗初（1251年），乃立燕京等处行尚书省；中统初，改置行中书省。有中书省及十一行中书省""既建中书行省之制，而曩之路、府、州、县皆隶属之"。[①] 简言之，元朝建立行书省制度，以后明清民国沿袭未改。

行省与唐之道、宋之路不同，已非监察区，而负行政之全责，成为一级行政区划，其下辖路府州县。至元初年，将州分为三等：1.5万户以上者为上州，6000户以上者为中州，6000户以下者则为下州。西宁州为下州。上州置达鲁花赤及州尹各一员，中、下州则改州尹为知州。州下置县。西宁州之下没有设县。元代西宁州就其历史渊源，上承宋夏，州名依旧；就其地理区划说，宋西宁州归设在临洮的熙河路管辖，以南辖北；夏西宁州，归国都在中兴的夏国管辖，以北辖南。元西宁州，归省会设在甘州的甘肃行省管辖，以北辖南。甘肃行省下管辖七个路和两个直隶州，即甘州路、永昌路、肃州路、沙州路、亦集乃路、宁夏府路、下兀剌海路和西宁州、山丹州。西宁州与路同等级，但下不设县，仍名西宁州，也算因地制宜。西宁州治所在原先的青唐城今天的西宁市中心区。其设置官职有达鲁花赤（蒙古语长官之意，掌印之官，蒙古人任之）知州，乃州之行政长官。至元二十三年（1286年）立西宁州等处拘榷课程所，职司征赋税。西宁州官员姓名，史载阙如。仅知元末西宁州同知李南哥，西宁土人，明洪武四年以州归附，如此而已。

既设西宁州，派官治民，当然有税赋征收。史称元朝"取民未有定制"，剥克聚敛，官吏贪污，远过前代。检刮史籍，有以下记载。至元初年（1264年及其后）在原西夏之地清查户口，应包含西宁。至元七年（1270年）九月丙寅"括河西户，定田赋"。[②] 次年，"又定西夏中兴路、西宁州、兀剌海三处之税，其数与前僧道同"。[③] 也即，西宁州的民户、商贾户只纳地科，免纳丁税。

---

① 顾颉刚、史念海：《中国疆域沿革史》，商务印书馆1999年版，第180-181页。

② 《元史》卷七《世祖本纪四》。

③ 《元史》卷九三《食货一》。

元代"丁税少而地税多者纳地税,地税少而丁税多者纳丁税。"[1] 西宁州地宽民少,交纳地税对元廷有利。"地税每亩粟三升。"[2] 此外有附加税,"每石带纳鼠耗三升,分例四升"。[3] 即附加7%。有盐、茶、酒、醋税,商税三十取一。杂税项目繁多,有32种。池塘、柴、山场、姜、羊皮、乳牛等都要收税。总之,民户、商户负担不会轻松。

三、镇守西宁的诸王驸马

在成吉思汗及其"黄金家族"看来,所有被征服的土地和人民都是共同家产。曾约定:"取天下了,各分地土共享富贵。"(《元典章》卷九),按游牧贵族传统,在亲族中进行分配。汗国时得地不守,所掠财产驱口,分配给宗亲贵族(包括四根基柱和四杰等),各有份子,其余功臣,可得恩物。当时谈不上郡县设置和行政制度。战争是为了抢掠和屠杀。忽必烈统治时旧法新法(指治汉地用汉法)并用,除建立中央和地方各级政府机构外,各地有贵族的"份地"和诸王镇守"边檄襟喉之地"。窝阔台汗(太祖第三子,史称元太宗)七年(1235年)陇西洮迭等地归顺蒙古,窝阔台第三子阔端驻扎凉州,镇守原西夏境土,包括西宁州在内,并筹备招致吐蕃事宜。阔端在永昌建筑王宫,因之历史称他为永昌王。阔端坐镇凉州,还不属于镇守制度。

公元1251年蒙哥(成吉思汗四子拖雷之子)被推举登上大汗位,史称元宪宗(1251—1259年),同年,阔端卒于凉州。蒙哥汗将管理漠南汉地及西夏等地军政事宜交与其弟忽必烈。从此,管理西宁及其周围地方,由阔端王系转到忽必烈王系手中,关系最为密切的为章吉驸马家族。

依《元史·地理志》西宁州条载:"元初为章吉驸马分地。""至元二十四年封章吉为宁濮郡王,以镇其地。"[4] 意思是说,元初西宁州是章吉的分地,即份地,其后章吉被封为郡王,就由这位郡王镇守西宁。对此需作些解释。

份地即领受衣食租税的食邑。贵族本人并不直接统治该地,而由达鲁花

---

[1] 《元史》卷九三《食货一》。

[2] 《元史》卷九三《食货一》。

[3] 《元史》卷九三《食货一》。

[4] 《元史》卷六〇《地理志三》。

赤等代为征收。西宁州何时成为章吉的份地呢。是"元初"，即公元 1271 年
忽必烈改国号为"大元"的初年，即至元八年。此时章吉年纪尚轻，依蒙古
早婚习俗，他是一位十几岁的驸马，享受份地。过了十二年，至元二十四年（1287
年）章吉已属成年，封为郡王，受命镇守西宁州。章吉，史书中又作"昌吉""长
吉"，属与蒙古皇室世代联姻的弘吉剌氏。弘吉剌部原有五部，其中一部原居
呼伦贝尔湖以东地方，生女多美，世世代代与黄金家族联姻，互通嫁娶。铁
木真少时，其父也速该为他娶弘吉剌部德薛禅之女孛儿帖，即后来的成吉思
汗的正皇后。德薛禅之子按陈（阿勒赤）的儿子赤窟，娶成吉思汗之女秃满
伦为妻，为赤窟驸马。蒙古建国后，按陈及其弟其子分领四个千户，从征累
积战功。1227 年赐号国舅按陈那颜，是个显赫的家族。1232 年按陈受封河西
王。1295 年按陈死后追封济宁王，谥忠武。"济宁"地望在今山东省。查史载
窝阔台大汗时，赤窟分其一部驻在河西原西夏境土，按陈及其次子斡陈的分
地封地在辽河上游和济宁、濮阳等地。因之，按陈被封的王号为"济宁"。而
赤窟及其后裔的王号带"濮"字。再查，1234 年金国灭亡，次年，岁次乙未，
检括户口，分土分民，史称"乙未籍户"。弘吉剌部鲁国公主位，分地在济宁，
民户 3 万；郓国公主位，分地在濮州，民户 3 万。[①] 章吉封为宁濮郡王，并
非偶然。按陈家系，为驸马者有 14 人，为皇后者也有此数。秃满伦公主，追
封为郓国公主，其夫赤窟追封为宁濮郡王。赤窟长子佚名，即怀都驸马之父，
事迹不详。怀都娶翁吉八忽公主。怀都之弟爱不哥，妻为采真公主。章吉是
爱不哥之长子，妻为忙哥台，封郓国大长公主。章吉之弟脱脱木儿妻为桑哥
不剌，也封郓国大长公主。据《蒙兀儿史记》载，章吉英年去世，其妻忙哥
台转嫁于脱脱木耳，封濮阳王，几年后，忙哥台去世，脱脱木耳娶桑哥不剌
公主，进封岐王。封濮阳王在大德十年（1306 年），封岐王在皇庆元年（1312 年）。
总之，元初及元朝前期，西宁州是赤窟后裔章吉的份地，并由章吉及其弟脱
脱木耳先后以诸王身份镇守其地。宁濮郡王的王府在哪里？目前不知道。依《马
可波罗行记》载，王府和镇戍军"在离城四五里远"的地方，即十多华里的地方。
岐王镇守在湟水下游和庄浪河流域。据民和"李土司家谱"，李赏哥曾在岐王

---

① 见韩儒林：《元朝史》（上），人民出版社 1986 年版，第 222 页。

府担任"王府司马",岐王曾将红崖子沟一带封给李家。此外,镇守西宁州的还有远支宗王。西宁王先后有两位,一是忽答里迷失,他是成吉思汗三弟哈赤温的玄孙,天历二年(1329年)封王,并赐螭纽金印,但无镇守之命。二是速来蛮(一作搠鲁蛮),他是成吉思汗四弟铁木哥斡赤斤的玄孙,至顺元年(1330年)封王。他驻守西宁时,对伊斯兰教极为关照,曾为来西宁传教并在西宁去世的伊拉克传教士古卜都兰巴尼修建陵墓,即今西宁南山拱北。[①]

四、西纳喇嘛和宗喀万户

史籍记载西宁地区曾有宗喀万户统辖当地藏族,但宗喀万户与西宁州的具体隶属关系因缺乏资料难以详知,现依藏文史料将宗喀万户略述于下。

"西纳",又作"斯纳""诜纳",是宋元以来青海湖东至湟水上游一带的藏族部落。"西纳"又是藏族历史上一个很古老的族姓。《安多政教史》中说,西纳姓氏源于藏族远古时代四大姓氏之一的董氏。藏族中有这样的说法:"人们的一半属于董氏,董氏的一半属于西纳。"

从前,有一个出身于西纳姓氏的人,名叫西纳·多杰坚赞,他是一位英雄。西纳·多杰坚赞携带一部分家族从西藏来,定居在西纳川(今湟中县拦隆口乡)一带。他的儿子西纳兰巴和西纳格西兄弟二人到了西藏,哥哥在那里建立基业,后来发展成为许多支系;弟弟前往萨迦,学习显密佛法,后来成为著名的学者,人们称为西纳格西。后来西纳格西从西藏觉摩隆等地带了三位非常有成就的高僧去蒙古地方拜见成吉思汗。经过施法降雨等神通表演,赢得了成吉思汗的敬信,而被留在成吉思汗身边,奉为佛法上师。后来西纳家族与蒙古王室联姻,受到蒙古皇室封赐。

与西纳格西一同投奔成吉思汗的还有一些亲属。成吉思汗的小儿子拖雷诺颜和其妃索罗达生有忽必烈等兄弟三人,又将西纳泽觉自幼收为养子,因而有兄弟四人之说。这一说法不见于其他史籍,真伪尚待考查。但蒙古汗国时,成吉思汗家族在战争中常有收养义子的记载,说明西纳家族当时已与蒙古王室建立了密切的关系。这种关系在蒙古统一西藏的历史过程中自然会发挥一

---

① 参见芈一之主编的《黄河上游地区历史与文物》和《青海省志·宗教志》。

定的作用。后来，阔端派人敦请萨班到凉州会晤，或许有西纳家族的影响。

忽必烈即位后，西纳格西因护送八思巴回萨迦有功，处理政教事务，深得忽必烈的欢心，因而忽必烈决定给西纳格西封赐地方和百姓，要求他提出自己所愿的地方。于是西纳喇嘛回到藏地，"把东面的宗喀、甘肃、贵德、般托、东康、噶甘居，北面的卜德寺、切督寺、康萨寺、拉桑寺、仁钦林寺等广大地区的许多村庄、寺院和百姓都写在报告里，回来将文书呈送圣上（忽必烈）"。忽必烈就降旨，把文书内所列各地封给了西纳喇嘛，并颁给珍珠敕书，同时还敕封了西纳泽觉（曾被成吉思汗收为义子）等多人。"以后又给斯纳·华本赐了嵌三颗珠宝虎头印，敕授为宗喀万户"。[1]西纳川在今天西宁市以西约25公里地方的拦隆口乡境内。西纳家族自从受到元室的册封后，西纳川即成为西纳万户的大本营，从此西宁一带成为河湟地区政教合一的中心。到了明代，西纳家族又受到明朝廷封授。

第四节　西宁的经济和文化

宋元时期共约400余年，是西宁历史上一个重要而颇显特殊的时期，尤其是在唃厮啰时期，西宁成为当时东西方贸易的一个都会，蕃汉和西域商贾云集于此，从而大大推动了西宁的经济文化发展。

一、农牧业

宋元时期，西宁的农牧业经济互有消长，但总体上说，农业主要分布在湟水谷地川水地区，其外的广大浅山脑山地区则以牧业为主，所以，当时西宁是一个农牧兼营地区，畜牧业比重较大，比之往昔有退农还牧现象。

（一）农业

唃厮啰时期的农牧业情况，史籍记载大多都很简略，目前看到的最具体

---

① 智观巴·贡却乎丹巴绕吉：《安多政教史》（汉译本），甘肃民族出版社1989年版，第161-162页。

的记述首推宋人李远的《青唐录》。从藏汉文史籍记载来看，当时青唐城一带的封建领主经济已有较高的发展。北宋崇宁年间（1102—1106 年），宋军占领鄯、湟、廓等州时，曾招纳当地居民 70 余万户。[①] 从上述史载看，唃厮啰时期西宁人口比吐蕃王朝时期有了较大增加。历史上，人口是经济发展的一个重要参照，因此可以说，唃厮啰时期西宁经济比唐中叶以后吐蕃王朝统治时有相当发展。

当时，西宁周边是唃厮啰政权的腹心之地，农业经济一向发达。北宋元符年间（1098—1100 年）李远曾到青唐，他看见湟水谷地"川皆沃壤，中有流水，羌多相依水筑屋而居，激流而碓"。宗哥川长百里，"宗河（即湟水）夹岸皆羌人居，间以松篁，宛如荆楚"。李远《青唐录》中的这段描述，给人们勾画出当时西宁一带的一幅田园风光图。在李远的眼中，西宁一带吐蕃农家和田园简直与荆楚相仿。李远的描述，使人不禁想起史家对盛唐时陇右"闾阎相望，桑麻翳野"的描绘。但因史料所限，具体情形难以详说，其情状在北宋经略开发湟、鄯时的情景中犹可窥见。北宋崇宁五年（1106 年）三月，时任右相的赵挺之上书奏称："湟、鄯之复，岁费朝廷供亿一千五百余万，……盖鄯、湟乃西蕃（唃厮啰）之二小国，湟州谓之邈川，鄯州谓之青唐，与河南本为三国，其地滨河，多沃壤。若三国分据时，民之输于国厚，而又每族各有酋长以统领之，皆衣食赡足，取于所属之民。……若以昔输于三国者之百分之一入于县官，即湟州资费有余矣。"[②] 从赵挺之奏言中可见，唃厮啰时期国主与各部落酋长取于属民的租赋是非常可观的，若没有较高的农牧生产水平，是很难实现的。北宋哲宗时，王瞻、王厚先后进军青唐，唃厮啰故地改为北宋的郡县。但当时孤军深入的宏军遇到了供亿不济的困难，为了摆脱开边宋军供亿不济之困境，北宋政府采取的措施便是屯垦。但是，"北宋时河湟地区屯田与两汉、隋、唐有较多不同，既区别于典型的军屯，又不同于一般的民屯，其形式比较特殊，即实行的是招募弓箭手进行屯垦、戍守之法。弓箭手属于乡兵的一种，性质相当于近代的民兵。沿边且耕且守的弓箭手来自

---

① 　《通鉴长编纪事本末》卷 140。见崔永红《青海经济史》：（古代卷），青海人民出版社 1998 年版，第 92 页。

② 　《宋史》卷一百九十，兵志四。

贫苦民户，不隶军籍，基本上不脱离农牧业生产"。[①] 起初招募来的弓箭手"旋募旋散"，极不稳定，北宋在西宁等地的屯田遇到了较大阻力。直到崇宁以后，经过边郡循吏的苦心安抚治理，在赵隆、何灌等人主持西宁州等地方政务时，招募弓箭手的举措有了较大改善，随之，西宁农业一度迎来了大发展之机。与此同时，宋廷采取"拘收""贸易""打量汉置蕃田""募蕃献地"等一系列措施，尽力扩大国有土地，改善耕作方式，招引蕃汉弓箭手屯耕，从而使弓箭手的屯垦取得了较大进展。提举熙河兰湟路弓箭手何灌在任时，于政和五年（1115 年）曾上奏宋廷："今西宁、湟、廓一带可入水之地甚多，又汉唐故渠间亦依稀可考，今欲乞于本路近里弓箭步人内轮差三五百人，每月一替，开渠引水，以变荒旷难辟之田，以劝富强难募之民。"[②] 宋廷批准何灌上奏。随后，何灌招募兰州、河州等地汉番弓箭手轮番到西宁、湟、廓一带，垦殖荒芜之田，修茸汉唐故渠，使得上万亩"荒旷难辟之田"变为灌溉便利的膏腴沃壤。《宋史·何灌传》载，何灌"引邈川水溉闲田千顷，湟人号'广利渠'"。[③] 同在政和五年，"知西宁州赵隆请引宗河（湟水）水灌溉本州城东至青石峡一带川地数百顷，从之。"[④] 仅西宁城东至青石峡一带就有水浇川地数百顷，可见，当时西宁地区农业生产已达到相当水平了。北宋经略西宁等地的 20 余年间，招募蕃汉弓箭手大规模开垦鄯、湟一带的荒地，并疏浚汉唐故渠，虽然为时较短，但在西宁农业发展史上的意义则不应忽视。

北宋灭亡后金和西夏在近百年间战事不断，使西宁农业受到极大破坏。史载：西夏灭亡后，城廓废毁，"土瘠野圹，十未垦一"。[⑤]

元朝统治者起于游牧，"其俗不待蚕而衣，不待耕而食"。[⑥] 大致说来蒙古上层对农业不大重视，蒙古民众对农业颇不习惯，正因如此，元代西宁农业甚无起色。特别是蒙古汗国时期到元朝初年的几十年间，"蒙古征服者热衷于掠夺包括人口在内的物质财富，对土地的农业价值和建立赋税制度以保证对

① 崔永红：《青海经济史》（古代卷），青海人民出版社 1998 年版，第 92 页。
② （清）徐松辑：《宋会要辑稿》，中华书局 1957 年版，第六册，《兵四》之二二。
③ 《宋史》卷三百五十七《何灌传》。
④ （清）徐松辑：《宋会要辑稿》，中华书局 1957 年版，第六册，《食货六三》之八二。
⑤ 《元史》卷一百三十四，《朵尔赤传》。
⑥ 《元史》卷九十三，《食货志一》。

这个价值的充分占有，却不感兴趣"。他们只管把农田变为牧场，"使草木畅茂以为牧地"。① 因此，当时以牧伤农的现象十分普遍，西宁地区的情况大致相类。

元朝建立后，"海内既一，于是内而各卫，外而行省，皆立屯田，以资军饷"。② 忽必烈即位之初，"首诏天下，国以民为本，民以衣食为本，衣食以农桑为本"。③ 为了贯彻这一重农诏令，至元七年（1270年）设立了"专掌农桑水利"的司农司及各级农业管理机构，不久又向全国颁发《农桑辑要》一书，指导农业生产。至元二十三年（1286年）置甘肃行省，以管理河西、河湟诸郡州。西宁属甘肃行省，至于西宁是否有屯田，因史料缺乏，难以叙述。④

（二）畜牧业

宋元时的西宁畜牧业一向较为发达。一般认为，唃厮啰经济以牧为主，即便地处河湟地区的青唐，亦是农牧兼营。西宁当时称为"青唐"，是藏语"吉塘"之异译，"吉塘"为宗喀之古名。这里自古以出产良马而闻名遐迩，藏史称："……自汉地白塔寺（今淹没于刘家峡水库）以上的区域，则称为安多马区。"⑤从《宋史·吐蕃传》等史籍中的记载看，马匹在唃厮啰向北宋所贡方物中占大宗。当时宋人皆知"青唐之马最良"。⑥ 宋代的汉藏茶马互市正是在此基础上发展起来的。

除了马之外，唃厮啰国中还有牛、羊、猪、驴、骡、骆驼等畜种。《青唐录》中记载："牦牛城在青唐北五十余里，其野产牛。"可知当时西宁北川一带的养牛业是引人瞩目的。元祐元年（1086年）闰二月，唃厮啰邈川大首领温溪心向宋贡犏牛，宋廷予以回赐。⑦ "犏牛，牡者用以驮运，牝者资以取乳，

① 吴廷桢、郭厚安主编：《河西开发史研究》，甘肃教育版社1996年版，第328-329页。
② 《元史》卷一百，《兵志·屯田》。
③ 《元史》卷十三，《食货之一》。
④ 参见崔永红《青海经济史》（古代卷），青海人民出版社1998年版，第110-111页。
⑤ 智观巴·贡却乎丹巴绕吉：《安多政教史》（汉译本），甘肃民族出版社1989年版，第5页。
⑥ 《宋名臣奏议》卷四五，《上钦宗论慧星》。引自刘建丽：《宋代西北吐蕃研究》，甘肃文化出版社，1998年版，第316页。
⑦ （清）徐松辑《宋会要辑稿》，中华书局1957年版，第198册，《蕃夷六》之一九。

乳多而且佳,……以乳和茶,土人嗜之,番人取乳制成酥油,美于他牛之乳"。①
犏牛是牦牛与黄牛杂交的后代,是役使、产乳兼用的优良畜种,向为藏族喜
养。将犏牛作为方物贡于宋朝,说明犏牛养殖在唃厮啰时已有相当规模,或
许宋人也喜欢这种较为稀贵的畜种。西夏统治西宁时,其牧业状况因史料阙如,
无从详知,但大致来说,保持了唃厮啰时代的水平。

元朝统治者很重视畜牧业,特别是元世祖忽必烈时,采取了一系列推动
畜牧业发展的政策,因此,元代当是西宁畜牧业发展较大的时期之一。《元史》
中说"西北马多天下",而西宁则是大通马的主要产地。延祐七年(1320年)
二月,元朝政府从甘肃行省等地调拨"官牧羊马牛驼给朔方民户"。元朝政府
的这种调拨举措,如没有发达的畜牧业做依托,是难以实施的。元朝还实行
所谓"抽分羊马"的畜牧业税收之制,每年七八月间,抽分羊马人员"钦赍
元廷圣旨"到各处"依例抽分羊马牛只,随即用印烙记,趁好水草牧放",然
后"依限赴都交纳"②。从史书记载看,当时的西宁应是甘肃行省境内畜牧业较
发达的地区之一,而且是牦牛的主要产区之一。元朝还经常在甘肃、河西等
地进行"和市",购买各类牲畜,而牦牛又是当时甘肃行省在"和市"中的重
要方物。史载,元武宗至大(1308—1312年)中,刑部尚书马建至甘肃"和
市羊马";文宗至顺元年(1330年)正月,元朝政府"遣使赍钞三千锭往甘肃
市髦牛,……以备孳畜而供赏赉之用"。③上引史料虽然没有直接提到西宁州,
但西宁州作为甘肃行省的直隶州,当地藏族世代牧养牦牛,由此推断西宁为
当时甘肃行省境内畜牧业较发达之地,应大致不谬。

二、手工业

宋元时期,西宁手工业较为发达。西宁为唃厮啰国都时,成为东西方各
民族商贾进行商贸活动的都会,商品繁多,商业繁华,其中有许多商品是当
地人制造的。《宋史·吐蕃传》记载,唃厮啰国都青唐城"西有临谷城通青海,

---

① 〔光绪〕《丹噶尔厅志》卷四。转引自《青海方志资料类编》(上),青海人民出版社1987年版,
第223页。
② 黄时鉴点校:《通制条格》卷第十五《厩牧·抽分羊马》,浙江古籍出版社1986年版,第178-179页。
③ 乾隆《甘州府志》卷二。转引自李清凌:《西北经济史》,人民出版社1997年版,第289页。

高昌，诸国商人趋鄯州贸易，以故富强"。"市易用五谷、乳香、硇砂、氍毹、马牛以代钱币。贵虎豹皮，用缘饰衣裘。妇人衣锦，服绯紫青绿"。①上述史载中的五谷、乳香、硇砂、氍毹、马牛、虎豹皮及绯紫青绿之锦等，有些物品来自境外，但从当时高昌诸国商人到青唐贸易的情景看，可以肯定有许多物品是唃厮啰国人制造的。其中氍毹是毛纺织品的泛称，在当时是青唐藏族主要的手工制品种类。据《续资治通鉴长编》载，"宋神宗时，河湟吐蕃商人拿到熙河市场上交易的商品中，毛织品占有较大比例，毛织品的品种也比较多，有茸褐、驼褐、三雅褐、花蕊布等"。②

除上述各种制品外，由于当时战事频繁，制造用于战争的铠甲、武器在唃厮啰国制造业中也占有重要地位，如唃厮啰时期青唐吐蕃制造的铠甲就曾名扬天下。宋代沈括在《梦溪笔谈》中称："青堂（即青唐）羌善锻甲，铁色青黑，莹彻可鉴毛发。以麝皮绹旅之，柔韧。镇戎军有一铠甲，椟藏之，相传以为宝器。韩魏公（韩琦）师泾、原，曾取试之。去之五十步，强弩射之不能入。尝有一矢贯札，乃是中其钻空。为钻空所刮，铁皆反卷，其坚如此。凡锻甲之法，其始甚厚，不用火，冷锻之，比原厚三分减二乃成。其末留筋头许不锻，隐然如瘊子，欲以验禾锻时厚薄，如浚河留土笋也，谓之'瘊子甲'。"③冷锻技术直到现代仍是提高金属硬度和韧性的重要方法之一，上述史料表明，河湟吐蕃人民早在900多年前就已经熟练掌握了这项技术。同时，他们还能运用"制成铁铠甲所必须掌握的冶炼、切削、磨钻及柔化处理等与冷锻工艺有密切关系的一系列综合技术。这些技术在当时是处于领先地位的"。在当时的技术条件下，采取留瘊子之法来检验加工铠甲的厚薄，是一种既简便又易行的方法。史载表明，唃厮啰时期的金属冶炼、锻造技术已达到非常成熟的水平。《青唐录》中称：唃厮啰国主议事的大殿中，"旁设金冶佛像，高数十尺，饰以真珠，覆以羽盖"。青唐城之西也建有佛祠，广五六里，"为大像，以黄金涂其身"。可见，这些佛像制作，当伴以黄金冶炼、制造、做花、装饰、镶嵌等多种技术。

---

① 《宋史》卷四百九十二，《外国八·吐蕃》。
② 崔永红：《青海经济史》（古代卷），青海人民出版社1998年版，第118~119页。
③ 沈括：《梦溪笔谈》卷十九，器用，安徽科学技术出版社1979年版，第37页。

　　唃厮啰时代，北宋与唃厮啰政权关系密切，在相互交往中，中原地区烧制陶瓷的技术通过不同的方式传播到青唐。20世纪80年代以来，西宁等地发现了大量北宋和唃厮啰时的瓷器，"由于唃厮啰瓷器和西夏瓷器均源出宋瓷，又因两国地域毗连，互相影响很大，故而唃厮啰瓷器与西夏瓷器十分相像"。公元1137年以后，包括西宁在内的河湟地区大部为西夏控制，唃厮啰瓷器逐渐成为一个地方类型。从西宁等地出土的宋代瓷器种类看，有高足碗、斜壁碗、高足灯、浅盘、扁壶及坛、罐、变形经瓶（"牛腿瓶"）等，与宋、西夏瓷器相仿，但西宁等地常见的多耳瓷器在宋境和西夏其他地区却罕见。有的学者认为，喜用多耳器物是"青海地区（包括西宁）自卡约文化以来制作陶（瓷）器一脉相承的风格，很有地方特点"。[①]

　　此外，唃厮啰时期已有了用于建筑的砖瓦。据《青唐录》记载：唃厮啰国都青唐城中的佛舍、宫殿都覆盖有瓦，还有琉璃砖。称："过仪门北二百余步，为大殿九楹，柱绘黄龙，基高八九尺，去坐丈余矣，碧琉璃砖环之，羌呼'禁围'。""城中之屋，佛舍居半。惟国主殿及佛舍以瓦，余虽主之宫室，亦土覆之。"由此看，唃厮啰时期西宁已有砖、瓦用于建筑，但尚不普及。

　　唃厮啰政权灭亡后，西宁的手工业情况史载较缺，但应该基本保持原有水平并有所发展。

三、商贸和交通

　　在历史上，每个地区商业贸易的繁荣，每每与当地交通之畅达密切相连。宋元时的西宁是河湟地区的政治、经济、文化中心，特别是在唃厮啰时期，随着丝绸之路青海道的一度复兴，近百年间青海道成为中原与西域交通贸易的主干道，青唐城由此而成为青海道最重要的枢纽，因此这条连接当时东西方的交通线又有"青唐道"之称。当时，西域诸国及内地的蕃汉商人、使臣都曾取青海道进行各种政治、经济、文化交流活动，青唐城因此而成为东西方贸易的一个都会，唃厮啰"以故富强"。据《青唐录》记载，唃厮啰时期青唐城内仅于阗、回纥往来贾贩之人就有数百家之多。当时西域诸国使臣、商

---

① 见崔永红：《青海经济史》（古代卷），青海人民出版社1998年版，第117－119页。

贾往往通过唃厮啰人的引导、护送出入北宋，有时唃厮啰人还为西域使臣担任翻译。[1] 随着青唐道畅通和商贸活动的繁荣，唃厮啰与北宋和西域各民族间的经济、文化交往也日益密切；北宋对唃厮啰的贡使和商队曾予以高度重视。"据史载，当时青唐吐蕃、河西回纥及于阗的进奉使和贸易团队相望于途。于是，宋王朝诏令在陕西缘边四路所属州县，特置驿站，以接应来自青唐的西域使者和商客，谓之'唃家位'。""'唃家位'，是指北宋王朝宋真宗大中祥符八年至宋英宗治平二年（1015—1065 年）的半个世纪中，在陕西缘边的秦风路、泾源路、环庆路和鄜延路所属州县，专为接待河湟吐蕃唃厮啰地方政权贡使和商队而设置的驿站。"事实上，"唃家位"同时还接待西域诸国使者和商贾，形成一个较为密集的互市网络点。"唃家位"的出现，是汉蕃以"'茶马互市'为主体的边境贸易迅速发展和汉蕃亲谊进一步加深的必然产物，也是宋代丝绸之路上的中西经济文化交流在特殊历史条件下继续向前推进的反映"。[2] 从史籍中对唃家位的记载来看，唃厮啰时期西宁的商贸之兴盛与北宋有着很密切的关系。当时，唃家位网点的设置与唃厮啰及于阗等西域诸国使臣、商贾入宋朝贡贸易的路线相一致，其路线大致有二：一是自青唐经湟州，沿湟水而下，出京玉关（今兰州市西固新城一带）过西关堡到兰州，再由兰州东出会宁关（静远县西北黄河岸边）过石门关（固原县西北），出木峡关入渭州；或由木峡关入原州过泾州、邠州到长安；二是自青唐经廓州，渡黄河出河州凤林关，而后循马尔巴山经通远军古渭寨进入伏羌县（今甘肃甘谷县境），再经三阳寨（今天水西北）至秦州城（今天水市）；在秦州休整并接受北宋官员检验身份、贡物及书信等之后，经大震关（陕西省陇县西北）至长安。这条商道向西延伸，又与西域于阗、龟兹诸国相通。仰赖于这条商道，西域胡商和内地汉商来到青唐，并有许多人定居于此，从而使青唐成为一个多民族相互依存的地方，不同民族又将其民族文化带到这里，因此使青唐的文化呈现出多元化特点。

金夏时，西宁主要由西夏统治，这 90 年中的西宁与河西甘、凉、沙等地的关系更加密切，从西宁等地出土的这一时期瓷器等文物看，当时西宁与西

---

[1] 参见《宋史》卷四百九十《于阗国传》。

[2] 任树民：《北宋时期丝绸东路的贸易网点——唃家位》，《西北民族学院学报》，1997 年第 2 期。

夏的联系应很广泛。但因史料所限，当时西宁之交通与商贸活动难以详知。

到元代，天下一统，西宁正式纳入元朝中央政府的甘肃行省管辖之下，因此西宁的交通、商贸与以往有了较大的不同。元朝为了加强对全国的统治，建立了四通八达的驿传系统，由于政治上空前统一，元代交通和商业贸易畅通无阻，十分发达。当时的西宁是青藏地区藏族僧俗官员通往元朝大都和上都的交通枢纽，从西宁北出可入河西，再东北行即达上都；往东经河州、临洮、长安可达大都（北京）。西宁也是从内地进入青藏高原的两个门户之一（另一个是河州），但其繁荣程度则逊于河州。元代西宁畜牧业发达，元政府通过"和市"，将西宁等地的牦牛、马等输入内地，大大促进了西宁的商业贸易事业，使西宁与内地的经济交往进一步加强。

四、多元文化格局雏形

宋元时期是西宁多民族、多元文化汇聚的重要时期。这一时期西域、内地的蕃汉商贾和使臣不断来到青唐，并有部分人定居于此，随之，他们也将各自的民族文化带到了青唐。当时来自西域的胡商中就有许多穆斯林，他们来此经商定居，伊斯兰教随着他们到来被传入青唐；汉人使臣、商贾的到来则带来了儒释道合流的汉文化。由此，西宁地区便形成了一种以藏传佛教为标志的藏文化为底蕴，汉文化、西域文化和蒙古草原文化为因素的多元文化格局。

（一）青唐佛教

唃厮啰"其国大抵吐蕃遗俗也"，"重释氏"。[①] 可见唃厮啰文化的主流是吐蕃文化的继续和发展。同时，8世纪中叶后，先后有大量汉人来此，与吐蕃、吐谷浑等民族杂居共处，由此，唃厮啰文化自然融汇有汉文化的内容，但唃厮啰文化的主脉则秉承吐蕃文化。汉文史籍《谈苑》中说：吐蕃人"自称曰俏，谓僧曰尊，最重佛法。居者皆板屋，唯以瓦屋处佛。人好诵经，不甚斗争"。[②] 上述史载给人一个很深的印象，就是他们"尊释氏""最重佛法"，"人好诵经"，作为民族文化传统，一直延续至今。

---

① 《宋史》卷四百九十二《外国八·吐蕃》。
② 《谈苑》卷一。转引自祝启源：《唃厮啰——宋代藏族政权》，青海人民出版社1988年版，第271页。

从史载看，唃厮啰政权的建立与佛教有很密切的关系。帮助唃厮啰建立青唐政权的李立遵，被称为"郢成蔺逋叱"，"蔺逋叱"是藏族对佛教高僧的尊称，现在一般译作"仁波齐"或"仁布且"。可见，李立遵是当时青唐境内的一位佛教高僧，在社会上具有较高的声望。他拥立唃厮啰为青唐国主后，自任大相，辅佐朝政，因而，青唐政权具有较明显的政教合一的统治特点。青唐政权建立后，即奉佛教为国教，予以大力扶植。

青唐佛教兴盛，与这一地区的历史有密切关系。西宁自古是丝绸之路南道的交通要冲，有许多内地和西域的佛僧取道西宁或西行求法，或东来传教。吐蕃王朝建立后，大力推行崇佛政策，佛教因之大兴，河湟地区更成为唐蕃之间文化交流的中联站，而佛教则是双方文化交流中的桥梁之一，曾有许多唐朝僧人进入吐蕃传扬佛法，翻译佛经；吐蕃也派僧人到唐朝取经求法，还涌现出了一批汉藏文兼通的高僧，其中长期生活在河西敦煌等地的管·法成就是最有影响代表者之一。正因为这样，河湟地区成为吐蕃佛教文化中心之一。

吐蕃王朝末年，赞普朗达玛下令灭佛，佛教僧人横遭厄运，四散逃难，寻找栖身之所。当时，正在西藏曲臣日地方（今西藏曲水县境）静修的三位佛僧藏饶赛、约格迥和玛释迦牟尼，带上律典佛经逃往阿里，后又逃到于阗（今新疆和田县），最后辗转来到河湟地区，并继续在这里修行弘法，建立了许多寺院。藏传佛教史上把他们称为"三贤哲"或"三贤士"。他们后来收了一位门徒，名叫贡巴饶赛（892—975）。三贤哲和贡巴饶赛的弘法活动迎来了藏传佛教后弘期下路弘法的蓬勃兴起，河湟一带成为藏传佛教文化的复兴基地。青唐政权建立后，由于青唐统治者的大力支持，藏传佛教得到了更大的发展，社会影响颇为深广，所以汉文史书中便有了青唐"最重佛法"的说法。

唃厮啰政权时期，河湟地区的吐蕃社会中，僧人拥有很高的声望，他们利用崇高的宗教地位，积极参与各部落的军政事务，甚至直接参加到争夺部落统治权的斗争中。僧人本应遵守戒律远离杀戮，然而却带领部众，驰骋疆场，指挥作战。如大中祥符九年（1016 年）发生的三都谷之战，青唐一方的指挥者就是僧人出身的大首领李立遵，而且吐蕃军队中还有僧人。在这种基础上建立起来的青唐政权实行政教合一统治便是再自然不过的事了。

唃厮啰为了利用佛教巩固统治，在青唐城等地广建佛寺，推崇佛法。李远《青唐录》中说：青唐城之西，"有青唐水、注宗河，水西平远，建佛祠，广五六里，缭以冈垣，屋至千余楹。为大像，以黄金涂其身，又为浮屠十三级以护之。僧丽〔罹〕法无不免者。城中之屋，佛舍居半"。从这段记载中，我们可以想见当时唃厮啰政权境内佛教兴盛的状况。由于统治者的大力倡导，寺塔遍布，佛僧剧增。统治者役使大量民众建寺造塔，也会引起民众的不满。史书中记载：青唐主阿里骨"尤好营塔寺，勤于立功"。就连国主处理军政大事的王宫中也供奉着"金冶佛像，高数十尺，饰以真珠，覆以羽盖"。

青唐佛教的日常活动可从《广仁禅院碑》中的记载知其概貌。碑文中说："西羌之俗，自知佛教，每计其部人之多寡，推择其可奉佛者使为之。其诵贝叶傍行之书，虽侏离缺舌之不可辨，其音琅然，如千丈之水赴壑而不知止。又有秋冬之间，聚粮不出，安坐于庐室之中，曰'坐禅'。"又说"虽然其人多知佛而不知戒，故妻子具而淫杀不止，口腹纵荤醊不厌"。这是对当时藏传佛教的真实描写，其情景大致与后来的宁玛派一致。

正因为青唐时期的河湟佛教作为历史文化基础，河湟佛教在元明清几代封建王的大力扶持下，走向了鼎盛时期。有元一代，中央王朝大力扶植藏传佛教萨迦派，萨迦派因此得到较大发展，当时西宁及其周围的许多佛教寺院纷纷改宗萨迦派。

在藏传佛教得以弘扬发展的同时，西宁等地的藏族社会中也保留了大量古代文化遗俗，如《青唐录》中所说，青唐城中唃厮啰国主所居之"禁围"大殿中有"高数十尺"的佛像，而在"直南大衢之西有坛，三级，纵广亩余，每三岁，冕祭天于其上"。这与吐蕃王朝时，一年一小盟、三年一大盟，"令巫者告于天地、山川、日月星辰之神"的传统是一脉相承的。这种以万物有灵为基础的多神崇拜，是羌藏文化的"本教"信仰，也可以说是一种神巫文化。西宁等地藏族社会这种崇尚佛教而又信奉传统"本教"的文化传统，实际上一直延续至今。

（二）伊斯兰教

伊斯兰教是世界三大宗教之一，最早传入西宁是在唃厮啰时期。西域诸国商人中就有穆斯林。元代有"元时回回遍天下"的说法，西宁回族就是以元代东来的众多穆斯林为基干，于明代逐渐形成的。

宋元时期，西宁伊斯兰教尚在初传阶段。相传，元代蒙古宗室西宁王速来蛮驻守西宁时，有一位名叫古卜都兰巴尼·尔布都来海麻尼的伊拉克传教士率其信徒到西宁传教，后在西宁去世，速来蛮为他修建陵墓，后来成为西宁南山拱北。元朝统一，东西交通空前便利，出入自由，这使得东西方贸易极大繁荣，当时在丝绸之路和唐蕃古道上来自西域的突厥人、波斯人、阿拉伯人，或经商，或入贡，不绝于途，其中有很多人通过丝绸之路青海道来到西宁，有的便在此居留下来。元代诗人马祖常曾到河湟，将其见闻写成诗篇，名之为《河湟书事》，其中一首中写道：

> 波斯老贾度流沙，
> 夜听驼铃识路途。
> 采玉河边青石子，
> 收来东国易桑麻。

由此可见，当时有为数不少的西域波斯人、阿拉伯人不断来到西宁等地，这些信奉伊斯兰教的西域人的到来和留居，使西宁伊斯兰教得到了新的发展。

这一时期，蒙古诸王贵族领军镇守西宁，随之有大量蒙古族迁来，成为西宁多民族格局中的一员。随着历史变迁，有些蒙古人与"西宁土人"融合，汇入土族之中。随之，西宁文化也呈现出多元化趋势。大致说来，来自四大文化系统，即青藏高原羌藏文化、中原汉文化、蒙古草原文化和西域文化。这四种文化系统的文化，并存共荣，延续不衰，颇具特色。

第七章　明朝时期的西宁

——管军管民的西宁卫

公元 1368 年，经过长期的反元斗争后，元朝在中华大地的统治结束了，取而代之的是明朝。明朝统治集团，起自江淮地区，朱元璋建都南京，年号洪武。成祖永乐时迁都北京。元朝虽亡，但汗廷退据漠北，仍保有相当军事力量，与明朝长期处于对峙状态。有明一代置边防重心于北方，设立"九边"以防蒙古，而西北边卫因其处于"南捍诸番，北拒蒙古"的特定地理位置，在军政建置上大都成为管军管民的军民卫所。元代的西宁州，在明代变成了西宁卫，就反映了这个时代特点。明代 270 多年的西宁，无论在经济、政治、文化等方面，都始终离不开这个"边卫"的背景。

第一节　西宁卫与西宁卫城

一、西宁卫及卫所官军

明朝中央六部九卿各司其事，设五军都督府统领军事。各省（承宣布政司辖区）设布政使司统管民政财税；设提刑按察使司，掌刑名按劾之事；设都指挥使司以统军事，其下又设卫和所。一郡者设所，连郡者设卫，卫设指挥使一员（正三品），指挥同知（从三品）和指挥佥事（正四品）若干员。边卫依地方情势，略有不同。通例：每卫一般辖五千户所，每千户所辖十百户所。大率5600人为卫，1200人为千户所，120人为百户所。在行政建置上以卫所兼管民政，一般称"军民卫"。由于这种体制，许多军事单位变成了军政兼统的行政地理单位。

自陕以西地区，明洪武初并故元陕西、甘肃二行省合而为一，称陕西布政使司（习惯上仍称陕西行省），兼领洮岷、河湟、河西、宁夏诸地的建置。对于河湟地区重要的交通枢纽、军事重地——西宁，于洪武五年（1372年）冬置西宁卫，宣德五年（1430年），升为军民指挥使司，正式成为具有兼理地方民政职能的军政合一的机构。西宁卫设有指挥使1员、指挥同知7员、指挥佥事7员。

从地缘上看，明代西宁卫所辖，东至庄浪，西抵西石峡，又西出塞外至罕东卫故地，北依大通河；东南400里，临河州界；东北600里，至古浪城；西南1500里，抵安定卫故地；西北600里，接永昌卫境；东去陕西布政司2300里，并有古之西平、乐都、西海、浇河之地，15蕃部所居，犹为附属。

在建置上，西宁卫始设之初属陕西都司，洪武十一年改隶陕西行都司，明后期又受甘肃总兵官（驻甘州）和甘肃巡抚节制。明朝视西宁为"西夷重地""河西巨镇"，洪武时长兴侯耿炳文即统兵驻守西宁卫。明成祖时又置镇守官于西宁卫，以右军都督府都督或陕西行都司都指挥等充任。成化八年（1472年），镇守官改置分防守备。嘉靖三十一年（1552年）改置分守参将，万历时又改置协守副总兵[①]。此外，弘治元年，明廷又设整饬西宁兵备道，掌抚治沿边少数民族事宜，整饬兵备，统辖西宁、庄浪、古浪、凉州及镇番五卫所，兵备官（多由陕西按察使司副使出任，称兵备副使）驻西宁卫，军政兼摄，地位显要。

明代西宁卫军民兼治，下辖西宁、碾伯、镇海、北川、南川、古鄯六千户所，同时兼领"塞外四卫"。洪武八年后，相继在柴达木盆地西部设安定、阿端、曲先、罕东四羁縻卫，习称"塞外四卫"，由西宁卫节制。西宁卫作为兼司地方行政

---

① （清）杨应琚：《西宁府新志》卷二十三《官师志·职官》。

的机构，其下有编户四里，即巴州、红崖、老鸦和三川，由卫经历司进行管理。对周围藏族各部（明代统称"西宁十三族"）也行使监督权，各部落僧俗头目"每月赴卫听受约束"。①卫指挥一级的官员中有专司"抚夷"之职者。弘治初置西宁兵备道后，"抚治番夷"也是副使的重要职责。

因西宁在战略上占有很重要的地位，它不仅是河西走廊的屏障，还是牵制西夏的腰背，对甘肃、西藏、四川乃至云南的形势都有一定的影响，而且为三面孤绝的边防重地，于是明朝于此多设一所"以震压之"。

明代户籍分民户、军户、匠户等诸类。军籍归五军都督府管理，因"军皆世籍"，为世袭，与民户受府州县管理不同，凡在籍军户，出正丁一名，军户家属称作军余，随营出理。军户世袭，一入军籍，父死子继，分配在一定卫所。正丁死，余丁补充，如无余丁，到原籍勾补，所以明代军事卫所是一种特殊的永久性组织。卫所军队所需粮秣，军屯解决。边地三分守城，七分屯种。每军受田 50 亩为一分，政府供给耕牛农具。起初每亩纳粮一斗，洪武三十五年定科则，军田一分正粮 12 石，贮屯仓，听本军自支，余粮为卫所官军俸粮。明代西宁卫驻"骑兵八千二百五十六名，步兵一千七十名，游兵八百名，守望兵一千四百七名"②，共计 11533 名。此 1 万余户官兵驻扎西宁卫，致使大批汉族人口涌入西宁各地。同期汉族人口也因边军屯戍，移民屯田，而渐居多数。如西宁卫于洪武时，民户 7200 户，15850 口，比当时西宁卫驻兵 11533 名及其眷属还少得很呢。

明代西宁卫军士来源主要有三：一为从征，原起江淮，多为跟随朱元璋打天下者，来至西宁卫，既定其地，因此留驻。二是"垛集"，指定某乡某里之民户集体拨入军籍。三是降附，故元军队投降而来，如河湟陈土司，先祖陈子明，江苏山阳人，汉族，仕元为淮南右丞，洪武元年归降，其子陈义随长兴侯耿炳文征战驻西宁卫。有明一代，西宁卫官兵大多数为从征，也有垛集，来自江淮南京等地，如濠州人耿炳文经略湟中，镇守西宁的史昭，合肥人，等等，上述诸人，均系朱元璋从龙功臣，都起自明初京师南京附近，他们所统率军士，以乡党为多，军户留驻西宁卫，世代蕃息。西宁耆老，多云其先祖来自南京云云，

---

① 《明英宗正统实录》卷二十七。

② 《西宁卫志·西宁志》，青海人民出版社 1993 年版，第 176 页。

其原委在此。

此外，从各地方志、碑碣和谱牒材料看，大都可见到这类资料，略举数例如后：湟中花园钟家墓碑："始祖声远，江都人，为常遇春将军部下，任百户，明洪武十八年随军戍守西宁"。又乐都县周氏，始祖于洪武时率军戍守碾伯千户所，其后子孙定居，浸成大族。又，西宁郭氏，"高祖讳玉，明初从戎西宁"。魏氏，"祖籍应天府临淮县人"。李氏，"原为金陵大姓，洪武初徙居西宁卫"。又，湟中徐氏，家藏洪武二十五年五月发给其始祖徐勇的诰命，"扬州如皋县人，常遇春麾下归附从军，洪武十八年九月授昭信校尉百户，十月调西宁卫前所流官百户，洪武二十一年七月发给流官敕命"。又，李氏墓志有云"先世应天人"等。此外也有"拨户来宁"的，如湟中大才乡王氏祖茔墓碑有此记载。当然，内地汉族也有为官落籍、经商定居和犯罪谪遣而来的等等，但不占多数。此时汉族人口也因边军屯戍，移民实边，而渐居卫所人口之多数。如洪武十四年西宁卫编造赋役黄册和鱼鳞图册时，对人口、土地进行统一管理。正统元年（1436 年），西宁卫屯科田达 2756 顷有余，明嘉靖时有堡寨 240 个，这些屯堡有的是军屯所在地，有的是民屯所在地，并多系汉族居住。大批汉族人口的迁入，促进了经济文化的发展，改变了当地居民的民族构成，从明代初年汉族人口于西宁卫已渐占多数。明初军事卫所之制，大量军民乘时兴会，云聚西宁卫所，形成历史上内地汉人云聚西宁的第三次高潮，汉文化于此几度兴衰，几度沉浮，终于明代中后期渐趋于成熟，再次崛起。

二、西宁卫城及官署寺庙

明代西宁系西北边卫之重要一卫，军事、战略地位显系极要，因此，除明代在青海境内修筑边墙、闇门外，还大力浚修城池，西宁、碾伯、贵德、老鸦等城，或新筑或重修，多为大兴土木，实为加强边卫安定。

明西宁卫城大致在现今西宁市中心，现存北城墙、东城墙、南城墙部分残墙。对于明代西宁卫治西宁城池的修筑，有明一代，洪武、嘉靖、万历年间都曾动土兴工。

明洪武十八年（1385 年），陕西都指挥使都督濮英上奏，西宁卫旧城卑狭，请于城西一百二十里许其地平衍处筑城（约在今湟源县境内），朝廷允准。

而后不久，因选地不当，停工。经西宁卫指挥使土官李南哥奏请重筑西宁城。洪武十九年（1386 年），长兴侯耿炳文奉命率陕西诸卫兵士，修筑西宁城。此城为正方形，周围九里一百八十步三尺（约 5313 米），城墙高五丈（约 16 米），厚五丈（约 16 米），月城高四丈（约 12.8 米），外城壕深一丈八尺（约 6.2 米），宽二丈五尺（约 8.0 米）。开城门四个，每门之上建城楼一座，东门连关厢，四角建角楼四座。城墙之上设有 19 座敌楼、34 间逻铺。城内没有建置钟鼓楼，采取借楼安放钟鼓，仍然执行晨钟暮鼓报时，并准时启闭城门的功能。东门称"迎恩门"，上设钟楼，楼上悬"天河锁钥"匾额。西门称"镇海门"或"怀远门"，上设鼓楼，悬挂"海藏咽喉"及"怀柔远人"匾额。南门称"迎薰门"，悬挂"岚光迎旭"匾额。北门称"拱辰门"，悬挂"澄波献瑞"匾额。东关为"商贾市肆皆集焉"[1]。竣工之后，雄伟壮丽，屹然巨镇。

尔后，到明嘉靖二十一年（1542 年），历时 150 余年的西宁城已"岁久就敝，至于覆压，不可以居"，不得不重修。此次兴工由兵备副使王昺主持修筑，"始于己亥八月，迄庚子十一月而毕工"[2]，历时一年零三个月，并加修东稍门，于城外添月城。在西宁卫都御史许宗鲁所撰《重修西宁卫记》一文中对主修官员大加褒扬，云"澶西王公之巡西宁，不远其地，不夷其人，不因循其政，居之三年，宪度聿贞。于是西宁之人爱之如父母，畏之如神明"。[3]

万历三年（1575 年），总制兵部尚书石茂华、巡抚都御史侯东莱又以西宁城"土垣渐圮，夷亦不时窃忧，驯至可忧"为由而加整修。此次工程由西宁卫兵备副使平康裕、董汝汉、分守参将萧文奎、凉庄游击吴钺，督率军民庀材修筑。万历三年即 1575 年，上距嘉靖二十一年（1542 年）历时 33 年，但这次修筑则是"砖包城"，其规模及牢固程度空前。在明代西宁卫参议张问仁所撰《重修西宁卫城记》碑文中，记载这次修成的城池周长 5704 米，高 15.3 米，底宽 16.65 米，顶宽 10 米，较之明洪武、嘉靖年间的规模都要大。这次工程"图形势、议工力、料物用、分职报、约程限、申法今"[4]，兴师动众，颇

---

[1]　（清）杨应琚：《西宁府新志》卷九《建置·城池》。
[2]　谢佐等：《青海金石录》，青海人民出版社 1993 年版，第 112 页。
[3]　谢佐等：《青海金石录》，青海人民出版社 1993 年版，第 111 页。
[4]　张问仁：《重修西宁卫城记》，《西宁府新志》卷三十五《艺文》。

费财力、物力和人力。城池修成后，"楼橹、铺舍、杆具，无一不精，炳如翼如，且固且丽"。"万历二十四年，西宁卫按察使刘敏宽又委通判高第增置关城悬楼一十八座，敌楼十三座，并浚其壕"。[①]西宁卫城至清代沿而用之，并多次维修，今天，西宁城垣遗迹仍约略可见。

封建时期修筑城池的同时，官署衙门和有关庙宇须同时修建。先说衙署。西宁卫最高军政长官——西宁卫指挥使司公署，于洪武十九年（1386年）由西宁指挥使李实修建，位于西宁卫城之中央，今西大街路北。察院，朝廷设都察院，分十三道，设置监察御史，巡按州县，考察官吏。在西宁卫治南，今南大街路东设察院。

西宁卫下的驻兵及兵营主要安扎于城内，其守备厅（公署名，守备为明代镇守边防的军官）公署位于卫城之西南隅。

主管茶政的茶马司位于西宁卫治北隅，今西宁北大街大同街口一带。负责邮运交通等事宜而设置的驿运司位于卫城北街，今西宁北大街玉树州办事处所在地，因此该巷被称作驿车巷；清代于此曾设监狱，改名狱禁巷，又改称狱井巷。民国时期又改为玉井巷，沿用至今。

操场位于城内西北隅，弘治十六年（1503年）都御史刘璋奏设，今留有校场街名。税课局，城东关一带，军器局，西宁卫治后方，此两处公署于洪武十九年（1386年）皆由指挥使李实修建。演武场，置于城东郭外，旧名大校场（在今城东区大众街和建国路交叉口的路南，外贸厅一带）。洪武十九年（1386年）建，成化三年（1467年）指挥孙中重修。此外还有文庙、学宫以及主管宗教的僧纲司、道纪司及番馆等公署。

次说庙宇。修城同时修城隍庙，位于隍庙街（今名解放路）路北。据《西宁志》记载，这座隍庙是洪武十九年（1386年）指挥使李实督建，占地四十余亩，六个院落。城隍神是东汉任护羌校尉的邓训。城隍神为城邑护法神灵，掌管阴间事务，一般都建在城邑中官署的背后。在这条隍庙街上还有不少寺庙，从东往西，依次有厫神庙（掌管粮仓）、药王宫、崇兴寺，隍庙之西有广嗣宫、居士林等。又，李南哥出资于洪武二十七年（1394年）在西宁卫指挥使衙门

---

① （清）杨应琚：《西宁府新志》卷九《建置·城池》。

西侧修一座佛寺，朱元璋赐名"宁番寺"，旧称大佛寺。有意思的是，李南哥之子李英，于永乐廿二年（1424 年）出资修建道观，宣德元年（1426 年）赐名"广福观"，位于今观门街。李土司父子二人适应人民群众的宗教信仰修建佛寺道观，对安定人心，稳定地方秩序起到重要作用，有人称之"胜似朝廷派驻数万大军"。

三、西宁卫社会经济及人口

（一）社会经济模式及人口

元代蒙古人习惯于畜牧业生活，不重视农业和农业人口。公元 1227 年占领西宁州后，曾将大量西宁民户徙往云京。元末西宁及河湟各地农业定居人口不足 6000 余户，不少农田弃农返牧了。明初西宁地区仍然畜牧业繁盛，永乐四年（1406 年）甘肃苑马寺设于碾伯城（今乐都），下有六监廿四苑。其中有二监即暖川、三川，位于今民和县内。有二监即祁连、甘泉，位于今互助及相邻地区。四监共辖十六苑，即十六所马场。可见，这些原先优良的农业区已变成牧业区了。这种违背生产规律的事情，经过 30 年，到正统初年，将苑马寺移往甘肃，河湟各地又变成了农业地区了。村寨相连，鸡犬之声相闻，而这些与汉族军民的开拓务农之举是分不开的。

到明末，在西宁地区已形成了以伯颜川、车卜鲁川、那孩川和沙塘川四大干渠为主，拥有近 30 条分渠的农田灌溉体系，受益农田 15 万亩之多。明嘉靖中，西宁卫城有"官军户"3578 户，人口 45613 人，又番民户旧 269 户，安置户 30。[①]合计编户人口接近 5 万人，比明初大有增加。明嘉靖以后，西宁卫所领堡寨 240 个，其堡寨以汉族为基本人口，按一堡寨为一个百户计，此时西宁卫农业人口七八万余人。西宁地区农业社会经济模式的道路延续发展，先后承袭 600 余年。

（二）手工业点滴

地区性中心城邑都有一些具有优势的手工业。西宁卫如何呢？略叙点滴。

明代，西宁卫定期向朝廷贡纳织造的羊绒。由羊绒做成的绒袍因其温暖

---

① （清）杨应琚：《西宁府新志》卷十六《户口》。

舒适得到达官贵人的青睐。明正德年间，太监张玉"假采办进贡之名，于西宁地织造各色织金大红绒段，殆及数千"①，估计当时西宁工匠织绒技术有相当水准。

明代末年，西宁卫还举办了官营冶铁业。明时，各卫所都设有杂造局负责军器制造。西宁卫因本地不出产铁，所用铁料靠从内地转运，"凤翔岁供西宁熟铁七千五百余斤"②。据顺治《西宁志》记，西宁卫制造的兵器种类有"每岁按季造盔一百六十顶，甲一百六十副，弓一百六十张，弦三百六十条，撒带一百六十副，箭四千八百只"。所用材料七分由凤翔府供给，三分本卫采办。由于铁料远途输送，耗资费力，颇为不便，且入不敷出，成本甚大。万历二十四年（1596 年），甘肃巡抚都御史田乐檄西宁兵备按察副使刘敏宽就近觅矿冶铁。刘敏宽从陕西、山西招募来铁师，经勘查，在今互助北山开矿冶铁。当时建有铁炉两座，营舍 50 间。每炉配有炉官、铁师、学烧铁军、认矿军、铁匠、石匠、木匠、运铁矿军、采柴军、烧炭军及扇鞴军等。铁厂的劳动力基本上由军士担任。每月每炉出铁两次，约得 3000 斤。铁厂的建成，能"省夫役之劳，而铁倍其用，大称便利"③，明万历时西宁卫所用兵器种类很多，有涌珠炮、三眼枪、伏樃机、火龙箭、单矢弩等。刘敏宽根据战备需要增置三眼枪 700 具，伏樃机 42 具④，均得益于铁料的充裕供应。但由于该铁厂甫建即废，犹如昙花一现，其效应和影响都很有限。

藏酒的酿造技术到明代已臻成熟。藏族史诗《格萨尔》中有许多涉及酿酒的内容。如珠牡给格萨尔敬酒时，唱述酿酒过程和工艺道："青稞煮好摊在白毡上，再拌上精华的好酒麴，开始酿造好美酒，滴滴流进酒缸里。"⑤大约明朝中后期，西宁卫属威远堡开始以青稞为原料酿酒，据传，约至明末清初，有在青海经商的山西客商请来山西酿酒师傅，引进山西杏花村的酿造工艺和配方，酿造出的"威远烧酒"清澈透明，香气扑鼻。该地酿酒业至今盛而不衰。

---

① 《明世宗实录》卷三。
② 《西宁志》卷七《北山铁厂碑》。
③ （清）杨应琚：《西宁府新志》卷十八《武备》。
④ （清）杨应琚：《西宁府新志》卷十八《武备》。
⑤ 《〈格萨尔〉与藏族部落》，第 279 页。

另外，据口碑资料和后世文献追溯，西宁卫城以北的大通采煤业也肇始于明代。

（三）交通、驿运

明代，西宁卫的交通状况较之前代有较大改观。驿站体系趋于完备，并出现纵横相连的多条邮驿线。明制，陆路设兵驿，专为公差往来、递送使客、飞报军情服务。洪武十四年（1381 年），西宁卫始置在城、老鸦 2 驿，以官兵充驿卒，在办理驿传业务的同时屯田自养。到十九年，又增置马驿 5：平戎驿（今平安）、嘉顺驿（今乐都碾伯镇）、冰沟驿、巴州驿、古鄯驿。加上原有 2 驿共为 7 驿。7 驿中，西宁在城驿置驿夫 12 名，马骡 12 匹（头）。古鄯驿、巴州驿各置驿夫 9 名，马骡 9 匹（头）。其余平戎、嘉顺、老鸦、冰沟 4 驿，均各有驿夫 16 名，马骡 16 匹（头）。各站驿夫不再由官军充任，而是改为佥点编户 4 里土民自备马骡牛只应差①。所谓编户 4 里，即三川、老鸦、巴州、红崖 4 里，均属土族农业人口地方。② 洪武十九年（1386 年）还增置西宁卫递运所 5 处。明制，递运所用以转运粮食和其他军需物资等。西宁卫递运所有：在城、平戎、嘉顺、老鸦、冰沟。每所设夫 40 名，牛 40 头，车 40 辆。递运所于嘉靖三十八年（1559 年）裁革。

明代西宁卫下除设有上述 7 马驿、5 递运所外，还设有 14 个急递铺。急递铺初设之意，为的是传达四方紧急文书。公文随到随送，不分昼夜。后变为"马驿递紧急公文，铺舍传寻常事件"。③ 自西宁卫城向东至冰沟口，14 铺依次为：在城铺（卫城西隅）、洪水铺（卫城东郊，去在城铺 10 里）、石峡铺、土山子湾铺、迭烈逊铺、杨铺、马哈剌铺、碾伯铺、东笯木赤铺、白崖子铺、甜水铺、山岭铺、冰沟铺、冰沟口铺。以上 14 铺每铺设司兵 5 名，都由本卫三川等处土民佥当。

明代西宁卫的驿传设施，主要集中在湟水流域，以西宁城为西部终端，向东依次经平戎、嘉顺、老鸦、冰沟与庄浪卫相连，全长约 150 公里，庄浪卫东南行可通兰州、临洮，东北行可能凉、甘、肃诸卫，为湟水流域之门户。

---

① 《西宁志》卷二《驿传》。
② （清）杨应琚：《西宁府新志》卷十六《田赋》。
③ （清）杨应琚：《西宁府新志》卷十《驿传》。

从老鸦驿过湟水东南行，80里可至今民和县境的巴州驿，又30里至古鄯驿，又90里在官亭一带南渡黄河，可接长宁驿（今甘肃积石山县大河家西），与河州（今甘肃临夏）相通。

明代西宁卫交通业的发展还体现在桥梁的修建上，《西宁志》记载，西宁卫桥梁有6座，分别为碾伯河桥、那孩川河桥、伯颜川河桥、西宁河桥、暖泉桥、通津桥，其中除碾伯桥外，其余均集中在西宁卫城周围。

第二节　土流参治与各家土司

一、土流参治

土司制度兴起于元，成熟于明，上接唐代羁縻州府制。西宁卫边卫是少数民族交错杂居、互争雄长之地，明廷经略西宁卫，推行土司制度与茶马互市，尊崇宗教等重要方略。自唐施行的"羁縻制"，到宋代的"推恩结好制"，至元代的"因俗而治"，多设土职，肇始土司制度，委任部落酋豪为一方之长，分土司民，土官世有其地，类似土邦。明代西宁卫地区土司作为一股重要的地方势力而活跃其地，对于明初迅速安定地方秩序，共同反元保塞，都尽过一份力量，于是都得到合适的安置，成为一方的土官统治者。

明代西宁卫地区的土司职衔，多为明代西宁卫所的指挥使、指挥同知、指挥佥事、千户、百户等官。据《西宁府新志》记载："按宁郡诸土司计十六家，皆自前明洪武时授以世职，安置于西（宁）、碾（伯）二属。是时地广人稀，城池左近水地，给民树艺；边远旱地，赐各土司，各领所部耕牧。内惟土司陈子明系南人，（以）元淮南右丞归附，余俱系蒙古暨西域缠头或以元时旧职投诚，或率领所部归命。嗣后李氏、祁氏、冶氏皆膺显爵而建忠勋矣"。十几家土司中，陈子明归附最早，原为元淮南右丞，汉族，于洪武初即投降朱元璋，后奉调遣，前来西宁，世居兹土。他是青海土司中仅有的汉族。祁贡哥星吉原为元朝甘肃理问所土官，蒙古族，世居西土，洪武元年归附，守备乐都，准予世袭，其后以祁为姓。李南哥原任西宁州同知，洪武四年以西宁州投降，授西宁卫指挥使，世袭。其余阿、汪、纳、朱、甘、辛等姓土司皆与此年归附。降明的少数民族头人，都授予卫所世袭武职指挥使、同知、佥事、千户、百户等，自正三品到六品。武职土司由兵部管理。

明朝统治者在广设土司的同时，对土司承袭、贡赋、征调、奖罚等各项制度也逐步完善，使土司制度日臻完备，日趋成熟，专门设置了区别于流官的土司职衔。元初所立土司制度没有单纯为土司设的官职，土官担任的官职，流官也可以担任。至明代完善土司制度的首要一点，就是分别流土，专门设置了区别于流官的土司职衔。但从制度上，所有土司必须受地方文武长官的约束，"隶验封者，布政司领之；隶武选者，都指挥领之"[①]。所谓受地方长官约束，不仅要听从指挥，还要随时备征调。其次中央政府于土司衙门内安插流官，以便对土司进行监视、控制。在西宁卫辖下的"十三族"的各藏族部落中，"其诸豪有力者，或指挥、千户、百户，各授有差"[②]。明中叶后，十三族衍生成廿五族。对这等族份的藏族，明代开始称作"西番"。又由于他们接受汉文化很快，而且在血统渊源方面，藏汉联姻不断，于是出现了"嘉西番"的称呼。

二、西宁诸土司

（一）李家二土司，东西两伯府

李土司的始封人是李南哥，李南哥的曾祖李赏哥，据该家的《族谱》说他在宋时为"鄯善王"。元初，李赏哥为岐王（即章吉之弟脱脱木儿，镇守湟水下游一带）府司马，岐王曾将红崖子沟一带土地封赏与他，任西宁州同知兼都护使。明洪武四年（1371年）李南哥以西宁州归附明朝，被授予西宁卫世袭指挥使，忠显校尉。他"招抚番族，疏通道路，置邮驿，广积贮，开创卫治，厥功居多"，[③]安边兴国，造福地方，是土族人物中精英。永乐四年（1406年）李南哥子李英承袭后，屡著功勋，晋升都指挥佥事。洪熙时征西，越昆仑，宣德二年（1427年）封会宁伯，赐铁券，建府于今民和，世称东伯府，东李

---

① 《明史》卷三十《土司传·序》。
② 《明经世文编》卷四〇四。
③ （清）杨应琚：《西宁府新志》卷二十七《人物》。

土司，也称下署土司。关于李土司的祖系来源，李英神道碑称系沙陀晋王李克用后裔，研究者有的认为系吐谷浑后裔，有的认为系西夏党项羌后裔等等，目前尚无大家一致认定的结论。

李英的义子李文，字尔雅（华阴人，《族谱》说李英从子），以"舍人"身份随李英征战有功，升都指挥佥事，挂征西将军印，充总兵官，镇守大同。英宗时以"迎驾功"，天顺二年（1458年）封高阳伯，其府第先建于西宁小南川疙瘩城（今田家寨），后迁入西宁卫城内（今人民街一带）居住。世称西伯府，西李土司，也称上署土司。李氏二位伯爵，均系流伯，不世袭，该两家土司均以指挥使世袭。以后两府后嗣，迭出能人，名重河湟。如李英子昶，官至右军都督府佥事；李昶子巩（音凡），成化辛丑科进士，官至尚宝司卿；以后有李完，嘉靖戊子科举人，衡水县令；李光先，万历癸未科武进士，任锦衣卫镇抚司佥事；李化龙，任官锦衣卫。李化龙之弟李化鳌，别封百户，管辖九家巷、老鸦堡等庄土民，清初以后称小李土司。明末，李自成农民军贺锦部西进，东西二李土司和西祁等土司与之抗衡。在进占西宁卫城时，鲁文彬、贺锦相继牺牲，义愤的农民军逮捕了祁廷谏父子和李天俞并囚禁西安，此次战役中，农民军还将西李土司李洪远及其妻祁氏予以镇压，120人死于难。西李土司之势力从此一蹶不振。清军入陕后，李、祁二土司被清英王阿济格和总督孟乔芳释放，令宣抚河西诸家土司归附清朝。

（二）汉人任土司，世居陈家台

西宁陈土司始封于陈子明，江苏山阳人，汉族，元时任淮安右丞，明洪武元年（1368年）归附，授指挥。其子陈义于十七年袭职，以功调升西宁卫指挥使。陈土司衙门设于今西宁北川陈家台。十一世陈师文于清顺治二年归附，九年袭职。凡十八世，历二十人。辖百余户，男女600余人。兵制有土千总、把总各一员，马步兵二十五名。

（三）东西二祁，将军总兵

祁贡哥星吉，元时任甘肃行省理问所土官，西宁州土人（"宗谱"称蒙古人），"世守西土"，是地方实力集团。洪武元年（1368年）五月即响应明军檄文，归附明朝，在将军宁正军前（即韦正）效力。洪武二年，招抚西番，其后挂武略将军印，守御碾伯地方，他一生从征七次，阵亡于居延海附近。从第二代起以祁为姓,世袭指挥使,世居西宁南川高羌堡（今属平安县）,称西祁土司。

朵尔只失结,蒙古人,久居西土,元时为甘肃行省右丞,洪武四年归附明朝。授予西宁卫指挥佥事,挂宣武将军印,抚其部落,守备地方。后嗣升指挥同知,指挥使。从第三代起以祁为姓,世居乐都胜番沟（今名引胜沟）,称东祁土司。

东西两家祁土司是明代西宁卫地区势力较大的地方实力集团,祁家土兵在明代屡立战功。明末祁秉忠积功升至甘肃总兵官。赴辽东抗御后金,成为一代名将。

（四）众建少力,土族居多

西宁卫土司明代十五家,加上清初小李土司,故云"宁郡土司十六家"。正因为众建而少力,所以"有捍卫之劳,无悖逆之事"。如果按民族成分划分:汉族 1 家（陈土司）,藏族 1 家（赵土司）,回族 1 家（原先缠回,冶土司）,蒙古族 3 家（东祁、西祁、阿土司）,土族有 10 家（东李、西李、小李、甘、辛、朱、喇、吉、汪、纳土司）。由此可见,明代是河湟土族人士重要的演变时期。（注:纳土司,有人认为系藏族。又,西祁土司,元朝土官,系土族人士。若然,土族土司仍为 10 家）。

第三节　茶马司与茶马互市

一、治边政略,以茶驭番

自秦汉始,历代治边,因俗而治,各有创新。或众封多建,以分其势,或扶植一派,号令僧侣。明朝对西北边卫的治边政略,主要三项:其一推行土司土官"各统其部落",共同反元保塞;其二茶马互市,以茶驭番;其三兴佛教,以"僧徒化导"。上述三事综为一体,互为补充。

明初百年,蒙元势力仍据塞北,自有汗号,西北诸部"尚多观望"。明廷建立重镇于甘肃,北御蒙古,南捍诸番,使不得相合。同时承袭宋代"以茶驭番"政策,使番族成为明代西北边防的"藩篱"。

茶马互市始于北宋,完备于明代。马为一国之武备,是征战、骑射、驿传不可缺乏的重要战备资源。因之，养马、征马是历代王朝的大政之一。西北自古产良马，而"番人食乳酪，不得茶则困以病"。"摘山之茶，易厩之良，无害而有利"，所以施行以茶易马之法，两得其利。宋代神宗熙宁时在熙河路置司买马，在巴蜀置司征茶。后并茶马为一司，成为茶马交易的专设机构。明代加强"茶法""马政"建设，制定了长久羁縻政策，正如明人所言："国家令番夷纳马，酬之以茶，——亦以番夷中国藩篱，故以是羁縻之耳"。又云："互市者，和亲别名也，然贤于和亲，贤于数十万甲师矣。"概而言之，茶马互市在西宁卫有长远的历史影响。

二、西宁茶马司和马政茶政

"明洪武四年（1371 年），始于秦州开设茶马司，收四川巴茶，易买西宁、洮、岷等处番马"，洪武二十九年（1396 年），驻守西宁卫的长兴侯耿炳文奏请，因秦州路远，安定等卫不便互市。次年，改秦州茶马司为西宁茶马司，又增置河州、洮州、甘州三个茶马司。西宁茶马司衙署在今西宁北大街大同街口，市马地点设在湟中镇海堡（清初移至多巴）。茶马司官职不高，初置时，有茶马司令和茶马司丞，洪武十五年（1382 年）改设茶马司大使一人，副使一人，官秩为正九品和从九品，茶马司职品级虽低，但权势颇重。茶马司不属于地方卫所管理，而上隶巡按御史的监督。明中叶后，特设巡茶御史以董其事。

明代前期互市用茶，产自汉中和四川，称作巴茶，用竹篦盛装，每篦十斤，十篦百斤。后改为封，形如砖块，每封五斤，二封等于一篦，相沿成习，沿用至今。明万历以后，湖茶盛于巴茶，西北边卫茶马司所用之茶，改为湖茶。万历二十三年（1595 年），御史李楠提出"湖茶行，茶法、马政两弊"，请奏禁止商人贩卖湖茶，这项遏制政策难以行通。不久，御史徐侨主张让巴茶、湖茶并行，这样"利农、利商、亦利番"，得到允准。两茶相比，巴茶味甘而薄，湖茶味苦而浓，于酥酪为宜，边地民族更嗜湖茶，从此湖茶盛行，巴茶势微，沿袭至今。茶有官茶和私茶之分，所谓官茶，即产地"每茶十株官取其一"。无主茶园，令军士薅采，十取其八，以易番马。"官茶入库""民所收茶，官给价买"，也成为官茶。所云商茶，通指商人向官府交钱请引，到产地购茶。每引茶百斤，纳钱二百。不及百斤者为畸零，另给"由帖"证明。私茶指的是商茶，商人购买户部印发之茶引，赴产地采购，每引茶 100 斤，纳税二百钱，外加附茶 14 斤，为本商脚费。茶运到司，一半入库易马，一半给商货卖。没有茶引和由帖，即为走私，准为告发，缉捕治罪，私茶出边，最重可判死刑。后来增加茶税，每引百斤，输钱一千，由帖一道，输钱六百，平均每茶一斤，纳税十文钱。到明武宗正德时，厘订茶马制度，茶引分上中下，"上引五千斤，中引四千斤，下引三千斤"。

明代凡纳马之族，其田地称作"茶马田地"，不纳粮税科差，"唯知中马当差"。领茶交马，交马数额，约为孳生马驹的十分之一。由政府垄断的茶马贸易兼有纳差交赋性质，所以又称之"差发马赋"。所市之马，或交马苑牧放，或拨交边军骑乘，另有一套制度。

三、金牌信符和互市废兴

明初曾制定"金牌信符"作为官方互市执照，既是互市的凭证，又是差发马的凭证，以防冒滥、诈伪，故曰"信符"。并因其质地是铜制镏金，故名"金牌"。各族首领持有金牌是拥有权力的象征。据《明史·食货志》，金牌正面有"信符"二字，上为"皇帝圣旨"，左为"合当差发"，右为"不信者斩"。对剖为二，上号藏于内府，下号发给各族首领。朝廷每三年派官合符交易。[①]20 世纪 80 年代在贵德发现一块金牌，证明《明史》所记不诬。茶马比价，初为上马每匹 120 斤，中马 70 斤，下马 50 斤。西宁卫发金牌 16 面，共纳马 3010 匹，当时巴哇、申中、申藏等族和安定、阿端、曲先等羁縻卫都领有金牌，当时茶马司每年用茶 50 余万斤，市马 13800 匹，平均每马用茶 40 余斤。

在官府对茶马贸易实行垄断经营的背景下，民间交易被明令禁止。但实际上，民间交易——茶叶走私活动始终未能被阻遏，有时对官营垄断形成巨大冲击。明时，官府易马之茶主要来源于四川、陕南和湖南，故运茶成为明廷一大负担。宣德时，曾实行"茶支盐例"，即以支付盐引为代价，招商运茶，这给那些资本丰厚的富商大贾进行茶叶走私开了方便之门，"客商恃有执照文凭，惟贩私茶"。成化、弘治年间，或因储边，或因赈济，明朝又数度实行招

---

① 参见芈一之主编：《黄河上游地区历史与文物》，重庆出版社 1995 年版，第 495-503 页。

商中茶制度，西北茶叶市场渐为商人开放。正德之后，各茶马司全用招商办法购运川茶，茶叶"运至茶司，官商对分，官茶易马，商茶给卖"，致各茶马司地方商茶充斥，但各茶马司所在地人口稀少，大量商茶无力消化，便只有流向"边外"牧区，即所谓"通番"。有些商人甚至不辞险远，携茶深入到偏远的游牧区直接交易。"私茶盛行，以致官茶阻滞，易马甚难"。而官茶本身在经营中弊病丛生，很难和私茶抗衡。到嘉靖、万历时，西宁等各茶马司"陈茶充积，朽叶无用""节年霉烂至十数万斤"，造成巨大浪费。西宁卫城内也设有专供少数民族商人陈肆沽贩以及住宿的"番厂"。明万历前期，在西海蒙古的强烈要求下，明朝在扁都口洪水堡还开设了互市，准许蒙古各部每年到彼地进行贸易。明孝宗弘治时，茶马互市制度废弛，弘治十六年（1503年）令杨一清督理苑马，整理茶政，略有起色。武宗正德时，又趋废弛。当时东蒙古人迁西海，攻掠番族，原有金牌多有散失。到嘉靖三十年（1551年），清理茶马，复设金牌。万历以后，又趋废弛。清初仍实行茶马互市，那是后话。

四、昙花一现的碾伯苑马寺

前文说明，明代西宁卫郊区今互助、民和地方，弃农还牧，孳养马匹，虽属措置不当，终为历史事实。

洪武二十三年（1390年），太祖"诏陕西西宁卫，以征北所获马牛羊万九千三百八十三给诸军牧养"。[①] 当时各卫有管马指挥、千百户，负责牧养官马事宜。驻军中抽出一部分军卒携妻子择宜牧之所屯营牧养。洪武三十年（1397年），置甘肃行太仆寺于甘州卫，掌甘肃各边卫所屯营堡的马政。永乐四年（1406年）九月，设陕西、甘肃2苑马寺，每寺统6监，先各设2监。甘肃苑马寺所统曰祁连监、甘泉监，每监统4苑，先设西宁苑、大通苑隶于祁连监，广牧苑、麒麟苑隶于甘泉监。马苑分三等，上苑牧马万匹，中苑7000匹，下苑4000匹。苑下设有围长，一围长率50夫，每夫牧马10匹。各监苑先将已有牝马分配牧养，并陆续购买充实，"春月草长，纵马于苑，迨冬草枯，则收饲之"。

---

① 《明太祖实录》卷二〇二。

永乐六年，增设甘肃苑马寺所属武威、安定、临川、宗水 4 监，加上两年前所设共为 6 监。其中西宁卫境的甘泉监（在今互助县境），辖广牧（今互助东山乡）、麒麟、温泉、红崖 4 苑，祁连监辖西宁（今西宁西川马坊）、大通、古城、永安 4 苑。临川监在今民和县境，辖岔水、巴川、暖川、大河 4 苑。宗水监在今乐都、化隆县境，辖清水、美都、永川、黑城 4 苑。西宁卫境内以上共 16 苑，即使全部按下苑计，牧养的马匹也应有 64000 匹。明时西宁卫马苑多设在宜农地区，随着不断迁军迁民，出现马苑与农业争地问题。发展农业单位承载人口数量大大优于牧业，依循生产发展规律，明智之举只能弃牧还农。西宁卫境内的官营养马业即此昙花一现罢去。正统二年（1437 年），裁甘肃苑马寺，并甘肃所牧马匹改隶陕西苑马寺。

第四节　庙宇寺院与道教宫观

无论内郡边郡，凡各城邑均有相当数量的庙宇，这是历代以神道设教的历史性见证。何况有明一代是西宁边卫多民族共居，多宗教并存，寺院宫观当然会呈现出各宗教并存的多元文化格局。

一、东关清真大寺

卫城西宁，东关路南的清此大部，塔尖高耸，从东边西来首先映入眼帘，告诉人们，这里是穆斯林聚居之地。

依据传说，东关清真大寺始建于明洪武年间，迄今已有 600 多年的历史。洪武十三年（1380 年）前后，明太祖朱元璋分封辅佐他开国有功的回族将领沐英（安徽省定远县人）为西平侯，镇守甘青地区，期间西宁卫土官冶氏和部分回族上层通过沐英向明太祖奏准于西宁卫城之东关建寺，得到允准。该寺珍藏有朱元璋御笔亲题至圣"百字赞"。当时寺院占地仅 2.8 万多平方米，初建大殿 1 座、宣礼塔 1 个及碑亭院等。寺院建成后，曾长期由冶土司家族控制，明代史料中曾提及崇祯时有西宁"掌教冶秉乾"参与镇压马安邦起事，此冶掌教估计就是东关清真寺的掌教。

至清代同治年间，花寺门宜太爷署西宁知府马归源，曾经以大寺作据点，统一教权，并坑杀了临洮教派数千人。后来，清军攻占西宁，清真大寺遭到损坏，民国初年马麒、马麟多次扩建，始具有今日规模，被称作西北四大清真寺之一。大寺正门主楼，高达 3 层，正门设五门，前门与原中五门及大殿成一轴线。正门主楼两侧建成高达 45 米的宣礼塔，高耸霄汉。正门前辟有广场，设花坛，建十一级台阶。寺北侧临街为高 6 层的商贸综合大楼。南端为 5 层楼，内设教室、宿舍、会客室、餐厅等。广场顶端正对门楼的是宏伟壮观、宫殿式的大殿。这座大殿面积 1100 多平方米，可以容纳 3000 余人进行礼拜。砖木结构的大殿四壁青砖到顶。内部雕梁画栋，融阿拉伯、波斯和我国古典图案纹饰于一炉。大殿的脊顶中心、竖立着三尊金碧辉煌的镀金鼎，是甘肃拉卜楞寺代表喇嘛教和藏族群众赠送的。挺立在大殿四周的大圆柱，是互助佑宁寺割爱的，这是回族、藏族、土族世代友好的见证。

二、道教宫观和汉传佛寺

明设西宁卫，是汉族大规模移民西宁的又一历史高潮。当时道教文化于民间盛行，其文化之内蕴，渗于西宁汉族、土族乃至藏族民间信仰文化之中。如二郎神庙，遍布于藏族、土族民间村落，呈现多重信仰的综合景象。

明代西宁城内外，遍布有火神庙、二郎神庙、马祖庙、北斗宫、百子宫、东岳庙、药王宫、土地祠等道教神系的宫观，也有北山寺（又名永兴寺）、南禅寺、雷鸣寺、印心寺、铁佛寺等汉传佛教寺院。

具有代表性的道教宫观应是位于城东北隅的广福观（今观门街），此观于明永乐末年至宣德初年由西宁卫土族，会宁伯李英出资修建。在明朝翰林学士曾棨所作《广福观修建记》中，永乐年间皇帝向"特赐荣禄大夫、柱国、会宁伯李英，咨问西宁风土"，李英"请建真武庙，以为边人岁时祝寿祷祈之所。诏许之。公既还镇，卜日命匠治材，……逾数月而告成。"宣德改元（1426年）冬十二月，公始克以庙讫工奏之，敕赐观额曰"广福"。宣德十年（1435年），于西宁卫城东北隅设道纪司，职掌地方道教事务。此后，正统中，西宁卫都指挥王清重修。嘉靖二十一年（1542年），守备崔麒重修。清代咸丰元年西宁卫绅民又再次重修。说明当时西宁信奉道教的人确实不少。道纪司和僧纲司是明代职掌道教和佛教宗教事务的政府机构。

除此之外，坐落于西宁市之北的北禅寺，也在明代几经修缮。此神祠古刹，因是西宁北山的组成部分而世称北山寺。北山寺因形状奇异，水绕山环，东西南北四川烘托，一关东峙，显得钟毓而灵秀。赭色山崖层叠，远处望去其形状酷似一土楼矗立，故又称土楼山。《水经注》所云："湟水又东，径土楼南，楼北依山原，峰高三百尺，有若削成，楼下有神祠，雕墙故壁存焉。"

据史载在东汉章帝时，南阳人邓训任护羌校尉，遗惠人民，土楼下建有"圣贤之祠"，供奉邓训塑像，明代建城，奉为城隍神。

魏晋以后，顺羌中道和河湟道汉传佛教传入，土楼神祠开始有了佛教活动。明初，征虏左副将军邓愈经略西宁，甚叹土楼神祠之佛教艺术，扩建土楼神祠，邓愈返京后，驻兵西宁的千户张铭于北山坡修建砖木结构的宫殿式庙宇，并于顶峰建宁寿塔，成为后来永兴寺的雏形。明永乐十四年（1416年），高僧室利华藏布应诏入京，奉请明成祖敕寺名"永兴寺"。

明代，又在土楼山下的平地上建造了一座藏传佛教寺刹，由于寺内供有一尊铁铸的大佛像，故名铁佛寺。其间，一些道士于此诵经，相继修建斗母宫、吕祖殿等道家庵观。清雍正年间，受罗卜藏丹津事件牵连，这些建筑被焚。至今空留下寺台子、大寺沟、小寺沟等地名。

三、文庙和儒学

西宁卫是汉族文化圈的西向边缘地带，以尊孔兴儒为核心的汉族文化覆盖地区。文化覆盖地方，莫不以兴教办学，以淑人心，以崇教化。明初修筑卫城时，没有同时修文庙、建学宫，反映了边卫重在军事防御的当时政情。过了四十三年，宣宗宣德三年（1428年）由都督史昭奏准设西宁卫儒学，于城东北隅建文庙，修学宫（今文化街）。[①] 宪宗成化六年（1470年），都御史徐廷璋檄守备都指挥孙鉴增修；世宗嘉靖十二年（1533年）兵备道副使李经重修（清初重修，占地80余亩，煌煌然河西重镇，斋堂号舍，规模宏远），"明

---

① 　《青海地方志资料类编（下册）》，青海人民出版社1987年版，第869页。

兴一百六十年，文教大明于世"①。成化十七年辛丑（1481 年）西宁卫碾伯土人李玑考中进士，距宣德三年，距明朝开国 113 年。嘉靖三十五年丙辰科（1556年），卫城汉人张问仁考中进士。明代西宁卫中进士二人。其后，清代中进士13 人，共为 15 人。这些科举成名人士的出现，表明以儒学为核心的汉族文化在西宁边卫地区的再度崛起，延续不断，扎根斯土。古人云，"百年树人"，文化兴盛，人才辈出，没有上百年的培养是不行的。昂扬向上的文化必然会有好的结果。但是，站在明代西宁卫城头东望长安，这里的入世向上、修齐治平的汉文化，实为晚熟了。

四、藏传佛教，名寺古刹

西宁卫边地，以吐蕃部众即藏族所居为多。藏族信佛，藏族文化更多地体现在藏传佛教之中。历代"因俗而治"，"以蕃俗佞佛，故以佛事怀柔之"和"因其俗尚，用僧徒化导"②。崇尚藏传佛教，授僧侣尊号。概而言之，明代西宁卫，佛教兴盛，名刹林立，如瞿昙寺、塔尔寺、佑宁寺等。西宁地方，农业文化的主体是汉族文化，牧业文化的主体是藏族文化。两大文化圈在这里交汇和重叠。此外，大文化圈中还有较小的文化圈，如伊斯兰文化、土族文化及蒙古族文化。多种文化并存并进，绚丽多彩。这里谈几个有代表性的佛寺。

（一）瞿昙寺和三剌名僧

瞿昙寺系明洪武二十六年（1393 年）朱元璋敕赐匾额。永乐、宣德时奉敕修建于碾伯（今乐都，当时为西宁卫碾伯所千户所）南川的佛寺，藏语称"卓仓多杰羌"，意为"乐都持金刚佛寺"，距西宁约 80 公里。瞿昙寺取佛教始祖释迦牟尼的族姓"瞿昙"（乔达）而赐名，朱元璋题写了匾额。该寺是明代在河湟推行宗教政策的样板寺院。该寺的开创者是名僧三剌。

明朝建立，进军陇右。洪武三年（1370 年）五月明军在定西会战中击破故元在西北的主力扩廓帖木尔后，进克河州，西宁州传檄而定。但是强悍的罕东诸部和宗喀十三族中的隆卜、申中等部仍凭险抗拒，几经剿抚，皆无功

---

① 康海：《重修西宁卫儒学记》，见《青海地方志资料类编（下册）》，青海人民出版社 1987 年版，第 870 页。

② 《明史》卷三一一。

而返。当地宗教上层梅仰家族高僧三剌（三罗藏）运用其独特影响，作书招降罕东诸部，便之"相继来归"。于是碾伯南川梅氏家族的三剌成为明廷青睐的对象并扶持该寺。洪武二十六年（1393年）朱元璋对三剌所主持的寺院赐额"瞿昙寺"，后经永乐至宣德数十年不断扶持，并建成了规模宏大、殿宇雄丽，具有皇家宫殿风格颇具相当影响力的藏传佛教寺院。明成祖、宣宗及仁宗诸帝都曾给该寺颁赐护敕、匾额，集中体现了明朝统治者对藏传佛教的优厚政策。这许多史实，集中记录在该寺所存几通御碑上。

三剌信奉噶举派，主张修炼，他曾在青海湖海心山长期修行，被称作海喇嘛，后于山秀林茂水丰的碾伯镇南约40里的曲坛河畔修建寺庙。这里是东西往来要道，有山路东通巴暖、三川，过黄河走临洮东赴秦陇，西北行至西宁，西通青海、高昌，西南行进卫藏，行旅僧人赴寺礼佛，甚为方便。洪武十六年立西宁僧纲司，以三剌为都纲，命他主管河湟一带佛教宗教事务，"设官以理庶务，非徒为僧荣也"。

关于三剌进京面见皇帝一事，《安多政教史》记叙颇多，其中不乏精彩片段："洪武帝登基。不久，欲请一位供应上师。遂命卦师占卜，（卦师）禀告道：'西方边陲的一个寂静山沟里有位修行大师，若请之进宫最好。'即遣使者前去探寻。使者走到一个石崖陡峭、古树参天、行走艰难、野兽成群的山沟，看见一处起烟的岩洞，三剌独自在洞中静修。使者看后，十分诧异，即返回京城，将此禀报皇帝。帝龙颜大悦，即差金字使者前去迎请。大师允诺赴京，（使者）问，'起程等事宜如何办理？'答曰：'不必张罗，到约定之时便这般进宫。'至约定之时，人们候于门侧，准备迎接，须臾，皇帝看见一位身着法衣的比丘乘白象自天而降。同时，天空显现彩虹，降下花雨，显出种种吉兆。"又则："在一次宴席间，皇帝以自饮的御酒让其饮用，大师接过酒后，连杯洒向空中，几位仇视佛法的近臣乘机进谗言：'无理至极。'皇帝道：'请转告喇嘛，此次例外，日后决不可如此行事。'上师回禀：'比丘是不饮酒的，恰逢陛下辖区发生火灾，料想洒酒或许对灭火有所益。'不久，报告至说某城失火，当无法扑灭烈火时，突然乌云密布，降下散发酒味的暴雨，烈火顷刻熄灭，所说时间与喇嘛洒酒时间一致。皇帝听后，更受敬崇。"

到永乐年间，明成祖进一步扩建瞿昙寺。永乐五年（1407年），三剌之侄徒即其接班人班丹藏卜贡马。当年派孟太监携巨资来，修建规模宏大的"宝光殿"、"金刚殿"、两厢廊、前山门和禅房等。永乐六年（1408年）五月十五日立圣旨碑一通，碑文汉藏对照。碑文对瞿昙寺所管方圆上百里的田土、山场、园林、财产、孳畜，敕谕保护，不许侵扰。如有进犯，必惩无赦。用皇帝圣旨支持梅氏家族的特权地位。次年，班丹津卜等朝见皇帝谢恩。永乐八年（1410年）十月敕封班丹藏卜为"净觉弘济国师"，三剌成为国师之师。此时三剌年事已高，都纲等职由其侄徒接替。永乐十年（1412年）正月封班丹藏卜为灌顶大国师。明制，大国师，秩三品，是当时河湟地区僧职中品级最高者。三剌于永乐十二年（1414年）去世，同年，他的另一侄徒锁南坚参被封为"广智弘善国师"，颁给"慈光普照"象牙图章一颗，从此确立了瞿昙寺有大国师、国师二人。永乐十二年（1414年）锁南坚参在京去世。

从明太祖开始扶持瞿昙寺，使梅氏家族在河湟地区具有特殊地位，明成祖则又把他们抬到更高的地位。该寺从永乐五年由朝廷派员携资督建起，经过20年左右，到宣德二年全部竣工。其间，明仁宗立"御制瞿昙寺碑"一通，碑文汉藏对照。碑文叙及前代皇帝"命官相土，审位面势，简材饬工，肇作兰若"的原委和过程。宣德元年（1426年）明宣宗又派内官携资扩建，建隆国殿、大钟鼓楼、画廊等，并铸铜鼎、壶、灯等物，又雕刻楠木须弥座、御赐器物座等。该寺成为巍峨庄严的宫殿式的三进三殿，两旁有相应僧舍的大寺院，加以土城四绕，俨如宫城，一派皇家殿堂风范。因而，瞿昙寺在民间素称"小故宫"，被古建筑学家誉为"明代建筑的活教科书"。寺院的后钟楼悬挂着一口宣德青铜钟，高约1.8米，口宽约1.5米，重达1吨，钟声悠扬，传说可飘到30里外的巴燕镇。寺内现存文物中最引人注目的莫过于"象背云鼓"——一只石雕卧象，背上托起木雕的叠云，叠云架起一面真鼓。石象回首顾盼，鼻卷莲花，那神态似在告诉人们：云中鼓声如雷，大雨将至。

明宣德二年（1427年）二月又立"御制瞿昙寺后殿碑"一通，还立有楠木制的"皇帝万万岁"牌，佛殿中供有皇帝万岁牌位，在西土寺院中实属罕见。从这一侧面也可以说明该寺与明廷的密切关系。

宣德六年（1431年）九月，明廷批准喃葛藏卜承袭其叔锁南坚参国师名号。班丹藏卜去世后，其大国师名号由其侄徒班卓尔藏卜承袭。

　　宪宗成化二年（1466 年）正月，明廷又正式颁给领占藏卜和班卓尔藏卜一寺二国师名号，赏给山场、田地等，供该寺"香粮之用"。成化二十二年（1486年）冬颁给大国师金印。以后明孝宗、明世宗多次发下诰敕护持，嘉靖十年（1531 年）七月下诏重申一寺二国师承袭制度。从明太祖开始到明世宗，先后有七个皇帝不断扶持瞿昙寺，下发敕谕七道，御制碑五通，诰命二道，封都纲、国师、大国师，颁印五颗。

　　瞿昙寺在西宁卫地区的崇高地位，后因政治形势的变化和格鲁派寺院的兴起而于万历以后日渐衰落。清代以后，"兴黄教即所以安众蒙古"，推崇格鲁派，以致清代改定的"呼图克图"封号瞿昙寺也没得到。雍正初年蒙古大酋罗卜藏丹津武装反清，该寺牵连进去，寺主阿旺宗哲被押入兰州狱中七年。以后，瞿昙寺也改宗格鲁派并成为佑宁寺的属寺。该寺的影响趋于衰微。

　　（二）塔尔寺和宗喀巴

　　西宁西南行 26 公里，莲花山间有塔尔寺（今湟中县鲁沙尔镇）。四周峰峦重叠，山形妙如千瓣莲花。远处有八座象征吉祥八徽的山峰，八条山川峡谷如铺设在寺院周围的八辐喜金刚轮，山形宛若八瓣宏开的莲花，故名莲花山，被誉为"第二蓝毗尼园"。被尊为"世界第二佛陀"的格鲁派创始人宗喀巴大师就诞生在这里，因寺址原有纪念宗喀巴的宝塔而得名。三世达赖喇嘛的灵塔供奉在此，外裹以银，因之曾称作银塔寺。

　　宗喀巴原名罗桑札巴，尊崇称宗喀巴，意为宗喀地方贤哲，生于元至正十七年（1357 年），成名于明初。其父龙本格，是湟水之滨龙本部俄西朗珠家族人。母亲香萨阿曲是龙本索尔吉人，慈祥贤惠。夫妇二人生有五男一女，宗喀巴排行第四，幼年聪颖，3 岁从师念经，7 岁出家入峡宗寺拜端智仁钦为师。17 岁赴西藏求学，临行前，母子泪别，母亲给了他一些用烧热的小石子烙的干粮。后来人们为了表示对他的怀念，也用已烧黑的光滑石子烧干粮吃，俗称麻干粮，这一习俗在宗喀一带流行至今。宗喀巴在拉萨各寺院访师问道 20年，学问精进，博通显密。36 岁时率弟子深入雪山静修。著作日丰，声望日高，为各派教徒所崇敬。他针对当时藏传佛教各派重视密宗，不习显宗，戒律松弛，生活腐化，颓废萎靡，失却人心等弊端，力主改革，创立新派。明永乐七年（1409年）在拉萨大昭寺创建默朗钦波法会，聚集 8000 僧众，正式打出格鲁派（意为善规）旗号。因该派僧人戴桃形尖顶黄色僧帽，世称"黄教"。格鲁派显密并重，先显后密；注重修行，严守戒律；严格教阶制度；禁止僧人娶妻。明王朝慕其名，永乐八年（1410年）和永乐十二年（1414年），明成祖朱棣两次遣使进藏迎请宗喀巴大师进京，他因忙于祈愿大法会的准备和患病初愈未能应诏，上表婉辞。公元1415年派其弟子贤钦曲杰释迦益西作为他的代表进京，朝礼皇帝。明成祖敕封释迦益西为"西天佛子大国师"，1421年再次赴京朝觐，被宣德皇帝加封为"大慈法王"，从此格鲁派与明王朝建立了密切关系。1416年到1419年，他的两位弟子嘉央曲扎西贝丹和释迦益西分别在拉萨西郊和北郊创建哲蚌寺和色拉寺，与甘丹寺并称，形成格鲁派拉萨三大寺。永乐十七年（1419年）十月二十五日宗喀巴圆寂于他亲自创建的甘丹寺，享年63岁。

宗喀巴大师的降生，意味着河湟藏族文化臻于成熟，出现了文化精英。但是，宗喀巴其人发迹于拉萨，河湟藏族文化到了清代方显人才辈出局面，那是后话。

（三）湟北诸寺之母佑宁寺

在叙完以上两寺之后，我们不能不提及修建于明代、被誉为"湟北诸寺之母"的佑宁寺。佑宁寺藏语称"郭隆弥勒洲"，简称"郭隆寺"。位于卫城东北红崖子沟（今互助县地），地处湟水支流的北岸。佑宁寺是1584年（明万历十二年）三世达赖喇嘛索南嘉措应土默特部之请，去蒙古为俺答汗诵经祈祷、超度亡灵，路过此地为众生讲经传教，并特意授记建寺。1602年（明万历三十年），四世达赖喇嘛云丹嘉措自蒙古迎入西藏坐床，途经此地时，当地众僧俗以三世达赖授记为由，请求四世达赖建造寺院。四世达赖当即允诺在郭隆创建佛寺，但未逢良机。后来，本地的一些主要头人于1602年底前往西藏哲蚌寺，向四世达赖禀告来藏事由，并祈求达赖起驾前往建寺。由于当时西藏政局不稳，达赖不能亲自启程前来主持建寺。于是四世班禅和四世达赖派达波扎仓寺住持、第七世嘉色活佛端悦却吉嘉措到多麦负责建寺。嘉色活佛在松巴教长（一世松布·丹曲嘉措）的协助下，于1604年3月15日藏历第十绕迥木龙年破土动工，当年就建成嘉色寝宫、经堂及部分僧舍，并建显宗学院，初具寺院规模。此后，郭隆寺受到卫拉特蒙古和硕特部首领固实汗等地方势力的支持，不断扩建。固实汗曾献大批土地、百姓。佑宁寺的繁荣和曲折发生在清朝时期，章嘉呼图克图是颇负盛名的高僧。

明代西宁卫地区另一名刹是位于今民和县的"大慈法王塔院"弘化寺。史载，永乐时，应明成祖之邀，释迦益西入朝，受封为"西天佛子大国师"；宣德时，释迦也失再度入朝，受封为"大慈法王"，并被宣宗"留之京师"[①]。正统四年（1439 年）释迦也失在京圆寂，英宗"敕建渗金铜塔，藏其佛骨。七年，奉敕河州建寺，赐名鸿（弘）化"[②]。主持寺院者则是其徒张星吉藏卜。由于受到明朝廷的扶持，弘化寺成为明代河州地区最有影响的寺院，明末清初时其附属寺院就有 10 座。

第五节　西宁边墙与西海蒙古

一、西宁边墙

西宁边墙（不是长城）始建于明代中叶。从《西宁府新志》舆图上来看，西宁边墙基本上围绕着明西宁卫城，从北、西、南三面构成拱卫形状。当时这样构筑的用意是重点防御西海蒙古。

西宁边墙主要分布在西宁卫的西部和北部，大致从今互助县东和乡的柏木峡起，经边滩、林川、南门峡至大通桥头镇以西的娘娘山麓；从湟中县云固川的沟脑起，经四营、上五庄、拦隆口、拉沙至西石峡口；再从湟水南岸的西石峡起，经共和、维新、大才、大源、鲁沙尔至上新庄。至于西宁卫东部的哈拉直沟（互助），胜番沟、冰沟沟脑（以上乐都），马场垣、杏儿沟脑（以上民和）以及贵德河西，化隆塔加，门源浩门等地也筑有较短的边墙或边壕，则多具关隘性质。缘于此地南北两翼有拉脊山和达坂山作天然屏障，只需在主要山口通道驻兵分守即可起防御之效。西宁边墙初建时的规格一般为基宽一丈、顶宽五尺、高一丈五尺，加上朵墙五尺，通高二丈左右。当然例外的情况也有，如娘娘山麓至达坂山之间的边墙，虽然高度依旧，但基宽却增加

---

① 《明史》卷三三〇《西域三》。

② （清）龚景瀚：《循化志》卷五。

五尺，这是考虑到此地的灰壤沙土黏结度稍差的缘故。规格较小的要数今民和马场垣一带的边墙，其基宽仅为七尺，顶宽三尺，加上垛墙四尺，通高共一丈四尺。

西宁边墙，全长约六万丈。西宁边墙还有一些具有关隘性质的设施，如闇门，"闇"同"暗"，闇门也就是暗门。贵德河西乡上刘村的上闇门边墙，《甘肃通志》载，此处是明初河州卫最西部的重要关隘。明西宁卫边墙约有闇门六个，如大通境内西宁卫边墙关隘有东暗门、西暗门。西暗门修筑于隆庆六年，其具体位置就是娘娘山北麓的暗门滩与小石山相夹的地方，现今"西暗门"已被拆毁，宁大铁路由此穿过。"东暗门"修筑于万历二十四年（1596年），其位置据刘敏宽纂修的《西宁卫志》载"万历二十四年，议建闇门于马营内，移置守备官"，约是现今大通县元朔乡老营生村、通往朔北乡马厂村，两村之间山梁上的古城墙所在的位置。此外门源县浩门镇北至老虎沟、老虎沟内东岔沟及化隆塔加乡的几段边墙，因地处河州卫西进西宁卫和河西走廊通向湟水流域的咽喉要冲，自古以来就是兵家必争之地。

从《西宁志》，以及清乾隆年间杨应琚纂修《西宁府新志》记载来看，西宁边墙，从明嘉靖二十五年（1546年）年开始，由西宁兵备副使王继芳、周京等官吏主持倡修的位于今大通东峡地区长50里的黑松林插把峡边墙是最早的边墙。稍后兴修的边墙为撒儿山口和北石峡两段，各长20里，其地应为今互助柏木峡口和大通桥头镇以西地区。隆庆元年由都御使石茂华议行、兵备副使周京督修完成的哈拉直沟边壕，长500丈。以上4段边墙均位于西宁卫北部，封锁了北川、沙塘川等地的主要通道，可谓西宁修建边墙的第一阶段。

从隆庆六年（1572年）到万历二年（1574年）这三年中，西宁卫续修北川、南川、西川边墙近四万七千丈，绵延260余里。西宁卫边墙的基本框架已经形成，应该是西宁兴修边墙的第二阶段。包括1.南川桦林坡至西川哈尔卜山段，长达12697丈；2.沙塘川西石峡至插把峡段，长2691丈；3.娘娘山至达坂山段，长4433丈；4.其他碾伯、冰沟、巴暖三川、土官各段，共长26871丈。

修筑西宁边墙期间，西宁卫经常受丙兔、火落赤、永邵卜等部落的攻袭，

"屡遭蹂践，不可胜计"[①]。万历二十三年（1595 年）湟中三捷后，西海蒙古势力一蹶不振。万历二十四年（1596 年），西宁兵备刘敏宽和副将达云、同知龙膺、通判高第等人"遍历荒度，增筑广堑"，最后兴修西石峡口到娘娘山南麓的边墙，使西宁北部与西南部边墙在这里合拢，连成一片[②]，在多年数次大规模的修筑下，青海西宁边墙的工程最终定形。西宁边墙在经历了 300 多年的风风雨雨之后，成为历史陈迹，供人凭吊而已。

二、湟中三捷

明代万历二十三年（1595 年）在西宁卫城南川连续设伏打败西海蒙古余部的侵犯，旧史称作"湟中三捷"。明武宗正德以后的八九十年时间里，先后有多股居住在土默特川的东蒙古部落迁到青海湖周围地区，他们有的在内争中失败，为求有一块生存空间，逃奔而来。有的为扩大领地，寻求新的牧场，成批涌来，役属诸番。边隅不宁并与明朝边卫多次发生军事冲突。明朝官方把河套的蒙古侮称作"套虏"，把进入青海湖一带的蒙古侮称作"海寇"，现代史家则称作"西海蒙古"。总之，西宁从此不宁。他们进入西海的时间大体可分三个时段。

其一始于明正德四年河套亦卜剌出奔西海，到隆庆五年俺答被封为顺义王（1509—1571 年），前后相承约 60 年。就蒙古而言，其旨在求得生存空间或扩大封建领地。而对明廷而言，实为保障西部安全，力求驱而去之。明廷既怕他们被东蒙古吞并，又怕他们居住边外，招致麻烦，犹豫不决。以致他们驻牧西海，自生自灭。俺答汗入据西海后，亦卜剌归属俺答汗。

第二阶段，以俺答汗为首的土默特部入据西海（1571—1582 年）。俺答汗是达延汗之孙，土默特十二部首领。吉囊去世后，他统率诸部，雄长北方，对外进行了 40 多次战役。他与兄吉囊联合，曾多次出兵袭击亦卜剌和卜儿孩等部，并留其子丙兔等七部于西海，留其侄宾兔于松山。前者可代他经营西海，后者可控制由河套南下的捷径，使河套、松山、西海连成一线，将西海变为土默特蒙古新的领地。随着俺答汗被明朝封为"顺义王"，并赴西海建寺迎

---

① 《西宁卫志·西宁志》，青海人民出版社 1993 年版，第 192 页。

② （清）杨应琚：《西宁府新志》第十三卷《建置·关隘》。

佛，在察卜齐雅勒（今恰卜恰）建寺，明廷赐额仰华寺。又有许多部落跟随他进入西海。万历初年西海地区蒙古部落有 29 支之多，人数达 10 多万。仰华寺建成后，火落赤和把尔户留驻西海，守护寺院。尔后，不少东蒙古部落也借互市、熬茶、拜佛等名义来到西海。俺答汗属下的丙兔、火落赤、把尔户、瓦剌它卜囊、真相、克臭以及吉能、卜失兔、把都儿、著力兔、切尽台吉、青把都尔等，频繁活动于此。有的久驻不归，联合番族，势力大增。有的有来有往，今大通河一带和河西走廊敦煌一带，成为出入西海的通道。

第三阶段，从万历十年俺答汗去世到万历二十三年（1582—1595 年）。由于俺答汗去世，各部落群龙无首，明廷也失去一位能统驭蒙古诸部的贤王。俺答汗长子辛克都隆（辛爱黄台吉）继顺义王位后两年去世了，六七年后丙兔继承了其父的领地，驻牧莽拉川（今贵南、贵德一带），火落赤驻牧捏工川（今黄南地区）。万历十五年（1587 年）扯力克继顺义王位，移牧西海。但扯力克势轻望薄，不能统驭诸部。于是各部毫无约束，经常与边卫发生冲突，抢掠蕃部，战火不息。原先失败了的卜儿孩部，乘机摆脱了土默特部的控制，在明朝管不到而土默特又挨不着的地方，即祁连山麓，自我发展，悄悄地壮大起来。西海从此多事，战火不息。

明万历十六年（1588 年）秋，把尔户部瓦剌它卜囊进攻西宁南川，副总兵李魁战殁。十七年（1589 年），火落赤等部围攻瞿昙寺。十八年（1590 年）春，第三代顺义王扯力克护送三世达赖喇嘛索南嘉措的骨灰，假道甘肃到西海，在西海蒙古和各部首领挑唆下，大肆抢掠，企图引起与明朝的大规模战争。辅佐三代顺义王（俺答汗、辛爱黄台吉、扯力克）、维护蒙汉团结的蒙古族女政治家三娘子，面对严峻的局势，竭力说服扯力克，阻止了西海蒙古扩大战乱的行为。

扯力克和三娘子率部东返后，西海蒙古继续向河湟地区进攻。万历十九年（1591 年），火落赤、永邵卜、真相、克臭台吉等部，联合大举进攻西宁等地，西陲震动，朝廷哗然，迫使对蒙古的政策由"抚"转变为"剿"，革去扯力克顺义王封号，诏兵部尚书郑洛经略西海。他采取"招抚番部""断其假道"、"革其市赏""散其党羽""焚其寺刹"等措施，以孤立西海蒙古。其第一战役，派总兵尤继先率大军西进，先后招抚番部 160 部，8 万余人，使藏族摆脱了蒙古族的控制。接着，万历十九年（1591年）冬，明军兵分三路出击西海，攻占了莽剌川和捏工川，乘胜进军青海湖南岸地区，焚毁仰华寺。随后加强了归德（今青海贵德）和西宁等地的守备，地方暂获安宁。

当郑洛大军班师东返后，火落赤、把尔户等又返回西海，松山方面，未受到打击，实力仍大。到万历二十三年（1595年），明军取得三捷，使西海蒙古再次遭受重创，一蹶不振。

松山蒙古青把都尔初居永昌以北昌宁湖，后移甘浚山，与西海的瓦剌它卜囊和火落赤等遥相呼应。由甘肃巡抚田乐指挥，于万历二十三年（1595年）五月初，派军围击青把都尔，重创之，青把都尔只身而逃。此为"甘山首捷"。

当明军取得甘山之捷后，瓦剌它卜囊认为，田乐"适胜于东，必不暇于我。我得胜，大可要顺义之爵，次不失报青部之仇，且西宁之番可以尽收，五郡可图也"。于是，他们准备进攻西宁。明军于万历二十三年（1595年）九月在西宁南川打伏击战，参将达云率汉、回、藏军兵，在今上新庄一带伏击瓦剌它卜囊和把尔户。十月初，又在西宁西川击败，重创之。此为"南川大捷"。

虽然瓦剌它卜囊和把尔户损伤惨重，但火落赤、真相、纳剌等部势力犹盛。当年十月，他们出动15000骑攻西宁。明军事先从西纳番得到情报，在西宁以南康缠沟迎战，取得大胜。此后，把尔户、瓦剌它卜囊退到青海湖以西，火落赤渡黄河南去。此即"康缠大捷"。

上述三次战役，史称"湟中三捷"。这是西海蒙古彻底衰败的标志。此后万历二十六年（1598年），明军决定夺回被蒙古占据几十年的庄浪卫松山地区，由总兵达云等分道出击，很快恢复了大小松山，彻底阻断了河套蒙古出入西海的通道，此后，留在西海地区的少量蒙古人已很难构成对明朝边卫的威胁了。他们人少势弱，处于自存自保状态。

第六节　汉藏文化崛起与多元文化并存

明代西宁卫地区有几个民族文化圈在这里交汇，有藏文化、汉文化、鲜卑蒙古文化、突厥伊斯兰文化等，交汇融贯，并行发展，共存共荣，多民族多文化格局终于定型。这些文化在居民的各层次文化中都有所表征。

一、汉文化步履蹒跚，再度崛起

西宁的汉文化是中原文化向西北边地的延伸。几番沉浮，几经风雨，经过明代上百年的培育，终于再度崛起。其标志有二：民族文化精英出现，此其一；尔后长期发展，久盛不衰，此其二。当然这种崛起状况之出现须有前提：有人数众多的文化载体，即肩负同样文化的众多人口；有重视文化的环境。对于汉族来说，明代前中期的努力，终于开花结果，成为河湟地区众花齐芳中的一枝芬芳的奇葩，是官方文化的代表，民间文化的重要一支。

二、多民族格局定型，多文化灿烂多彩

西宁是藏族文化的东部边沿区。藏文化特色以神佛文化为表征，融合历史上本土的苯教文化与鲜卑萨满文化（也可说巫文化，由古代神话文化而神巫文化，下接神佛文化），以拼音字藏文的创制推行为契机，经过多少世纪的发展，到元代渐趋成熟。以西宁说，以宗喀巴大师文化精英的出现为标志，藏文化趋于成熟。但与藏族文化中心拉萨相比，亦可谓晚熟。

明代西宁地区的伊斯兰教文化，逐步本土化和与汉文化相互吸收而扎根发芽。但该文化重武而轻文，宗教人士和宗教学者不少，称得上文化精英的实属罕见。

西宁土人形成之初，民间道教盛行。随着汉传佛教的衰落，明中后期改信藏传佛教，但民间的许多庙宇仍以道教为主。于是土族文化以三种文化层面为其特征：一是土族官方文化多表现为汉文化；二是宗教文化多表现为藏文化；三是土族俗文化则表现出传统文化，既有萨满文化，也有道教文化。三者相互渗透，浑然一体。

明代西宁多民族和多民族文化格局基本确立。在原先羌笛悠悠、牧马北风、椎牛侫佛氛围中，以入世明理、修齐治平为基本理念的儒文化在西陲边卫站住了脚，扎下了根并开花结果，不能不是明代270年历史中的一大奇观。

第八章　清朝时期的西宁

——西宁卫、西宁道、西宁镇、西宁府和办事大臣衙门

公元 1644 年即甲申年明朝灭亡,取而代之的是清朝。顺治二年（1645 年）清朝的统治力量伸展到河湟，西宁等地为清朝派官治理，河湟各家土司照旧承袭治理其人其地。清朝的前八十年，从顺治、康熙到雍正初年，基本上沿袭了明朝政治体制，仍为西宁卫，另设西宁镇、西宁道。雍正三年（1725 年），形势大变，平定了蒙古大酋罗卜藏丹津反清事件后，加强中央集权统治，改变地方建制，设置西宁府和西宁等县；"办理青海蒙古番子事务大臣"（简称青海办事大臣）衙门设在西宁城内。这种体制，一直延续到 1911 年，为时近 190 年。下边分五节叙述之。

第一节　清朝初期八十年（1644—1724）

顺治二年（1645 年）清军进兵西宁后，很快重建起封建统治秩序，采取新旧体制并存的方略来经营西宁等地，以稳定和强化这一地区的统治。因政局的平稳，这一时期西宁地区多形式的民族贸易有了较大发展。伴随民族贸易的发展，区域内各地方和各民族间的联系也进一步加强。

一、西宁卫

清初，清政府的主要精力用于剿灭南明政权及各地的反清力量，一时无暇顾及西北地区，尤其是西宁这个比牧偏远的地方以及相邻的蒙藏牧区。因而，对西宁等地"划土分疆，多沿明制"。[①] 暂时沿袭明王朝的卫所制度，"多仍明制而损益之"。[②] 统兵权由西宁镇总兵负责，这时的西宁卫已变成徒有虚名的空架子；原明代卫所军士失去了军籍，为谋生计，他们相率力田或从事其他营生，就地入社为民，或者向地广人稀、土地丰沃之地移居。于是，在西宁及其周围的交通要道、卫所驿站、河滨山地、城池左近，散布着众多农业人口，成为当地农业经济的主要开拓者和经营者。明代卫所官员，汉土参用，土官世袭，历年既久，遂成为"世有其地，世有其民"的土司。清朝准各家土司承袭而予以安抚，"仍赐以原职世袭"，即指挥使、指挥同知、指挥佥事等职衔，令其"各领所部耕牧"依旧俗管理所属土民，允许其蓄养士兵，为朝廷效忠。从顺治四年至十一年（1647—1654 年），清廷先后给明朝西宁卫土官祁德之后裔祁延谏、祁兴周父子及李天俞等人发给号纸（相当于委任状之类），并分别授予指挥使、指挥同知、指挥佥事等职衔，以彰显其归附之功。

这一时期，广大的蒙藏地区仍为和硕特蒙古统治，以至出现藏族"惟知有蒙古，而不知有厅卫营伍官员"[③] 的状况。对此，在承袭明之卫所制度的同时，清政府亦加强对蒙藏地区的管理，将其纳入理藩院（专门处理民族事务的中央机构）管辖范围，选派中央理藩院司员驻西宁，负责与管辖包括青海牧区在内的青藏高原上的和硕特汗国。

二、西宁镇

西宁僻处西北边陲，西通西域，北挈新疆，南交西藏，东接秦陇，东南连川康，玉塞咽喉，负山带河，为关陇地区的重要屏障。同时，这一地区多民族杂处并居、风俗独特，素有"五方杂处，风俗颇殊"之称。缘此，清朝辖有西宁等地后，为稳固其政治和边防的需要，不断派重兵驻防，并配有相

---

① 《清史稿》卷五十四《地理志一》。

② （清）杨应琚：《西宁府新志》卷二三《官师·职官》。

③ 《清实录·世宗实承》卷二〇，"雍正二年五月戊辰"条。

应的军事建置，以确保河湟谷地这一战略要地和交通孔道的畅通。

早在明永乐年间，明政府就在西宁地区设镇守官，先后镇守过西宁的有右军都督府都督同知刘昭、鹰扬将军右军都督府都督佥事史昭等。成化八年（1472 年）改西宁镇守官为守备，首任守备官为孙鉴；嘉靖三十一年（1552 年）改西宁守备为参将，首任参将为贺桂；万历二十三年（1595 年）达云以军功升副总兵，临时驻西宁（两年后调离）；三十五年（1607 年）正式设西宁副总兵，受甘肃镇总兵官（始设于明永乐元年，驻甘州）的节制，以稳定这一地区的统治和边防。明亡清兴，新朝主要依靠八旗兵和绿营兵。清初，在西宁境内的驻军主要是绿营兵。绿营兵是清顺治年间在八旗兵力不足，难以控驭全国的情况下，以改编明代旧军，并参照明代军制而新编成的以汉族为主体的又一正规武装，因其所用军旗为绿色，故称为绿营兵或绿旗兵。而此时，在西宁地区驻扎的绿营兵归临巩镇总兵统辖。顺治二年（1645 年），在西宁设西宁协副将（西宁协副总兵）一员，上隶于甘肃提督。直隶人张世耀为第一任西宁协副总兵。为适应军情需要，所设协副将嫌小，于十三年（1656 年）移临巩镇总兵至西宁城（今西宁市西大街），始设西宁镇。西宁镇总兵的全称为"镇守陕西西宁临巩等处地方统辖汉土番回挂印总兵官"，镇的长官称为总兵，官阶为正二品，可见其地位之显赫；归甘肃提督（从一品）统属，并由甘肃巡抚和陕西（甘）总督节制。总兵以下的武官有副将（从二品）、参将（正三品）、游击（从三品）、都司（正四品）、守备（正五品）、千总（从六品）、把总（正七品）等。史载，首任西宁镇总兵柏永馥，汉军旗人。西宁镇总兵（俗称镇台）衙门设在西宁西大街路北，据说原是明代镇守署。

西宁镇由标（总兵直辖的兵力称标，即统属之意）、协（副将所统之兵力为协）、营（参将、游击、都司、守备所辖称营，营是绿营兵的基本编制，而且番号以所驻地名而冠之）、汛（以千总、把总等为专汛官）构成，兵种有马兵、步兵、守兵三种，总兵力为 12425 名。[①] 各兵种在营制中的比例因时因地而有异，西宁镇标营、协营原定为马六步四，后来马兵占的比例逐渐缩小。为维护西宁城的安宁，镇标在城垣特设五大守城营，即中营（今西宁市民主街与南大街的交叉处）、

---

① （清）杨应琚：《西宁府新志》卷十八《武备·兵制》。

左营(今西宁市下饮马街口与法院街东口一带)、右营(今西宁市新华街)、前营(今西宁市宏觉寺街中段)、后营(今西宁市后营街),各营将官俱是游击。巴暖三川营,设游击;北川营(威远),设游击;镇海营,设参将(雍正三年移丹噶尔)。

三、西宁道

历史上,西宁是河湟经济、政治、军事中心。因其地缘区位险要,故明洪武六年(1373年)置西宁卫。卫所的设置,奠定了明朝在这一地区的军政基础。由于卫所军职多为武官,文化素质低,致使管理混乱,卫所缺伍。有鉴于此,弘治初年专设"抚治西宁兵备道",简称西宁兵备道,驻西宁卫城(今西宁市文化街路北)。设监收厅、屯兵厅,厅设通判。管内范围为西宁、庄浪二卫。西宁兵备道官是监察官,而非军政官,其职权约有二端:一为清军,即清理军伍兵额;二为清粮,即督查军饷粮糈,卫所的军粮归通判统一收支核销,相互制衡。清初改称抚治西宁道。如为布政使司的参政、参议出任者,世称西宁道参政或西宁道参议;如为按察使司的副使、佥事出任者,世称西宁道副使或西宁道佥事。道员官阶为正四品,本来是布政使或按察使的次官,分守或分巡一定区域。布政使司差遣的为守道,按察使司差遣的为巡道(乾隆十二年将抚治西宁兵备道改称分巡抚治西宁道)。

四、茶马司、茶马互市及民族贸易

明代的西宁虽然茶马互市空前发达,但总体来看商业经济未能得到充分发展。清前期,伴随社会的稳定、人口的增长,西宁地区各种形式的贸易都有一定程度的发展,一些交通要道和农牧区交界地点诞育成重要的物资集散地,这无疑促进了区域内各地区和各民族间的交往。

(一)茶马司和茶马互市

西宁地区的茶马互市始自宋代,明代而大盛。明洪武四年(1371年)设茶马司于秦州、洮州、河州,三十年(1397年)改秦州茶马司为西宁茶马司,治所移至西宁(今西宁市北大街北头东侧),茶马交易地点则在镇海堡,茶马互市贸易空前发展。清初,清政府基本上承袭明朝茶马互市制度。顺治元年(1644年),清廷规定与西番易马,每茶一篦重十斤。"上马给茶一十二篦,中马给九篦，下马给茶六篦。"二年（1645 年）颁诏："西番都指挥、宣慰、招讨等司，万户、千户等官，旧例应于洮、河、西宁等处各茶马司通贸易者，准照旧贸易，……一切政治，悉因其俗"。[①]并在陕西设西宁（驻西宁）、洮州（驻岷州）、河州（驻临夏）、庄浪（驻平番，即今永登）、甘州（驻兰州）五茶马司，管理茶马贸易。西宁茶马司仍设在北大街，茶马交易地点则移至镇海堡对河的多巴。然而随着统治的稳定、边疆的巩固以及民间贸易的繁盛，官营茶马互市即将走入历史尽头。康熙七年（1668 年），裁茶马御史，归甘肃巡抚监理。四十三年（1704 年），放宽禁令，规定"行人携带十斤以下者，停其搜捕。如有驴驮私载无官引者即系私茶"。次年，令西宁等处所征茶篦停止贸易，改征茶叶为征银，以充军饷。这样，茶马贸易日渐式微，其官营色彩丧失殆尽，茶叶改为民间自由经营。雍正三年（1725 年）清廷平息蒙古罗卜藏丹津反清斗争后，将西宁地区茶叶征税等事务交西宁府管理；九年（1731 年）因对新疆噶尔丹用兵，急需马匹，恢复茶马交易。同时，提高茶价，西宁地区统一规定为每封九钱五分，茶马比价为上马十二篦，中马九篦，下马七篦。四年以后，十三年（1735 年）战事告竣，清政府下令停止以茶易马，变茶马司为茶司，不再管理易马事务，但仍为清朝实行茶叶官卖的专门机构。实行了几百年的茶马互市制度终于淡出历史舞台，代之而起的便是包括茶叶在内品种繁富的生活日用品等民间贸易。以后，乾隆二十五年（1760 年）定西宁茶司额设茶引 9712 道。[②]由商人纳税银销茶，按"每引一税茶十封，以一封交茶，九封折银"[③]比例进行交易。这种状况直至嘉庆十四年（1809 年）仍未调整。出现这种情况，其因大致归于：一是清前期国力增强，边疆安宁，马匹需量下降；二是马匹来源稳定，不必仅赖于以茶易换；三是商品经济发展空前，作为商品的茶叶和马匹，可以通过货币中介进行交易，没必要采取以物易物形式。

（二）民族贸易

17 世纪 30 年代，和硕特蒙古由天山北路东迁于西宁以西之青海草原。东迁后的和硕特蒙古处于新疆与内地的相连地带，这有力地促进了新疆乃至中

① 《清实录·世祖实录》卷一五，"顺治二年四月丁卯"条。
② 《西宁府续志》卷四《田赋志·茶法》。
③ 《甘肃新通志》卷二十二《建置志·茶法》。

亚各地与内地间商业贸易的推进。先是明代后期，西海蒙古与明朝达成协议在规定的沿边路口进行定期互市。清初，仍继续开展边口互市。白塔儿、多巴和卫城遂成为重要的商业中转地，以民族贸易繁盛而声名远播。

白塔儿、多巴两处内陆口岸的兴起，一是地理位置适宜。白塔儿处于明朝与蒙古互市场所洪水至西宁大道的必经之地，东来的西域商人多取道河西走廊西段，经敦煌、肃州之时，朝西南折向扁都口，走祁连，越达坂山，径至白塔儿。运往西宁的部分商品分流于此，与周围蒙藏汉回等族人民交易。而多巴为从南疆或当金山口入柴达木盆地而后，进入西宁的联结点，这里地形平展、开阔，农牧民多聚于此交易。二是西宁自古为河湟重地，战乱纷纷，而白塔儿、多巴则居于相对平和的地带。以上因素表明，白塔儿、多巴成为重要的商业集散地并非偶然。

白塔儿即今大通县老城关。因其"地有塔，蜃灰垩之"，胡谓之白塔儿。这里"山环地衍，其土沃润"，聚居着西宁汉人之亡命徒及顺治五年甘州回回南来者，"回汉错杂，各为村落"。但在宗教信仰、生活习俗方面"仍其俗"。是时，白塔儿地区是蒙古麦力干部落的领地，众多的汉人、回回投奔于蒙古，似与麦力干的招纳不无干系。史载："麦力干，……因开白塔儿地于北川口，中国之亡命、回回叛变者，尽招致而馆谷之。"[1] 其人地位仅次于总管达赖黄台吉，"落落有大志"；其部为青海祁连诸部中强胜之最。对于投靠来的回汉群众，令其发挥所长，组织汉人及回筑高堡、庄田、水磨、斗车、种麦、豆、青稞，供给其牛种。经过长期的开发，清初的白塔儿已形成一块颇具规模的农业区。正是由于这里土地的垦殖、人口的渐众，商贸亦随之而发达起来。"其地之皮及货，皆至自西域，非白塔儿所产，但聚于斯耳"；"厥货：镔铁、金刚钻、球琳、琅玕、琐幅、五花毯、撒黑刺、阿魏、哈刺、苦术、绿葡萄、琐琐葡萄"。[2] 不难看出：这里商品纷呈，多为非本地之产，"四方之夷，往来如织"。引文中所言"阿魏"是半固体状态，色呈淡黄而无光泽，其味刺鼻，对胃病等症状疗效显著。直至20世纪50年代，西宁部分回族人家多有收藏。雍正二年（1724年），清朝在此筑建白塔城，乾隆九年（1744年）大通卫署由大通城（今海北

① （清）梁份：《秦边纪略》卷六《近疆西夷传》，青海人民出版社1987年版，第403页。

② （清）梁份：《秦边纪略》卷一《西宁近边》"白塔儿"，青海人民出版社1987年版，第78页。

州门源县）移至此，这与此地商业繁盛有一定关系。

多巴，为今西宁市湟中县的一个镇，距市中心 25 公里。清康熙以前，西宁卫的贸易集散点在白塔儿（今大通县老城关东）。而之后，多巴则替代了白塔儿，成为重要的贸易市口，有"陆地小码头"的美誉。据《秦边纪略》卷一载："多巴，或作多坝，今之夷厂也。在湟河之西，其地名不著于昔，盖新创也。居然大市土屋毗连，其廛居逐末，则黑番也；出而贸易，则西宁习番语之人也；驮载往来，则极西之回与夷也；居货为贾，则大通河、西海之部落也；司市持平，则宰僧也"。由以上引文可知，多巴是一个由青海蒙古"新创"的新兴商贸城镇。在这里，蒙古部落"居货为贾"，并主持和管理着各类商务活动；"黑番"多盖房开旅店以迎四方之商人；招揽生意的则是能兼操阿拉伯语、波斯语或藏语、蒙古语的"西宁习番语之人"；而驮载中亚等处货物的为"极西之回与夷"。从民族、种族、语言、习俗来看，虽迥然不同，但其角色分明、彼此依存，共同推动了多巴商业经济的发展。对此，梁份在其书中有这样的感叹："多巴，……中国（清朝）反不设官焉。"另有清初冯一鹏在其《塞外杂记》中亦谓："西宁之西五十里曰多坝，有大市焉。细而东珠玛瑙，粗而毡氆藏香，中外商贾咸集，一种缠头回子者，万里西来，独富厚于诸国，又能精鉴宝物，年年交易，以千百万计。"[①] 这些同样展示出多巴贸易市场规模非同寻常。

繁荣的商业活动，在白塔儿、多巴之地催生出不少富户，其居住"皆高堂大厦，且有仓廒""其人，男耕女织，且有老学究授四书、毛诗章句者"。

贸易繁盛的多巴，是何时衰败的呢？是在青海蒙古贵族罗卜藏丹津反清之时，即雍正元年（1723 年）。年羹尧等率军平定之后，清朝对和硕特蒙古各部与河湟地区汉、回群众的贸易往来严格控制，并以此作为控制青海各族的手段。规定每年二、八月仅在西宁西川外日月山北（即那拉萨拉）定点交易，严禁擅移，否则将治罪。后因"各蒙古需用茶叶、布、面等物，交易之期过远，必致穷乏"[②]"经议政大臣议改四季交易"[③]，即以二、五、八、十一月为互市日期。

---

① （清）冯一鹏：《塞外杂记》。转引杨建新主编：《中国西北文献丛书续编》（西北史地文献卷）第九册，甘肃文化出版社 1999 年版，第 45 页。

② 《清实录·世宗实录》卷二〇，"雍正二年五月戊辰"条。

③ 《清实录·世宗实录》卷三一，"雍正三年四月丙申"条。

以后又因"郡王额尔得尼托克托鼐（鼐）、郡王色卜腾扎尔等诸台吉部落，驻牧黄河西边，相近西宁"。[①]陕甘总督岳钟琪于雍正三年（1725年）奏请将贸易地点由日月山移至丹噶尔，并改为不定期贸易。自此而后，多巴的贸易地位被丹噶尔取代。

西宁所处的河湟之地是农耕区和畜牧区的交汇地带，商业地理位置十分重要，很早以来就成为内地与青海边地的贸易中心。及至明末清初，西宁城商业已发展到了一定程度。关于这一点，清前期成书的《秦边纪略》卷一《西宁卫》载述："自汉人、土人而外，有黑番、有回回、有西夷、有黄衣僧，而番回特众，岂非互市之故哉？城中之牝牡骊黄，伏枥常以万计，四方之至，四境之牧不与焉。羽毛齿革，珠玉布帛，茗烟麦豆之属，负提辇载，交错于道。"这条史料反映出：城中经商者除汉人、土人外，还有"黑番""西夷"，而以藏族、回族人居多。在这里，市场活跃，商品丰富多样：畜产品如羽毛齿革，农产品如茗烟麦豆，境外贸易物品如珠玉布帛。值得注意的是，文中所述"牝牡骊黄"，即以马牛为主的大牲畜，仅城中的交易就常数以万计，可见交易量之大。马当是著称于世的"青海骢"的后裔河曲马和大通马，牛则是以膘肥体壮、多乳等优于同类的犏牛了，今西宁市小南门外等处原有的骡马市就是专门进行马、驴、骡等大牲畜交易的场所。商人和来此购物的顾客手提肩扛，骡驮马运，穿梭于道，熙熙攘攘，热闹非凡。而其东门（今西宁东大街与东关大街汇合处）更是商贾云集，确有"举袂成云，挥汗成雨"之盛况，[②]无怪乎梁份大力称赞"（西宁）卫之辐辏殷繁，不但河西莫及，虽秦塞犹多让焉"。无庸讳言，其繁荣程度是相当可观了，这也委实地道出了当时的西宁已成为青海地区物资集散中心。

五、清初回族四将军

清朝之初，回族主要聚集于西宁和北川（今西宁市大通县）一带。据《清世宗实录》卷十三载：北川"上、下白塔"之地有一支"蒙古回子"势力，"占地数百里"，且"丁众粮裕"。在史籍中，"回子""回回"特指信奉伊斯兰教

---

① 《清实录·世宗实录》卷三一，"雍正三年四月丙申"条。
② （清）梁份：《秦边纪略》卷一《西宁卫》，青海人民出版社1987年版，第63页。

的穆斯林，而青海蒙古却是笃信黄教的佛教徒。这些"蒙古回子"的真面目如何呢？查《秦边纪略》卷一《西宁卫》相关记载可知：此地"回回"，乃是清朝的反叛者。清顺治五年（1648 年）甘州丁国栋和米喇印领导河西回族揭竿反清，持续二年后被清军镇压，遂有不少人投奔蒙古麦力干部，受其托庇。虽为蒙古人属民，但仍沿袭着固有传统，于是便有了"蒙古回子"的称谓，亦即北川回族之来源，并且是最早成批入居当地的穆斯林。今西宁市大通回族土族自治县的回族，其中相当一部分人当为这些"蒙古回子"的后裔。

　　在民族共同体形成过程中，回族铸就成"尚武"精神，被史家评为"爱礼不胜爱羊之心，重武踰于重文之念"。在整个清代，尤其清代前期的巩固边防、维护统一的各次战争中，"由行伍而至将领者甚多"，而且代不乏人，令人瞩目。在此，选择其中值得椽笔大书的四位人物展示给读者。兹从康熙时的马进良说起。马进良，字栋宇，西宁东关人，清顺治七年（1650 年）生，康熙五十六年（1717 年）卒于西宁。马进良少有膂力，武艺超众，岁二十便投身甘肃总兵孙思克军中，开始了他的戎马生涯。康熙十五年（1676 年），从攻平凉王辅臣，勇冠三军，身被数创，康熙特批升补中军参将。三十四年（1695 年）升为直隶古北口（首都北边重要关隘）总兵官。三十五年（1696）康熙第二次亲征噶尔丹，命率 1500 人从征，有功，赐以"骁勇飞将"称号，四十三年（1703 年）擢直隶提督。中军参将缺，皇帝特授其子龙任参将，父子同在一军。后以老病乞休，卒谥襄毅。因其家居于西宁东关北小街，曾出资修建该街清真寺，父老于今仍道及之。本进忠，回族[①]，西宁府人，生卒不详。早年丧父，家境贫困，雍正初年投入西宁镇军中，冒顶马兵张元吉吃军粮，到雍正五年（1727 年）擢升把总，方复其本姓。后因从征有功，累升为都司、游击、协副将。乾隆三十二年（1767 年）赴云南参加中缅边境之役，屡建战功，高宗赏给孔雀花翎，授予"法式善巴图鲁"称号，晋职云南临元镇总兵。次年八月赴热河觐见，嘉勉赏赐。三十四年（1769 年）五月，皇帝下旨，升任云南提督。这年七月，旧创复发，卒于腾越（今云南腾冲）军营，诏命赠太子太保，谥勤毅，指示由云南军营派人护送灵柩回原籍西宁府，乾隆专派大臣前来祭奠，

---

① 　"一说为土族"。赵宗福：《青海历史人物传》，青海人民出版社 2002 年版，第 242 页。

葬礼十分隆重，丝竹之哀声传遍湟水两岸。马虎，西宁人，生于康熙五十四年（1715年）。年轻时从军，由行伍累升至四川川北总兵。乾隆三十年（1765年），因伐林寨受牵连降职，复起为云南昭通镇总兵。乾隆三十六年（1771年）因其"屡经出师，勇往干练"，被檄调率3000兵赴四川参加大小金川之役。在平定小金川的多次作战中指挥得力，屡获胜绩，赏戴孔雀花翎。三十八年（1773年）擢提督、领队大臣。大金川战事平息后，被列为五十名功臣的第十七位，绘像于紫光阁。乾隆四十六年（1781年）后，任官湖广提督。到任不久，于四十九年（1784年）病故。皇帝下诏晋赠太子太保，谥号勤襄，赏予云骑尉世职，由其子蓝翎侍卫马鸣玉荫袭，固原沙门庄为其子孙定居地。高天喜，生于康熙五十九年（1720年）祖上原是准噶尔部人（今新疆北部）。孩提时清军与准部作战中被俘至西宁，由西宁一姓高的回族抚养为子，便改为高姓，其原来家族已无从可考。高天喜年既壮，便入伍从军，因"才堪致果，性本知方"，戮力于乾隆初的西陲军事，不久即提拔为"百夫之长"，由行伍升授把总、千总。乾隆二十一年（1756年）始，清军多次进剿阿睦尔撒纳及准部叛乱中，高天喜从征有功，后依次擢为守备、甘肃金塔协副将。乾隆二十三年（1758年）春进军南疆回部，因功擢升西宁镇总兵官（从二品）并授以领队大臣衔。累次升迁，勇于任事，功绩卓然。是年冬在叶尔羌激战，尽瘁捐躯。奏报传到京城，乾隆帝赋诗悼怀，并下诏按一品大臣例祭葬，御赐祭文（存于《西宁府续志》中）祀昭忠祠，予谥果毅，赏骑都尉和云骑尉世职。高天喜虽捐躯叶尔羌，而其遗体仍运回西宁。据《西宁府续志》载，其墓在东郊外北古下，原有碑记，今已荡然无存。高氏后人繁衍于西宁。乾隆二十五年（1760年）平定回部后，清高宗仿唐太宗在凌烟阁绘功臣像之例，在紫光阁为平定新疆五十功臣绘图形，以示崇德报功之至意，高天喜被列为第二十二位，并追赠提督衔。此外，马彪，西宁人，曾任陕西提督，《清史稿》卷三三三有传等等，均为彪炳史册之回族将军。

第二节　雍正改制　设府置县

雍正初年，平定罗卜藏丹津事件，标志着和硕特蒙古称雄于青藏高原的时代业已终结，清王朝得以在西宁地区全面建政施治。以年羹尧所奏内容为基点，清政府频频出台了众多治理措施，包括改卫所制为府县制、整顿寺院等。这些措施的推行，有利于西宁地区社会的全面发展和进步。

一、改制背景和原因

早在 17 世纪 30 年代，罗卜藏丹津的祖父和硕特蒙古首领固实汗就在藏传佛教教派冲突中和蒙古族内部权势争斗的复杂背景下移居青海，消灭却图汗；崇祯十三年（1640 年）杀白利土司，占据康区；崇祯十五年（1642 年）战败藏巴汗，登上西藏王位。从此，结束了青藏地区分裂、割据和动乱的局势。为维护和加强以固实汗为首的和硕特汗国的统治，固实汗令诸子驻牧青海，视青海为根基之地。以康区之赋，养青海之众。与此同时，与崛起关外并已臣属了漠南蒙古的清政权修好。清朝于顺治十年授予固实汗"遵行文义敏慧固实汗"[①]的封号，承认其对青藏高原广大地区的合法统治权。顺治十一年（1654年）固实汗去世，青海八台吉各行其是，政令不一。直至康熙三十六年（1697年），康熙派额附阿拉布坦到青海诏谕和硕特部领袖归附，达什巴图尔被封和硕亲王，其余诸台吉被分别授予贝勒、贝子、辅国公等爵位。至此，青海和硕特蒙古正式臣服清朝。康熙五十五年（1716 年）达什巴图尔死，由其子罗卜藏丹津承袭亲王爵。占据伊犁的策旺阿拉布坦觊觎西藏和青海，五十六年（1717 年）袭占西藏。康熙五十九年（1720 年）清军以强大攻势将准部全部驱逐出西藏。同时，清朝对西藏政权组织进行了调整，不再由青海蒙古首领为西藏汗王，而推行噶伦制度。这一措施彻底泯灭了罗卜藏丹津"阴觊复先人霸业，总长诸部"[②]的梦想。于是，罗卜藏丹津于雍正元年（1723 年）乘雍

---

① 《清实录·世祖实录》卷七四，"顺治十年四月丁巳"条。

② 魏源：《圣武记》卷三《雍正两征厄鲁特》，中华书局 1984 年版，第 139 页。

正帝刚继立皇位之时，命蒙古各部取消清朝封爵，[①]公然举起武装反清的旗帜。清政府闻变后，一面命川陕总督年羹尧办理平叛军务；一面命兵部侍郎常寿去罗卜藏丹津驻地沙拉图，宣布清廷谕旨，令其"罢兵和睦"。罗卜藏丹津对此置之不理，反而拘禁常寿。清廷无奈变雨露为雷霆，调集大军对罗卜藏丹津进行全面讨伐。十月，叛军首先向西宁周围的南川申中堡、西川镇海堡和北川新城堡等发动攻势，每处有二三千人，意欲攻占西宁，在西宁的西门外曾有过一场激战。一时河湟不宁，变乱四起，清政府为迅速扑灭叛乱的逆焰，命年羹尧为抚远大将军，征调川陕官兵进驻西宁，又命四川提督岳钟琪为"奋威将军"，参赞军务。部署就绪后，便分兵进攻西宁周围各处叛军，"溃其党羽"。镇海、申中、南川、北川、西川等地尽为清军收复。接着，雍正二年（1724年）先后平定塔尔寺、郭隆寺等处的喇嘛叛乱。在平定西宁周围的战斗后，便进入专力征讨罗卜藏丹津叛军主力。于雍正二年二月八日，清军冒雪进剿半月时间，全部平定，罗卜藏丹津逃往准部。30年后，在乾隆二十年（1755年）俘送罗卜藏丹津及其二子至京师。罗卜藏丹津反清事件后，川陕总督、抚远大将军年羹尧依据加强中央统治和促进国家统一的既定国策，奏拟"青海善后事宜十三条"和"禁约青海十二事"，作为以后行政立法准则，将蒙古各部收为内藩，依照内蒙古建立札萨克制度，划定青海蒙古各部的游牧地界，统一分编为旗；对青海各喇嘛寺院严加整顿和管束；改变以往青海地区藏族各部隶属蒙古和硕特部的现象，将藏族各部收归清朝直接管辖，清查户口，划定地界，对其各部领袖人物分别授予百户、千户土职。雍正二年（1724年）五月，清廷批准了这些建议，次第施行。三年（1725年），将西宁卫改为西宁府，并设置青海办事大臣，发给"总理青海蒙古番子事务大臣"的关防，以加强清朝对青海蒙藏民族的管理。

二、改西宁卫为西宁府

（一）西宁府

雍正三年（1725年）"改西宁卫为西宁府"，府治（即府衙）在今西宁市

---

① 《清实录·世宗实录》卷十，"雍正元年八月庚午"条。

文化街，其长官为知府，先为正四品，乾隆十八年改为从四品。其职责是"总领属县，宣布教条，兴利除害，决讼检奸"。[①]佐贰官有同知（正五品）一员，监收通判（正六品）一员，茶马司一员（后裁），经历一员，儒学教授一员，训导一员。

西宁府所辖地界，据乾隆《西宁府新志》载："西宁府，治在甘肃布政司西六百二十里。东至凉州府平番界二百四十里。西至哈拉库托营日月山青海界一百七十里。南至贵德所管都受番族界三百七十里。北至大雪山二百三十里，系荒山，后接连凉州府界。东南至三川黄河沿界四百七十里。西南至上郭密番族界二百三十里。东北至冰沟山写尔定番族界二百七十里。西北至扁都口张掖县界四百九十里。距京师四千五百一十里。"

西宁的行政建置，由边卫改为府，即由边郡设治改为与内地府县同制，用了 1500 年时间。自设置西平郡和西都县以后，西宁历史走过了曲折道路，时而边郡，时而军府，时而边卫。雍正三年（1725 年）改制以后，由边郡而内郡，上隶于甘肃省（康熙六年分陕西省设甘肃省），并将青海办事大臣衙门设在西宁府城。这样，整个西宁的政治经济形势才以一种正常的态势继续发展。从这个意义上讲，雍正初年是西宁历史上的转折时期，此后它以王朝的一个相当于特区的身份步入历史进程，地方的经济文化事业遂得以长足发展。

（二）西宁府属县西宁等县

西宁府始设时，设西宁、碾伯二县和大通卫。乾隆九年（1744 年）析碾伯县南境设巴燕戎厅，置通判。乾隆二十六年（1761 年），改大通卫为大通县。县治在白塔城，即老城关。道光九年（1829 年）设丹噶尔厅，驻抚番同知。

关于黄河谷地。原属河州管辖的循化，乾隆二十七年（1762 年）设循化厅，隶于兰州府。道光三年（1823 年）改隶于西宁府。原由临洮府管辖的贵德千户所，于乾隆三年（1738 年）改由西宁府管辖。乾隆五十七年（1792 年）改设贵德厅。由上观之，西宁府共辖三县四厅，涵盖河湟农业区全部。

西宁县，县衙与府衙、道署同设于文化街，知县一员，典史一员，儒学教谕一员。其辖地初时涵盖今西宁市区及互助县、平安县、湟中县和湟源县。

---

① 《清史稿》卷一一六《职官志三》。

（三）增设大通卫，后改为大通县

因大通（包括北大通）原属蒙古游牧之地，路达甘凉二州甚捷，且逼介西宁北川营，形胜险要。雍正三年（1725年）特设大通卫，治所在今门源县，置守备一员，隶属西宁镇总兵官辖制。雍正五年（1727年）在西宁镇外于北大通城（今门源县浩门镇）添设大通镇，置总兵一名，兵额三千名，辖大通、白塔（今大通县城关镇）、永安（今门源县之永安）三营。城堡兵房在雍正三年始筑，于雍正五年竣工。总兵驻扎于大通营。白塔营设参将一名，兵八百名；永安营设游击一名，兵八百名。及至雍正十三年（1735年），因对准噶尔蒙古战事平息，大通镇被裁撤，降格改为大通协，置副总兵（副将）一名、中军都司一名、千总二名、把总四名，驻兵八百名。乾隆二十六年（1761年）改大通卫为大通县。

西宁边墙始建于明中叶，定形于明万历二十四年（1596年）。雍正三年（1725年），平定罗卜藏丹津事件后，清朝更为重视加强地方军事防御，在西宁北川口外，至巴尔托罗海到扁都口一带，修筑土墙，兴建城堡，使之"悉成内地"。[①]此后，清政府采取在藏族中设置千百户、对蒙古族划界编旗、规定各族王公和贝勒进京朝贡次数等措施。此外，乾隆初年，又筑哈拉库图等9城堡，将驻军设防线扩至日月山和拉脊山以南等处。正因如此，西宁边墙的防御功能日趋弱化。故乾隆十年（1745年）杨应琚率同知县张渡捐俸仅对其残垣断壁处作一补缮，"而规模仍旧"。对此，杨应琚有言："今海宇晏清，羌戎归化。边墙之外，多有良田。百年之间，村落相连，牛羊满野。故有者量加修葺，不可废前人之功。无者不必增加，以重劳民力。"[②]巍巍西宁边墙，在雍正改制后已渐失其本来功能，逐步变为历史之陈迹了。

（四）巍巍府城

西宁之所以成为封建社会后期河湟谷地的府城，兼作相当于省级行政区即蒙藏牧区的长官青海办事大臣驻节之地，是由自然环境、经济、军事和社会基础等多方面因素相互作用的结果。从地形环境看，西宁府城处于湟水谷地中的西宁盆地，湟水贯其中，其支流南川、北川交汇于此，形成地域开阔、

① 《清实录·世宗实录》卷二〇，"雍正二年五月戊辰"条。
② （清）杨应琚：《西宁府新志》卷十三《建置·关隘》。

四水环绕、群山列峙的独特地理单元。东有三峡，为入宁之门户，西有西石峡雄峙为屏，为西通之关隘。正如《西宁府新志》所载"地接青海西域之冲，治介三军万马之会，金城屏障、玉塞咽喉"。简言之，其堪舆位置、地理气势确有生气，是一方造福之地。就经济条件而言，由湟水冲积而成的湟水谷地，土地肥沃，且气候温和，宜于灌溉农业；更因便利的交通，成为西北民族贸易的场所和中转地。军事上，这里历来就是河西走廊之右护、金城陇右之屏障，形险势要，为兵家必争之地。因此，历代王朝都在此设防驻兵。社会基础方面，西宁城自东汉末年设西平郡，以后的绝大部分时期都为河湟地区最高行政建置治所，曾一度为南凉、唃厮啰政权的都城，户口滋繁，历史文化积淀深厚。以上诸优势表明，西宁成为府城是历史的选择，其地位是其他城镇所无法替代的。

关于西宁府城的形状和规模。清西宁府城是在明西宁卫城的基础上修缮而成的，而明西宁卫城是明洪武十九年（1386年）长兴侯耿秉文率陕西诸卫军士割元代西宁州城（即唃厮啰青唐城）的一半修筑。当时规划，弃南占北。城呈方形，周长九里一百八十步三尺（5313米），城墙高为五丈（16米），厚亦五丈（16米）；城四面各开东、西、南、北四门，门楼高耸绘彩，檐下悬匾额，并在外墙圆拱顶部有砖雕城门名，即西门（今中心广场的北端）曰镇海，又名"火门"（西门外的一条大路直通产煤的大通，"煤"与"火"同义）；东门（东关大街与东大街连接处）为迎恩，又谓"财门""金门"（东大街至东门，店铺、饭馆密集，为商业地带）；南门（南大街南头西宁五中附近）名为迎薰，又称"土门"（南门，纯系一片黄土地，荒湮蔓草、坟冢垒叠）；北门（北大街的北端）称作拱辰，俗称"水门"（缘于湟水汇三川之水于此）[1]。城门门扇用厚木制作，外包铁片，并密置铁钉，异常坚固。四门中，除西门为三道门外，余者均为两进道，两门间建有瓮城，其内筑有房舍院落，便于储兵器、粮秣及士兵休息；城门洞深，外门约10米，内城门20余米；因城建在南川河与湟水交汇的右岸河谷一阶地之上，以崖为基，致使北、西、南三城门外均以长30余米的石砌坡道连接，高差约10米。四城门的出向为：东、西外门均向南，而南、北

---

① 樊征鸿：《西宁古城四大城门》，《城中文史资料》第三辑。

门之外门则向东。一般地说，内地城邑都有钟鼓楼，正午敲钟、暮晚击鼓以报时，而西宁城无钟鼓楼，从清末至民国，仅以鸣炮来报时，每日在地势较高的南门楼上鸣炮，正午为五响。鸣炮之事归西宁县负责。四门皆修有月城，高四丈（13.8 米），护城壕深一丈八尺（5.8 米），宽二丈五尺（8 米）；城上角楼有 4 座，另有敌楼 19 座，逻铺（巡城士兵休息的处所）34 处。在东门外，建有关厢，东关外城延一里许为三门。

清代，对府城的修缮从未间断，规模较大的有两次：一是清雍正十一年（1733 年）至十三年（1735 年）噶斯军需散秩大臣兼西宁总兵官印务范时捷，以城堞"颇多颓缺，无以谨疆圉，产守御"，[①]奏请重修，委派北川营游击晏嗣汉和原任西宁道杨汇经营督理，修城垣一千五百三十六丈（4951 米），墙内用实土填充，外壁用砖包砌，因之民间称为"砖包城"；东西南北城楼四座，四角增修四座望楼，炮台三十门，驰道（马道）四条，榨门（千斤闸）四座。用"土之功三万四千二百二十有七；砖之工一万二千五百八十有六；木石之工二万六千三百一十有二。合用帑金一万四千一百两有奇，仓谷一千二百十三石有奇""竣其墉隍，益其垒培。池道有荡平之视，榨门无沮洳之虞，楼橹足以资凭陵，雉堞有以坚杆蔽"。[②]如此，西宁府城俨然一"金汤益固"之城。二是光绪八年（1882 年）对东关三面城墙进行了修葺，长八百八十一丈五尺（2720 米），高三丈五尺（11 米），顶宽一丈三尺（4.2 米），加修 1020 个垛口、8 座炮台、3 座城楼、1 道女墙、11 条水槽，新开南、北稍门各一座，门洞用砖砌成。[③]综合已有的资料可推知，西宁府城的范围大致为东至今共和路，西至今长江路，南至今南关街，北至今七一路；城周长 7447 米，面积可达 2 平方公里。现在西宁市城中区文化馆后仅存明西宁卫城残垣（1979 年 11 月 9 日被西宁市政府列为市级文物保护单位）。西宁府城的新建或扩建虽没有脱离中国古代城镇的传统功能——防御作用，但在客观上为商贸的顺利运营提供了固定场所。

西宁府城内布局合理，城中的公署分巡抚治西宁道署，在城东中街北，

---

① （清）杨应琚：《西宁府新志》卷三十五《艺文·记》"皇清修西宁城碑记"。

② （清）杨应琚：《西宁府新志》卷三十五《艺文·记》"皇清修西宁城碑记"。

③ 李智信：《青海古城考辨》，西北大学出版社 1995 年版，第 103 页。

今文化街；钦差总理青海蒙古番子事务大臣衙门，设在道署南，即南大街解放市场为其遗址；西宁总镇设在城中西街，今西大街。西宁府衙，在道署西；西宁县衙，原在府署西，乾隆二十六年移建于水眼洞街。营房，设在城西、城南；在城西北隅有小演武厅，今小教场街。大教场在今城东区西宁大厦之北原外贸厅的一大片地面上。观其布局不难发现，集市设在城东区及东关，公署则设在城的北部，而营房则主要设在城的西部和南部。

三、青海办事大臣衙门

青海办事大臣的职责是什么？其衙门为什么设在西宁城里？现就此略作叙述。鉴于青海诸部管理混乱，以及青海牧业区广袤而人稀的客观实际，采取了有别于内地行省制却又相当于行省制的特殊的统治体制，由中央设置办事大臣进行管理。全称为"钦差办理青海蒙古番子事务大臣"，简称青海办事大臣，[①]因其衙署驻西宁，又称西宁办事大臣。办事大臣衙门初拟设于察汗城（日月山以西，青海湖边），然该地气候寒冷，历任大臣多不亲往，而移驻西宁府城（今西宁市南大街路东解放市场）。办事大臣上隶于理藩院，不属甘肃行省管辖，李鸿藻在《豫师青海奏疏·序》中对此评论为"制略等于汉护羌校尉"。办事大臣设置时间，一般史书记载雍正三年（1725年）。然而《清实录·圣祖实录》康熙六十年（1721年）五月甲申条载：抚远大将军允禵奏准派大臣一员驻扎西宁，办理蒙古事务；同年选派侍读学士常寿为理藩院额外侍郎，驻西宁。又据《清实录·世祖实录》雍正三年十二月辛巳（1775年1月20日）条记载：在甘肃省属之西宁府设西宁办事大臣，总理青海蒙古、"番众"事务。由此可知，在康熙六十年（1721年）时已派出大臣驻西宁，办理蒙古事务。罗卜藏丹津事件平定后，为加强对广大牧区蒙藏事务的管理，遂正式设置办事大臣。其衙门设在西宁，使西宁这个府级城邑兼而具有了类似于省城的地位。该大臣统辖区域，从地域上看基本上是日月山以西，唐古拉山以北，以及河曲等地的蒙藏牧区，即大体为今玉树、海西两州全部及海南、海北、黄南三州的纯牧业区，并对青藏交界地区的地方作了具体划分；从部族上看，主要

---

① 见《清史稿》卷二〇五《疆臣年表九》。

是"青海蒙古二十九旗",青海玉树番族四十土司（后统分为二十五族）及河南北藏族、撒拉族等。其职责为监督、限制藏族与青海蒙古各部之间的联系，防止蒙藏首领人物私相交通；统领青海各部之兵力；有权主持各部会盟，管理司法案件和征收赋税；协同驻藏大臣（雍正五年设）办理各种事务等事宜。可见，该外事大臣是清政府派驻西宁管理青海蒙古族、藏族事务最高军政长官，代表清政府对所属诸部实施监督的一个监察机构，使青海处于清政府的直接统治下。其衙门的设置，促使青海向统一的地方区域迈进，有利于本地区的社会稳定和经济发展。

西宁办事大臣的任期无定制，乾隆元年定为三年更换。在实际任期中，并未拘定三年成例。办事大臣人选一般由理藩院从散秩大臣、八旗护军统领、副都统及各部院侍郎中选拔奏请皇帝任命。"视其谙练蒙古事务者，开列简用"。[1]多用满蒙人员，也偶尔参用汉员，但为数极少。其下设理藩院司官一人，笔帖式三人；有时另设一两名协理官员。蒙古正白旗人、副都统、散秩大臣达鼐被任命为首任西宁办事大臣。据以上任职情况可以看出，清政府对青海蒙藏事务之重视。从雍正三年（1725 年）直至清朝覆亡（1911 年），西宁办事大臣历时 180 余年。终清一代任此职者有八十人。

四、整顿藏传佛教寺院

西宁及其周围有不少藏传佛教寺院，在罗卜藏丹津事件中好几个寺院一同反清暴乱，所以在雍正改制中不能没有整顿寺院这一措施。

（一）参与反清的寺院

在罗卜藏丹津事件中，西宁及周围地区参与反清活动的寺院主要有塔尔寺、郭隆寺和郭莽寺等。

塔尔寺，位于今西宁市湟中县鲁沙尔镇南莲花山，距市中心 25 公里。该寺始建于明嘉靖三十九年（1560 年），由当时黄教信徒仁钦宗哲嘉措在宗喀巴诞生地，出资修建一个小禅寺——衮本嘉巴林（直译为十万佛像弥勒洲，藏语简称"衮本"）。民间称为塔尔寺，后清廷虽赐寺额"梵宗寺"，但这一寺名

---

① 《钦定大清会典事例》卷九七六《理藩院·设官》。

未能广泛流传，仍以塔尔寺扬名中外。历经各次扩修，规模愈来愈大，这与蒙古王公贵族屡捐巨资，以及清王朝对黄教寺院的鼎力护卫和尊崇是分不开的。在其扩建史上，主要有：清顺治十年（1653年），由厄鲁特蒙古王公才旺丹津出资，兴建塔尔寺吉祥新宫，藏名"扎西康赛"，供后世历任法台驻锡，皆称"大拉比"（班禅行宫）；清康熙五十年（1711年），青海和硕特蒙古亲王达什巴图尔和郡王额尔得尼厄尔克托鼐资助黄金1300两、白银12000两，将初建于明嘉靖三十九年（1560年）的宗喀巴纪念塔所在殿堂的上部，改修成镏金铜瓦屋顶，大金瓦殿自此得名；康熙五十一年（1712年），达什巴图尔再捐黄金百余两，白银1万余两，重镶大金瓦殿中的宗喀巴纪念银塔成现存之塔。清康熙年间，将筹建于明万历三十四年（1606年）原为36根柱子的经堂，改为80根柱子的中型经堂，最后扩至为纵13间、横11间，屋顶平延，建筑面积1981平方米，有168根柱子（60根柱子在墙内）的大经堂。经堂木板地上铺有上千个蒲团，可供千余僧人打坐诵经。全寺内有"参尼札仓"（显宗学院）、居巴札仓（密宗学院）、曼巴札仓（医学院）、丁科札仓（时轮学院）和演习宗教舞蹈的欠巴扎仓，依其规模被视为国内藏传佛教格鲁派第五大寺。

据此可知，塔尔寺的快速发展，和硕特蒙古是其主要的布施者。正是因为这些特殊原因，在罗卜藏丹津的反清事件中，得到西宁地区一些宗教上层分子和塔尔寺的大喇嘛堪布诺门汗等的回应，他们"广收钱粮，供应叛匪"，并组织僧兵与清军作战。清朝调集大军迅速平叛，寺院的大喇嘛堪布诺门汗及其余几个叛乱首领被处死，但"整个寺院未受到损失"。①

郭隆寺，位于今青海互助土族自治县五十乡的哲加地方，距西宁市约65公里。藏语全名"郭隆弥勒洲寺"，简称郭隆寺。兴建于明万历三十二年（1604年），因寺院所在地方称"郭隆"，意为寺沟，故名之。此后，该寺受到固始汗的援助，曾向寺院布施大批土地和百姓，并于清顺治四年（1647年）与四世班禅罗桑却吉坚赞、五世达赖阿旺嘉措联合发给寺产执照，从此获以发展。至康熙年间，僧侣多时至7000余人，大小院落200多座；内有显宗、时轮、医明和密宗四大经学院，遂成为湟水河以北地区最大的寺院。因该寺喇嘛"素

---

① 土观·罗桑却吉尼玛著，尕藏、蒲文成等译：《佑宁寺志》，第二十六任堪布条，青海人民出版社1990年版，第64页。

与罗卜藏丹津、阿尔布坦温布和好"① "聚兵操演"，并"传令东山一带番人……齐集拒战"② 参与罗卜藏丹津的反清活动。翌年正月，在战争中被清军焚毁，法台却藏活佛洛桑日白赞参、丹麻活佛及喇嘛多人被杀，③ 其余喇嘛逃散各地。

郭莽寺，位于今大通回族土族自治县东峡乡的衙门庄，离西宁市中心 30 公里。其名源于该寺倡建者西藏哲蚌寺郭莽扎仓学僧，又以其地名色柯而呼为"色柯合寺"。始建于清顺治四年（1647 年），为郭隆寺第十代住持赞布·顿珠嘉措创建，故又名"赞布寺"。在敏珠尔转世系统中，有不少活佛是蒙古族，郭莽寺及其寺主敏珠尔在蒙古族中影响很大，与青海和硕特蒙古更有密切联系。缘此，受到清王朝尊崇扶持，建成后发展较快。康熙末年，僧侣达到 700 余人。雍正元年，罗卜藏丹津起兵反清之时，郭莽寺喇嘛多附和，该寺的喇嘛薛禅兰占巴率同族僧众，支援蒙兵，乘机抢夺财物。次年清军平叛，却藏活佛（是时却藏寺活佛丹坚驻于此寺）等大小七百余人被杀，寺院亦被焚毁。

（二）整顿寺院措施

对塔尔寺等寺院进行整顿。第一，厘定僧侣人数，限制寺院规模。年羹尧曾在奏疏中谓："查西宁各庙喇嘛，多者二三千，少者五六百，……番民纳喇嘛租税，与纳贡无异。"④ 他在《青海善后事宜十三条》中力主限制寺庙的规模。规定各寺院房舍"不得过二百间，喇嘛多者三百人，少者十数人"。⑤ 当时塔尔寺只选留一百名"老成持重"的僧人，发给其印信执照，其余的全部遣散，并明令禁止所留之僧人在寺院中"聚众议事"。⑥ 每年派官员稽查两次，令为首喇嘛具结，保证不滋生事端。第二，革除明代喇嘛封号。在雍正五年（1727 年）由副都统达鼐和总兵周开捷主持，将各寺院喇嘛中原先明朝封授的国师、禅师、都纲等名号一律取消，将明朝所发印敕全部收缴。"以沿边各寺族喇嘛有名国师、禅师者，名目不合，宜收前明（所发）各敕印，换给僧纲、都纲

① 《清实录·世宗实录》卷一五，"雍正二年正月甲午"条。
② 《清实录·世宗实录》卷一五，"雍正二年正月甲午"条。
③ 《土族简史》，青海人民出版社 1982 年版，第 94 页。
④ 《清实录·世宗实录》卷二〇，"雍正二年五月戊辰"条。
⑤ 《清实录·世宗实录》卷二〇，"雍正二年五月戊辰"条。
⑥ 王辅仁、陈庆英：《蒙藏民族关系史略》，中国社会科学出版社 1985 年版，第 217 页。

职衔、议给衣单口粮"。① "其印诰缴于礼部，不准世袭"② 各地据此，"查收本朝以及明季伊等原领国师、禅师印敕诰命图记等项呈验，给发西宁镇标中营游击，汇齐造册，解送甘肃布政使，转解缴部"。各地寺院原管束之番族，归所在地州县管理，原征番粮，归作正赋。第三，规定不准收租要粮，寺院僧人所需粮食、衣物、银两等生活需用物品，由当地地方官按每年用度配量划拨，每名喇嘛每月支粟十日，炒面十日，白面十日。米每日支领一京升，面粉日支二十两；衣单银，大喇嘛每月二两，小喇嘛每月一两。通过上述整顿，各寺院纳入清政府的统一管理体系之下，其政治、经济特权受到限制、削弱乃至取消。对此，《西宁府新志》卷三十一《纲领（下）》有言："数百年之弊，一旦革除，宁人快之。"

清政府对西宁及周围地区藏传佛教寺院的整顿并非要改变固有的扶持藏传佛教的基本政策，而是在于消弭因寺院势力过分膨胀而对封建王朝所构成的威胁，不让它继续成为政治上的异己力量。因此，在执行上述措施时，并不彻底。寺院的一些封建特权依然存在，喇嘛教寺院的政教合一制度没有得到根本改变，且延至新中国成立之初。雍正五年四月初八日佛诞日，清政府发布上谕，"保护青海蒙藏所崇奉喇嘛教"，誊黄遍贴于各地寺院。五年后，雍正十年（1732 年）奉旨重建郭隆寺，赐额佑宁寺，敕赐碑文，清廷器重佑宁寺如初；乾隆十四年（1749 年）又敕赐"真如权应"匾一面；在清王朝和当地僧众的支持下，佑宁寺很快恢复。同年，雍正帝敕令建郭莽寺，赐额广惠寺，还专门敕撰广惠寺碑文，自此发展更快。至于塔尔寺亦依然继续发展，以至宏畅壮丽"为诸寺之冠"。乾隆年间最盛时有各种建筑 7000 多间，僧伽多达 3600 人。后来，在达赖、班禅、土观、章嘉、敏珠尔等人的积极活动下，一些限制寺院规模的规定很快被取消。

清朝除对这些寺院颁赐匾额等外，还对许多著名喇嘛僧阶进行了封赠，按其道行、学识程度、功德大小等分别赐予呼图克图、诺门汗、班智达、堪布、赛赤、仓等名号。六类封号中，地位最高的是呼图克图。呼图克图，藏语"朱必克"的蒙语音译，意为"化身"，是清朝中央政府授给藏族、蒙古族、土族

---

① （清）杨应琚：《西宁府新志》卷二十《武备·青海》。

② （清）杨应琚：《西宁府新志》卷十五《祠祀·番寺》。

等地区大活佛的封号，其他位次于达赖、班禅的宗教职位。凡属这一级活佛，均由清中央政府任命，并载入理藩院册籍。乾隆时，继续延请上层僧人到京供职，这利于驻京呼图克图制度进一步巩固和强化。在西宁及周边地区有七大驻京呼图克图（驻北京雍和宫掌印喇嘛，称"内呼图克图或驻京呼图克图"；不驻京的为"外呼图克图"），其中有塔尔寺的阿嘉、拉科，佑宁寺的章嘉、土观，广惠寺的敏珠尔；外呼图克图若干。[①] 藏传佛教兴盛不衰。这进一步说明，清朝整顿寺院措施的出台，决不意味着改变"尊崇黄教，羁縻蒙番"之政策，而是要把寺院直接置于政府控制之下。如是，黄教依然盛行如初，只不过寺院的世俗权力有所削弱，转而注重于宗教活动和自身建设罢了。

第三节　清朝中后期（道光至清末）

这一时期，由于政治形势和民族格局发生变化，民族贸易的中心在地理上也随之有所变化。丹噶尔以雍正二年于丹噶尔以西之日月山设立互市为契机，发展成为黄河上游区域商业巨镇，被誉为"塞上小北京"。其后，回回问题升温，都对西宁历史发展产生过重大影响。

一、塞上小北京——丹噶尔城

继多巴之后崛起的市场是丹噶尔。丹噶尔即今西宁市辖湟源县，距西宁以西45公里，以其地有著名的黄教寺院栋科尔寺（建于1652年）而得名。"丹噶尔"即"栋科尔"之异译。这里，"自明末商贾渐集，与蒙番贸易，有因而世居者；番族亦渐次开垦，牧而兼耕，各就水土之便，筑室家成村落焉"[②]，至清中叶后发育成为西北地区民族贸易的中心市场。

（一）丹噶尔民族贸易的兴隆

丹噶尔民族贸易的兴起及日后规模的不断扩大和辐射范围的不断拓展，

---

① 蒲文成：《青海佛教史》，青海人民出版社2001年版，第244-245页。
② 《丹噶尔厅志》卷一《历史》，《青海地方旧志五种》青海人民出版社1989年版。

主要依托于：一是丹噶尔地处黄河上游农牧区域的临界点上，丹噶尔及日月山以东为农业带，以西为牧业带；二是丹噶尔"为三藏通衢，西滨青海，北连蒙古，群山罗列、两涧回环，洵边徼名区，西维重地也"。[①] 是清代青海蒙藏游牧区及西藏地区与内地交通往来的"咽喉"之地；三是丹噶尔在雍正后成为甘肃行省和西宁办事大臣所辖蒙藏游牧区的行政分界点，即处在所谓"边内"和"边外"的交界线上，这里便一度成为民族贸易中心。然而，随着和硕特蒙古在政治上的失势，"边内"和"边外"的分界线西移至丹噶尔一带。[②] 为把丹噶尔的地理和交通区位优势转化为经济优势，清政府在此地设立互市，并于雍正五年（1727 年）筑丹噶尔城一座，次年竣工，以资护民保商。城周七百七十四丈，高二丈二尺，根厚二丈四尺；有东西二城门，护之以瓮城。[③] 城内有东大街、仓门街、中大街、西大街、隍庙街等主要街道，其中东、西大街列为商业区，商店鳞次栉比，从而吸引各地商人来此经商。正是基于上述因素，丹噶尔的民族贸易才得以兴起，并渐次走向繁荣。

（二）丹噶尔民族贸易的发展

丹噶尔民族贸易的发展，大致可分为四个阶段。雍正、乾隆两朝，为丹噶尔民族贸易的初步发展阶段。这主要表现在：首先，贸易范围逐次扩大。清初，互市口日月山仅涉及青海蒙古一族与内地贸易；及至乾隆中叶，丹噶尔不仅青海蒙古各部"一切交易，俱在西宁（丹噶尔），从不一赴河州"[④]，而且更为"汉、土、回民并远近番人暨蒙古往来贸易之所"[⑤]。其次，贸易吞吐量凸显。关于这一点，以准部熬茶述之。新疆准噶尔部在丹噶尔进行两次大规模的贸易活动。乾隆六年（1741 年），经清政府同意，准部组织了一支三百多人的队伍，携带着数以万计的马、牛、羊、驼及其他物品，于是年四月初至。准部所谓熬茶，虽是尊崇一种宗教礼仪，其另一重要目的则是来丹噶尔城进行商业贸易，历时四个月之久，贸易额高达银十万零五千四百余两。乾隆八

---

① 《丹噶尔厅志》卷七《艺文》，"重修丹噶尔城记"，《青地方旧志五种》，青海人民出版社1989 年版。

② 杜常顺：《清代丹噶尔民族贸易的兴起和发展》，《民族研究》1995 年第 1 期。

③ 《丹噶尔厅志》卷三《地理》，《青海地方旧志五种》，青海人民出版社 1989 年版。

④ （民国）刘郁芬、杨思等纂：《甘肃通志稿·军政六·互市》。

⑤ （清）杨应琚：《西宁府新志》卷三十四《艺文·条议附》"为边口亟请添驻县佐以资治理议"。

年（1743年），准部再次由桑吹纳木克率领三百一十二人的队伍入藏熬茶，携带大量马、驼、皮张、葡萄等专至丹地贸易。历时四个月，仅皮货一项，贸易银额就达七万八千余两。准部在丹地贸易次数虽少，但规模颇大，意义至深。这次庞大的经济活动，加强了天山北路与中央政府的政治经济联系，更说明当时丹噶尔民族贸易市场已具备了相当的商品货物集散能力。

嘉庆、道光和咸丰三朝为丹噶尔民族贸易的鼎盛期，尤以道光时期为最盛。史称此时丹地商业特盛，"青海、西藏番货云集，内地各省客商辐辏。每年进口货价至百二十万两之多"。[①] 因丹地商业地位突出，大量他邑之汉、回、撒拉等族人口因经商而迁居丹噶尔。道光、咸丰之际，丹噶尔一地仅回、撒拉两族人口就达数千户之多。商贸的繁荣，人口的增殖，是清政府在丹噶尔地方行政建置的依据。丹噶尔城修竣后，即雍正六年（1728年）清政府于此设参将一员，千把总三员，以武督商。乾隆九年（1744年），西宁道杨应琚以"丹噶尔更为要冲，西藏总隘，汉、土、夷、番交易之所，并有应征番粮，且进藏差务络绎不绝"[②] 为由，奏请设西宁县简缺主簿一员，驻丹噶尔城，"专司稽查约束"。[③] 道光二年（1822年），清廷又因丹地"商贾云集，事务繁杂"，将原设简缺主簿改为繁缺主簿。七年后，清政府根据丹地贸易的迅猛发展，决定设置丹噶尔厅，改主簿为同知，以理商业。[④] 丹噶尔厅专为商务而设，实可谓"因商设官"，其目的在于加强东西部农牧区的经济文化，对丹地商业贸易的发展起着关键性的作用。

由于回民反清斗争战乱不已的影响，自咸丰末年后，丹噶尔形成"番货委积，顾问无人，丹地商业之衰，未有甚于当时者也。"这二十年间是清代丹噶尔民族贸易走向萎缩和萧条的时期。

光绪年间，随着战乱的平息，丹地民族贸易逐渐得以恢复。"每年进口之货，推其报数四十余万，较之曩昔，仅三分一耳"。[⑤] 由此可知，尽管其有所复

① 《丹噶尔厅志》卷五《商务出产类》，《青海地方旧志五种》，青海人民出版社1989年版。
② （清）杨应琚：《西宁府新志》卷三十四《艺文·条议附》"为边口亟请添驻县佐以资治理议"。
③ 《丹噶尔厅志》卷七《艺文》"奏疏"，《青海地方旧志五种》，青海人民出版1989年版。
④ 《丹噶尔厅志》卷一《历史》，《青海地方旧志五种》，青海人民出版社1989年版。
⑤ 《丹噶尔厅志》卷五《商务出产类》，《青海地方旧志五种》，青海人民出版社1989年版。

活，但成交额无法与鼎盛时期比肩，市场凝聚力已大为弱化了。值得注意的是，此时期，收购羊毛的洋商日益增多，各项皮货贩者亦渐众，所以货、价皆蒸蒸日上。至清末，丹地"每年有洋行十余家就地采买（羊毛）"。[①]以上所示，丹地已成为外国商行在西宁地区重要的原料采购市场。同时，外商的介入，使丹地传统的民族贸易受到严重冲击，以至出现"铺户亏空闭歇者，踵相接背相望也"。[②]昔日的商品集散地而繁荣一时的"小北京"已成了明日黄花。

（三）清代丹噶尔的"歇家"制度

伴随着民族的兴起和发展，商人阶层"歇家"也应时而生。"歇家"一词，考其缘起，始于明朝文献中。及至清代，西宁府各城镇中都有"歇家"。丹噶尔"歇家"是随民族贸易的出现而出现的。雍正七年（1729年），冯允中在其奏折中曾谓："所属之丹噶尔等地方原系番夷客商远从西藏等处贩卖各色皮张进口贸易之所，从前有进上所用皮张有司采买，例发官价，今已停进多年。此弊未除，竟有歇家牙侩串通胥役地棍指称衙门尚旧例，发价勒买。"[③]那么，丹地"歇家"在民族贸易活动中究竟起何作用呢？首先，充当着蒙藏商业贸易代理人的角色。即"蒙、番等易买粮茶什物，均系官歇家为之经理"。[④]其次，为蒙藏商人提供债务担保。"番夷等来丹贸易时，客商均未齐集，此客商到丹而夷人等已将回牧，不能在丹久候，势不能不借歇店人等通权经理，从中保欠"。再次，代表地方政府行使对蒙藏商人贸易活动的稽查监督职能。大体而言，一是"歇家"要保证来丹地贸易的蒙藏商人循规守法，"倘有滋事，即惟官歇家是问"。对所招住蒙藏商人的人数、往来日期、所带货物等逐项登记，以便官府查实。二是严格监督蒙藏商人的粮茶贸易。因粮茶为蒙藏各族"仰给内地要需"，故清政府将控制粮茶贸易为"制番命之要策"。不论何族何部，具体的贸易活动，则要由"官歇家"加以监督，否则"一经沿边卡隘查出，将差役、歇家一并治罪"。[⑤]

随着丹地在民族贸易的日益兴旺，丹地"歇家"的活动范围已由蒙藏商

①　（清）康敷镕：《青海记》，（台湾）成文出版社1968年版影印手抄本，第64页。

②　《丹噶尔厅志》卷五《商务出产类》，《青海地方旧志五种》，青海人民出版社1989年版。

③　署陕西西大通总兵冯允中：《奏报田禾丰收粮广价平暨贸易营伍等地方情形折》（雍正七年十一月初七日，见《雍正朝朱批奏折汇编》第17册第87页。

④　（清）那彦成著，宋挺生校注：《那彦成青海奏议》卷五，青海人民出版社1997年版，第144页。

⑤　（清）那彦成著，宋挺生校注：《那彦成青海奏议》卷五，青海人民出版社1997年版，第144页。

人的代理人发展到直接营商，具有了"独立"的商人身份。一些"歇家"和私自携带粮茶等货物直接深入到蒙藏游牧区进行交易。尽管陕甘总督那彦成于道光初年对其进行整顿，但收效甚微。道光、咸丰之后，有愈演愈烈之势。从中表明，处于衰落时代的封建国家对社会经济生活的干预能力束手无策了。至光绪时期，洋商势力渗入丹地，许多"歇家"又成为了洋商的贸易代理人，带有鲜明的买办特征。民国初年以后，洋行陆续撤离丹地，依附洋行的买办也就失去了存在的根基。其中，有的歇家后来发展成为民族资本家，也有一些仍仗语言上的优势入藏继续经商而成为"藏客"。

二、西宁知府马桂源

据《西宁府续志》卷八《纲领志》记载同治七年至十二年春，当地回民首领马桂源署西宁知府，马本源署中营游击代西宁总兵。这违反了当地人不能在当地任官的回避制度。到底是怎么回事呢？略述于后。

马归源（1843—1873），清代史书资料又写作马桂源、马桂元，系华寺门宦创始人马来迟的后裔。马来迟传教权于四子马国宝，在循化等地布教。国宝传其子光宗，光宗久住西宁北川，人称"北川太爷"，他曾率花寺教民赴陕西，协助清军镇压白莲教反清斗争。第四辈教主为马归源之父舍木苏松的格。马归源兄弟四人，他行三，长复源，次本源，四真源（取名"复本归真"，为伊斯兰教习惯用语）。马复源继承其父教权，清咸丰七年（1857年）协助西宁道崇保调解循化韩尕四纠众攻城事，"甚为出力"，赏戴五品蓝翎，并由陕甘总督乐斌委为巴燕戎格厅（今化隆）及循化厅各庄回民总约。[①]本源习武，中武举人，十年（1860年）病死。十八岁的马归源继承长兄花寺门宦教权，并承袭回民总约职务和五品蓝翎，被教下称作"顶子太爷"。为壮大本门宦势力，住在东关白玉巷（后为青海军马麟的公馆）的花寺教主马归源，于同治二年（1863年）三月初九，将西宁城内东关北关及城内后街的穆夫提门宦教民，诱至东关清真大寺（马桂源捐资扩建，后成其活动据点）内，"捆缚千余，杀于东郊外南壕沟"[②]，强迫余众皈依花寺门宦。是年四月，马文义（俗称马尕三）

---

① 《平定陕甘新疆事变方略》卷十，第192页。

② 《西宁府续志》卷八《纲领志》。

和回民军围困郡城，占据四乡，攻下县城数个。而此时，"困居城内，无饷无兵"的清西宁办事大臣玉通，不得不对西宁回民"竭力羁縻"，[①] 维持一种抚局。官府并用已故参将河州回民马永泰（系马归源堂叔）之妻马乜氏为委员进行调停，但效果甚微。玉通只好依靠马归源、马本源兄弟"使之招抚叛回"。[②] 同治三年（1864年）马归源出钱捐官，玉通保荐循化厅同知，马本源署循化营游击。反清斗争继续发展，官府势力进一步瓦解，"西宁郡城并无道、府大员驻扎"。及至七年（1868年），玉通为利用其声望安抚回族、撒拉族，请求清廷赏给马归源、马本源兄弟戴花翎，并保举马归源为署理西宁府知府，马本源为西宁镇标游击代行西宁镇总兵职务。次年，马归源兄弟履任后，马本源将西宁镇标各营兵丁悉数换成回、撒拉兵。此举使"西宁郡城，城门之启闭回匪司之，公文之往来回匪拆之，官民之出入回匪主之，虽无戕官显迹而已阴踞城池"；[③] "所有在城文武官员，被匪挟制多年，任其使唤，非朝廷之官也"。[④] 以上足见，西宁的军政大权全为马家兄弟所控制。同治六年后，清廷任命湘军将领左宗棠为"钦差大臣，督办陕甘军务"，组建"楚军"，购置武器；十一年（1872年）秋西宁回民军与清军在大小峡激战，十月十九日清军左宗棠部刘锦棠进占西宁。次年二月初四马归源兄弟等在巴燕戎东山被清军捕捉，三月十三日，以谋反大逆罪在兰州将马归源兄弟处以剐刑，马真源斩首，马归源的儿子发配到开封，其他亲人也遭厄难。值得注意的是，马归源兄弟掌握了西宁地区的统治权后，制定并部分执行了一些政策，以缓和民族矛盾，促动民族间经济文化的发展。如因"西宁地居边远，汉回蒙番不知阐扬圣教……"，而拨款修葺西宁城内孔庙，慕寿祺对此云"西宁番汉杂处，佛教盛行，马归源独修孔子庙，可谓知所本矣"。[⑤] 以拉拢汉族士绅。又如修缮西宁门外南川河上的通济桥（又名南川河桥，始建于清雍正十年即1732年），等等。

---

① 《平定陕甘新疆事变方略》卷一九六，第 279 页。

② 慕寿祺：《甘宁青史略正编》卷二十，兰州俊华印书馆 1931 年版，第 37 页。

③ 《左文襄公奏稿续编》卷二十。转引《撒拉族档案史料》，青海民族学院民族研究所 1981 年编印，第 260 页。

④ 《左文襄公奏稿续编》卷二十三。转引《撒拉族档案史料》，青海民族学院民族研究所编印，1981 年，268 页。

⑤ 慕寿祺：《甘宁青史略正编》卷二十一，兰州俊华印书馆 1931 年版，第 44 页。

第四节　西宁府城内外的经济贸易

自雍正初年裁西宁卫所改置西宁府县以来，政局平稳，为西宁地区社会经济的隆兴提供了必要的客观条件。当时各级政府实行有利于发展生产的若干措施，有力地推动了本地区经贸的深度发展。

一、农田水利扩大开发

水利与农业相辅而行，历来是西宁地区农业的一个显著特点。西宁地势高耸，地形复杂，素以气候干燥、雨水稀少而被视为贫瘠之区，年降水量多在 300 毫米以下，干旱年和半干旱地区所占面积很大。而农业的兴废，几乎全赖于水的有无。基于此，自汉宣帝神爵元年（前 61 年）开始，历代地方官大力引湟灌溉，明万历二十年（1592 年）增置屯兵通判兼管水利。据史志记载，明末西宁地区有伯颜川渠（在卫城西今温中县城）等干渠 4 条，支渠 28 条，共灌地 15 万余亩。[①] 清朝继续重视兴修水利、利用水资源，在明代旧有渠道的基础上新辟一些干支渠，形成较为完整的灌溉网。乾隆时期，西宁府属各县、厅所修农灌渠道已颇具规模。据统计，西宁县共有 4 大渠系，136 道干渠，支渠有数百条之多。各干支渠，规模恢宏，浇灌着数十万亩锦绣田园。试胪列之。

西川渠系，又名伯颜川渠系，由 36 道干渠、75 道支渠组成，渠道全长 546 里，灌地 11511 段。其中三其堡渠，位于县西 20 里处，自马家磨起至堡车杨家沟口止，长 17 里，共灌地 800 余段；西杏园渠，距县西 15 里，有 6 条支渠，共灌地 400 余段；苏家河湾渠，离县西 5 里，支渠有 2 条，各长 25 里、5 里，共灌地 355 段。

北川渠系，又称车卜鲁川渠系，在今大通县南，由 30 道干渠、42 条支渠联成，全长 503.5 里，灌地 21100 余段。其中永安平路渠，在今大通县桥头一带，灌地 2100 余段；长宁渠灌地 2400 余段；北杏园渠，离县北 10 里，自陶家、宋家磨河起至堡东崖头旱台止，长 2 里，共浇地 136 段。

---

① 《西宁卫志·西宁志》卷一《地理志·水利》，青海人民出版社 1993 年版，第 134 页。

南川渠系,又名那孩川渠系,由 23 条干渠、43 条文渠网成,渠道全长 459 里,灌地 8817 段。其中南川老幼渠灌地 250 段;总堡渠于县南 20 里处,支渠有 2,各长 15 里、2 里,灌地 470 段;新庄渠距县南 15 里,自清水河起至堡北加河止,长 10 里,浇地 265 段;县南 5 里的沈家渠,有渠 4 条,各长 15 里、3 里、4 里、5 里,共灌地 600 余段;罗家湾渠,县东 15 里,自石家庄起至堡东小峡口止,长 15 里,灌地 462 段。

东川渠系,又称广牧川、沙棠川渠系,有 47 道干渠、110 条支渠,全长 896.5 里,灌地数 4 万余段;其中三其堡渠,县东北 30 里,支渠有 4 条,各为 13 里、15 里、12 里、5 里,共灌溉 1120 段;盐场渠灌溉地 2900 段;马家渠灌地 2732 段。

从顺治十四年（1657 年）刊本之《西宁卫志·西宁志》卷一《地理志·水利》所载是时西宁水利 4 条干渠、28 条支渠,灌溉田地 15 万余亩,90 年后,乾隆十二年（1747 年）刊本《西宁府新志》卷六《地理·水利》已载水渠 136 条干渠、270 条支渠,灌田约 25 万亩,各增加 33 倍、8.6 倍和 61%。由上述所示,通过水利设施的兴修,清中叶西宁地区水浇地面积比明末清初确实有了较大幅度扩大,以致出现"宁属四川,已无不垦之土"[①] 的状况,这标志着西宁农业经济得到一定发展。

此外,这一时期碾伯县有河北、河南、山南 3 大渠系、68 道干渠、190 条支渠,各渠共灌田 46453 段;大通县有河东、河西、东峡和祁家 4 道干渠、11 道支渠,共灌溉地 5747 段;贵德的各渠灌田 4252 段,循化厅各渠灌溉地 16000 余段。

农业的发展,带来西宁"生齿岁增"[②]。据《西宁府新志》卷十六载,顺治二年（1645 年）,西宁卫有丁 20224 名,按《西宁府续志》卷四对丁与口的折算,可求得丁在总人口中所占的平均比例约为 63%[③],依此比例可推算出顺治二年西宁卫在册人口约为 32965 人。而到乾隆年间（1746 年资料）人口增至 70470 人。自顺治二年至此的 101 年间,在册人口增长了两倍多。由此可以概见,这一时期西宁编户人口呈增长势头,也反映社会经济进一步发展的事实。

---

① （清）杨应琚:《西宁府新志》卷三十四《艺文·条议附》"碾邑巴燕戎请设官开田议"。

② （清）杨应琚:《西宁府新志》卷十六《田赋·贡赋》。

③ 崔永红:《青海经济史》（古代卷）,青海人民出版社 1998 年版,第 162 页。

随着农业经济的向前推进，人口的逐渐增多，地区间联系的加强，网状道路逐步成形。境内的驿站、桥梁得到整顿和修复，以西宁府城为中心的内外向交通路线，在历代变衍发展的基础上得以巩固。一是西宁与府内各县、厅、所均有道路相连；二是西宁外向交通已打通，如西宁至甘州道，西宁至拉萨的官马大道（里程分两段，即西宁至穆鲁乌素河今通天河 30 程共 1710 里；从穆鲁乌素河至拉萨 37 程，共 1960 里）[①]。三是驿站的增设。明代，在湟水流域设驿站的最西端为西宁城，西宁以东设有 7 个驿站，还有递铺。清依明制，并扩大其规模，如乾隆元年（1736 年）设长宁驿，西宁南 50 里设申中驿（乾隆七年），西宁城西 50 里增设镇海驿（乾隆十一年）等。如是，以西宁为主，有驿站北至大通，西至丹噶尔，西南至贵德，东南至循化、河州，均设有驿站。截至清末，西宁府所辖三县四厅都有驿站可通。四是桥梁的修筑。西宁地处三川一水的两岸，桥梁不断出现。史载，在西宁城建有：南川河桥，又名通济桥，位于西门外南川河，建于雍正十年（1732 年）；惠民桥，旧称西宁河桥，在西宁城北，乾隆十一年（1746 年）重建；西川河桥，又名伯颜桥、惠宁桥，在西宁城西 3 里处；玉带桥，位于西宁东关外瓦窑沟之上，其始建年代史书未能留下准确记载。因桥身似玉带，故而有此佳名。清代，屡毁屡建，最后一次为光绪二十一年（1895 年）由西宁知县罗云𪩘捐资重建。玉带桥是省外官员进西宁城的必经之桥，建造时在桥旁特修迎官亭（占地约三亩），以便接送外地官员。此外，还有柴家桥、暖泉桥等。

总之，道路、驿站、桥梁的广泛增建，为居民和商旅往来创造了条件，长短途商贸活动因之展开。

二、府城内商贸繁盛

清初，西宁城的商业贸易是相当繁盛的。对此，前文已述及。十年后，即雍正三年（1725 年）清政府在西宁地区置西宁府，西宁府城商贸得到更进一步发展，其明显的标志是专门市场的形成和山陕会馆的修建。

[①] （清）杨应琚：《西宁府新志》卷二十一《武备·西藏路程》。

（一）专门市场形成

市场是城镇发展和繁荣的重要标志，市场数目是衡量城镇经济发展的一个指标。随着民间贸易的发展、居户的增多，经济活动更为活跃，对市场数目的需求也就相应增多，以往集于一处的市场已难以担负日益繁杂的商品流通，最终促成一些专门市场的出现。这些商业市场往往按照交易商品的名称来命名。据《西宁府新志》卷九《建置·城池》记载，府城内街道主要有东门大街、西门大街、北门大街等大小29条街道，市有西宁府所辖粮面市场三处：一处为城中粮面市。因粮食由大户人家收购出售，一城之中粮价互异。"买者固被抑勒，而自乡负粮面来售者，亦受要截，帷窝囤者，专其利焉"。①粮食交易虽为个人垄断经营，但粮食生意依然兴隆，仅河州地区的"麦、豆、杂粮辇载驴驮，以往西宁者，不绝于路"。②为控制粮价，杨应琚在任期间，与乾隆四年以黉学街空阔，修建铺面数十楹，以作为储粮面及交易之所。"自此粜价无二，买者售者称便焉"。一处为东关粮面上市，在史家大店至柴家牌楼间；一处为东关粮面下市，在东稍门至西纳牌楼间。这些极大地方便了各界群众。其他如菜果市，在道署西；骡马驴市，在石坡街；柴草市，在大什字；石煤市，在大什字土地祠前；石炭市，在北大街北头驿街口等。此外，西宁县属缨毛市在祁家牌坊西，牛羊市在湟中牌楼东，骡马驴市、柴草市俱在小街口，石煤市、石炭市分别在小街口东、西，硬柴市在北古城街。③显然，市场内有府属、县属之分，其目的在于分工管理和征收商税。

商业之繁茂，以物质为基础，西宁有丰盈的物产，有能使市场旺盛的条件。大通县治东南30余里的金娥山（今娘娘山）麓樵渔堡有煤炭，"自明代，本地汉、回集股开采"，④所产"石煤，其黑如漆，其坚如石，遇火则燃，不须橐籥（即风箱）。质细灰白，远胜他处，全湟赖之"。⑤西宁北川口外白塔地方，亦出产石煤。⑥此乃煤市兴旺之基础。西宁小峡口、观音堂沟，多出石炭。《西

---

① （清）杨应琚：《西宁府新志》卷九《建置·城池》"街市附"。

② （清）梁份：《秦边纪略》卷一《河州卫》，青海人民出版社1987年版，第35页。

③ 王昱主编：《青海方志资料类编》，青海人民出版社1987年版，第237页。

④ 王昱主编：《青海方志资料类编》，青海人民出版社1987年版，第247页。

⑤ （清）杨应琚：《西宁府新志》卷八《地理·物产》。

⑥ 《清实录·世宗实录》卷一一五，"雍正十年二月丁未"。

宁府新志》卷八《地理·物产》云："（小硖）口、观音堂沟二处产之。"这是石炭行业的条件。西宁府的粮谷品种繁多，有小麦、大麦、荞麦、青稞、大豆、豌豆（一名小豆，俗碾为面，遂用以兼给军饷）、藏豆、扁豆、糜、芒谷、胡麻（一名狗虱，又名方茎、鸿藏，俗用以供油）、油菜籽、燕麦等。[①]这就是粮谷贸易的基本条件。其他还有瓜果类、草木类、蔬菜类、兽类、花类、中药类等，为菜果市、柴草市、骡马驴市等提供了充足的货源。尤其是家畜类如马（依其产地、品性和用途不同，可细分为藏马、柴旦马、农用马、走马等）、骡、驴、牛（又分牦牛、黄牛和犏牛）、羊（有山羊、绵羊、藏羊、大尾羊等之分）等。据推算，清末青海牧马羊牛总数当在五六百万头（只）以上。[②]蔬菜类如芹、萝卜（红白二种）、茼蒿、白菜、胡荽（一作芫荽，今称香菜）、木耳、韭、蒜、蕨麻（产于野，状如麻根而色紫，食之益人，又谓之延寿果）、辣椒、苦豆（又名香苜蓿子）等。瓜果类有杏、李、楸子、山樱桃、林檎、沙枣、苹果、核桃等。草木类如席萁（生于山野，农家拔之，以编蒲篮、背篓、土笼，亦可为帚）、山草（即芍也，通作莒）、茅香（野草，带香味）、标竿（形同席萁而脆弱易折，刘以为薪）、柳（尖叶、鸡爪二种）、白杨、榆、桦、松等。多种多样的货源，丰富了府城市场各种各样的商品需求。

（二）山陕商帮

自明清以来，外籍进入西宁的行商、坐贾日趋增多。明代，因政府多次召商往西宁等地运粮或运茶换易盐引，一些内地商人就此落籍西宁等地，累世为商，其中陕西、山西籍者居多。山西商人创办了西宁最早的商号，如"晋益老"（为山西商人樊某开设，位置在东门街、府门街一带，有房舍 70~80 间）等。这些老牌商号、货栈的年代史无明文，但流行的"先有晋益老，后有西宁城"之民谣，至少可以说明这些商号于明代就已存在。迄至清代，由于雍正至乾隆年间（1726—1795 年）西宁地区社会政治处于相对安宁时期，西宁商业由此获得了发展的外部条件，尤其是 1735 年以来，清政府对西宁地区的贸易控制急剧减弱，民间贸易得以兴起，这是其一；二是明清时西北手工业发展的程度远逊于内地，手工业产品极度匮乏；三是山陕籍人士在西北经商多年，

① （清）杨应琚：《西宁府新志》卷八《地理·物产》。

② 芈一之：《青海地方史略》，中共青海省委统战部民族处 1978 年版，第 246 页。

有理财的基础，资金积累厚实，本地商人尚无力与之比肩；四是当地人守旧思想较重，外出经商者寥若晨星，仅有少量土产被零星运销邻省，以换回较少的必需商品；五是山陕与青海有特殊的地缘关系，生活习俗与民风等方面有许多相同之处。此外，西宁优越的交通区位，为贸易和物资转输的枢纽。在这种形势下，内地商人便云集西宁。这些内地商贾，远离故土而身处异地，形成了以地域乡土关系为基础的商业团体——商帮。据《清稗类钞》载："客商携货远行者，咸以同乡或同业之关系，结成团体，俗称商帮。有京帮、津帮、陕帮、山东帮、山西帮、宁帮、绍帮、广帮、川帮等。"西宁地区以晋帮（山西）、陕帮（陕西）的商人最为活跃。"晋帮"在内地建有广泛的商业联系，经营规模较大，除从内地自购自销外，还从兰州、西安、三原、两湖等地所设庄口（采购货物的机构）接收绸、缎、布匹、文具等，在抽取一定费用后，批发给各大商号；而"陕帮"在西宁多从事药业，原料主要来自关中、延绥、秦州等地，后亦在西宁附近收购中药材，自制成药销售。这样一来，西宁便成了山陕籍商人赚钱的集散地。道光二十年（1840年）鸦片战争后，山陕商人仍不断进入这一地区。至光绪年间，山陕籍商人在西宁经商达到了鼎盛时期，店铺林立于府城各主要街巷，商户和贸易总额已属首屈一指，商业活动网络已向农牧区的主要集镇辐射。可以说，在西宁城商业的发展史上，山陕籍商人的介入及其商业活动为西宁商业的繁荣注入了很强的活力，在一定程度上保证并推进了青海各地区间、城乡间、农牧间及与国内各地间的商品流通。

外地的商人多了，商帮的势力渐强，西宁城内出现了商帮建立的会馆。最先建立的是由山西、陕西两地的商人捐资于光绪十四年（1888年）在西宁东关大街路北（今大众旅社和东关百货商店基址）修建的一个供集会议事的"叙乡谊、通商情、敬关爷"的商业性的公共场所——山陕会馆（1987年9月30日被西宁市人民政府列为市级文物保护单位），其建筑风格、活动情况及所起作用由于史料阙如，现已无从确考。二十一年（1895年）七月，西宁南川回民和东关回民汇合，由南禅寺猛攻西宁城之时，山陕会馆被放火焚烧，此地变为驼帮休憩的场所。5年后，山陕商人再度筹资，在西宁府城内后街购得原官办茶号地皮，重建山陕会馆（今西宁市兴隆巷与新民巷间），[①]并在大通等地开设山陕会馆的分馆。

新建之山陕会馆坐北朝南，前为三间山门，临街耸立，门楣上悬挂于右任先生手书"山陕会馆"匾额，字体为草书，异常醒目；山门外有木栅栏，两侧各竖一根大旗杆，东西两边为八字形墙，以砖雕而饰之，将山门前近千平方米的广场圈在其内，广场平铺着青石板。走进山门，左右各有门房一间，拾石级而下，东有钟楼，挂有巨钟；西有鼓楼，鼓架上置大鼓一面。正中为一座三间宽的北向戏台，从戏台两侧进入空场，其两侧有二层楼房，每层9间，共计36间；空场北端，建有三间殿宇，名为香厅，香厅北有大殿，殿内东西墙上有大型彩色壁画，正中供奉关羽塑像，两侧为关平、周仓塑像，关羽身后为诸葛亮塑像，大殿飞檐下挂有清代西宁知府庆霖和翰林院编修刘尔炘等二十六位当时西宁府的知名人士给会馆赠送的一块大匾，由庆霖在正中题"中立不倚"，蓝底金字，长3米许，宽1米许。在香厅和大殿两侧各建有平房7间，每排平房后有两层5间木排小楼。大殿北是三间名为"三义楼"的楼房，取刘、关、张桃园结义之意；东侧有禅房1院，西侧有四合院，均有圆门与正院相连。三义楼后墙紧依后街（今新民巷），斗拱及挑檐直伸街上。香厅、大殿和三义楼内都是方砖铺地、花砖饰墙，外为重檐歇顶、彩绘斗拱、雕梁画栋。这是山陕会馆的建筑格局，共四进院落。

山陕会馆具有商业性质，是山陕两地商人重要聚会之地，每年中秋节、元宵节和农历七月二十二日财神会来此聚会。聚会之时，按各商号掌柜到达的先后为序，依次叩拜关帝，并根据各自商号资本的多寡向会馆认捐；会馆设宴招待各商号掌柜，同时公布会馆的收支情况。

会首由当年山陕商人大商号的东家轮流充当。民国19年（1930年）前后，聚会的商号老板有50～60人之多；平时会馆由雇请的方丈看守，1949年西宁解放后该馆作为人民解放军一军三师宣传队（西宁秦剧团前身）的固定演出场地，抗美援朝时交予地方。[②]会馆筹资，在西宁城外东南隅的南庄子（今西宁市第三中学一带）购买墓地一处，称"山陕台"，为山陕同乡亡故者埋葬

---

① 《西宁府续志》卷十《志余·地理志》。

② 《西宁市志·商业志》，兰州大学出版社1990年版，第61页。

之地。另在西宁东郊曹家寨附近有"番粮地"数十亩。称"山陕义地",雇当地农民耕种。所得地租收入,为看守会馆、山陕台方丈的生活费和聚会费用。

山陕会馆虽然在管理方式上采取封建家长式管理,商业组织形式方面带有浓厚封建色彩,但对加强山陕商人彼此的联系、防止各种经济因素的侵扰及协调内部商务纠纷等方面起了不可低估的作用。

(三)商业行业

伴随商业繁茂、人员凑集,西宁府城的商业呈多样化的发展态势,这一时期较大的商业行业为过载业、典当业、绸缎业、布匹业、皮货业等,现仅就过载业和典当业作一略述。

清代西宁商业以长途贩运为主,这当中行商所占比重较大,与行商有关的过载行业处于优势地位。按其经营范围可分山货过载行店和布匹过载行店两类,这些行店须报经西宁府获准并领有西宁府衙门行帖,且每年给西宁府衙门交纳一定帖费银,方可营业。山货过载行店有福盛店、庆泰店、洪顺店和义成店4家,集中于西宁东关大街一带,由西宁人开设。货物来自四川、汉中、秦州(天水)、洮州(临潭)等地,经营大米、糯米、小米、纸张、瓷器、铁器、食糖、调料及其他日用品。府城内的店家或摊贩到此行店购货时,可进入库房,自行挑选货物;出库时,须经行店管理人员查点登记,并报柜台入账后,买主即可将所选货物运走,不必交纳现金。但每月21日前后由行店管事人到各商家按账目记载的商品品种、数量收取货款。

布匹过载行店在西宁城内有聚益店、福盛店、福兴店、德源店、永丰店等5家,由山西人经理,承销绸缎、布匹、茯茶及其他高档杂货。其营业与山货过载行店略有不同,即布匹过载行店除从省外购进布匹等货物自销外,还收发西宁大商号在省外购进的货物。

无论山货过载行店还是布匹过载行店,均设有仓库,行商运来的货物,由所歇住的行店收购或代其推销。行店按货款抽取2%的佣金,另外每担货物收3～4两银子。这类过载行店延至1953年止。

典当业主要是经营抵押贷款,属于金融行业。西宁府的当铺究竟有多少家,史载不详。据《西宁府新志》卷一六《岁榷》载:"当税银无额。乾隆十年(1745年),征收银五百八十五两。"如按康熙年间规定当铺年纳税银5两的标准推算,清中期应有当铺110余家。① 由此可知，西宁府典当业是颇为发达的。能确知的是清嘉庆初年城北区朝阳村有一山西籍的董姓开设"当铺"一处，直至光绪年间歇业，经营时间长达百余年，其当铺旧址尚存。继后，光绪年间在官井街（今民主街）、仓门街各开当铺一处，至清末前后衰歇。民国初期，西宁当铺业进入全盛时期，时有北大街的统心当、大什字的庆盛当、西大街的益恒当、南大街的益成当、莫家街的恒泰当、石坡街的世诚当六处。这些当铺在民国19年（1930年）后逐渐歇业。

当铺一般为三间门面，门口放着"某某当铺"字样，柜台上置有一个二尺见方楷书的"当"字牌子，四角书写"军器不当，裕国便民"八个字。一进是大门，次进是当堂，再进便是柜台，柜台很高，约有二公尺，台上装有木栅栏，四周很少开窗，其目的在于防盗。后面为当铺后院，是仓库所在地。所有被当的什物，按贵贱、大小分类编号存放并专人保管。

当票是进行交易的可信凭证，类似于有价证券，约有三十二开纸大小，用木刻版印刷，上面详写来当者的姓名、住址、当物名称、编号、息率及赎当期限等项目，并注明当期（一般为24个月），加盖图章；过期不赎，又未商请延期，则为"死当"，当铺将其拍卖，"当票"随之作废。倘若"当票"不慎遗失，须速到当铺挂失，称之为"打失票"。否则，他人拾去冒赎，当铺概不负责。典当物种类有衣服、生活用品、器皿、首饰、家具等，当物一般只当半价或更少，当价大抵由掌柜决定，利息一般为月息3%。由于典当业需有充足的财力做后盾，缘此，西宁的典当业大都为山陕商人所垄断。典当业虽然在客观上起着活跃民间借贷流通的作用，但其高利贷盘剥的一面，也是十分可怕的。②

以上表明，清代之西宁社会稳定、经济复兴、人口增殖、货畅其流、百业旺盛，经贸活动很快地繁荣起来，西宁府城确已发展成为这一地区的重要商埠了。这些是符合城市发展规律的。

---

① 崔永红：《青海经济史》（古代卷），青海人民出版社1998年版，第233页。
② 陈邦彦：《西宁当铺业简况》，《西宁文史资料》第五辑。

第五节　兴教办学 文化兴盛

雍正、乾隆年间是西宁教育发展的一个重要历史时期。在这一时期，清朝统治者遵循"广教化，变土俗"的指导思想，大力发展地方教育，府设府学，县立县学，一时书院、社学等纷纷应时而起。西宁的教育蓬勃发展起来，促使西宁社会出现了明显进步。

一、府县学的建立

据史载，明宣德三年（1428年）驻西宁都督佥事史昭奏请明朝廷在西宁城内修建孔庙，并在庙东侧建卫儒学（地址今西宁市第十四中学），使"西宁军民，大小咸喜。士思学，俗思厚，彬彬郁郁，老稚诵于衢巷，农谣于野，商歌于涂"。[①] 进入清代，西宁的教育在原有卫儒学基础上有很大的发展和提高。主要表现在：第一，改卫儒学为府学。卫儒学是随着卫所制在西宁的推行而建立的，雍正三年（1725年）改西宁卫为西宁府之时，亦改西宁卫儒学为府学，府学设教授一员，并设训导一员协助管理教务；学生一年一贡，廪生（官粮生员，有一定数额）、增生（按规定在定额之外招收的生员，也称增广生）名额各四十，每年科考取文生，从西宁县学、碾伯县学拨入十二名，及大通卫拨入一名，而取武生如文生数。乾隆初年，修缮旧明伦堂，明伦堂内立顺治九年二月御制晓示生员教条卧碑和康熙四十一年正月御制训饬士子文碑各一，堂之东建有博文斋5楹，向西有约礼斋5楹，前面筑有仪门；堂之侧有书房，室内典藏经史子集各类图书。同时，府学还陆续建有文庙、射圃，以供师生举行祀孔释奠和进行射艺学习。

第二，创设县儒学。自清康熙年间始，先后建有县级儒学。康熙五十六年（1717年）兰州河桥同知、署西宁通判沈廷正在文昌祠旁捐建西宁县一级儒学，设教谕而无署，学生三年一贡，廪生、增生各二十名，每年考取文武生各八名。雍正三年后正式改名西宁县儒学。除西宁县儒学外，此后正规的

---

① （清）杨应琚：《西宁府新志》卷三十五《艺文·记》"重修西宁卫儒学记"。

县儒学还有碾伯县儒学，乾隆九年（1744年）知县徐志丙捐建碾伯儒学，设训导署、置训导一员，学生亦三年一贡，廪生、增生各二十名；乾隆二十六年（1761年）大通卫改为县治之时，成立县儒学，设训导一员，学生六年一贡，岁科试取文武童六名，廪生、增生各二名。自是，初步奠定了西宁儒学教育的规模。

第三，统一教学内容。府学、县儒学的教学内容与考试完全以科举为目的，所以西宁的学校与中原地区一样，颁发经籍，教师"日讲四书解义、周易折衷、书经传说汇纂、诗经传说汇纂、春秋传说汇纂、性理精义、朱子全书"七部钦定的书之外，还有"十三经注疏、二十二史及大清律、祭器图、乐章、佥事杨应琚纂文庙祭礼仪节和乐舞源流考"。[①]由此而知，学习内容尚称丰富。这些内容的规定旨在确保教化安边、文德怀远的政策精神的贯彻。

第四，铨选教官从优。清一代，遴选教官较为严格。按清定例，科举出身是选聘教官的基本条件，"非文行兼优者"不得充任教官。西宁的情况自应与内地相同。如西宁府学教授李时升，字聚庵，隆德庄浪乡举人；西宁县学教谕，徐恢业，凉州举人等。这是其一。其二教官多为流官。翻检《西宁府新志》卷二十三《官师·职官》、《西宁府续志》卷六《官师志》及其《余志》卷十不难看出：雍正三年至清朝末年，30名教授、30名教谕和54名训导（含西宁府学、碾伯县、大通县）中几乎全为陕西、甘肃、宁夏籍，且多来自同一省区的不同地区，而属西宁人的仅为一例，即碾伯县学训导赵志训，同治十年任。

第五，训育管理。针对生员的学规苛严，府学置"卧碑文"，令生员每日必须诵读；康熙四十一年（1702年）正月又御置"训饬士子文"，其学规内容主要强调：生员读书的重要性，生员须立志，生员的人品修养及必须遵守的规范。与此同时，西宁道佥事杨应琚颁布"学约""学示"，"凡宁属诸生，务模范圣贤之法则，毋破矩而削规；屏除世俗之轻浮，须履仁而由义。莫视公府为捷径，致贻笑于猴冠；毋借儒服为护符，使兴嗟于虎翼。……立身克己，先德行而后文章。"[②]这些学规对生员的思想、行为、学习等方面都提出了明确

---

① （清）杨应琚：《西宁府新志》卷十一《建置·学校》。
② （清）杨应琚：《西宁府新志》卷三十七《艺文·学示》"示宁郡诸生"。

要求，成为培养和教育学生的准则。

二、西宁书院、社学和义学的创办

清中期以后，以注重研习儒家经籍、讲究学术文化为特征的书院教育开始在西宁地区兴起，成为西宁地方教育的重要组成部分。乾隆五十年（1785年），山东胶州人、时任西宁县知县冷永炜，在杨应琚所置博文、约礼两个书斋基础上，辟南寺旧址为湟中书院，捐资添设膏火，聚诸生而考课。道光年间，湟中书院"风飘雨穿，鸟鼠颠覆，不堪聚诵读，事将废矣"。此时，西宁县知县郭公祖便"检绅衿之晓事者，筹拨会试羡银二百余。鸠工庀材，越两载事始蒇"。重修后，"堂庑墉墉"。又"辟厦东射圃地，筑围垣，构层楼，高闬闳，尊先圣诸贤于正楹"。这样，书院"严严翼翼，规模较前为整齐"。书院主讲杨应琚（道光二十一年联捷进士）对参与重建该书院的士绅极为盛赞，云："安见中兴之功，不与创始诸先辈同炫耀于天山、湟水间哉？"①

西宁府城中除了湟中书院外，光绪三年（1877年）西宁办事大臣豫师（副都统，满州镶黄旗人）、西宁道张宗翰（湖南湘阴人，自光绪二年任抚治西宁兵备道）、知府邓承伟（四川崇庆人，自同治十三年任此职）、知县朱镜清（江苏金坛人，自光绪三年任此职）等又筹款创建五峰书院（今西宁市西大街市保育院），以后逐年扩建修缮，延师授课。主讲于该院的山长（后称院长）多由儒学名流担任，如同治年间进士、户部主事来维礼，光绪九年（1883年）选翰林庶吉士赵永庆和二十三年科举人蔡廷基等。至此，"湟中书院在西宁县城南街"，而"五峰书院在西宁县城西街"。②

在西宁地方官吏的倡导下，书院教育在西宁其他地区次第创建。道光二十一年（1841年）碾伯县令冯羲在旧乐都书院（乾隆二十四年，即1759年由县令何泽著创修）的废址上重建凤山书院，修成后的书院风光秀丽："登楼以望南山，笔架、五峰与楹平。其下古树荫翳，花竹丛植。后为圃，榆杏交柯。"③崇山书院是在大通县大雅书院（道光九年，知县张于淳，在大通卫城东儒学

---

① 《西宁府续志》卷九《艺文志》"重兴湟中书院暨膏火碑记"。
② （民国）刘郁芬、杨思等撰：《甘肃通志稿·教育二·书院》。
③ 《西宁府续志》卷九《艺文志》"凤山书院碑记"。

署侧创建）的旧址上创建的。同治四年（1865年）因战乱拆损，十三年（1874年）大通知县黄仁冶（湖南人）偕该县训导杨潮曾（甘肃秦安举人）、典史李元林等"集赀万金，度大雅书院旧址，重构崇山书院"。[①] 此外，还有贵德厅的河阴书院，创建于清嘉庆二十年（1815年）；循化厅的龙支书院，设于光绪三年（1877年），丹噶尔厅的海峰书院，建于光绪十三年（1887年）等。以上言及之书院，其名称常据所在地的山水和地望命名。如湟中书院凭依地处湟水中部而得名，河阴书院地在黄河之南而得名（贵德旧称河阴）；因山得名的如五峰书院，有诗为证，"名家化理不寻常，五碧峰前辟讲堂。直把诗书为治具，要从情性出文章"。[②] 又如凤山书院的名称则是"取其地背倚凤凰山也"。[③]

西宁书院教育的发展是与一批具有卓识的地方官吏的支持分不开的。自乾隆以来，以杨应琚、张于淳、万钟禄、何泽著、冯羲、龙锡庆、张岳崧、左宗棠、豫师、张宗翰、邓承伟、杨兴霖、周兆白等为代表的总督至知县以及饱学之士，纷纷在西宁设学宫、办书院、传播儒学文化，使西宁的书院很快地发展起来。据方志记载，西宁府在清代共创办书院九所，多由西宁府各级地方官吏倡修创办。这些书院创办后，基本保持了书院自由讲学的传统，开启西宁一代讲学新风，推动了儒学教育向纵深发展。

随着府县学、书院的创办，西宁社学和义学逐次铺开。社学是我国古代政府设在乡镇基层的一种教育组织。社学招收对象为本宗社，生源范围较狭，"由绅民捐办，教其同社子弟"。[④] 所以，社学仍以官吏捐办为主。西宁社学始建于明万历年间。清时，"西宁县社学三，一在城中小演武厅东（今省政府大院），一在北川永安城（今大通县新城），一在西川镇海城（今湟中县通海）。"鉴于"郡东关回民甚众，多习回经而不读书"，[⑤] 乾隆十年（1745年）西宁道金事杨应琚、知府刘洪智、知县陈铦在西宁东关（今西宁市社学巷）特设回民社学1处，"创设学舍，延师教读"，这是历史上第一所回民社学。到嘉庆九年（1804

---

① 《西宁府续志》卷九《艺文志》"大通县知县黄仁治重修大通县城垣衙署庙宇书院义学碑记"。
② 《西宁府续志》卷九《艺文志》"丁丑季秋五峰书院落成价卿观察力也赋此诗以志庆幸"。
③ 《西宁府续志》卷九《艺文志》"凤山书碑记"
④ （民国）刘郁芬、杨思等撰：《甘肃通志稿·教育二·书院》"义学社学附"。
⑤ （清）杨应琚：《西宁府新志》卷十一《建置·学校》。

年）西宁道蔡廷衡（浙江人）、知府马愚（山西人）又在西宁增设回民社学 3 处：一处在东关街东，一处在北关中街，一处在东门外。让回族子弟入学读书习礼，接受封建教育，客观上造就了少数民族具有科举出仕的思想意识。至清末，西宁有社学 30 处（含回民社学 4 处），丹噶尔厅（湟源）社学 1 处，碾伯县社学 5 处。社字的大量创办，不仅填补了西宁初级教育的不足，而且在学制上和府县学相联动，形成了上下相连、覆盖面广的地方教育网络。在传播传统文化、培育人才以善乡行方面发挥着基础性作用，同时又为清代西宁义学的发展提供了一定的社会条件。

义学是面向社会、学生不交或少交学费的学校，生源范围甚广，"义学之费亦取办于地方……择士人学品优者为之师，城乡皆有之"。[①]在西宁，嘉庆二十四年（1819 年）西宁总镇常禄筹款在镇署东创设义学 2 处；道光十四年（1834 年）西宁道汤蕭在城内雷鸣寺街设道义学 1 处；同治十三年（1874 年）西宁知府龙锡庆又创设义学 3 处：一处在西宁城内宏觉寺街名南义学，一处在统领寺街（西宁观门街）名北义学、一处在府门街南（今西宁市文化街）名新义学。龙锡庆在创办西宁府城三义学的同时，还倡议在西宁十四乡建立义学 22 处，主要设在西宁城附近及东川、西川、沙塘川等处。此外，在大通县设义学 13 处，碾伯县设义学 10 处，丹噶尔厅设义学 13 处，贵德设义学 7 处，循化厅义学 2 处，巴燕戎格厅义学 1 处。

清时属于基础教育的还有私塾。由群众自筹钱粮，入私塾者由家人将子弟送入教师所设之学房读书，富贵人家可自聘老师到家教读。塾师多为年高有德之老学宿儒或家境清寒饱学之士，私塾入学子弟多在七八岁；入学后先启蒙识字，背诵四书，继而属对，学作八股。清代，街巷中多设有私塾，如雷鸣寺街、官井街等地。塾学是封建社会时期识字读书最基本最普遍的办学形式。

从上可知：清代西宁地区建立了形式多样、门类较全的各级各类地方学校，使西宁的教育进一步向社会化、民族化和平民化方向发展。延至清末新政之时，科举考试衰歇，上述名称各异的学校也随着时代潮流进入新制时期。

---

① （民国）刘郁芬、杨思等撰：《甘肃通志稿·教育二·书院》"义学社学附"。

三、经费筹划

西宁府学、县学、书院、社学、义学重视教育资金的筹集,以改善生徒的"膏火"(学习生活费用)。查地方史志可知,西宁各级学校的经费来源大致有二:一是地方官吏、绅民的捐助;二是学田、社田的租金等。西宁各学校经费的重要来源是地方官吏、绅民的捐助。如西宁县令冷文炜创建湟中书院时,"变斋地值,并众捐建资为诸生修脯、薪水资,其余为乡、会试士子助旅费",由于冷文炜等人的敦劝,"官吏绅民,踊跃捐助,旬日酿金合原项共五千两"。① 又,西宁道汤㼏亦力倡捐助湟中书院,"首劝寅僚,共捐廉俸。遂募绅士各输囊金,交于当商,行其利息",② 以所捐银两发商生之息以资助就读生员和赴试士子盘费。学田和社田的租金也是西宁学校经费不可或缺的来源。西宁县儒学学田,"在城西杨家寨。计一顷三十七亩,租粮十三石七斗五升,分给两学廪生贫士"。③ 又置"社田一十五亩,征租粮四石,以给社师"。在碾伯县,新置义学田租,乾隆二十四年(1759年)县何泽著捐俸创置,"以上地亩,……岁交租粮小麦一色市斗四石九斗,作膏火之用"。④ 学校有了较稳定的收入,为能把学校办好提供了经济条件。

四、儒学教育,人才林蔚

清朝在各地实施教育以科举为中心。顺治时虽甘肃恢复了乡试和府县考试,但西宁府未能建贡院,西宁、碾伯及其他地区的文武生童须到临洮和凉州贡院应试,考生"既苦跋涉,往返又需资斧,故寒士赴试者甚少"。⑤ 埋没了不少人才。基于此,雍正十二年(1734年)莅任西宁道杨应琚便会同西宁道副使高梦龙、知府杨汝梗、西宁知县沈予绩、碾伯知县张登高及全体生员捐资在西宁创建贡院(西宁城内东大街),申请学政(考官)来郡主持院试。此后,"每岁应试者,数有增益焉",⑥ 边地人才脱颖而出。据不完全统计,仅

---

① 《西宁府续志》卷九《艺文志》"湟中书院碑记"。
② 《西宁府续志》卷九《艺文志》"湟中书院课士示"。
③ (清)杨应琚:《西宁府新志》卷十一《建置·学校》。
④ (清)杨应琚:《西宁府新志》卷十一《建置·学校》。
⑤ 《西宁府续志》卷六《官师志·名宦》。
⑥ (清)杨应琚:《西宁府新志》卷十一《建置·学校》。

西宁县在清代考中文武进士 7 人、举人 17 人、武举人 25 人、贡生 128 人。①
在文武的比例上，武举比文举多，这是西宁地处西陲要地，人们尚武，国家
也需要折戟将校所致。

西宁培养出的文臣武将，散布在全国各地，并卓然有成。李愈棠，字荫
南，由拔贡，顺治十年（1653 年）任太仓州同知，十七年历广东盐课提举司，
有惠政；且工于诗词，菁华旨雅，有诗集和《治醝要略》行于世。② 郭守邦，
字金瓯，顺治十一年（1654 年）贡考授县佐，康熙四十年（1701 年）从军有
功，授两当县令，改任山西长子（治）县令，数年有治绩。杨治平，字景升，
光绪三十四年（1908 年）丹噶尔贡生，撰修《丹噶尔厅志》，其志体例完备，
内容丰赡，史料弥足珍贵。严宜，字克训，乾隆三十九年（1774 年）举人，
四十六年进士，先授贵州都匀县知县、梓桐县知县等，后任贵州乡试同考官；
五十四年署思南府（今贵州思南县）知府，俱有政声。③ 来维礼，字敬舆，光
绪五年（1879 年）举人、九年进士，签分户部主事；服阕后进京分发至山西
候补；著有《治家琐言》《双鱼草堂诗集》各一卷。④ 祁仲豸，土族，康熙九
年（1670 年）武进士，因功先后授西宁威远营守备、西宁镇标游击、直隶张
家口游击、浙江金华副总兵等职。⑤ 刘永椿，字荫华，同治十二年（1873 年）
拔贡、光绪元年（1875 年）举人，曾授甘州府山丹县教谕、广东沙田总局提调、
广东茂名县知县等职，因"政绩著异"，受到光绪帝的"特旨嘉奖"。著有《询
刍琐言》，"诚研究西宁地方文献的佳作"及《岭南杂吟》一集。等等。

通过考察清代西宁教育发展状况，我们看到，清政府采取了多种有力手
段来推进西宁教育事业的进步，使西宁的教育在建府后的 180 余年间持续发展，
从而对西宁社会发展带来至深至远的影响。首先，改变风俗习惯。西宁地方
学校的兴办与管理，使大批各民族子弟能潜心钻研儒家经典，接受儒家思想
熏陶。同时，这些进士、举人和贡生，或异地为官，或居家著述，或为教谕

---

① （清）杨应琚：《西宁府新志》卷二十九《献征·选举》及《西宁府续志》卷七《献征志·选举》。
② （清）杨应琚：《西宁府新志》卷二十八《献征·人物》。
③ 《西宁府续志》卷七《献征志·人物》。
④ 《西宁府续志》卷十《志余·献征志·人物》。
⑤ （清）杨应琚：《西宁府新志》卷二十八《献征·人物》。

训导，这对于改变地区落后的文化状况和民风俗尚起到了积极作用。如西宁自汉时设县以来，屡为羌戎所没，习俗颇异。"高上气力，轻视《诗》《书》，尚鬼信巫，乡饮不举"。① 而是时之西宁，"风气渐燠，物力滋丰。力农务学，有衣冠文物之化"。②

其次，促进西宁传统文化的发展。学校教育的普及，读书好学的社会风气日渐形成。同时，儒学文化通过学校教育与西宁本土的各民族传统文化日渐交流、融合，并作用于西宁传统文化的各个层面，成为汉族文化圈的主干力量和几种文化交汇并存格局中的主体文化。在这一情势下，西宁的传统文化经过西宁各族人民的勤奋推进，在较高层次上获得了发展。在严宜、来维礼等名人的影响之下，西宁出现了诸多志书如《丹噶尔厅志》等和诗集如吴栻的《洗心斋全集》、李焕章的《惜阴轩诗草》等，这无疑是西宁深层次学校教育的结果。

其三，明代奠定了汉、藏、土、蒙古、撒拉等多民族分布格局和多民族文化并存局面，其中宗教文化（主要是藏传佛教和伊斯兰教）兴味浓烈，信教人数众多。清代继续不断，使这种格局进一步稳定化。它们都影响到西宁的历史和文化。唐中叶以来曾出现百年又百年的羌藏文化一枝独秀的局面，过去这里的神话文化、萨满文化、神巫文化等相互结合，演变成神佛文化。环顾中华大地，神佛文化只能在高、寒、苦的地方存在，而这种文化笼罩下的人民大众，物质上生活在生态脆弱、物质匮乏、经济贫穷之中，精神上生活在佛爷的佛国天国，他们生活在人神两界之间，一直传留至明清民国。但是，历史现象虽然纷繁，却有其发展规律。13 世纪，蒙古汗国大元王朝的势力来到了西宁，伴随而来的是众多穆斯林迁入，土族在适宜土壤上发展成为民族，农牧分治格局确立，多元文化面貌重现。14 世纪中叶以后，明朝取代元朝，大批汉族军民涌入，四个民族系统的分布格局确立并沿袭下来，几个文化圈交汇重叠，多元文化并存并进，多彩多姿，展耀河湟。官方文化以汉文化为表征，宗教文化以两大宗教为代表，民间民俗文化则呈现各有传统丰富多彩现象。如果不去条理化，会使人神情迷离眼花缭乱。

---

① （清）杨应琚：《西宁府新志》卷十一《建置·学校》。
② （清）杨应琚：《西宁府新志》卷八《地理·风俗》。

第九章　民国时期的西宁

——道区首县、青海省会

　　公元 1911 年（清宣统三年）10 月 10 日，孙中山领导的革命党人在武昌起义，各地响应，推翻了统治 268 年的清朝，终结了 2000 年的君主专制政治，建立了中华民国（1912—1949 年）。民国元年（1912 年）3 月 15 日，甘肃省政军界人士致电北京政府承认共和，西宁地区由此归属民国政府管理。从历史发展进程看，民国时期 38 年是西宁社会从古代向近代转变的重要时段，它的许多变化一直影响到新中国成立以后许多年。西宁的行政建置、经济生活、文教事业等各个方面发生了历史性变化。下面分 4 节叙述之。

第一节　西宁由道区首县而青海省省会

　　民国建立后，地方政府体制多有变更。概括言之，前期 1912—1928 年为西宁道和西宁行政区首县；后期 1929—1949 年为青海省省会。

一、西宁道和行政区首县——西宁（1912—1928 年）

　　民国前期，西宁由西宁府首县、青海办事大臣驻地，嬗变为西宁道的首县和西宁行政区的首县。

（一）西宁道

民国 2 年（1913 年）北洋政府颁布《划一现行各道地方行政官厅组织令》，各省裁州、府、厅，保留省、道、县三级地方行政建置。依此令，废甘肃省西宁府，留存甘肃省西宁道（民国 3 年 6 月以前称作海东道）；为统一名称，凡称厅的地方一律改称县，即丹噶尔厅改称为湟源县（县治在今湟源县域），巴燕戎格厅改为巴戎县（县治在巴燕镇，1929 年改为巴燕县，1931 年改为化隆县），贵德厅改为贵德县（县治河阴镇），循化厅改为循化县（县治积石镇）。

民国 6 年（1917 年）3 月经北洋政府批准，增设玉树、都兰理事（理事相当于县一级政府组织，办理当地民刑事务），加上原有的西宁、碾伯、大通 3 县，甘肃省西宁道共辖七县二理事。西宁道为省县之间的一级行政区划，上隶于甘肃省，下辖各县。西宁道的办事机关为道尹公署，驻西宁县，道尹为道的最高行政长官，首任西宁道尹是黎丹。民国 15 年（1926 年）10 月，西北边防督办兼甘肃军务善后督办冯玉祥请准段祺瑞政府，任命西北边防督办公署边事处处长林竞为西宁道尹。民国 16 年（1927 年）7 月，甘肃省政府改委员制，全省废道，改设行政区。甘肃省设六个行政区，原西宁道改作第四行政区，仍辖西宁等七县和都兰、玉树二理事，设行政长官公署，治所仍在西宁，原西宁道尹林竞改任第四行政区行政长官。翌年，撤销行政区，改为省、县二级制。

关于西宁道属西宁县。如前所述，西宁县原为清雍正三年（1725 年）所设，为西宁府治。民国 2 年（1913 年）裁西宁府，仍沿称西宁县，县衙在今西宁市城中区水眼洞街。据民国《甘肃通志稿·舆地五·疆域》载，西宁县境东至乐都界（羊起铺）35 公里，西至湟源县界（石板沟）30 公里，南达贵德县界（阿什贡族）90 公里，北至大通县界（赵家磨）25 公里，东南至巴戎县界（庇思观）45 公里，东北至乐都县界（佑宁寺）60 公里，西南至青海番地（青石坡）35 公里，西北至青海番地（上五庄）45 公里，东南至省治 240 公里。县境南北距 115 公里，东西距 65 公里，面积可达 7500 平方公里。民国 18 年（1929 年）元旦青海建省之前，全县划分六区，即临城为第一区，东川为第二区，南川为第三区，西川为第四区，北川为第五区，而沙塘川为第六区。据统计，六区共辖三百二十四村。①

（二）青海办事长官、蒙番宣慰使及宁海护军使

清代，设有"青海办事大臣"管理青海蒙番事务，驻西宁。辛亥革命后，青海蒙古和藏族地区通过不同渠道，也归附民国，原西宁办事大臣庆恕，于清帝退位后逃离。民国2年（1913年），北洋政府改"青海办事大臣"为"青海办事长官"，直隶于国务总理。其官署仍驻西宁，综理青海牧区的军政、民政、司法等事务，名称虽改，但其组织形式依旧，前清的王公千百户制度继续承袭。存在了180余年（清雍正三年即1725年至民国2年止）的青海办事大臣寿终正寝了。原甘肃布政使赵维熙任甘肃都督；北洋政府任命马福祥为首任西宁办事长官兼镇守西宁等处总兵官，未到任，改任马安良部精锐西军之帮统马麒为西宁镇总兵，同时任命原西宁知府廉兴（满人）为首任办事长官，次年廉兴去职，遗缺由马麒兼任。

民国3年（1914年）甘肃都督张炳华呈准总统袁世凯，新添设"蒙番宣慰使"，驻西宁，职掌青海少数民族民政事务，首任此职为西宁镇总兵马麒。"蒙番宣慰使"的设立，在青海少数民族地区形成了与青海办事长官权力并存的局面。民国4年（1915年）10月3日，北洋政府撤销青海办事长官，蒙藏事务改属青海蒙番宣慰使管理。不久，裁西宁镇总兵，改设西宁镇守使，继而又仿川边西康镇守使之先例，将西宁镇守使更名为甘边（意为甘肃省的临边地区）宁海（甘肃省西宁道和青海地区的合称）镇守使，驻今西宁，西宁镇兵改称"宁海军"（全称为"西宁青海巡防马步全军"），并明令规定，"以青海属甘，以长官事属镇守使"。基于甘边地处边陲，情况较复杂，因之甘边宁海镇守使的职权兼管当地的一切事务，其公署亦参照都统府组织而建制，编制要比一般镇守使略大。马麒身兼甘边宁海镇守使、蒙番宣慰使二职，管理着今天意义上的青海全境。民国16年（1927年），撤销"甘边宁海镇守使及蒙番宣慰使"（自民国3年至16年，前后存在14年），其职掌统归新设立的"宁海护军使"，亦称"青海护军使"，以马麒任之。护军使的设置标志着青海牧

---

① 王昱、李庆涛编：《青海风土概况调查集·西宁县风土调查记》，青海人民出版社1985年版，第41页。

区的行政事务不再受中央派驻机构管理。尽管当时西宁道的行政管辖权仍属甘肃省，但实际上西宁道尹却形同虚设，青海牧区与西宁地区已初步实现了行政上的统一。

以上为建省前的西宁行政建置情况，从中不难发现：这一时期西宁的行政管辖较为混乱，但屡经变迁、调整，西宁地区与青海牧区的行政统一已显现曙光。

二、青海省省会——西宁县、西宁市（1929—1949 年）

青海建省之事，始于清末，后因种种因素而被搁置。直至南京国民政府成立后，此事才重新提上日程。民国 17 年（1928 年），国民政府定都于南京，蒋介石出任中央政治会议主席，冯玉祥为国民政府行政院副院长。冯为巩固、拓展在西北的势力，遂以"青海关系国防至为重要"为由，拟将甘肃省所辖青海、宁夏两地分别建行省的议案向国民政府提交，后由时任南京国民政府内政部长的冯系人物薛笃弼正式提出此议案，于是年（1928 年）9 月 5 日国民党中央政治会议第 153 次会议决议；同年 9 月 17 日发布命令，决定将青海改为行省，组建省政府，委员暂定五人，后增为七人，下辖秘书处及民政、财政、建设、教育四厅。省府主席及秘书长、各厅厅长均由委员兼任。9 月 21 日国民政府依照决议任命孙连仲、林竞、郭立志、马麒、黎丹 5 人为省政府委员，其中孙为省政府主席、林兼任民政厅长、郭兼财政厅长、马兼建设厅长，林辞职不就，马麒要求辞去兼职而保留委员，于 9 月 24 日又新任命九世班禅额尔德尼为委员。同年 10 月 12 日，中央政治会议第 159 次会议进一步决定，将甘肃省原西宁道属西宁、大通等七县及青海牧区划归青海省，因"查西宁县在湟水南岸，古称湟中，甘边宁海镇守使驻焉，虽名隶甘肃，而事实上则青海都会也"。[①] 乃立西宁为青海省治，又因境内有青海湖，故定名青海省。民国 18 年（1929 年）元月，青海正式建省，首届政府班子与原任命的人选有所出入，实际情况是孙连仲为省府主席，马麟任建设厅长，王玉堂为民政厅长，郭德堂任财政厅长，张爱松任教育厅长，袁其被任省府秘书长；各委员会下分设

---

① 《近年来中国政治地理之变迁》，《东方杂志》第 26 卷第 22 号。

垦务局、粮食局、国税局、公报局、警察局、交通处、蒙藏事务处、民众联合处、高等法院等机构。这些机构，分别隶属于各厅局及秘书处。

建省以后，西宁县的行政区划作了一些调整。民国 18 年（1929 年）7 月将西宁县属北部仙米、珠固二寺划归新设立的门源县；民国 19 年（1930 年）8 月划西宁县境自东川张其寨起，至临城上下朝阳以北，以及北川长宁堡、景阳川、沙塘川沙脑各处，设立互助县；后又划出西宁县南郭密地区，另设共和县。由此，西宁县境缩小约 1/3。[①] 此时的西宁县包括今西宁市、湟中县全部、大通县和平安县大部分地区。全县共设五区：临城为第一区，东川及祁家川一带（今平安县）为第二区，大小南川（今湟中东部）为第三区，西川湟水以南（今湟中、西宁市境）为第四区，湟水北为第五区，并辖平安、文华（今鲁沙尔）二镇，共有 150 个行政村。

随着形势的发展，西宁的地位日趋突出。民国 32 年（1943 年）12 月将西宁县政府移驻文华镇（今湟中县鲁沙尔镇），以省垣为特种区，在西宁市未成立之前，仍隶属西宁县，由省府民政厅直辖，区务由省会警察局兼理。民国 34 年（1945 年）8 月 18 日，省政府接内政部代电，将省特种区改组为西宁市政筹备处（韩进禄为筹备处处长），着手开展将西宁改为省辖市的各项筹备工作，并召开区民代表会，按原警察局管辖区域，分设两个分局、划省垣为五区。是年 10 月，内政部以县市同名，电致省府将西宁县名更改，省府将西宁县更名为湟中县，赵晟为首任湟中县县长。民国 35 年（1946 年）6 月 11 日，报经国民政府内政部批准，撤西宁市筹备处，西宁市建置正式成立。[②] 市政府设在西宁城内南大街路西火神庙内。据民国 36 年（1947 年）3 月 17 日国民政府行政院从一字第 9518 号训令颁行的西宁市政府组织规程，市政府设市长一人，负责全市一切政务，首任市长马步康。市政府下辖秘书、会计、统计、人事四室。第一科掌理民政社会事项，第二科负责财政金融及地政事务，第三科掌管教育文化事项，第四科管理卫生行政事务，警察局负责保安及警察任务，工务局肩负市政工程及建设事务。[③] 新成立的西宁市辖省垣周围，其辖

---

① 　王昱、李庆涛编：《西宁县风土调查集·西宁县风土调查记》，青海人民出版社 1985 年版，第 40 页。

② 　民国 35 年上半年《青海省政府工作报告》。

③ 　魏明章：《古今西宁》（专辑），《西宁文史资料》第十一辑，第 127 页。

境东至小峡，西至小桥及杨家寨，南至红庄，北至下朝阳及盘子山。市区总面积约 30 平方公里，人口为 5 万余。原西宁县其他地区归湟中县管理。[①]1949年 9 月 5 日，西宁解放，解放后西宁仍为青海省省会。观西宁行政建置史，西宁起初为小区域（湟水流域）的行政中心，但随着经济、政治、军事和文化地位的不断提升，而升为大区域（青海地区）的首府，完成这一历史性转变用去近 1800 年的时间。如果与相邻省会城市和内地省会城市相比较，不能不产生出许多历史感慨。

三、步履蹒跚的市政建设

西宁建市，是西宁历史上又一个里程碑式的跨越，标志着古老的农业社会的县、府，发展到近代社会的市了。那么，市政建设如何呢？

（一）城内之布局与基础设施

城墙城门依旧，毋需多说。西宁城内的布局基本维持着旧时面貌。官署衙门主要分布在城的北部，商业区集中在"道门街"（东大街），南、北、西大街仅有几处杂货铺和熟食摊；手工业和饭馆多分布在石坡街、大新街、饮马街、观门街及东关等处。民国 22 年（1933 年），在大新街与饮马街的原贡院旧址，建有中山市场，约 150 米长，6 米宽，市场两侧为二层土木结构小楼，临街为店铺，楼上设有茶肆和酒店。[②]城内寺庙众多，几乎条条街巷皆有庙宇，举其大者，隍庙街（今解放路）从东至西有厩神庙、药王宫、庆祝宫（崇庆宫）、城隍庙、居士林（广嗣宫），文化街一带有文庙（孔庙）、魁星楼、百子宫、崇圣祠、葆宁寺，南大街分布着火神庙、马王庙、南寺、宏觉寺、金塔寺、三圣庙、雷鸣寺、印心寺、文昌阁、北斗宫。西大街有大佛寺，南北山建有张仙塔院、宁寿塔。南大街佛寺较多，其中有两处藏传佛教寺院。在东关有清真大寺和几所清真寺。

建省后，相继在北门、西门一带建修香水园（始建于清乾隆初年，民国20 年修缮后更名为"青海省森林公园"，内建马公祠。7 年后，复为初名）、湟水公园（建于民国 24 年）、麒麟公园（原西宁儿童公园，修于民国 32 年）。

---

① 内政部编：《中华民国行政区域简表》第 11 版青海部分，商务印书馆，民国 36 年 11 月。

② 《西宁市志·商业志》，兰州大学出版社 1990 年版，第 217 页。

此外，在互助南门外、大通桥头、乐都、贵德、湟源等地分别建有锐威公园、香山公园、同乐公园、河滨公园、湟滨公园。

尽管西宁城内格局没有大的变动，但基础设施却添有新的内容。以城区道路说，明清时期，城区棋盘式道路已基本形成；民国时期，西宁城东城门部分被拆除，并在城墙开了四个大缺口，由此城区道路向城外延伸。民国20年至民国33年修筑了长达8公里的环城公路，路面铺以砂土和碎石。至民国38年，市区有道路35条，总长36.9公里，道路面积37万平方米，桥梁3座。[①] 街上行驶的交通工具有人力车、马车。20世纪30年代，轿车（骡或马牵引）较为时兴，时有新旧轿车二十多辆，服务于社会婚丧喜庆，以及商贸物资转运流通。一般城内喜庆用车运价3～5元，郊游接送客人短趟1元或2元，包车4～5元为标准。[②] 在排水设施上，民国29年（1940年）在主要街道修建宽50厘米的砖砌水沟，俗称阴沟，将雨水、污水引入城北渠和湟水河内。个别住户院内设有渗井，以排少量雨污水。城内照明，民国29年以前，街道和城门洞内安装了青油灯照明。两尺来高的玻璃风灯镶嵌在墙上，由商会派专人按时点灯、加油，经费由各商号分摊。民国30年（1941年），西宁电厂供电，街道上出现了新的照明设备——路灯。并设置"西宁城区路灯管理委员会"，负责路灯建设、管理及电费分摊等事宜。这一年，设置路灯34盏。[③]街道的清扫，由沿街的商户及居民承担。居民的粪便由农民运往农田作肥料。从民国27年到民国35年6月间，街道环卫由省建设厅二科管理（1946年以后改由市警察局）。

（二）城内建筑

自青海建省以来，西宁建筑活动相对增多。根据建筑的用途不同，这一时期的建筑大体可分为：一是民居建筑。由于地理、人文环境及经济的影响，西宁民居四合院建筑地域特点显著，为清一色"顶上能赛跑"的土木平顶房，大门以青砖和木头为材料而建成，院内建有小天井及照墙，东西南北四角房屋，其中北房为主房，个别大户宅院北房为二层木结构楼房，并伴有小跨院。

---

① 《青海省志·城乡建设志》，青海人民出版社2001年版，第37页。

② 邸兆贵：《西宁解放前的轿车子》，《西宁城中文史资料》第十一辑。

③ 《青海省志·城乡建设志》，青海人民出版社2001年版，第158页。

各门口配有各式门楣木雕刻花装饰图案，图样丰实，寓意寻味。整个院子布局紧凑，俨然一体。二是官府建筑。西宁西大街路北一处官府，明代是镇守西宁卫的镇守署，清代是西宁镇总兵衙门，民国时期由总兵帅府变为省政府。马氏所统军队如82军的军部和主力军队驻在乐家湾军营。三是庙宇、殿堂建筑。在原旧基上，修缮扩建一批宗教建筑，具有代表性的是西宁东关清真寺。该寺因地处西宁东关大街的中心而得名。据传，初建于明洪武年间，清时数次拆除。民国初年，西宁镇总兵马麒捐资为倡，西宁地区回族绅士、乡老纷纷响应，共筹银万两。民国2年（1913年）5月开工，一年后竣工。修建大殿5间、唤醒楼1座（三层）、东厅5间、北厅9间、南厅浴室3间、寺门3间。[1] 其后分别于民国5年、民国15年两次扩建，规模大具。继之，于民国35年至民国36年捐资"恢扩寺址，改建新宇，以宏圣教"，修筑南北楼2座、唤醒楼2座、水塘1处、饭厅宿舍等80余间、铺面3间半、西式大门及重门各1座。[2] 经过多次重建和扩建后，整个寺院面积达12000平方米，其中大殿面积1100平方米，可容纳3000余人进行礼拜。1986年5月27日青海省人民政府批准，为青海省重点文物保护单位。四是工业建筑。民国26年（1937年）省政府投资1000万元兴办工厂，从民国26年至民国37年间，建成火柴厂、修配厂、三酸厂等手工业作坊。厂房在结构、使用功能方面较以往建筑虽有所改进，但限于建筑材料，仅为单层土木结构或砖土木坯建筑。五是商业建筑。湟中大厦为其代表。该大厦建于民国35年（1946年），当年10月完工。主体为2层砖木结构，灰土基础、砖柱承重、三角形木层架、灰板吊顶、单层小青瓦屋面。墙体用当地烧制的青条砖（规格5×15×30厘米）及部分花岗岩砌筑，木门窗，火炉采暖；白炽灯照明，明配线；地面铺设企口木地板，木楼梯；外墙临街部分用水刷石粉刷。总面积3000平方米。这是西宁建筑史上第一次用仪器放线、按图施工的建筑，开创了西宁现代建筑设计的历史。以后，又设计有乐家湾礼堂、省政府大门和礼堂等工程，其规模逊色于湟中大厦。[3]

　　以上为西宁城的建设概况，虽有所发展，但基础设施仍很落后。街道狭

---

① 《重建西宁大寺碑记》。

② 《重建西宁大寺碑记》。

③ 《青海省志·城乡建设志》，青海人民出版社2001年版，第6—7、55页。

窄，且尽为土路，"晴天三寸土，雨天满街泥"，无柏油路，更谈不上水泥路面；无上下水系统，下水仅为砖砌的阳沟，居民生活用水直接取自河水、泉水和井水；公共交通尚属空白；冬季取暖多用土炕、传统炉灶，以马牛粪、煤等为燃料。20世纪40年代建有发电厂，仅为两台120千瓦发电机，但电量不足，仅供军政要员们生活用电，众多居民以青油灯或蜡烛照明。东大街等5条街道上安装电灯，且数量也只有34盏。至于城市居民安装电灯电话，还是一种梦想。上述种种表明，西宁市政建设和设施基本上是一个边陲小城的建设格局，不具备近代城市条件，城内外居民人口不超过5万人，其外貌与中世纪城镇差别不大。

第二节　马家军阀对西宁地区的军事控制

世人皆知，马家军阀统治青海近40年，指马麒、其弟马麟及麒子马步芳，兄弟相承又传子世袭，掌管军政财文等权，构筑家族利益。军人世家成为军阀，除有军兵外，必须有地盘、有民人、有财税，使军兵与土地、人口、财赋相结合，而且在家族内部权位承袭。从民国元年马麒担任西宁总兵成为陇上八镇中一个雄镇，就开始了这一进程。从此西宁成为了马家军阀坐镇之地，而且随着历史机缘，越坐越大。

一、总镇和镇兵的帅府在西宁

清代总兵，俗称镇台，镇台衙门也即镇兵的帅府。西宁总兵衙门在西宁西大街路北。镇帅出营，先是长管喇叭鸣叫，接着仪仗马队先导，赳赳武夫，队列威武；虽入民国，旧风未改。马麒怎么能当上西宁镇总兵呢？与他的河州籍军人世家有密切关系。

马麒（1869—1931），字阁臣，回族，于同治八年（1869年）8月18日诞生于甘肃河州柴东岭。其父马海晏（1837—1900），河州庇藏村人（旧为藏族庇藏土司的辖地）。生有三子，马麒、马麟、马凤（早年在与藏民械斗中夭亡），以驮脚为生，好习武，广交游，尤与河州花寺门宦大阿訇马占鳌过从甚密,同治年间一同反清。及至同治十一年（1872年）太子寺一役，马海晏等"乘胜而降"后，所部被湘军左宗棠改编，此时的马海晏任镇南军中营马队管带，成为马占鳌（五品督带）属下职业军官。马麒17岁考中武生,在其父营中见习。光绪二十一年（1895年）河湟事变，马麒父子奉命，随董福祥甘军参与平定事变，马海晏以功升副将衔骑兵督带，马麒获"六品军功牌"。光绪二十六年（1900年）义和团事起，清廷调董福祥率甘军入卫京师，马海晏、马麒随军参加抗击八国联军。同年7月20日，慈禧太后携光绪帝离京北逃时，传旨甘军护驾，马麒父子扈驾随行。至宣化时，马海晏病死。慈禧顾念马海晏效忠有功，由副将追赠记名总兵，旗官遗缺由其子哨官马麒顶补，接统其父部属。事后，董福祥被褫职回甘，甘军各部解散。马麒又回到马安良的部下，准留马队三营，驻守于河州镇南关一带。马麒后移驻巴燕戎格厅（今化隆县）的扎巴镇。光绪三十二年（1906年）7月，随马安良的升迁，马麒由旗官升任花翎副将衔循化营参将，移驻循化数年。宣统三年（1911年）10月，武昌起义爆发，甘肃清军各部扩编，马安良所部巡防马队由标（团）改为精锐西军，有马步回兵16营，兵员6000余人，成为陇上人数最大的一支武装，马安良任总统，马麒任帮统，受命东征，攻打陕西民军。途中马麒改向宁夏进军，于11月28日攻占宁夏府城，又继续东进，12月囤兵乾州城外。1912年2月12日清帝宣布退位，马安良、马麒退兵兰州，此时已改换共和旗号。不久马安良升任甘肃提督，马麒由循化营参将升任洮岷协副将，马步兵额合计2300余人；马麟亦由管带前营步队都司升为西军分统，麒长子马步青由管带升为西军营长。这个马氏军人世家，崭露头角。马麒任西宁总兵，天赐良机给了他们有军有地的发展机会，而西宁从此成为回族军人盘踞之地。

民国元年（1912年）9月20日，马麒带西军前军三营随护，来西宁就任。民国2年（1913年）2月，袁世凯任命马麒为蒙番宣慰使，直隶于北京政府。蒙番宣慰使公署设参赞、秘书各一人，蒙番、军务两科，人员二十余人。马麒的职权扩展至青海蒙藏地区。他将原有清代遗留的绿营一并裁撤，编练自己的队伍。总兵衙门和宣慰使署，都是他的办事公府。在辕门外建鼓乐楼一座，五六尺长的黄铜大号伸出楼外，漆红大鼓悬挂两厢。每进出衙署，鸣炮三响,鼓号齐奏。大门内有数十人组成的大刀队、长矛队分立于两侧，二门内副官警卫十余人垂手伫立，气派恢宏，仍是封建大僚威严官仪。

马麒虽然身兼两职，但仍受由青海办事大臣嬗变而来的职级较高的办事长官掣肘，于是施以权术（使人呈控廉兴皮毛增税），排而去之。民国 4 年（1915年）10 月初北京政府明令裁撤西宁办事长官，同时改西宁镇总兵为甘边宁海镇守使，"以青海属甘，以长官事属镇守使"，任命马麒为镇守使兼青海蒙番宣慰使，10 月 12 日正式在西宁就职。西宁等地区的军政大权归马麒一人。镇守使公署内设参谋、总务、副官三处。马麟任总务处官，马步芳为参谋。接着扩编军队。马麒军兵仅 700 余名，呈准北洋政府，将西宁各军统编为一军，名为"西宁青海巡防马步全军"（简称宁海军），马麒任总统，马麟为帮统。设三路八营，兵员近 1300 人。几年后，发展至 32 个营，总兵额 3000 余人，有马 1500 余匹，各种枪支 2500 余支，轻机枪 12 挺，在"陇上八镇"中已处于优势地位；其建制为路、营、哨；采用新式操典，严格训练。全军 32 营中，从总统、帮统、统领到营长的 46 名军官中，其家族成员占 32 人，马麒的三个儿子马步青、马步芳和马步瀛都担任统领或营长。又开辟新财源。主要为贩运羊毛等土特品出口、包揽青盐税务，开设"德义恒"等商号。筹划改青海为特区。派人四处活动，屡次上书北洋政府，力图脱离甘肃省管辖，自成省一级的体制。因当时北洋军忙于混战，无力经略西北，此谋终成泡影。当时马麒与绥远都统马福祥、宁夏镇守使马鸿宾、甘州镇守使马璘、凉州镇守使马廷勷，合称"西北五马"，都拥兵自重，静观时变。青海建省尚需等待政治机缘。

二、青海建省，国民军孙连仲部入主西宁

民国 13 年（1924 年），直奉战争正酣之时，原为直系吴佩孚所部、接受孙中山思想而倾向进步的冯玉祥，由前线返回北京，发动"首都革命"，推翻曹锟政府。民国 14 年（1925 年）初，冯被段祺瑞政府任命为西北边防督办，离开北京，所部改称西北军（后称国民军），又授权冯"督办甘肃军务善后事宜"。当年 9 月，国民军由内蒙古南下；10 月，第二师师长刘郁芬率部进入兰州，以驻甘总指挥名义代行"甘肃军务督办"，接管省政。对此，陇上各镇军

阀多感不安。

冯玉样于民国15年（1926年）2月赴苏联学习，甘肃各地军阀先后被国民军击败，或逃跑或被改编。在北伐胜利进军的革命形势影响下，9月，冯玉祥回国，在"五原誓师"，响应北伐。刘郁芬为国民军联军驻甘总司令，甘肃军务督办兼省长，马麒部改编为暂编第26师，下属三个旅（马步元、马步云、马步青分任旅长）。冯派林竞继黎丹为西宁道尹，继改西宁道尹为西宁行政区行政长。撤销甘边宁海镇守使及蒙番宣慰使名号，任命马麒为青海护军使。民国16年（1927年）春，冯部主力东出关中，称国民革命军第二集团军，冯任总司令。不久，甘肃省政府改为委员制，刘郁芬任省主席，马麒为委员之一，但他未赴任。

国民军入西宁后，所委派各县文职人员宣传"三民主义"，传播革命思想。民国16年（1927年）碾伯县（民国17年改为乐都县）县长火灿在衙前立碑，镌刻《冯玉祥施政语录》："我们一定要把贪官污吏、土豪劣绅扫除净尽。我们誓为人民建设极清廉的政府。我们为人民除水患，兴水利，修道路，种树木，及做种种有益的事。我们要使人人均有受教育、读书识字的机会。我们训练军队的标准为人民谋利益，我们军队是人民的武力。"上述施政方略使西宁地区政治、思想和社会生活为之一变。

北伐胜利后，南京国民政府统治全国。经冯部推动，国民政府于民国17年（1928年）10月通过了甘肃分治案，青海建省，师长孙连仲任省主席，马麒为委员兼建设厅长（后改由马麟任之）。民国18年（1929年）1月18日，孙连仲（河北雄县人）率部三万入西宁，20日在西宁小教场召开万人大会，正式就任，放礼炮108响，声势震撼。从此青海省正式成立，西宁成为省会。

三、国民军东撤，权位落入马家

民国18年（1929年）秋冬天有不测风云，就西宁说，由国民军将领坐镇之地，又变为马家坐镇之地；就马家说，风云突变，天赐良机，权位落入怀中。北伐成功，蒋桂阎冯四派分裂，冯阎（阎锡山）联合倒蒋，"中原会战"在即，国民军陆续东调。8月，孙连仲被调代理甘肃省主席，青海省主席由孙部旅长高树勋代理。冬，驻甘宁青的国民军各部东调参战，高树勋亦率部离西宁。孙推荐马麒代理省主席，接受冯系指令。中原会战冯败蒋胜，国民军各部被蒋收编，冯部在甘宁青三省的短暂势力昙花一现。马麒此时立即打出拥蒋旗帜。民国 19 年(1930 年)元月南京政府正式任命马麒为青海省主席。从此而后，省级的军政职务又落入怀中，在马家传承。民国 20 年（1931 年）8 月 5 日，马麒病逝于湟中上五庄水峡官邸，年 62 岁。马麟任省政府代主席、主席。民国 25 年（1936 年）8 月马麟请病假，旋赴麦加朝觐，省主席由马步芳代理，民国 27 年（1938 年）3 月马步芳正式担任省主席，直至 1949 年青海解放。

马麟，字勋臣，生于同治十二年（1873 年）2 月 8 日，马麒的胞弟。清末始入军籍，在乃兄部下任都司管带。庚子之役时，他 28 岁，随父兄转战北京。父亲于宣化病逝后，升任哨官。民国初随兄入西宁。宁海军组建后，马麟任参谋长兼右营统领。民国 4 年(1915 年)3 月任玉树边防支队司令；青海建省时，任建设厅长。民国 18 年（1929 年）8 月，孙连仲代行甘肃省政府主席，调马麟赴兰州，任甘肃保安总司令，旋编建甘肃暂编骑兵第一师任师长，民国 20 年(1931 年)该师移驻武威，交马步青接任，马麟继兄主持省政。后马麟卸任后，退居河州乩藏老家，营建"凤林园"一座，挂名"国府委员"，直至民国 34 年（1945 年）1 月病殁，年 71 岁。

马步芳，字子香，经名胡赛尼，光绪二十六年（1900 年）生于河州乩藏沟。11 岁随父来西宁，进入湟中上五庄清真寺接受经堂教育，并在家中习《四书》等。17 岁投笔从戎，并娶河州马朝选之女为妻，次年生一子，取名马继援，字少香，经名努勒。民国 7 年（1918 年）任宁海军马队第一营帮带（副营长），协助其兄马步青。民国 9 年（1920 年）任骑兵第 15 营管带，后改编为骑兵第一营，驻防化隆。在此稍后，马步芳在宁海军中迅速晋升。民国 14 年（1925 年）任宁海军骑兵团长。4 年后，孙连仲入西宁，任独立第九混成旅旅长。民国 19 年（1930 年）调驻西宁，任青海暂编第一师师长。民国 20 年（1931 年）春被蒋介石改编为暂编第九师，任师长。民国 23 年（1934 年）任新编第二军军长，所辖第九师改编为第 100 师。民国 24 年（1935 年）6 月任青海保安处长。民国 25 年（1936 年）8 月代理省主席职务。民国 27 年（1938 年）3 月取消代理二字。

民国 26 年（1937 年），陆军新编第二军改编为陆军第八十二军（马步芳任军长），辖 1 个步兵师，1 个补充旅（后改为六十一师）、3 个骑兵旅，共 2.7 万余人。至民国 32 年（1943 年）青马部队扩编为第四十集团军（马步芳任总司令），辖陆军第八十二军（马继援为军长）、骑兵独立旅（马步銮为旅长）、骑五师（后扩为骑五军）等，马步青为集团军副司令（后退居河州，解放前夕，携眷迁往国外）。民国 37 年（1948 年）以后，先后扩建陆军第 190 师、248 师、骑 14 旅、129 军、257 师和新编第一师等，不断在青海、甘肃强行征兵。武装力量达 8 万人。

民国 34 年（1945 年）8 月 15 日日本投降，抗战胜利。民国 38 年（1949 年）7 月 27 日，马步芳被任命为西北军政长官，晋升上将军衔，马继援升任副长官，在兰州就任。当年 8 月 26 日，兰州解放。9 月 5 日，西宁解放，马氏一家逃往国外。

第三节　社会经济状况

民国时期，西宁地区的农业、商业等传统经济稳定缓慢地发展着，同时出现了历史上从未有过的某些崭新行业，西宁开始向近代化经济转变。

一、农牧经济

这一时期，西宁的社会经济基本上以农业为主体，而农业生产仍停留在"二牛抬杠"的传统农业阶段。由于政府迭次"劝垦""招垦"及兴建水利设施，垦殖面积有所扩大；畜牧业，尤其官营牧场得以加强。

（一）农垦的推行

西宁的农垦，历代政府较为重视。清光绪三十四年（1908 年），西宁办事大臣庆恕会同陕甘总督升允奏准重办垦务，[①]设垦务总局于西宁，厘定垦荒章程，派专员负责督办，政府投入颇巨，垦地多在黄河沿岸。及至民国12年（1923年），甘肃省长陆洪涛委派甘边宁海镇守使马麒兼甘边宁海垦务局督办，赵从懿为总办，设西宁、大通等10个分垦局，举办放垦事宜。规定领垦者缴纳地价和执照费后，方可获取土地的所有权而自由耕种，三年后起科纳税。未几，被裁撤，成效甚微。4年后，西宁道尹林竞筹设西宁道属垦务总局，自兼总办，任朱绣为会办，下设总务、清丈、调查、测绘和统计5股，各县设垦务分局，由县长兼任分局长，在道属7县内放荒。规定领垦荒地者，按三等九则交地价和执照费，由垦务局核发土地执照，三年后升科，缴纳田粮。办理垦务历时2年，共丈放荒地2.828万亩（西宁县地区丈放荒地最多），此次垦荒可谓成效尚佳。[②]青海建省后，省主席孙连仲将道属垦务总局改为青海垦务局，邓德堂为局长，仍在各县设立分局，继续办理垦务。其规章手续，多沿用道属垦务总局旧制。办理垦务近1年，丈放荒地等共20.775万亩。当年9月，国民军东下，粮价骤跌，垦务日见减少。自民国16年（1927年）4月至民国22年（1933年）3月青海土地局成立（1936年改为地政局），西宁等地丈放生熟荒地共28.68万余亩[③]。

以上显示，民国时期西宁地区的一些荒地得到开垦，扩大了播种面积。至1949年西宁解放时止，西宁（含大通县）总耕地面积达88.43万亩，其中播种面积77万亩。粮食总产量4411.2万公斤，油料总产量为157.3万斤。[④]

（二）水利继续开发

随着耕地面积的扩大，防洪防涝意识的增强，对兴修水利重要性的认识亦在提高，先后进行了一些修渠治水工程。民国初期，西宁等地水利工程多由当地民众经营，几无整体规划，而又困于经济，大型工程无法兴办。至民国18年（1929年），省民政厅拟定《青海各县兴修水利办法八条》，措施要求各县设水利局，由县长兼局长筹资督办水利；数镇数村联合兴办水利，应设

① 《青海历史纪要》，青海人民出版社1987年版，第221-252、301页。
② 《青海历史纪要》，青海人民出版社1987年版，第251-252、301页。
③ 《青海历史纪要》，青海人民出版社1987年版，第320页。
④ 《西宁市·农业志·概述》，陕西人民出版社1997年版，第3页。

水利分局，推举董事三人，督率办理；水渠每年秋后必须修补。次年乐都率先设立县级水利管理机构。民国24年（1935年）省建设厅和民政厅制定西宁等10县兴修水利计划，提出共拟修水渠24条，制水车2部。民国28年（1939年）7月5日，省政府根据国民政府"兴修水利，以工代赈"的规定，向国民政府赈济委报送了西宁等县兴修水利的计划，渠道15条，水车5部，可灌溉农田11.7万亩，需投资7.13万元，请求拨款，但未得批准。民国30年（1941年），由省建设厅出面，再次向国民政府行政院水利委员会申请兴办曹家堡渠水利工程。民国32年（1943年）获准筹建，先后3次拨来专款，并派3位工程师协助勘察设计。民国36年（1947年）9月10日曹家堡渠竣工放水。该渠距西宁东10公里处，沿湟水北岸韵家口处引引湟水，经傅家寨、小峡、高寨至曹家堡滩东头泉水湾止，全长21公里，可灌溉面积1.3万亩。是年，马步芳在该渠东、西、中村里安置了100多户人家，皆为回族，其中游民居多。并在东村修建数十间土房，作为管理人员居住之用，委派孟全禄负责管理全渠事宜。关于渠道名称，马步芳命名为"芳惠渠"，今称和平渠。[①]民国37年（1948年）2月1日，经行政院核准并颁发组织条例，将省建设厅灌溉工程处（设于民国33年）改组为省水利局，扩大水利建设规模。从当年4月中旬起，先后征集民工扩修阁公渠（原为北沟，从南禅寺下引南川河水，绕西宁西北城角，经香水园、晓泉、十里铺、曹家寨至东郊乐家湾，原水源不丰。扩建时改在李家墩引湟水向东延至小峡西口的阳沟湾。今称人民渠），并在乐都修建庆凯渠（今大峡渠），湟中修长胜渠（今解放渠）和礼让渠等。上述事实说明：一是西宁已形成沟渠纵横的水利灌溉系统，拓展了水浇地面积，改善了农业生产的基本条件。据统计，至1949年西宁地区共有水浇地6.69万亩。[②]二是与清代相比有三个明显的变化，表现在有专门管理水利的机构；开始制定兴修水利的具体计划；政府投资比例在增大。

（三）水资源的利用

据史志载，以水力为动力的水磨，始于东汉末年。公元132年，"雍州刺

---

① 张友邦：《互助和平渠今昔》，《青海文史资料选辑》第十一辑。
② 《西宁市·农业志》，陕西人民出版社1997年版，第283页。

史张既，将水磨传入西北，并予推广，很快传入青海东部地区"。[①] 又宋代"羌多相依水筑屋而居，激流而碓"。[②] 可见，西宁地区使用水磨历史久远且面宽。及至清代，水磨得到更大发展。清代中叶渠网密集，许多水渠上建有水磨、水碾，以此来磨面、碾米、榨油等。一些地方以水磨命名，如今西宁市南川东路就有叫"水磨"的村庄。清代还对水磨征课，据清《赋役全书》载，西宁等州府所属各县皆有磨课。[③] 乾隆年间，西宁、碾伯二县及大通卫有山水磨2200盘，油梁507条。[④] 经征磨、油课达930余两。[⑤] 至道光年间，西宁、碾伯、大通3县加丹噶尔厅共有大小山水磨3473盘，大小油梁748条，共征磨、油税585两余。[⑥] 进入民国以后，西宁城西水磨沟一带，建有立轮磨与平轮磨并列、平轮双盘并列的磨坊（水盛时转平轮，水枯时转立轮）。在西宁城北周家泉湟水河附近，不仅有单盘水磨，还建有"上八盘""下八盘"联盘磨坊（在一个沟渠上连建四座水磨，成两排或连建八座，俗称"八盘磨"）。八盘磨中的"下八盘"为官建，专门给乐家湾兵营磨制面粉。在众多水磨中，数谭家庄西头（今青海卫生职业技术学院以西一带）的"当当磨"最为独特。一般的水磨上盘固定而下盘转动，然"当当磨"却是上磨盘旋转下磨盘不动（在下扇中间凿一圆孔，磨轴从孔中出来，顶着上扇旋转），运行时，发出"当当"的响声，所以时人称之为"当当磨"。在磨坊磨务繁盛的情况下，除严冬渠水冻固外，四季不停。时人有民谣："石头层层不见山，路程短短走不完，雷声隆隆不下雨，大雪纷纷不觉寒。"[⑦] 水磨的问世，节省人力、畜力，推动了粮油加工业的开发和进步。新中国成立后，水磨逐渐被电石磨、小钢磨等所代替，磨坊尽被拆除，水磨失去了往日的作用而走入历史博物馆。

（四）官营牧场

民国时期，在草场优良之地辟有数处军牧场，以作军马的基地，由中央

---

① 魏明章：《青海历史纪年》，平凉印刷厂1986年铅印本，第18页。
② （宋）李远：《青唐录》，《青海地方旧志五种》，青海人民出版社1989年版。
③ 慕寿祺：《甘宁青史略正编》卷二十五，兰州俊华印书馆1931年版，第41页。
④ （清）杨应琚：《西宁府新志》卷十六《田赋·罗榷》。
⑤ 王昱主编：《青海方志资料类编》，青海人民出版社1987年版，第365-373页。
⑥ 《西宁府续志》卷四《田赋志·岁榷》。
⑦ 赵博琰：《我所亲历的西宁手工业》，《城中文史资料》第十三辑。

或地方政府经营。时有门源军牧场和贵德军牧场。

门源军牧场初建于清末，其前身为皇城滩军牧场。清时，皇城滩军牧场归兵部马政司（后改为军牧司）管理，下设分场。清光绪末年，东滩分场共有马 5000 匹左右。牧马方式为"冬春回槽舍饲，繁殖马则终年放牧"。[①]民国 4 年（1915 年）马麒以甘边宁海镇守使兼蒙番宣慰使的身份，接管了清朝经营的皇城滩军牧场。马步芳时，于民国 32 年（1943 年）在原百户寺院修建"门源军马场"总部（今门源种马场场部），下设 5 个分场，即永安滩、石头沟、札马阁为第一分场，在祁连设第二分场，皇城滩、铧尖等处为第三分场，煤房子、石沟滩为第四分场，干沙河以东到黑峡为第五分场。并在皇城东滩设羊场，门源四牙垄、老虎沟滩设牛场。牧场管理人员多为青马部队的连营级军官，牧工多是从刚察、海晏等地征派的蒙藏民夫。全场共有马 7405 匹，牛 1966 头。[②]民国 36 年（1947 年），西北畜牧公司成立后，门源军马场隶属于该公司。

贵德军牧场始于民国 25 年（1936 年），在贵德县鲁仓（今贵南县）建军牧场，用于改良马种、繁殖军马。两年后，场部迁至过马营。牧场先为省政府创办，于民国 28 年（1939 年）改由国民政府军政部马政司管理，师级建制，下设总务、牧务两科，牧务科设若干放牧队和牧群。后增设农事科负责所辖渠道垦田种植饲料，补驯科专司驯服、调教军马。始建场时，拨给草场 13 万余亩，后因马匹增多，又增拨茫拉滩草场 14.5 万亩。该场先后接收日本军马，购入澳大利亚种马，又拨来美国产的夸特种公马，与当地马杂交改良。还从陕西购来关中驴 30 余头，繁殖骡子。对当地马实行土种择优、"群选群育"，放牧方式则以昼夜放牧、冬春补饲瘦弱的办法。这样，选育马匹的质量明显提高。据资料显示，民国 35 年（1946 年）较民国 31 年（1942 年）体高平均增加 1.92 厘米。直至青海解放时，该场有马 5000 余匹，牛 300 多头，羊 1000 余只，职工 1000 多人。[③]总之，在牧区设立军马场点的做法，对畜牧业尤其养马业有所促进。

---

① 卢祖朝：《浩门马的今昔》，《青海文史资料选辑》第十五辑。
② 《青海省志·畜牧志》，黄山书社 1998 年版，第 230-231 页。
③ 《青海省志·畜牧志》，黄山书社 1998 年版，第 230-231 页。

二、手工业和近代式工业

民国年间，手工业比前代有长足进步，某些行业的技术水平有一定提高。进入 20 世纪 30 年代，生产手段和组织方式开始发生重大变化，出现了机器生产，标志着西宁近代工业的萌芽。

（一）手工业

清末及民国初，西宁手工业生产的行业及产品较多。由于这些与人们日常生产、生活关系密切，故延续不衰，并伴随社会生产力水平的提高和时人观念的改变而有所扩增。在此期间，最有名的手工业行业及产品有：酿醋业。由莫元高（字雨亭，西宁人），于清光绪三十一年（1905 年）在西宁南大街十字路口开设"合盛统"醋坊，后又在西大街设"合盛西"分店。其产品配料考究，时间长，过程慢，由此具有夏不生花、冬不结冰、味香纯正的特点。

食品加工业。如清真万盛马糕点，其创始人为回族马纪良之父，在西宁东关开设万盛马糕点铺。民国 7 年（1918 年），马纪良继父业，并聘请技师郭汉林，将回族人制作传统蜜食的技巧与"什锦南糖"糕点的做法加以融合而创制出的糕点，以甜、酥、脆为特色，畅销省内外。

五金加工。代表性的有：一是袁炉院老铧。据说该院创建于明洪武年间。至清末，袁氏第 18 代子孙袁忠魁（1847—1921）继承祖上技术，在西宁观门街续开一铸造作坊（炉院），并根据地区的差异对犁铧（三角铧）在生产工艺和造型方面加以改进，生产出重 5 斤的"西宁铧"、重 4 斤的"玉树铧"和重 7 斤的"贵德铧"。这些铧造型独具，铧边有锯齿，背面有加强筋，铧仓与犁头配合适度，表面光滑不粘土，所以无论拉犁还是扶犁都较省力。二是李葫芦镰刀。清光绪年间，李松山在西宁南大街路东开一铁匠铺，从事锻打镰刀，其镰刀淬火好、刃口利、不卷刃、不磨手。因每把镰刀上都砸上一个葫芦图形，中间一个"李"字标记，故李葫芦之名流传。此外李家炉院，作坊在石坡街。所生产之犁尖，供不应求，销路甚快，购货者须提前预订。解放后公私合营，生产依旧。[①]

皮毛业。清末民国初年，西宁石坡街开设忠兴皮毛货店。及至民国 27 年

---

① 张维珊：《西宁手工业能工巧匠录》，《西宁城中文史资料》第八辑。

（1938 年），西宁地区的皮毛货业作坊多达 150 多家，其中杨忠福（字号忠兴福）、米木沙（字号福兴隆）、沈临瀚（字号隆泰兴）等名气颇大。皮毛货行销上海、北京、天津、成都等地。

木器制作业。清末，陕西杨喜娃父子在西宁石坡街开鞍鞲铺，取今互助北山的桦木做马鞍，鞍头大、鞍桥宽、鞍墁适宜，且坚固耐用，故形成独特的"西宁马鞍"而走俏甘肃、四川等地。此外，毛纺织业、制蜡业等行业皆有名家。不一而足。以上所述表明，清末至民国年间，西宁手工业的规模在加大，行业众多。民国 36—38 年，个体手工业共 706 户，从业人员 1099 人；小型手工业场 5 户，从业者 39 人。[①]但这些行业与内地相比，均为手工操作，产品的商品化、专业化水平都很低，生活资料类的产品所占份额偏大，而大部分工业用品仍仰仗内地输入。

（二）近代式工业

西宁地区于 20 世纪 30 年代开始出现了一些用机器生产的工业。如民国 19 年（1930 年），马步芳制造军需物资在西宁东关开办的义源工厂，内设被服、军鞋、制革、织裹腿、铁工及马鞍等车间，初期有工人 140 名，后扩至 1300 余人。又如，国民军陆军第三十一师为满足军工修械所需，于民国 19 年（1930 年）在府门街文庙内设修械所，所内的车床皆由蒸汽机带动。[②]再如民国 20 年（1931 年），新编第九师开设炮局（后改为修械所），制造火药、炸弹、大刀及修理军械（与 1861 年曾国藩于安庆设军械所相比，整整晚了 70 年），利用机器设备进行军工生产。上述例子证实，西宁近代式工业在 20 世纪 30 年代已经出现，其特点是军工生产，直接为军事服务。

抗日战争爆发后，西宁地区原依赖于内地供应的军、民用物资日渐困难，甚至断源。民国 28 年（1939 年）秋国民政府要求马步芳就地取材，创办工业，并在资金等方面予以支援。此时，国民政府迁都重庆，内地大批专家学者和技术人员相继来到西北地区，这为西宁兴办工业提供了人才资源。在上述背景下，西宁最早的化工企业海阳化工厂诞生了，按计划要设 8 个分厂（又称八大工厂），即火柴厂、修配厂、三酸厂、玻璃厂、制磷厂、洗毛厂、织呢

---

① 翟松天：《青海经济史》（近代卷），青海人民出版社 1998 年版，第 105 页。
② 陈邦彦：《国民军在西宁时期的见闻》，《西宁城中文史资料》第二辑。

厂、袋水泥厂。这些厂的厂址较为分散，火柴厂在西宁城内大教场东南角（次年将内厂迁往顾家庄），袋水泥厂建在大通桥头镇象山一带，其余各厂均设在西宁城内南大街火神庙（原第九师师部），后迁至小桥。因织呢厂和袋水泥厂未能投产，海阳化学厂实际只有6个分厂。人们常说的"八大工厂"一般是将晚建的皮革厂（民国35年初建在西宁小桥，后为西宁李家墩）和纺织厂（于民国37年建在西宁北关街28号）补入，连同原有6个分厂而统称的。但也有其他说法。海阳化学厂大部分厂拥有机器设备。如火柴厂采用德国造的火柴机6部、切梗机6部、刨片机9部，修配厂内有车床3台、龙门刨床1台、钻床1台和50匹马力柴油机2部，洗毛厂使用由甘肃机械厂造的洗毛机、脱水机、打包机等设备，实现了半机械半手工生产。各厂机械动力以柴油为主，也使用蒸汽机。到民国37年全厂人数1000余人，产品质量参差不齐，多为内销。

除海阳化工厂外，还有发电厂。民国28年（1939年）由中央资源委员会和青海省政府合资，在西宁工会街（今法院街）兴建西宁火力电厂，从国外购柴油发电机组，装机总容量87千瓦，所发之电主要用于军政机关和要员邸宅照明。从此，西宁有了电力，市面上经营电镀、电焊、家用电器的商户亦应时而生。但因发电设备陈旧，油料供应不足，经常停电。于民国33年（1944年）在湟水北岸寺台子附近筹建水力发电厂，先后购置了300马力水轮机2部，发电机2部，装机容量198千瓦，年发电能力为48万千瓦／时。至民国37年，西宁用电户共1154户，连路灯119盏在内，共有电灯8701盏。水电厂仍以供照明为主，生产领域用电较少。[①]

综上所述，这一时期，西宁近代用柴油机、蒸汽机作动力的工业生产已开始出现，但是拥有和使用动力机器设备的为数不多，且规模狭小，总体上仅是处于起步阶段，对社会经济总量起的作用不大。虽然如此，从西宁两三千年社会发展情况来看，它毕竟昭示着一种新的生产力在这里诞生了。

三、道路与交通

民国初期，西宁的交通仍处于闭塞状态。青海建省后，交通条件逐渐改

---

① 《青海省志·电力工业志》，黄山书社1996年版，第325页。

观，形成了以西宁为中心通往各县、邻省的路网枢纽，并出现使用汽车、航空、邮政通信等近现代交通工具。

（一）驮道和官道

清末民初，西宁地区的车驮道网业已构建，由此形成了有高原地区特征的道路交通运输格局。当时以西宁为中心连接各县并通向邻省的驮道，计有：西宁向东经享堂至兰州6骡站220公里，西宁向北经门源至甘州（今张掖）9骡站350公里，西宁向北至肃州（今酒泉）24马站650公里，西宁向西北至敦煌31马站950公里，西宁向西南经黄河渡、苦苦赛渡、多洛巴兔儿（康青交界台站在此止）至前藏（拉萨）共计路程约2060公里，西宁向西至新疆且末82牛站2150公里，西宁向东南至河州（临夏）8骡站235公里，西宁向南至贵德3骡站90公里，等。以西宁为中心的大车道有：西宁至大通50公里，西宁至都兰（今乌兰）360公里，西宁沿兰湟大车道可通兰州，西宁至循化路延伸至河州，西宁至大通路延伸可达甘州，等。因囿于地理、社会条件，车骑驮道部分地段可行大车，而山岭地带则难以贯通。及至民国前期，随道路交通量的增加，对自然形成的部分道路重新整修，尤其是西宁至兰州（西宁对外交通咽喉要道）、西宁至玉树（政治、经济地位极为重要）的主道进行了较大的加工，使其能通行大车。由上观之，这一时期进出西宁主要靠驮道和官道，这些道路的形成，利于文化的传播、商贸的繁荣及政治的稳定，并为以后公路的修建描绘了雏形。

（二）公路修筑

公路建设始于建省以后。民国18年（1929年）1月24日，新组建的省政府发表施政纲要，把交通建设列为一项重要工作，并拟定了筑路规划。计划在不长的时期修筑6条干线和一些县道，干线以省府西宁为中心向周围辐射：西宁向东经享堂以达兰州，西宁向东南经化隆、循化至临夏，西宁向南至贵德，向西南逾湟源、共和至玉树结古入西藏，向西经湟源、都兰（今乌兰）而至新疆，向北经大通至北大通（今门源）达张掖，省道长约1645公里。这6条干线的改建是在原车骑驮道的基础上整修拓宽，以达勉强通汽车为基本要求。县道是将西宁东部各县相互打通，相连成网，以通行马车为标准。^①这些计划在此后的 5 年中，大部分均已动工修筑。从此，具有近现代意义的公路交通事业有了较快的发展。

马步芳出任省政府主席后，责令省建设厅制订第二次修筑公路规划，共计干线 6 条、支线 19 条，6 条干线与建省初的规划大体一致，即青凉（经门源至凉州）、青兰（经享堂至兰州）、宁临（经化隆、循化至临夏）、青藏线宁玉树段、青新、青川（经同仁至四川松潘）等。干线全长 3610 公里，省内各县相接的支线总长 1440 公里。^②规划确定后，以部队兵工为主，征调沿线各县民工，于半年时间内修筑。多数线路，仍在原路基础上继续拓宽。除干线外，西宁至贵德等支线也加以整修。在筑路的同时，还在公路沿线广植行道树，以致夏秋之季，道路两旁林荫成行。据《青海省建设概况》载："各公路两旁移植杨树 5237179 株。"^③

20 世纪 40 年代初，以修建国防公路为重点，集中大量人力、物力、财力新建和改建甘青（西宁至享堂段）、青藏（西宁至玉树段）、青新线（西宁至茫崖段）三条干线。

甘青公路西宁至享堂段的整治。西宁物资输出和输入大都以兰州为集散地，水路除湟水、黄河的皮筏外，还必须依凭通往兰州的陆路。在未修公路之前，仅有一条官道直通西宁，但须绕行永登，路程较远，全程需时 9 天；另有一条沿黄河和湟水沿岸溯流而上，路线短捷，路程 210 公里，需时 6 天，但天堑当道，其中小峡、大峡和老鸦峡自古为险要地段，老鸦峡长约 15 公里，号称一条龙地段，只能容单骑通过。

晚清诗人钱茂才对此有诗云："曲径纤回两岸间，斜阳卸影鸟飞还；云重峭壁青千丈，风皱奔流绿一湾；踏破丹梯崖作磴，凿开石锁路为关；当年浪费五丁力，剑阁巉崖兴一般。"^④可见修建之不易。民国 24 年（1935 年）春，国民政府资源委员会和甘肃青海当局，对甘青公路的勘测、修建问题达成协

①　《西宁市志·交通志》，陕西人民出版社 1997 年版，第 85—86、89 页。

②　《西宁市志·交通志》，陕西人民出版社 1997 年版，第 85—86、89 页。

③　《西宁市志·交通志》，陕西人民出版社 1997 年版，第 91、100 页。

④　《西宁市志·交通志》，陕西人民出版社 1997 年版，第 91、100 页。

议，决定取道老鸦峡，从享堂浩门河分东西两段，东段归甘肃，西段归青海，全长210公里，西宁至享堂段110公里，由国民党派员指导和拨款，并且投入大量被俘红军人员的血汗劳动。40年代初，打通了老鸦峡，至此，甘青公路全线贯通，路线缩短了93公里。自此而后，多次修筑、改善，而每次都以老鸦峡为重点修筑地段。最后一次即民国36年至37年，还在原享堂木桥下方10余米处建一钢桁构桥，该桥为一孔32米双轨车道上承式结构。解放前夕，此桥被马步芳下令炸毁。甘青路自修筑以来，整治一直未停止。这是青海解放前境内等级最高的一条公路。

青藏公路宁玉段。此段为古唐蕃大道，途经玉树的东路、中路、西路三条大道至藏北。民国4年（1915年）西宁至结古沿途设有驿站。

出于政治缘由，经有关专家实地勘测并论证，决定青藏公路采用从西宁西门经湟源、共和、黄河沿、竹节寺、歇武至玉树的西线，于民国32年（1943年）7月开工，次年竣工，全长827公里。由于青藏公路地处高寒、经费欠缺，致使通过能力和工程质量标准低，既无车马通行，又无养护，部分路段销形匿迹。此为民国时兴建的第一条高原公路。青新公路西宁至茫崖段，始建于民国35年（1946年），经过两年的修筑，民国36年（1947年）9月该路段贯通，全线长1071公里。后未加以改善和养护，大部分路段被沙漠蔓草湮没。

至1948年止，筑路里程达3143公里，其中国防公路达2189公里。但解放前夕，能勉强通车的公路仅有472公里。尽管如此，这些公路的筑成，在一定程度上改善了西宁地区的交通条件，客观上对西宁地方经济的发展有所促进，加强了农业与牧业之间、本省与外省之间的贸易往来。

（三）交通管理机构

为加强对交通的管理，民国16年（1927年）甘边宁海镇守使与西宁行政长官商定，设甘边宁海镇路政办事处。后改称甘肃省道办事分处，负责公路交通建设，督办各县公路修筑。可以说，这是西宁地区最早设立的近代交通管理机构。2年后，经首任省主席孙连仲批准特设交通处，次年又改为青海交通委员会，担负公路勘察、测量设计，公路桥梁施工以及征用土地，并兼管材料购置、植树造林、公路养护等事宜。交通委员会下设路工局和公路局，各县设分卡。路工局承担具体工程项目的施工，甘青公路的首次整治就是由路工局完成的，而公路局专管道路的维修和养护。民国 22 年（1933 年）交通委员会复改为省交通处。不久，民国 27 年（1938 年）改组原政府机构，撤销主管全省公路交通管理工作的交通处，其业务划归省建设厅第三科（交通科）主管，专理公路修建和养护。具体施工及养护任务，则由各部队和各县交通科组织实施。是年，对运输管理机构作了调整，将原属经济委员会的"陕甘运输管理局"进行改组，在兰州设"西北公路运输管理局"，开办兰州至西宁段的汽车客运业务。民国 31 年（1942 年）甘青运输段在西宁成立，办理客货运输业务。4 年后，青海公路工程处成立，马步芳兼处长，省建设厅长马骥、交通部公路总局第七区公路工程管理局工程师华起兼副处长。同年，交通部公路总局第七区公路工程管理局在西宁设管理站，管理甘青公路安全及养路费征收，并开展运量统计、行政检查、违章处理等工作。民国 37 年（1948 年）青海省公路局成立，隶属于建设厅，汽车运输业务纳入省自办范围，西宁管理站归入省公路局，公路局运务科办理核发汽车牌照、执照等业务，将原用西北汽车牌照，统一换成（27—7）字牌照，每年换发一次兽力车牌照。这些机构的设置，旨在强化对交通的管理。

（四）交通运输

民国时期，西宁始终未能组建一支专业运输机构，运输情况较为落后。当时进出西宁的运输方式及其运输工具主要有汽车、水运、航运、木轮大车、胶轮大车、邮电等，略记述如下：

汽车。据考，进入西宁的第一辆汽车是甘边宁海镇守使马麒于民国 13 年至 14 年间从天津一洋行购买美国福特厂制造的"雪佛莱"小轿车，而最早开进牧区的汽车是驻青班禅办事处于民国 22 年购置美制"雪佛莱"车 2 辆，曾通行于香日德地区。继之，青海新编陆军第九师部于民国 22 年购买汽车 3 辆（雪佛莱和道奇牌）。这 5 辆是西宁乃至全省首批汽车。以后，随着公路的整修及长途军民物资运输的增加，汽车数量攀升。至民国 37 年（1948 年），青海省汽车保有量为 216 辆，其中政府所有的公用汽车 176 辆，军用 15 辆，私车 25 辆。[①] 汽车客运业务始于民国 27 年，配有汽车 2 辆，预备车 1 辆（停兰

---

① 欧华国主编：《青海公路交通史》，人民交通出版社 1989 年版，第 307 页。

州），首先在甘青线行驶，每周对发班车 2 次。省公路局成立时，下设汽车队 1 个（汽车 57 部），下辖 7 个汽车站，营运路线为 4 条，即西宁至兰州（周一、周三各对开一次）、西宁至大通桥头镇（周一、周三各对开）、西宁至鲁沙尔（周二、四、六往返一次），总里程 349 公里。汽车货运较客运开办晚，起初运量不大。抗战胜利后，货运量有所增长。除办理客货运输业务外，在西宁设加油站，并于民国 35 年（1946 年）在西宁小桥组建西宁修车厂，负责筑路工程车的维修与保养，后移交给省公路局。厂虽小，但维修设备较全，民国 38 年 7 月改属湟中实业公司的工矿公司，更名为西北机器厂，并转产军械修理，而汽车维修的保养业务终止。

水运。西宁的水运指湟水航线，起自西宁，流经小峡、大峡、老鸦峡、下川口、黑咀子、马汇子至达家川入黄河，西宁至下川口（以下为甘肃省）省境航程 115 公里，入黄河口 165 公里。流域内为农业区，所产粮、油、药材等农副产品靠皮筏运至兰州经销，兰州设有"西粮行"专市供西宁东下的粮食买卖。以从西宁输出的羊毛为大宗，外商或华人买办将收购的羊毛等集中于西宁，雇筏运往包头后，再转公路、铁路抵京津出口。由于邮电事业和汽车运输的兴起，筏运业延至解放前夕，西宁城北湟水上的皮筏运输日渐绝迹。

航运。航空运输业发展较晚。民国 20 年（1931 年）省政府在西宁县（今西宁市）东郊修建乐家湾（距城 8 公里）飞机场，由驻军兵工及民工，平整了一块长宽各 1000 米，面积 100 万平方米的场地，以驻乐家湾的驻军兼守护卫。2 年后，省政府责成建设厅等单位会同扩建机场，将场地扩至长宽各 1600 米，面积达 256 万平方米，比原来增大一倍半。跑道长 1600 米，由土石筑成。场地中心用石灰涂成直径 40 米的白圈，场地周围用石灰涂成断续的白色长方形，每方长 5 米，宽 0.5 米，列成虚线，以作指引飞机降落的标志。扩建完工后，欧亚航空公司派飞机来试航。此后，民航班机并未飞经西宁，仅供高级军政人员的专机起降。民国 26 年（1937 年），国民政府军事委员会在西宁乐家湾机场设第 55 航空站，后改为 58 航空站。民国 38 年（1949 年）4 月，在华组织"行政院空运队"的美国人陈纲德偕夫人飞抵西宁。5 月，在西宁湟中大厦成立"民航空运队青海区运输站办事处"，设电台，开通西宁至兰州、西安、重庆、平凉等地航线，执行议定的运输业务。起先，以运输羊毛为主，后专运马氏家族的黄金、白银等物资，并帮助马步芳父子及其亲属飞离西宁。此后，"民航空运队"在西宁地区的活动全部终止。

木轮大车。西宁附近各县逐步整治道路，骑驮道改建成车道，这样由骡马驾辕的木车取代了畜力驮运。西宁所需煤和粮主要靠木轮大车运送。为坚固耐用，木轮车改造成铁轮车（车轮外围包钉铁瓦）双套骡马，运载量比木车提高约一倍。

胶轮大车。民国 29 年（1940 年）以后，西宁地区的民间大车发展较快。原有铁、木轮大车（限制不能走公路）被由陕、甘等地入西宁的胶轮大车（三套骡马，多在公路城区运行）所替换。另一种是两套骡马的木轮包胶皮（木轮外钉汽车旧轮胎胶皮，简称杠捎车），多在郊县公路上行走。胶轮车车轴是金属滚珠轴承，而包胶板车车轴镶钳键条，在车轮轴承上是一大进化。民国 32 年（1943 年），国民政府规定：无论胶轮大车、包胶大车在缴纳养路费后可上公路行驶。农闲时，许多包胶大车参加公路营运。除上述交通工具外，20 世纪三四十年代，西宁还有少量自行车、摩托车。

邮电。广义而言，邮电事业亦属交通范畴。清中后期，西宁地区仍沿袭古代的驿路制，以传递政府公文、函件。清光绪九年（1883 年），今青海境内有驿站 20 个（一说 19 个），驿路 5 条，形成以西宁府为中心的呈辐射状的交通邮驿网。清末民初，随着新式邮政事业在西宁的兴起，政府公文交邮政邮寄，驿站、驿递日渐成为历史陈迹。光绪三十二年（1906 年）8 月 17 日，西宁在道台衙门附近（今东大街生产巷口）设邮政分局，办理部分国内函件等业务，直至民国 3 年（1914 年）驿站全部裁撤止，官署公文等函件、包件才交邮局寄递。此后，相继在碾伯等设邮政代办局，毛伯胜（今大通城关镇）、北大通（民国 18 年改为门源县）、鲁沙尔等设代办所；并将西宁府（1913 年改为道）邮政分局定为二等邮局，取消邮政分局名称。民国初期，羊毛皮张外销势头走好，邮政业务量因而大增，民国 8 年（1919 年）将丹噶尔代办所升为二等邮局，继而开设上五庄等代办所。到西宁解放时，西宁为一等邮局，乐都等 5 处为三等邮局，湟中等 5 处设邮亭，32 处邮政代办所（大部分设在东部农业区，其中设在西宁市的有东关、乐家湾）。[①]

邮路分为步班、畜力班、航空和汽车四种。步班，县城内投递均为步班，邮差身挎绿色邮包，徒步投递。自西宁邮政分局成立后，开辟了第一条步班邮路（西宁至兰州，单程在途 2 天 9 小时）。建省前，在西宁至贵德、西宁至北大通、西宁至上五庄等先后开辟间日步班邮路。民国 38 年（1949 年）9 月，全省步班邮路有 10 条。[②]

马班。西宁到牧区开辟有数条马班。民国 8 年（1919 年），开通牧区第一条马差邮路（丹噶尔至都兰寺，全程 357.7 公里，3 人 3 骡），后开办湟源至结古等马班邮路。民国期间，西宁至兰州间往返包裹重件由骡马或大车运输，不定期发班。步班、马班邮路日夜兼程，确保邮送。到 1949 年，全省畜力班邮路总长 549 公里。

航空邮路。西宁最早的航空邮路为民国 38 年（1949）5 月 9 日西宁至兰州的民用航线，使用小型飞机带运邮件，为不定期班。在此之前，由步班差将国内航空函件交兰州，再由航空转发全国各地。

汽车邮路。西宁利用汽车邮送始于民国 24 年。民国 27 年（1938 年），甘肃邮政管理局与西北运输管理局商定，西宁至兰州及沿途分局、所的轻重邮件均由公路局班车代运。首辆兰州入西宁的试行专营邮车是民国 35 年（1946 年）2 月由甘肃邮政管理局所派 39 号邮政汽车。次年 10 月 21 日，甘宁青邮政管理局正式开通兰州至西宁自办汽车邮路，邮车与公路局班车交叉开行。此外，还开辟西宁至乐都等自行车邮路。

邮务主要有三种，即函件、包裹、汇兑，邮资实行银本位。函件有信函、明信片、印刷物、新闻纸、商务传单、货件、保险信函及瞽者文件等。平信邮资每重 20 克为银元 0.02，后涨到 0.05 元。包裹：开办普通包裹和保险包裹两种，抗日战争开始后增加快寄小包和航空包裹。邮资按邮程远近收取。民国 25 年（1936 年）5 月西宁寄北方各省每公斤收银币 0.35 元，寄南方各省 0.45 元。汇兑：西宁邮局于民国 3 年办理汇兑业务，每张汇票限银币 300 元，后提高到 2500 元。

---

① 《青海省志·邮电志》，青海人民出版社 1993 年版，第 29、90—91 页。

② 《青海省志·邮电志》，青海人民出版社 1993 年版，第 29、90—91 页。

　　西宁电讯业起步于民国2年（1913年），北洋政府交通部令陕甘电政管理局甘肃电报局架设由平番（今甘肃永登）经老鸦、碾伯至西宁180公里的电报线（直径为4毫米的铁线），是为西宁地区第一条有线电报线。当年11月，设西宁电报局（1944年改称西宁电信局），配备美制并列莫尔斯电报机2部，开办由西宁经平番转发通兰州的国内外电报业务，为西宁通电报之始。民国9年（1920年）兰州至平番间架设双线，并把西宁至兰州间电线接通。从此，西宁可以直发电报至兰州。民国20年（1931年），西宁电报局添置无线电收发报机一台，在西宁南大街设无线电台（次年改为青海省无线电台），以辅助有线电报之不足。民国19年（1930年）在西宁民权街（今大新街）筹设西宁电话局（后改为省电话局），架设市电话线路，专供军政机关使用，不对民众开放。1949年，市内电话用户共46户。[①]同时在原电报业务的基础上兼营长话业务，当时通话限于水登、兰州等地方，每天营业1小时，后（民国30年）改为每天从上午6时到下午6时，每隔2小时电报电话轮流开通。电话业务多为西宁各大商号与兰州商号间的通话，内容主要涉及物价、金融等方面的信息。因长话线路不敷，一些用户自筹资金装接长话专线（如天昌正号、德盛魁号等），以保证信息畅通。[②]直到民国37年，原在民国2年架设之电报线，始终是由西宁通往兰州等地的重要线路。

　　综上所述可以看出，历经近40年发展，西宁地区交通建设的速度是很缓慢的，新式运输工具如汽车、航运、电讯等刚刚起步，且主要服务于军政机关。而铁路为空白。直到1949年基本运输工具仍然以驮牛、骆驼和扛捎车为主体。但也应该看到，不管当时开发进展如何缓慢，它为近现代交通建设的发展打下了初步基础，积累了可资借鉴的经验教训。

四、商业

　　清末、民国时期，随着西宁地区农牧业、近代式工业、交通等经济部门的开发，商业贸易与前代相比，呈现出许多新发展和变化。具体表现在外销贸易在增长；国内贸易中经商队伍壮大且经营范围多样化，商业行政机构由

---

① 　《青海省志·邮电志》，青海人民出版社1993年版，第176页。

② 　顾乃斌：《解放前青海的电讯业》，《青海文史资料选辑》第十五辑。

之而建立；官僚商业资本逐渐膨胀，对西宁乃至全省商业实行垄断经营。

（一）西宁毛的外销

西宁是农牧经济的交汇地区，境内所产绵羊毛（习称"西宁毛"）的商品率和利用率在清中后期以前都很低。19世纪末，个别商人运西宁毛至津京等地，外商将之视为毛纺织业的上等原料。从此，西宁毛打入国际市场。从清光绪二十六年（1900年）起，英、美、俄、德等国的商人（或委托代理商人）相继在西宁地区各皮毛集散地开设"洋行"（据青档案处材料："英商新泰兴洋行于光绪十八年最先闯到青海。这一年，西宁府行文通知所属县、厅，设在天津的新泰兴洋行要到西宁各地采买羊毛、羊绒、皮张等，要各地厘局关卡放行。"见《青海历史概况》）收购西宁毛，运销国外。清光绪二十六年至三十一年，在西宁设立的洋行有英商仁记、新泰、瑞记、聚立、平和、礼和等，集中在观门街、石坡街一带，同时在丹噶尔亦有外商洋行十余家。①洋行大多无固定铺面，仅挂个临时招牌，每到农历三月、七月收毛季节派人来此经办，货物托运完后便返回，也有个别设店常住。这些洋行所从事的皮毛收购，使西宁等地的羊毛"除本地居民织褐作毯而外，尽售于洋行"。至清宣统二年（1910年）左右，丹噶尔市场上羊毛的年购销量已多达一百数十万斤，而羊毛的价格由每百斤值银二两左右一度涨至三十两。②由于洋行享有特权持有海关票，在内地不纳税，凭依外商享受的特权，而垄断羊毛市场。至民国初年，出现洋行与本地商人（山陕商帮）互相抢购羊毛，以致诉讼于甘肃省督军，判决津帮收购羊毛的70%，山陕帮收购30%，津帮与山陕帮均在当地缴纳皮毛税。③洋行在收购羊毛时，也培植了西宁各地的买办商业资本，通过不平等交换获取重利，并兜售洋货。到民国9年（1920年）由于贩运羊毛利大，参与羊毛收购和外运的官私大小商号愈来愈多，在西宁等地的洋行见无利可图便先后撤走，外商直接在天津等地坐等收购。民国7年至民国16年间，西宁毛价一直稳定在每百斤值银十五六两左右，运至天津的运费三四两，纳税三五钱，共计成本约二十两；而天津市场毛价常达四十两左右，利润几乎

---

① 《青海历史纪要》，青海人民出版社1987年版，第245页。

② 《青海历史纪要》，青海人民出版社1987年版，第245页。

③ 《青海省志·商业志》，青海人民出版社1993年版，第13页。

达百分之百。当时西宁地区经营羊毛贸易除马氏家族（马麒）的商号德义恒、德顺昌外，还有西宁、湟源等几十家规模较大的私商，直接运销天津。每年运出羊毛在七百万斤左右。[①] 洋行在西宁等地的设立及其收购活动，客观上加强了农畜产品商业化，促使西宁商业由传统内向型经营向外向型经济迈进。但由于其收购是在中外双方国际地位不平等的条件下进行的，因此这种外销贸易对西宁地区的资源具有掠夺性。

（二）商业经营范围的扩大

近代以来，由于自然经济的日渐解体和商品经济的逐步发展，西宁地区的商业经营范围在不断加宽。这主要表现在以下两方面：

第一，商业规模的扩大与输出入商品的增加。19世纪以来，西宁地区的商品除由内地输入的茶叶、布匹、丝绸、日用百货等外，还新增了一些来自内地及沿海地区的商品。民国初年，进入西宁的外地商品有湖北的宽面土府布、梭布、湖南茯茶、四川丝绸、宁夏大米等品种。民国八、九年之后，外地（天津、北京、上海、江苏、浙江等地）进入西宁的商人逐渐增多，商品种类亦随之更加丰富，如人马弓斜布、九龙洋布、采石矶德国缎、斜文缎、卡叽布等，日用针织品如洋袜子、毛巾、香皂、牙膏、纸烟等类也在增加。[②] 洋货有来自日本、英国、美国等国的洋火（火柴）、西药、电料、洋油（煤油）、洋钉、洋纸（有光纸）、洋硷（肥）、洋布（细布）、洋蜡（蜡烛）、洋糖（水果糖）等，[③] 以日本货居多，美国货自民国34年（1945）后独占西宁市场。

此外印度的藏式礼帽、回族礼拜帽、珊瑚等也能在西宁购买到。在外地商品运入量大力增加的同时，西宁等地商品的运出量也成倍增长，输出商品以羊毛、皮革、牲畜、食油、药材、木材等为大宗。从输出入的商品种类看，输出者主要为农副产品土特产，输入者多是日用工业品及五洋杂货。据1929年西宁县商会统计，每年输入商品价值约620万银元，输出商品约1550万银元。民国9年到18年部分商品价格为：茯茶每包（重者秤5斤）是一两二分到二两多，土府布每卷（34匹）银23两至70两左右，斜纹洋布每板（10

---

① 《青海历史纪要》，青海人民出版社1987年版，第245、284页。

② 廖霭庭：《解放前西宁一带商业和金融业概况》，《青海文史资料选辑》第一辑。

③ 《西宁市志·商业志》，兰州大学出版社1990年版，第37页。

丈）四两二钱到十二两多，红糖每斤银元一角六分到三角多，小麦每石（约900市斤）四两到银元80多元。若是商品批发交易，多为赊销，每年从正月买货，到2月份算起，每月21日付款（称"标期"），每标期付款额占总数的25%～50%不等，直至年终结清。[①] 在上述情形下，私营商业以较快的速度发展起来。

第二，随着商品交换的扩增，经营者队伍在壮大。清末、民国时期，山陕籍商人来西宁等地经商人数仍在增多。清末民初，在西宁出现的泰源涌、世诚和、德合生、德兴旺4大商号均为山陕商人经营。

由于山陕商人凭借其经济实力，在内地建有众多商业网点，当中不少商号是北京、兰州等地大商号的分号，与内地商人保持着长期稳定的人事和业务联系，能根据行情而适时调整经营业务范围，因此在官僚资本商业的排挤下，也能顽强地维持下来。抗日战争期间，西宁较大的如三义和、同昌玉等四五十家商号，仍为山陕商人所经营；西宁城内的30家中药铺，大部分为陕西华阴县商人所开设。直至民国38年，西宁地区多数大中商号仍为山陕商帮所经营，河北、河南、四川、山东、甘肃籍的次之，而行商则以宁夏回族商较为活跃。进入近代以后，本地籍经商者渐众。20世纪20年代西宁的裕丰昶、福顺昌、永和祥、德生隆、昌顺德、洪丰店、福盛店、恒庆栈都是当地较大的商号。其中，裕丰昶商号是西宁人廖祥麟、廖书麟、廖瑞麟（霭庭）三兄弟承其父于光绪十九年开设的"裕后长"号发展起来的，经营布匹、绸缎、百货、茶叶等，抗日战争时资金约10万银元。除在西宁、湟源设分号外，还在汉口、天津、兰州等地设有庄口，成为当时西宁地区最大的商号之一。青海建省后，本地商人人数超过外省籍商人，但经济实力却无法与之相比。

资料显示，民国9年（1920年）前后，西宁经商户有四百七八十家。其中头班4家，二班29家，头、二班资金最多者有银元50～80万元，最少者有银元10万元以上；三班有40多家，四班有80多家，三、四班资金多者有银元7万～8万元，最少者有银元近万元；五、六、七班合计290～300家，资金一般有银元6000～12000元，最少者有1000余元。[②] 据青海全省商会联

---

① 《西宁市志·商业志》，兰州大学出版社1990年版，第37页。

② 《西宁市志·商业志》，兰州大学出版社1990年版，第51页。

合会档案资料，民国25年（1936年）西宁列入"班次"（依营业额的大小而评定）的大中商铺为695户，33年为539户，37年为433户。40年代以来，商户、资金呈递减趋势，这是官僚资本商业垄断市场所致。民国38年（1949年），西宁共有商业、饮食服务业（时有昆仑大旅社、湟中大厦、郑记客栈、保顺店等较大旅社20余家，福义园、居乐园、海天春、聚义楼等较大饭店十几家）商铺及摊贩1966户，从业人员2794人，资金59万余元。[①]

一些商号在内部管理上引入资本主义性质的管理机制，实行雇聘制。一般由东家（资方）聘用经理（掌柜）作为资方代理人进行经营，少数商号雇佣勤杂、炊事人员。同时建立起劳动福利制度、工资制度及财务制度。如位于西宁东大街的庆盛西商号，规定店员、学徒的食宿、医疗免费提供；每三年可享受一次探亲假，在家居半年，途中住宿、雇车费由商号负担，但店员必须恪守铺规。对工作努力的店员实行人力股份制，即以其人力顶一份或几份股份，参加年终分红。[②]

这些经营理念旨在提高经营水平和竞争力。

（三）商会组织

清时，农业区商务行政管理事务归西宁府和各县、厅管理，牧业区则归"办理青海蒙古番子事务钦差大臣"衙门管理。清光绪三十三年（1907年）甘肃兰州设商务总会，3年后，即宣统三年（1911年）4月西宁府设立商务会，首任会长是辅盛德号经理魏干臣（西宁人），会址附设在山陕会馆财神殿内，馆内有16家商号的经理（称会首），西宁商业情况，完全操纵在这个会馆会首手中。商会设会长1人，会计1人，会差2人，委员若干人；民国9年（1920年）前后，改组为会长、秘书各1人，下设总务、会计两股，并设立理事会（商定重大问题）和监事会（核查收支账项）。经费来源除内帮（入会馆者）商号每年所交本银24两的利息外，各商号按四季摊收会费，大商号每季度交银13～14两，小商号分定班次交纳会费。[③]大通、湟源等县于民国2年（1913年）以后次第成立商会，其中规模较大者当推湟源县商会。民国20年（1931

---

① 《青海省志·商业志》，青海人民出版社1993年版，第59页。

② 《西宁市志·商业志》，兰州大学出版社1990年版，第53、59页。

③ 《西宁市志·商业志》，兰州大学出版社1990年版，第53、59页。

年）9月，省政府决定将原设的西宁府商务会改组，正式成立西宁县商会，在西宁设置事务所，并设分事务所于上五庄和鲁沙尔。青海全省商会联合会成立于民国30年10月10日，下设理事会（理事长1人，常务理事4人，理事14人）、监事会（常务监事1人，监事6人）和事务所（秘书1人，会计主任1人，会计1人，文牍员1人，出纳2人，干事3人，办事员4人）。省商会下辖西宁等11个县商会（民国35年6月，西宁设市，省垣商号拨归省商会暂管，西宁县商会即行撤销）。《青海全省商会联合会章程》规定商会的职责：筹议工商之改良及发展事项、工商业之征询及通报事项、国际及省际贸易之介绍及辅导事项、商业市场之维持及管制事项等。[①]商会的设立是传统商业向近代商业转化的一个重要标志，对维持商人的利益，发展市场经济曾起到一定作用。但事实上，商会被地方官府所控制，成了秉承政府旨意向工商业者征调徭役和科派款货的工具。

清末民初，西宁尚无同业公会，商号多为综合经营，行业界限不甚明朗。民国28年（1939年）同业公会组织成立，西宁县商会下有过载、蒙藏器具等9个商业同业公会及鞍鞯、服装、制革3个工业同业公会。省商会联合会于民国33年对省垣各同业公会重新办理登记，到1945年西宁地区先后成立的商业同业公会有国药业（43户）、新药业（即西药业12户）、皮货业（17户）、过载业（即批发行栈商14户）等14个。此外，手工业和服务性行业同业公会有五金业、浴池业、理发业等26个。[②]

（四）地方官僚资本商业

地方官资本商业是马步芳家族在西宁等地的统治权确立后出现的，通过贸易形式，由商业资本逐渐发展到工矿资本和金融资本，但始终保持着以商业资本为核心的基本特征。

清宣统二年（1910年），马麒担任循化营参将时，就开设了德义恒、德顺昌、德源永、德盛原（德字，来源于"公德堂"堂名）等商号，贩运畜牧土特产品至天津等地，以换购军需品及日用品，走上一条在经济落后的民族地区以商致富的道路。民国4年（1915年）10月以后随着马麒在西宁各地军政

---

① 翟松天：《青海经济史》（近代卷），青海人民出版社1998年版，第226—227页。

② 杨景福主纂：《青海商业志》，青海人民出版社1989年版，第127—128页。

权力的扩大，将德顺昌总号移至西宁东关，经销羊毛、皮张、百货、茶叶等，同时还筹办宁海军财务和粮饷。这样，地方官僚资本商业的基础便开始建立。民国 19 年（1930 年）1 月，马麒任省府主席，扩充德顺昌商号，并更名德兴店。旋马麟继任省府主席，德兴店由马麟及马麒第三子马步瀛共同经营。

民国 18 年（1929 年）马步芳移防西宁，"义源祥"总号随之由化隆移设西宁，分号遍设省内各地；还在包头、天津派驻庄人员。这些分布于各地的商号和驻庄人员的主要业务是抢购和贩运羊毛、皮张、沙金、药材，用以在天津向英、日等国洋行换购军火及进口物资；并在商号下开设工厂，进行军用品、皮毛加工及羊毛包装。这期间，与"德兴"号展开竞争，结果"义源祥"号并吞了"德兴"商号。后（民国 21 年）马麟另设"协和商栈"，从事皮毛、药材及土特产贸易。民国 27 年（1938 年）马步芳以国民政府颁布了在抗日期间防止重要物资资敌的法令为借口，宣布对羊毛和各种皮张、药材、羊肠等由政府统制，协和商栈收归省府秘书处领导，省政府秘书长兼任总经理，负责经营业务，总栈设在西宁周家泉，下设公德堂会计室，包括文书股、会计股、统计股、毛顺工厂、水夫队、大通煤窑等。在省内外设众多分栈。划定协和商栈的经营范围，规定该商栈统制羊毛、药材和收兑沙金为主，垄断出省物资；各种统制物资的收购价格，由协和商栈确定。同时，规定德兴店仅经营过载行的业务；对其他私营商业的活动范围也进行了严格限制，以达到全面垄断之目的。

在改组协和商栈的次年（一说为民国 27 年），义源祥商号改名德兴海，总经理由省财政厅厅长兼任，总店设在西宁东关，分支机构遍布于青海各县镇。经营范围进一步扩大，不仅垄断收购青海省内各项物资、经营批发零售与商业高利贷业务，而且逐步控制全省的工矿业和金融业。协和商栈和德兴海的"东翁""东家"为马步芳，其分支机构的经理多由当地县长、专员公署的商务处长以及军队的团营级军官兼任，各分支机构的下属组织分别由乡长、保长、甲长、蒙藏王公、千百户、寺院僧官担任经理、代表、代理人。上述大小机构代政府征收税捐，成为马步芳官僚垄断机构的组成部分。

抗日战争胜利后，随着形势的变化，协和商栈、德兴海商号与其他工厂、矿山、牧场等官僚资本企业于民国 35 年（1946 年）1 月合并为湟中实业公司，原拟设无限公司，但向国民政府行政院工商部呈报立案时，改为有限公司，地址在今西宁东关大街与花园北街路口。由马步芳本人任董事长，公司设有董事会（由 26 人组成），均系马氏家族成员及军政权贵；下设商业部、农业部（后改为畜牧部）和工矿部。下辖运输皮筏站及各种工厂、牧场、奶场等。公司所辖商业部以原两大商号的 70 多处分支机构为基层组织，名称不变；又在省外包头、宁夏增设办事处，在泾阳、安化设茶庄，在郑州、汉口、汉中等地设转运站，上海设商栈，印度加尔各答设经理处。民国 37 年 8 月，机构进行了调整，取消部级建制，分别成立了西北工矿公司子公司、西北畜牧公司、湟中实业银行，各子公司机关设秘书室、人事处、会计组、视导组、业务组及粮秣组。湟中实业公司的设立，标志着青海官僚资本的长足发展，也显示了原先的以商业为主体，向着垄断全省的商业、工矿、金融及服务业，进而垄断青海省的经济发展。这一过程的最终完成，就是利用官营的名义，亦官亦商，亦公亦私，公私合一，将军政特权运用到商业领域，真正实现军事、政治、商业三位一体，这在一般官僚企业是罕见的。正由于此，它对西宁经济和社会发展起着消极的、阻碍的作用。

五、金融业

清末民国时期，西宁地区自然经济仍占绝对优势，与此相应的旧式金融机构继续存在，维持着这一地区经济的运转。民国十几年以后，工商业得以发展，新式金融机构开始出现。当时金融活动主要有拨兑汇票、当铺、官银钱号、银行四种。

（一）拨兑汇票

清光绪年间，西宁府属地区的私营"钱铺七八家"，发行五百文钱票代替铜钱流通于市面，"人咸称便"。但由于商品经济滞后，钱铺业务不易开展，多是开业不久便歇业，回收时每票一张仅兑给月饼一斤。

当时，通用货币为金属货币（白银和铜钱），又无钱庄票号，因此金融汇拨，全由兰州调兑。按习惯以农历每月 21 日为收付日期，俗称"标期"（原为镖期，由保镖押运而得名），所收现银由标骡运至兰州，以应付农历每月月底兰州的"标期"，偿付对外的一切汇款、货款。延至光绪十年（1884 年）各商家以按月解送现银之烦累,而改用"拨兑汇票(银)"(商人间出具票据在账面上划拨)办法进行清算,一直持续到民国20年。这种"拨兑"方法比"标期"有些进步,说明西宁商业活动较前有一定发展。

（二）当铺

清末民初,西宁有源益当、德心当、统一当、世通当、恒泰当、益恒当等6家。这几家当铺大多数是西宁地区的地主、官僚、富商等人开设的,当铺的资本金有集股的,也有独资的。其业务除收取衣物等动产作抵押外,还兼营存款和发放贷款业务。存款资金来源于书院、文社、义学基金及慈善事业如建桥梁、庙宇等方面的公款,都由当行承领生息月利一分,或年满一分不等。同时也吸收中小财主、殷实富户的货币存款,存款利息为月息5厘至1分不等。官本和生息基金由当行承担责任,若一家倒闭,其余各行共同担当,以降低风险。贷款主要为贫困民众,在青黄不接或遇天灾人祸之时,便求助于当铺,以求得款项。后来,银价日昂,各家当铺资本薄弱,相继歇业。当铺在商品经济不发达、没有作用机构或信用机构极少的情况下,推动了市场资金周转,尤其是调剂农村金融方面,曾起过一些作用。但是,由于当铺是以实物为抵押而进行的一种借贷活动,这种活动必然是以获利为最终目的,因此对他人的剥削是十分可怕的。

（三）官银钱局（号）

官银钱局,是清朝兑换银钱、调节钱价和熔铸银锭的金融机构。光绪十四年（1888年）至三十年（1904年）间,西宁地区货币流通杂驳,兰州官银钱局于光绪三十四年（1908年）以"西宁钱币流通不畅"为由,在西宁开设分局,贷放银钱,发行"五百文""一千文"钱票及"一两""二两"银票,因银票面印有龙形图案,故而称"龙票"。这些票券均在西宁地区流通。民国2年（1913年）兰州官银钱局被改组为甘肃官银号,资本由省库拨付,发放纸币并代理省金库,于民国4年（1915年）在西宁成立分号,发行"一两""二两"银票。次年以后,银元渐入西宁等地,而银元较银两便于使用,因而被人们所接受流通于市面。民国8年（1919年）甘肃官银号西宁分号被裁撤,所发行银、钱票兑换收回。

兰州官银钱局西宁分局、甘肃官银号西宁分号,均办理发行货币、兑换银钱、存款放款等业务，实际上已具有近代金融机构的功能，虽然它不是完全意义上的近代金融机构，但为后来的银行创立提供了便利条件。

（四）银行

西宁近代金融业的发展，以近代银行的出现为主要标志。建省以前，西宁在行政上隶属于甘肃省，因此西宁无独立的近代银行。民国16年（1927年），甘肃银行（设于民国12年）在西宁设办事处，办理汇兑、储蓄业务，并发行"七一票洋"，即每票面洋一元，兑兰平银七钱一分，总共发行两万元。这是西宁设银行之发端（较全国第一家银行，清廷在上海开办的中国通商银行，整整晚了30年）。建省初，更名为甘肃农工银行西宁办事处，发行一元、五元、十元"大洋券"（银元券）和各种面值的"铜元券"，共计约四五万元。同年春，西北银行兰州分行（初设于民国15年）在西宁设办事处（支行），发行一元、五元、十元三种大洋，四五十万元。由于局势动荡，"西北"和"农工"两银行信用不支，所发行之钞票难以维持。民国19年（1930年）10月，甘肃省政府将西北银行划归省政府直辖，另筹"富陇银行"，计划以新行代替旧行，以新钞代旧钞。次年1月8日，"富陇银行"成立，收兑"西北"农工"旧钞，西北银行不复存在，农工银行暂时并存。至此，原两行在西宁的办事处和支行均予裁撤。其间，在西宁流通的货币有银两、银元、铜元、钞票。由于上述"两行"先后被裁并，西宁便无调剂金融的机构。当时本位货币已为银元，市面上银元紧缺，流通困难重重。省政府于民国20年（1931年）在西宁成立省金库和平市官银钱局，隶于省财政厅，大量发行省钞财政维持券，它是一种在省内通行的可兑换信用纸币。券面分一角、一元、五元、十元四种，规定十足兑换。同时将通用当二十文铜元砸上"T.C"英文字印（意限于西宁地区流通），外来无印铜元不准流通。原定"维持券"基金为30万元（向省商会借银元20万元，工会借10万元），后逐年滥发；至民国24年（1935年）发行额达300万元，[①]致使物价上涨，市面拒用"维持券"。同年10月12日起停止收兑，"维持券"遂成废纸，"平市官钱局"随着维持券的崩溃而被迫停办。

---

① 王殿瑞：《解放前青海的银行》，《青海文史资料选辑》第十六辑。

继后，西宁地区的金融又处于停滞状态，各种款项的存放、划拨和融通均无法进行。国民政府于民国 24 年（1935 年）11 月 4 日起实行"法币政策"和白银国有的法令，规定所有完粮纳税及一切公私款项之收付，概以法币为准，凡持有银本位币或其他银币生根等银类者，须到指定的银行兑换法币。至民国 25 年，法币已成西宁地区的主要货币。为控制西宁地区的金融业，从民国 27 年至 29 年，相继在西宁建有中国农民银行西宁支行（设于民国 27 年，行址在西宁东大街今工行城中办事处）、中国银行西宁办事处（成立于民国 28 年，行址在城中大新街，因历史上西宁称鄯州，故亦称中国银行鄯处）、中央银行西宁支行（建于民国 29 年，行址在城中石坡街），未几交通银行也在西宁设立分支机构。在上述四行处的基础上，又于民国 29 年 3 月成立四行联合办事总处（成立于民国 28 年 11 月）西宁支处。以上行处具体办理汇兑、存放业务，并发行法币。

在马家军阀的请求下，国民政府以"兼顾中央法令与地方事业"为名，准予筹备青海省银行，确定资本为 2000 万元，分 20 万股，每股 100 元，由"中央国库"拨 10 万股作"官股"，地方筹集 10 万股为"商股"，合股经营，期限 30 年，民国 35 年（1946 年）1 月正式成立。

该行地址在西宁东大街，下设总务、会计、业务三处及出纳科，后陆续在西宁乐家湾及兰州设办事处和湟源、湟中、民和设分行。该银行没有货币发行权，只办理存款、放款、汇兑、储蓄等业务，并代行"省库"职权，控制着全省的金融事业。

湟中实业公司成立后，马步芳为进一步壮大自己的金融实力，于民国 36 年 10 月开设湟中实业银行（青海实业银行），注册资金 3000 万元。该行受湟中实业公司领导，属官僚资本商业银行性质。行址在西宁东大街。湟中实业银行的业务是吸收存款转贷给商号，并承揽湟中实业公司及各机关、商号的汇款。1949 年西宁解放后，以上银行均被西宁市军管会接收。

根据以上所述，西宁地区的金融业有所发展，对本地区的商业贸易也有很大的促进作用。如抗战前后，商行林立，而且还辟有"中山市场"（西宁东大街以北，饮马街与大新街间），作为商业总汇，以致出现了各业竞争的景象。但是，由于西宁地区经济基础薄弱，新式金融业发展较晚，加之 20 世纪 40

年代中后期的通货膨胀，使近代金融市场发育很不完备，在许多方面表现出它的滞后性。

第四节　教育及文化状况

清末、民国时期，近代新风徐徐吹来，西宁地区的教育文化状况发生了相应变化：近代式国民教育，包括小学中学等在这块土地上兴起了，有关文化设施亦应时而生。

一、教育

这一时期，新式学堂逐渐替代以研习儒学为主的旧式封建教育，教育行政管理相应开展，小学教育、中学教育、职业教育、师范教育、民族教育等次第铺开。

（一）教育行政管理

自清政府推行"新政"以来，西宁地区各县均有"劝学所"，直属于甘肃"提学使司"。劝学所设劝学总董一人，职掌所属各县的教育行政和督劝地方有关人士建学校、推广教育等事宜。民国4年（1915年）劝学所改由甘边宁海镇守使教育科管理，劝学总董改为劝学所长，隶属于甘肃省教育司，西宁县劝学所长由基生兰出任。民国15年（1926年），劝学所改称教育局，设局长1人，视学、事务员若干人，局长由县知县推荐呈请甘肃教育厅长遴选任命，并辅助知县主持所在县教育行政事务，基生兰继任西宁县教育局长。民国18年（1929年）青海建省，省教育厅处在筹建中，有关教育行政事务暂由省政府秘书处附设的教育科管理，科下设学校教育、社会教育两股，但一切例行公文均用省政府主席名义行使。民国20年（1931年），正式成立青海省教育厅，首任厅长为张爱松。厅长下设秘书、督学两室及第一、二两科，第一科下设总务股（辖书记室和档案室）、统计股和收发股，第二科下设学校教育股和社会教育股、边疆教育股。并遵上级命令及结合本省实情，设立了"青海省义务教育委员会""青海省中小学教员检查委员会"和"青海省边疆教育委员会"，这三个委员会协助厅长推动全省的义务、边疆教育及检查中小学教员等工作。继此而后，省政府推行了两次改组（民国27年、民国33年），教育厅内部分组织机构亦略有变化，由原来的二科增至三科，每科设科长、股长、主任、科员、事务员等，委员会由三种扩到十一种。教育厅改组后，县教育局改称县教育科，并依地域大小、人口多寡，将各县分为三等，以等级配备教育科工作人员。西宁县为一等县配员11人，大通等三县为二等县配员8人，其余为三等县配员6人。县以下各区公所设教育委员会及教育指导员，西宁县于民国11年（1922年）在董公祠成立教育会;同时在乡公所一级则设文化股主任及干事。这种行政管理体系一直延续到1949年止。省、县及县以下教育行政机构的设置，利于西宁教育工作的不断推进。但同时也应看到，教育行政管理职能没有得到较好的发挥，原因在于：一是教育行政机构不仅设置较晚（教育厅设于民国18年，比内地1917年迟建12年），更为重要的是各级主管水平较差。如教育厅长先后4人（张爱松、杨希尧、马绍武、刘呈德），大学毕业者2人，另2人学历既低，且无教育实践经验。督学、科长大多无大学学历。至于县及县级以下教育管理人员，更等而下之。二是办学系统繁杂，教育行政管理不统一。这种情势，无疑导致"督学者不督，劝学者不劝"的局面，从而影响办学的实绩。

（二）各级各类教育的兴办

小学教育——光绪三十一年（1905年）朝廷诏令停止科举，各省书院、儒学、社学、义学一律改为新式学堂。遵此，湟中书院（今西宁市南大街小学）改为西宁县立高等小学堂。其余各书院如大通泰兴书院等先后改为高等小学堂，西宁县个别社学、义学改为高等小学堂外，其他地方的社学、义学一律改为初小学堂或蒙养小学堂。这是西宁地区兴办近现代学校教育之肇始。光绪三十四年（1908年）在西宁报恩生祠以兴文社款创立西宁县立兴文两级小学堂，其后重新迁建（民国3年，购得县儒学官产，建讲堂斋舍），并辟有操场，学校条件得以改善。

辛亥革命后，在"男女教育权利平等"的思想倡导下，民国2年（1913年）西宁警察局警佐明璋（湖北人）与地方绅士李焕章（进士）发起创办女子小学，校名为"甘肃省西宁县立女子小学",地址在西宁县门后街(今民主街)55号,校旨"识字读书,遵守妇德",黄淑兰任校长。起初,只有学生7人,于民国5年(1916年)首届初小班毕业,升为高级班,改名为"甘肃西宁县立女子两级小学校",扩大招收外地女子。民国7年(1918年),添设讲习科。建省后改称"青海省立第一女子师范学校"。女校的创办,不仅开了女子受教育的先河,而且对封建社会歧视女性的观念产生了巨大的冲击。继而,湟源等地陆续创办了女子初等小学校。据不完全统计,民国17年(1928年)西宁县共有初、高级小学校110所,学生3124人,比清宣统二年(1910年)设的6所初、高等学堂增长了约20倍,学生比18年前(37人)增长约9倍。[①]

青海建省后,对小学教育采取各种措施,促进各级小学正常发展。首先加强师资力量建设,吸纳了一批文化素质较高的师范类毕业生来充实小学教育;其次政府制订计划,实施短期义务教育和国民教育。凡年满10足岁至16足岁之失学儿童,均受短期义务教育;再次,中等学校均附设小学,特别是国立西宁师范学校创设了附小。这些措施,使小学教育在学生人数、学校数量上均有明显增加。据资料显示,民国21年至民国27年,西宁县高小、初小共163所,学生7239人;民国27年(1938年)至民国30年(1941年),完全小学(初高级)、初级学校、短期义校共279所,学生数11500人,至民国32年(1943年)将完全小学及初级小学改为中心小学及国民学校,此时中心学校、国民学校及短期义校共286所,学生为11813人。民国34年(1945年)以后,小学数目逐渐下降,文盲率骤升。[②]

西宁小学教育的学制与课程,基本上执行政府的统一规定。即清末的"癸卯学制"(初高小学堂五四制),民国元年的"壬子癸卯学制"(四三制),民国11年(1922年)11月的壬戌学制(四二制)。初级小学课程为修身、国文、算术等7门,高级小学增加历史、地理、理科。课程设置已有明显的变化,遵循"中学为体,西学为用"的教育宗旨,一改过去学校教育不接触自然科学的传统。但由于初、高级小学的归属有别及文化环境的差异,其学制和课程又带有一定的灵活性。如西宁县立女子小学为四二制,在课程设置上加授

---

① (民国)刘郁芬、杨思等纂:《甘肃通志稿·教育三·学校》。

② 张定邦:《清、民时期青海教育行政的设置与演变》,《青海地方史志研究》,1984年第2期。

适合女生特点的手工、缝纫等课。

小学的内部管理。清末，高等小学堂设堂长 1 人，教习若干人，教习分兼文书、庶务、会计等工作；初等小学堂，一般仅有教习 1 人，担负堂长之责。民国时期，学堂改为学校，堂长改为校长。下设教务、事务主任 1 人。初级小学，一般由一名教师兼任校长。民国 27 年，小学实行"教训合一"制，事务主任改为教导主任，兼理教务及训导工作。师范附属小学，设附小部主任，下设教务等干事。[①]

中学教育——西宁最早的中学始于光绪三十二年（1906 年），地方当局将办学条件较好的西宁府五峰书院改为"西宁府中学堂"，教员 2 名，学生 50 名。当时许多课程聘不到教师，课程内容不确定，到民国 3 年（1914 年）终因"程度过低"，并入甘肃第一中学。直至民国 18 年，西宁地区无单独设立的中学。民国 18 年至民国 34 年间，中学教育有一定的发展。西宁省立第一中学是在原"宁海筹边学校"的基础上成立的，开始只有初中班，后增设高中班。校名几易，终于在民国 28 年元月正式定名为"青海省立西宁中学"，首任校长为朱绣（兼），地点在今西宁市五中。与西宁中学同时创办的还有乐都中学、青海回教教育促进会立初级中学（民国 25 年设高中，4 年后改为昆仑中学），抗战时又增设湟川中学（初创于民国 27 年，在西宁马坊口租赁祁姓民房并加以修葺后，招收高中、初中、附小、幼稚园学生各一班，次年迁校于贾小庄，校名为"管理中英庚款董事会湟川中学"。民国 32 年改名为国立湟川中学，简称"湟川中学"，第一任校长为北京大学教授王文俊博士。该校以师资力量强、学风好和升学率高而引人翘望，在西宁地区乃至全国颇有声誉）为使中学教育均衡发展，对原有各中学加以调整，扩充教育设施，提高教育质量。首先按地理区域划分中学六区，即西宁（省立西宁中学、湟川中学、昆仑中学）、乐都（省立乐都初级中学）、循化（拟于民国 33 年设循化初级中学）、互助（尚无中学）、贵德（省立贵德初级中学）、玉树（因条件限制无中学）。后由于教育经费大量被削减，部分中学被迫撤并。到西宁解放时，西宁乃至全省仅有 3 所（湟川中学、西宁中学、昆仑中学）中学，三校在校学生共有 1305 名。

---

① 《青海省志·教育志》，黄山书社 1996 年版，第 66 页。

民国时期，中学学制实行三三制（初、高中各 3 年）。按国民政府教育部公布的中学课程标准，开设英语、国文、数学、历史、地理、化学等课程，同时又根据各中学特点可增开一些课程，如湟川中学加开德文和藏文课，昆仑中学增设伊斯兰教教义课、军事训练课。

由于此时期西宁无高等学校，大部分中学生毕业后就地就业，只有极少数人有机会赴内地或国外继续学习，这类学生被称为"留学生"，学成归来为桑梓服务。

师范教育——随着中小学的迅速开办，为解决师资问题，民国 6 年（1917年）将原西宁府中小学堂改建的两等小学校再行改建为海东师范学校。时隔一年，甘肃教育厅又将其改为甘肃省立第四师范学校。继后，民国 9 年（1920年），马麒将由蒙古半日学堂扩建的宁海蒙番小学校增设师范甲种讲习科，以增强宁海区小学师资。民国 13 年（1924 年）正式改称宁海蒙番师范学校。此外，在西宁县立女子两级小学校添设师范讲习所，后改建为西宁县立女子师范学校，专门培养从事女子初等教育的师资。

建省后，省教育厅将原建"甘肃省第四师范学校"改为"青海省立第一师范学校"，西宁县立女子师范学校改称"青海省立第一女子师范学校"。为扩大师资教育，民国 27 年省教育厅首先裁撤省立一师，分别迁往化隆、民和二处为简易师范学校，所有图书等设备两校平分，如一部《辞源》各执一册，教学活动无法正常进行。于是，民国 29 年（1940 年）又在西宁西大街中心小学恢复成立省立西宁简易师范学校。同年，将全省划分为五个师范区：西宁、湟源、贵德、共和为第一师范区，民和、乐都为第二师范区，化隆、循化、同仁、同德为第三师范区，互助、大通、门源为第四师范区，玉树等为第五师范区。[①]五个师范区中，只有第一师范区教育较为发达，有省立西宁师范、省立女子师范、省立湟源简易师范和国立西宁师范（其前身是国民党中央政治学校西宁分校，地址在西宁城西安西堡，始建于民国 23 年，正式定名为国立西宁师范学校是在民国 29 年，该校办学宗旨是为边疆教育事业培养人才，倡导学生五育并举，招收对象不分民族、男女。学校师资力量强，图书资料丰盈。在

---

① 赵仰仑：《青海解放前的中等学校简况》，《西宁城中文史资料》第一辑。

附近县设立了分部，创办小学校，促进了各县师范教育的发展）。其余有的只有一所简师，有的连一所也没有。民国33年，省教育厅将青海蒙藏师范学校改为省立大通简师，后又在乐都、湟源、玉树创建简师。民国35年，将外县简师并入省立西宁师范学校。师范教育是适应初等教育的需要而发展起来的，它的建成，为西宁地区培养了一大批合格的小学教师和部分中学教师，对西宁地区的初等教育事业作出了较大贡献。

师范学校的学制一般为三年，特别师范科和简易师范修业一年。课程除国民政府教育部规定的公民、国文、历史、地理、算术、物理、化学、生物、体育、卫生、军训、伦理学、心理学、教育概论、小学行政实习、教育测验及统计、美术、音乐等外，还增设适应地区特点的教学内容，如早期的宁海筹边学校分设的师范本科部，加授边事（青藏历史、地理、民族、宗教及青藏、川藏交涉等问题）、藏文课；国立西宁师范学校增开藏文、边事、农村经济等。同时要求学生能熟练地用汉藏语言进行教学。对此时人描写到"进入湟川中学，就像进了教堂，到处是读英文的声音。进了国师，就像进了喇嘛寺，处处是读藏文的声音"。[1] 简师所授内容较少。上述师范学校中，除国立师范学校归教育部管理外，其余由省教育厅领导。

职业教育——民国以来，西宁地区职业技术教育得到了发展。民国元年，马麒在昭忠祠（今西宁一中）倡建宁海职业学校，这是西宁最早的一所职业学校。因经费无着，3年后停办。民国14年，在筹边学校（西宁宏觉寺街）内附设了职业科，亦称"编毛科"，招收49名学生，主要培养编织毛织品的技术人员。在此基础上，民国18年成立了青海省立第一职业学校，并设小学部、工厂及毛织产品销售所，学生增至304名，教职员31名。不久，又将省立模范两级小学改办成省立第二职业学校。民国24年（1935年），省教育厅将第一、二职业学校分别改称省立工科职业学校、省立农科职业学校。民国27年，省政府改组，两校奉命合并，定名为"青海省立初级职业学校"，增设畜牧兽医训练班，有学员35名，这批学员毕业后由教育厅保送到陆军部兽医学校继续深造。至此，西宁地区的职业教育渐次规范。

---

① 严永章：《国立学校见闻琐记》，《西宁城中文史资料》第一辑。

民国 30 年（1941 年），省立初级职业学校的纺织机、实习设备被日军飞机炸毁，工科停办。两年恢复后，农科增设高级农艺科。民国 36 年（1947 年），该校升格为省立西宁职业学校，又将乐都中学、互助简师并入，学校规模随之扩大。该校自建立至西宁解放时，总计培养学生 603 名。[①]

民国 28 年（1939 年），教育部委托中央政治学校西宁分校筹建国立青海初级实用职业学校。经慎重遴选，于民国 29 年在贵德县石乃亥（今属贵南县）创建了"国立青海初级实用职业学校"，招收少数民族学生 15 名；学校有平房 10 余间，教室 2 间。先后设畜产制造科（学制四年，招收高小毕业生 45 名）和农牧科（学制三年，招收高小毕业生 40 名）。民国 35 年（1946 年），学校规模有所扩大，教职工 30 人，房屋 180 余间，大礼堂 1 座，还有阅览室、图书室，并附设农牧场、皮革厂和小学部。次年，迁至湟源湟阳镇，更名为"国立湟源畜牧兽医职业学校"，这是解放后的"青海省湟源畜牧学校"的前身。这期间，还成立了"省立高级畜牧兽医职业学校"及"省高级护士学校"（西宁湟庙街），这两所学校规模不大，解放前夕均已停办。从上可知，职业学校所设的专业地域性很强，这为西宁等地培养了许多专业技术人才。

民族教育——西宁地区的民族教育大体包含回族、撒拉族教育和蒙藏教育两个方面。首先，蒙藏教育。清末，西宁地区兴办了不少学堂，而蒙古族藏族世居地区仍为寺院教育，寺院即学校，佛经即教材，新式教育无力插入。清宣统二年（1910 年）西宁办事大臣庆恕奏准清廷，从丹嘎尔厅盐税中拨白银 800 两作经费，以西宁马坊街三圣庙为校址，开办蒙古半日学堂，令蒙古王公子弟入学。学堂初期有教师 1 名，学生 10 余人。课程以汉语授《三字经》为主。近代民族教育如此这般起步了。民国后扩充为宁海蒙番学校，扩大招收藏族千百户及大小部落首领的子弟。民国 9 年（1920 年），增设师范甲种讲习科，开办蒙藏教育师范，先后有两班学生毕业，分配在牧区大小集镇，后在玉树等地设小学数处。民国 16 年（1927 年）宁海蒙番学校易名为宁海筹边学校，朱绣担任校长，附设初中班，纳入边政范畴，办学目标进一步明确。蒙古半日学堂创办以来，虽几易更名，但始终侧重蒙藏民族教育，有力地推

---

① 《青海省志·教育志》，黄山书社 1996 年版，第 109 页。

动了蒙藏地区教育的发展。

建省后，蒙藏地区的初、高级小学校数量不断增加。民国19年（1930年）教育部为保障蒙藏地区教育的持续发展，特设蒙藏教育司，负责拨发边疆教育专款等事务。于民国22年在西宁成立青海蒙藏文化促进会，以"唤醒蒙藏同胞，普及蒙藏教育，维系蒙藏生存为宗旨"。自成立后，积极开展办学活动。民国24年至民国26年间，在化隆、大通等县设立蒙藏小学15所。民国32年（1943年），蒙藏文化促进会迁至玉树县，其所属各小学交由所在县办理。3年后，该促进会名存实亡，只有在西宁隍庙街挂了一个牌子。蒙藏文化促进会对民族教育事业的重视和积极开展活动，应该给予称赞。

其次，回族、撒拉族教育。清乾隆十年（1745年），在西宁府城东关立回民社学，聘师教学。从此，府城东关便有了专为回民子弟设立的学校。学堂出现后，西宁东关回族社学更名为西宁县立高等小学堂。民国6年（1917年）再一次更名为西宁东关同仁小学，由甘边宁海镇守使署拨款，扩建校舍，新辟操场，加授体育课。改建后的同仁学校，成为西宁地区条件较好的一所学校，对西宁东关回族文化教育的发展起了开拓性作用。

在同仁学校长邵鸿恩（汉族）等人的精心筹备下，于民国11年（1922年）5月27日在西宁东关清真大寺创建了宁海回教促进会，马麒任会长，西宁东关清真大寺教长马骏任副会长。其宗旨为"促进回教青年习教育，并阐发回教真谛"。依此，促进会一方面充实同仁学校，另一方面在西宁、湟源等县设清真小学7所，并使成立的小学增加招收名额，以扩大规模。会校的学制、课程设置与地方官办学校基本一致，所不同的是外加"回教经文"（伊斯兰教经文和教义）和"简单回文"，统一规定星期五（穆斯林聚礼日）为休息日。民国13年（1924年），按甘肃省指示，定名为宁海回教教育促进会。民国18年（1929年），国民军孙连仲主政时，改宁海回教教育促进会为青海回教教育促进会，以其部师长安树德（回族）接任会长。安树德目睹西宁东关回民文化落后，在西宁东关集资兴建青海回教教育促进会办公楼一幢（今西宁东关回族女校地址），另建五间教室，会内设小学一所，兼收女生。国民军离西宁后，促进会重归于马麒掌握，并调整了机构、修改章程，提出以"阐扬回教真理""灌输三民主义"为其宗旨。民国20年（1931年）马步芳自任会长，执掌青海回教促进会事务，促进会在西宁东关设师资讲习所，招生一班，学制一年，是为该会创办中等专业学校的肇起，也是后来昆仑中学的萌芽。次年，在师资讲习所原址设立初级中学一所，校名为青海省回教促进会立西宁初级中学校（简称回中）。民国25年（1936年）2月增设高中部，该校始为完全中学，定名为青海省回教教育促进会立高级中学。起初会立中学注重文化课，后倾向于培养军政官员。民国31年（1942年）9月改称青海省回教教育促进会立昆仑中学，扩充了校舍（今七一路省军区），新建礼拜堂、浴室，在原小学、初中、高中、简易师范班的基础上，增设师范部、专修部，以及三所女子小学、世芬小学、芳惠幼稚园等。昆仑中学实行军事管理，开设步兵操典等军事课程；主要招收回族学生，宗教色彩较浓。因而这个学校"既有宗教的特点，又含有政治的实质"。[①]毕业的学生大多从政从军。到民国38年，昆仑中学系统的学生总数达七八千人，规模之大，在当时全国回族教育中都享有盛名。正如范长江在《中国的西北角》一书中这样写道："尤以回教中学，其办理之完善，恐在西北当归入第一等学校中。"它为回族教育的普及和发展，奠定了一定基础。当时回教教育促进会总会直辖的昆仑中学外，还有临夏的魁峰中学、凉州的青云中学。

教会学校——基督教于清光绪四年（1878年）在西宁设道区。清宣统二年（1910年）德国神甫康国泰在西宁南大街建天主堂。随着教堂的建立，教会学校也先后成立。民国4年（1915年）首先建成"福音堂小学"，后又设培英、光华小学，并在乐都等地教堂内附设小学，男女兼收。民国23年（1934年）根据《修正私立小学规程》中有关"外国人不得在中国境内设立教育中国儿童之小学"之规定，由此教会小学先后撤销。

（三）教育经费与师资状况

办学经费来源是多途的。清末及民初，教育经费主要来源于地方官署拨款；校产出租，包括学校所占有少数土地和非教育所用的房屋收入；学费，按年级而收取的相应银两或学粮等。此外基金生息及临时捐款等也是经费来源的重要渠道。青海建省后，教育经费来源有所增多，大致有：一是国民政府教

---

① 李得贤：《解放前青海中等学校教育概况》，《青海文史资料选辑》第八辑。

育部对边疆教育补助款；二是省政府拨付的用于发展中等教育及社会教育的专款；三是教育基金，而基金来于生息收入、附加教育经费（按地亩摊派学粮及其他杂费）、学费（完小和初小的学生每人每学期交纳银元两元至三元）、募捐等。[①] 这些经费的分配多不平衡。一般地说，国立、教会所立学校经费优厚。如昆仑中学系，从中学、小学到幼稚园和教职员工薪金、学校教育经费，由青海回教教育促进会拨款发放，不足部分由省政府补充。因此，校舍新，设备好，教师薪金高于省属学校的标准，学生入学后可享受全公费，这是西宁其他学校难以实现的。又如国立湟川中学，是以中英庚款来办的、设备较好；国立西宁师范学校的经费由中央教育部直辖下拨，一些教学器材由教育部统筹，所以经费和器材比较充足。教育厅所立学校经费有限、设备不足，至于县及县以下所办学校，经费异常缺乏，且学校学生较多，办学艰难，以致出现"春满堂，夏半堂，秋零落，冬不见"的现象，无怪乎儿童入学率低，文盲占90%以上。

上述各类学校中，师资力量明显不足。师范学校兴起后，师范毕业生逐年增多，小学师资得以缓冲。而中等教育师资紧缺现象依然严重，条件好的学校多从内地招聘教员，如国立西宁师范学校注重招聘学有所长的青壮年任教，在校教师大部分是中央政治大学等全国知名大学的毕业生，同时借抗日战争期间内地一批知识分子转至大后方之机，从中聘用从事教育工作多年的中老年教师。而一般中学的师资多为中学毕业留校或在外求学的青海籍人士。当时行政领导全部兼课，专业教师尤其是优秀教师往往兼授数校课程，来回授课，辛苦超常。

总的来看，西宁地区各类教育均有推进，有国立的、省立的、县立的、教会办的，还有会立的多种，办学责任各有攸属，数量增多，质量在提高。这是其一。其二民族教育日见起色，有政府办的，也有蒙藏文化促进会和回教教育促进会办的，客观上对开发民智、促进民族相互了解和接近等方面有一定历史作用。但因起点低、财力寡、人力乏，加之当局专务军事，教育落后状况实难改变。其间，政府随意撤并已成立的学校，无端侵吞教育补助款，

---

① 刘呈德：《解放前青海学校教育的一瞥》，《青海文史资料选辑》第一辑。

办学系统繁杂、所属有别，政治派系之争不断。这些，为学校教育的正常发展带来极其不良的后果。直到西宁解放时，仅有普通中学 3 所，中等师范学校 3 所，中等专业学校 2 所，高等教育则未起步。

二、社会文化设施和民众文化活动

清末、民国时期，西宁地区的文化设施和活动因受时势的促动，出现了诸多新的社会文化形式。主要有图书馆、报刊、电影、戏曲等。

（一）图书馆和报刊的创办

西宁原无图书馆。民国 6 年（1917 年），西宁仅有一个阅报处（栏），张贴《甘肃通俗日报》。4 年后，在西宁东大街"孟公祠"成立"阅报室"，有报纸三、五种。及至民国 14 年（1925 年），西宁县教育会在印心寺（南大街）设立图书室，藏书百余册，报纸两三种。随后，贵德、湟源等县成立"通俗图书馆"。这些图书馆（室），书报很少，常年不开。民国 23 年（1934 年）8 月，国民政府考试院院长戴传贤来西宁视察，以"青海文化落后"为名，首倡在西宁设"青海省图书馆"，赠各类图书 3224 种计 9878 册，价值约一万元。省政府即时拨款，以湟庙街（今西宁解放路）旧火药库为地址，修建馆舍，由驻军工兵施工，建二层楼房 1 幢，房宇 44 间，平房数间。次年 4 月 15 日正式开馆。当时馆内除戴氏所赠的书籍外，尚备有其他图书 820 余种，计 3250 余册，杂志 20 余种，报纸 10 余种。有馆员 4 人，人役 2 人。[①] 据当年统计，每月平均借书籍 33 部，入馆阅读 800 余人次。其后，又将一些野熊、猴、狼之类交图书馆收养，游览稍多。图书馆实际上成为动物园和游艺场。此外，西宁还有两处图书馆，一为"新青海社图书馆"，赁居西教场街民房，图书寥寥；一为"芸香图书馆"，原是昆仑中学图书室，后移至中黄宫，设图书楼，实际成为图书文具的营业机构了。民国 31 年以后，各县图书馆奉令改为民众教育馆，此时的青海省图书馆就成为西宁及全省唯一一家图书馆。

西宁地区的报刊起步于民国 15 年（1926 年）冬。这年，国民党西宁县党部在开办《党报》（每周刊出一小张，用四开官堆纸手抄几份，分贴在县党部

---

① 陈秉渊：《马步芳家族统治青海四十年》，青海人民出版社 1981 年版，第 307 页。

门前和街头）的基础上，主办了石印版《中山周刊》，用八开有光纸石印，每期印 60 份，涉及党义、文艺、外地报刊的新闻等。可以说，这是西宁地区最早用近代印刷技术印制的新闻报纸。民国 16 年（1927 年）8 月，在西宁县党部的相助下，《妇女月刊》出笼，以专载妇女运动的新闻和言论，旨在提倡男女平等。该报为四开连史纸石印，每月印发 15 份。上述报纸出刊不久，因经费短缺，相继报停。

青海建省后，省政府秘书处设公报局，负责筹办"新青海"报。民国 18 年（1929 年）2 月 10 日，"新青海"报面世。日出三开连史纸单面石印两张，正刊载国内外新闻，副刊登评论、广告等，另辟副刊"海潮"专栏。该报每周还用一个版面登载译成藏文的主要政令和新闻。同时创办了省政府工作和省务会议记录的综合性刊物《青海省政府公报》（月刊）及省政府民众联合处办的《大众周报》。国民军孙连仲部东撤后，马麒、马麟先后主政。民国 21 年（1932 年）4 月 20 日，《新青海》改名《青海日报》，在形式和内容上与前大致相同，日发行量为 800 份。次年停刊，直到民国 25 年（1936 年）复刊，改用铅印新闻纸对开一张，版面采用套色编排。两年后停刊。

在地方当局办报的同时，国民党青海省党务特派员办事处于民国 20 年（1931 年）6 月 8 日创办了《青海民国日报》，虽为日报，但月仅出两期，不定期发行。用三开连史纸单面石印 100 份。后改用新闻纸双面铅印，日出对开一张。并相继开辟有《边声》《学生文艺》《民众乐园》《卫生专刊》《政法研究》《冰丝》《海心》等 10 余种副刊。早期的报道多限于省外，后来渐增省内新闻的报道。在民国 34 年前后的一个时期，多种多样的副刊屡见报端。自《新青海》停办后，《青海民国时报》几乎成为全省唯一的一份报纸，刊载的内容面宽，信息量大，对社会的影响也日益增长。由此扩充版面，日出对开一张半报纸。西宁解放前夕，该报停刊。

民国 18 年至民国 38 年间，西宁地区还创办了多种报纸和刊物。属于军队系统的有《湟中通讯》于民国 18 年由独立混成第九旅政治训练处办，《边事月刊》（民国 20 年，由青海南部边区警备司令部办事处主办），《党务周刊》（民国 21 年，青海暂编第一师特别党部办）等，省政府秘书处办的《青海政情》（民国 32 年创刊），青海回教教育促进会办的《昆仑报》（民国 36 年 10 月 31 日发刊，由《昆仑中学校刊》《教育通讯》《昆友》三刊发展而成），三民主义青年团西宁支团部主办的《青海青年》（创办于民国 28 年 5 月，刊出约 36 期），文化学联团体于民国 20 年倡办《青海学生抗日专刊》（旬刊）等，另有《大通周报》等县报。

与此同时，旅居省外的青海籍青年在其所在地也创办过一些刊物，如《新青海》月刊、《突崛》、《西北通讯》、《海声》等。

除上述报刊外，西宁曾陆续出现过通讯社和广播电台。如湟中通讯社（民国 18 年建）、北平正闻通讯社青海分社（民国 21 年成立）、青海电讯社（民国 23 年 9 月创建）三个通讯社，延续时间不长。①

民国 36 年（1947 年）5 月在省政府院内的中山纪念堂西侧筹建广播电台。民国 38 年（1949 年）8 月 1 日正式播音，安装长、短波发射台各一架，每日播音两次（中午和晚上各播一次），主要内容有国民党中央电讯稿、省政府文告等，也播送由西宁地区的艺人演唱的"西宁赋子""花儿"等曲艺节目，专供军政要员、大商人、殷实户收听，一般市民只能听大什字扩音喇叭。这个电台播音不到一个月就关了。

（二）电影与戏曲

西宁电影的出现始于 20 世纪 30 年代。民国 19 年前后，内地私商携带放映机和影片来西宁，在西宁山陕会馆放映无声电影，如《日本火山爆发》等。民国 19 年（1930 年）冬，从天津购回电影放映机一部，次年在新编第九师师部（西宁南大街）和大教场开始放映。继而，新编第九师特别党部从南京又领回放映机两部，组织电影宣传队，在西宁及东部各县向部队群众放映，放映的影片大多由国民党中央宣传部供应。根据国民政府教育部命令，省教育厅于民国 31 年（1942 年）成立了"电化教育辅导处"，有放映机一台、收音机 23 台、影片 22 本，借助幻灯片进行政治宣传和辅助教学。民国 32 年（1943 年），"湟中实业公司"在西宁山陕会馆成立"湟光电影院"，并开始对外营业，放映无声、有声故事片。民国 35 年（1946 年）10 月 10 日，湟光电影院迁至东关湟中大厦东侧新址，新建的电影院为砖木结构二层楼房，面积 800 平方米，

① 罗麟：《解放前青海的新闻报刊》，《青海文史资料选辑》第十六辑。

共设 500 个席位，二楼设有包厢 4 个。这是西宁首家正规专业、营业性的公共电影院。湟中实业公司继前又购进电影放映机 27 部，成立了电影巡回放映队，以便提高电影普及率。[①]

地方艺术伴随着西宁与内地联系的加强、文化交流的逐渐增多而得以发展。自清末以来，西宁民间主要流传平弦（也称西宁赋子，形成于 18 世纪末 19 世纪初）、道情（产生于道教教徒诵唱的道曲，用渔鼓筒板演唱）、贤孝（俗名曲儿，源于明末）、越弦（又称越调）等曲艺形式，后出现了一些新的曲艺。如"倒浆水"（类似于快板书），这种曲艺为手持两个碰铃（俗语盏儿），用西宁话语唱，内容多贴近百姓生活。著名艺人万子明创作作品有《国民军进青海》《抓壮丁》《大烟鬼》等。另有八角鼓、小魔术等。这些曲艺的演出不拘场地，多在大街小巷庙宇所在地进行。

民国 18 年（1929 年）以后，西宁民间戏曲文化有了进展，许多戏班社相继来西宁献艺。时有陕西西安、郿县、鄠县，兰州陇东一带的秦剧（始于清道光年间，俗称大戏）、郿鄠戏（又称小戏），以及京剧（民国 19 年进入西宁，俗称京班子）、河北梆子、蒲剧（山西班，传入于民国 24 年）。这些外地传入的剧种，在西宁搭班建社（如京剧和河北梆子建有胜利大舞台，后改为鼎新社）后，均租借演出场所（或称戏园子）。因票价收入甚微，常参与其他形式的演出活动来维持生计。如堂戏（私人租戏）、庙会戏及神戏（均系绅士等举办），如此等等。

民国 14 年（1925 年）前后，被称为"文明戏"的话剧登上舞台。民国 17 年（1928 年）"平民新剧社"（成立于民国 16 年）首演四幕话剧《家庭鉴》（亦作《家庭镜》），该剧以抨击封建家庭的不合理性内容为主，演出后社会反响较大。继此，抗战剧团、新生活俱乐部、学生剧社和儿童抗战剧团成立，排演话剧 20 余出，主题进步意义强，深受观众喜爱。从民国 27 年（1938 年）起，内地文艺团体（西北抗战剧团、剧教四队、抗日剧宣八队、天山剧团）来西宁公演《打回老家去》《烙痕》等话剧剧目，宣传抗日救国。尽管此时的话剧缺陷不少，但所反映的内容具有一定现实性，一开始就显示出其较强的生

---

① 陈秉渊：《马步芳家族统治青海四十年》，青海人民出版社 1981 年版，第 311 页。

命力。当时演出场地有建于清光绪十四年（1888年）的山陕会馆楼（今西宁兴隆巷），每逢农历七月二十二日财神会、八月十五日中秋节和正月十五日元宵节均聚会演戏；中山市场北端（今饮马街后），大院为方形，舞台前置方木桌供观众看戏喝茶，后面空地为买了站票的人看戏；石坡街剧场，建筑较为简陋。①

综观以上，西宁的学校教育及社会文化活动和设施在前进；配套教育体系已建立，文化艺术的形式多样。但横向比较来看，西宁仍属文化落后地区。首先学校不仅数量少，如中等教育到西宁解放时仅为3所，而且发展不平衡，多集中在城中区。其次，没有设立专供群众进行学习文化、科学知识、文娱体育活动的官办机构。再次，文化设施虽有改善，却以盈利为目的。电影票价高至银元一元一张，下层人民望"票"兴叹。故而群众文化仍很单调、贫乏。

检阅西宁历史，从中耙梳出西宁文化的演进阶段：汉代以前西宁地区为早期羌人活动中心地带，古羌和西羌文化灿烂，以沈那遗址为标志。汉武帝及其后的魏晋，汉文化西渐，羌文化处于劣势，汉羌文化互融互进，在各自不同的生存环境中（农业区和牧业区）繁衍发展。以彭家寨汉晋墓出土的文物为证。十六国南北朝时，鲜卑族雄踞西宁地区政治舞台，由此汉文化日趋沦落，鲜卑文化独展风采。留作标志的是虎台遗址。隋唐至两宋，鲜卑吐谷浑文化被藏、汉及后来的土族吸纳，汉藏文化互渗互融，西夏（党项族）、西域文化等也进入该地，最具代表性的是青唐城遗址。蒙元以降，西宁多民族（藏、回、撒拉、土族）分布格局基本确立，以北方游牧文化的蒙古文化和羌藏文化为主流，伊斯兰文化、土族文化亦在不断发展。明代以后，汉族大规模迁于西宁地区，汉文化再度兴旺，同时藏族文化、伊斯兰文化等都得以继续推进，其标志是东关清真大寺、塔尔寺、各寺庙等。由以上可看出，西宁自古为多民族聚居区，文化形态呈多样化，即先羌文化、羌文化、汉文化、藏文化、鲜卑蒙古文化、伊斯兰文化等，按其民族构成要素可分为汉族系、羌藏族系、鲜卑蒙古族系和突厥伊斯兰系四个民族文化系统，按其宗教信仰可划分为藏

---

① 《青海省志·文化艺术志》，青海人民出版社2001年版，第216页。

传佛教、汉传佛教、伊斯兰教、道教、天主教、基督教，若按生产方式又分为游牧文化、农耕文化和商业文化。这些不同类型的文化在西宁地区并存并进，共同构成了西宁文化的共融性、开放性、独一性、滞后性等特色。[①]

历史文化是城市的灵魂和魅力所在，也是城市可持续发展的根基所在。过去，囿于经济发展等因素，西宁城市文化品位不高。在新的形势下，应大力营造"唤醒城市记忆，接通历史文脉"的氛围，盘点、修复西宁历史文化遗址，彰显西宁文化个性，使西宁成为具有鲜明地区性和民族性特色的、良好居住环境和较高旅游经济价值的新型省会城市。

在中国共产党领导下，中国人民经过 28 年不屈不挠的斗争，到民国 38 年（1949 年）秋，解放了全中国大部分地区。此时，中国人民解放军第一野战军在彭德怀司令员指挥下，向大西北挺进。民国 38 年（1949 年）8 月 26 日中午，兰州宣告解放。8 月底至 9 月初，第一野战军兵分三路，左路向青海，中路趋河西走廊，右路向宁夏进击。左路军第一兵团在司令员兼政委王震的率领下，向西宁逼进。9 月 4 日下午，解放军先头部队入驻西宁，次日解放青海省省会西宁。主力部队于 7 日进城。这时，城内汉回人民在街头贴标语，手执彩色纸旗，前往欢迎。在"大教场"解放军举行入城仪式后，进城驻扎。青马军第 82 军、129 军和新编骑兵军的部分军官，先后率残部 7000 余人投诚。9 月 8 日，"西宁市军事管制委员会（廖汉生为政委）和西宁市人民政府（刘枫为代市长）"成立。从此，西宁市 5 万名各族人民，在中国共产党的领导下，迈开刚毅的步伐，阔步跨入了历史的新纪元。

时代的更易，社会的变迁。经过 50 多年的发展，到 2003 年，西宁辖地扩至四区三县（大通回族土族自治县、湟中、湟源），总面积为 7290 平方公里，市区面积由新中国成立初的 30 平方公里扩展为 350 平方公里。总人口为 221.71 万人，其中市区人口 116.28 万人；设有街道办事处 23 个，乡（镇）56 个，村委会 934 个，社区居民委员会 165 个。经济建设成绩骄人，西宁包括市辖县生产总值 1868716 万元，全年用电量 945048 万千瓦时；邮电、通信设备较先进，业务量日增，固定电话用户数 53.96 万户；以西宁为中心的高等级

---

① 芈一之：《青海民族文化史概论》，《青海民族学院学报》，2001 年第 1 期。

公路运输网业已建成，民用汽车拥有量 69983 辆；旅游业发展较快，夏都品牌工程有声有色，年旅游人数逾 400 万人次。教育、文化事业充满生机、日臻繁荣，社会文明进一步加快。普通高校 9 所，剧场、影剧院 9 个，公共图书馆图书总藏量 2104 千册。[①] 这些表明，今天的西宁，经济繁荣、社会安定、文化昌盛，已发展成为青藏高原区域中心城市。古湟中地区将逐步完全实现工业化、信息化、市场化、现代化，各民族居民将得到共同发展、共同繁荣。先进生产力是社会前进发展的物质基础，先进文化是社会前进发展的旗帜和导向。不然的话，我们中华怎么能有从古代高度的农牧业文明与现代工业文明的连续不断呢？怎么能有民族的再次伟大振兴呢？我们的城市就应该这样走下去。在党的改革开放、西部大开发政策指引下，更富裕、更美好的西宁，必将崛起于西北这片广袤而神奇的大地上。

---

① 《青海省 2004 统计年鉴》，中国统计出版社 2004 年版，第 409-414 页。

后 记

近30年来，伴随着民族史、民族地方自治概况的研究和出版，地方志书的编集以及区域热潮持续不衰，成果累累，对城市（包括大中小城市）的研究也顺势而兴。各地城市不少，但世界上没有相同的两座城市。这不仅由于各城市的地理坐标、自然环境之不同，更由于各城市的历史和文化不可能相同。而历史和文化是各城市的灵魂，所以从外形到灵魂每座城市各有特点。这种种特点，无论是展示风姿招徕旅游，或是历史文化保护延续，还是揭示历史轨迹启迪后人，或者实现学术价值、社会功能，都需要一番认真的研究。于是我们选定这个课题《西宁历史与文化》，进行了一番研究，写成了这本书稿。

这本书除了总叙西宁历史几千年脉络的"绪论"外，分列九章，依时代顺序分段叙述，共约30万字以上，也算斐然成章了。本书主要是把握主脉，揭示特色，明其轨迹，显其风貌，至于更详细的专题论述，希望有志者继续努力。当前社会上对历史和文化戏说迷漫，误导后生，还有些人图谋商业利益，不顾学术真伪。我们必须正说、慎说、真说，在真实中鉴古知今，于真实中育人成长，虽力有所限，但尽心努力。

本书编写得到青海民族学院民族研究所领导马成俊等同志的大力支持，立项备案，从编写到出版都给予很大关怀。本书以历史唯物主义为指导思想，贯彻马克思主义的民族观、宗教观和社会主义爱国主义精神，运用历史学、地理学理论，增强民族团结，促进祖国统一，有利于贯彻"三个代表"重要思想，有利于教学科研乘势前进。编写诸人都在培养研究生工作中负担任务，自愿报名组成班子，采用主编负责主导制，各人分工，共同研究。服从统一提纲要求，统一计划安排，老中青结合，各扬其所长。一稿写出后，由主编统一修改，有的小改，有的大改，据以整理，写成二稿。主编再次修订，统一论点，统一格式，统一文风，上下连通，删除枝蔓，增益亮点。各章各节，各有侧重，有话则长，无话则短，厚今薄古，修成三稿。内容方面求知求真，冗言务去。文字表达力戒艰涩，雅俗共赏，使内行看来不觉其"俗"，普通读者不觉其"雅"。用中华传统文风表述问题，不受西方文风影响，排除一切形式的八股，最后由主编润色定稿。各章的执笔人如下：

绪论	（芈一之）
第一章　西宁的自然环境	（芈一之）
第二章　西宁附近原始社会文化	（芈一之）
第三章　两汉魏晋时期的西宁	（贾　伟）
第四章　十六国南北朝时期的西宁	（贾　伟）
第五章　隋唐时期的西宁	（先　巴）
第六章　宋元时期的西宁	（先　巴）
第七章　明朝时期的西宁	（骆桂花）
第八章　清朝时期的西宁	（张　科）
第九章　民国时期的西宁	（张　科）

各章节所展示出的学术资料和基本观点，既是属于各执笔人的，也是属于主编的，修改定稿由主编负责，当然应该负担文责。

我们这个班子中，有的是教学骨干顶梁架柱，有的乃学坛新星冉冉上升，学衔方冠硕士博士，而仍孜孜前进，颇为喜人。主编之人虽然从事教学科研五六十年，也颇有著述，但学海无涯，活到老学到老，仍然感到云淡天高，前路悠远，上下求索，无际无边。总之，我们水平有限，不妥之处在所难免，尚希批评指正。本书出版得到西宁市副市长王绚同志、中共西宁市委宣传部长苏荣同志的支持和资助，在此谨表谢忱。

芈一之

2006 年 6 月 22 日写

2006 年 9 月 10 日修改

青海民族学院，西宁